自由自在
Pocket

小学
ことわざ四字熟語

監修：深谷 圭助

受験研究社

監修《かんしゅう》の言葉《ことば》

小学生《しょうがくせい》の子《こ》どもは、新《あたら》しい言葉《ことば》を覚《おぼ》えると使《つか》いたくなるようです。獲得《かくとく》する語《ご》いが大幅《おおはば》に増《ふ》え、話《はな》し言葉《ことば》も書《か》き言葉《ことば》も豊《ゆた》かになるのが、小学校《しょうがっこう》の六年間《ろくねんかん》です。実《じつ》は、語《ご》いが増《ふ》えると、語《ご》いの「活用力《かつようりょく》」もついてきます。それによって、語《ご》いが定着《ていちゃく》するのです。この時期《じき》に、多《おお》くの語《ご》いにふれることは、生涯《しょうがい》にわたって生《い》きる「言葉《ことば》の力《ちから》」を高《たか》めることにつながります。

私《わたし》が、小学校《しょうがっこう》で指導《しどう》をしていたとき、子《こ》どもたちが、どのような言《こと》葉《ば》を使《つか》いたがるのかを観察《かんさつ》していたところ、興味深《きょうみぶか》い事実《じじつ》に気《き》づきました。それは、新《あたら》しく覚《おぼ》えた「ことわざ」や「四字熟語《よじじゅくご》」などを特《とく》に積極的《せっきょくてき》に使《つか》うということです。おそらく、古今東西《ここんとうざい》の「ことわざ」などの言葉《ことば》は、口《くち》にしやすい語感《ごかん》やリズム感《かん》でつくられているのでしょう。特《とく》に小学校低学年《しょうがっこうていがくねん》から中学年《ちゅうがくねん》の子《こ》どもたちはこれらの言葉《ことば》が大好《だいす》きで、さまざまな言葉《ことば》をどんどん身《み》につけていきました。

また、「ことわざ」などの言葉《ことば》には、人《ひと》の生《い》き方《かた》や人生訓《じんせいくん》となるような味《あじ》わい深《ぶか》いものがたくさんあります。こうした言葉《ことば》を、小学生《しょうがくせい》の子《こ》どもたちが身《み》につけていくと、実《じつ》に上手《じょうず》に使《つか》うようになります。

例《たと》えば、お小遣《こづか》いを与《あた》えるとすぐに使《つか》ってしまう子《こ》どもがいました。その子《こ》の母親《ははおや》が、そうした行《おこな》いをたしなめたところ、「お母《かあ》さん、『金《かね》は天下《てんか》の回《まわ》りもの』っていう「ことわざ」、知《し》ってる?」と言《い》い返《かえ》されたそうです。このように言《い》い返《かえ》されると、母親《ははおや》も怒《おこ》る気持《きも》ちがはぐらかされ、苦笑《にがわら》いをするしかなかったということです。

このように、「ことわざ」などの言葉《ことば》を学《まな》ぶ子《こ》どもとの会話《かいわ》の中《なか》には、新《あたら》しく覚《おぼ》えた言葉《ことば》がどんどん登場《とうじょう》するようになります。子《こ》どもにしてみれば、これらの言葉《ことば》を会話《かいわ》で使《つか》うと、少《すこ》しだけ、大人《おとな》になった気分《きぶん》になるのでしょうか。

そういえば、皆《みな》さんおなじみのサザエさんの弟《おとうと》のカツオ君《くん》は、しかられると、よく「ことわざ」や「四字熟語《よじじゅくご》」を使《つか》って言《い》い逃《のが》れをしようとして、お父《とう》さんにしかられていますね。私《わたし》の見《み》るところ、カツオ君《くん》は、相当《そうとう》な「語《ご》い」を持《も》っているはずです。

このように、「ことわざ」などの言葉《ことば》は、その語感《ごかん》やリズムがよく、小学生《しょうがくせい》でも身《み》につけやすい言葉《ことば》なのです。また、人《ひと》の生《い》き方《かた》を短《みじか》い言《こと》葉《ば》で表《あらわ》したものなので、日常生活《にちじょうせいかつ》でもどんどん活用《かつよう》することができます。そんな言葉《ことば》たちをこの辞典《じてん》で学《まな》んでみてはいかがでしょうか。

辞書引《じしょひ》き学習《がくしゅう》では、国語辞典《こくごじてん》や漢字辞典《かんじじてん》が人気《にんき》なのですが、実《じつ》は「ことわざ」や「四字熟語《よじじゅくご》」の辞典《じてん》もそれらに劣《おと》らず人気《にんき》です。本書《ほんしょ》は、「ことわざ」と「四字熟語《よじじゅくご》」に加《くわ》えて「慣用句《かんようく》」や「故事成語《こじせいご》」も一冊《いっさつ》で学《まな》べるように工夫《くふう》して編集《へんしゅう》してあります。本書《ほんしょ》でどんどんこれらの言葉《ことば》を読《よ》んだり、調《しら》べたりしましょう。そして、学《まな》んだ言葉《ことば》を付《ふ》せんに書《か》き込《こ》んで貼《は》っていきましょう。きっと楽《たの》しく学《まな》ぶことができますよ。ぜひ、チャレンジしてみてください。

子《こ》どもたちの「言葉《ことば》の力《ちから》」の向上《こうじょう》に、本書《ほんしょ》がお役《やく》に立《た》つことができれば幸《さいわ》いです。

京都嵯峨野《きょうとさがの》にて　深谷圭助《ふかやけいすけ》

この本《ほん》を使《つか》うみなさんへ

この本《ほん》にはことわざ・慣用句《かんようく》・四字熟語《よじじゅくご》・故事成語《こじせいご》が収《おさ》められています。

ことわざは、古《ふる》くから言《い》いならわされた言葉《ことば》で、「急《いそ》がば回《まわ》れ」や「医者《いしゃ》の不養生《ふようじょう》」のように教訓《きょうくん》や風刺《ふうし》をふくんだものが多《おお》くあります。慣用句《かんようく》は、二《ふた》つ以上《いじょう》の語《ご》が結《むす》び付《つ》いて、「お茶《ちゃ》を濁《にご》す」や「油《あぶら》を売《う》る」のように語句全体《ごくぜんたい》で特別《とくべつ》の意味《いみ》を表《あらわ》します。四字熟語《よじじゅくご》は、漢字四字《かんじよじ》で構成《こうせい》される成句《せいく》や熟語《じゅくご》で、「以心伝心《いしんでんしん》」のように仏教《ぶっきょう》に由来《ゆらい》する言葉《ことば》などが多《おお》くありますが、「一期一会《いちごいちえ》」のように日本《にほん》で生《う》まれた言葉《ことば》もあります。故事成語《こじせいご》は、中国《ちゅうごく》の古《ふる》い話《はなし》(故事《こじ》)からできた言葉《ことば》(成語《せいご》)で、「矛盾《むじゅん》」や「温故知新《おんこちしん》」(形《かたち》は四字熟語《よじじゅくご》ですが、この本《ほん》では故事成語《こじせいご》に分類《ぶんるい》)「虎穴《こけつ》に入《い》らずんば虎子《こじ》を得《え》ず」のように、それぞれに言葉《ことば》のできた背景《はいけい》となる話《はなし》があります。

これらの言葉《ことば》に共通《きょうつう》しているのは、人間《にんげん》の生活経験《せいかつけいけん》から生《う》み出《だ》された生活《せいかつ》の知恵《ちえ》の結晶《けっしょう》であるということです。これらの言《こと》葉《ば》を正《ただ》しく理解《りかい》することは、みなさんの言語生活《げんごせいかつ》を豊《ゆた》かなものに育《そだ》てることにつながるでしょう。

編著者《へんちょしゃ》しるす

特色《とくしょく》としくみ

(小学一年から使えるようにふりがなを付けてあります)

◆各項目《かくこうもく》の構成《こうせい》

● 見出《みだ》し語《ご》　五十音順《ごじゅうおんじゅん》に配列《はいれつ》してあります。ことわざ・慣用句・四字熟語・故事成語の印《しるし》を付《つ》けて、使《つか》われる重要度《じゅうようど》に応《おう》じて、★一《ひと》つ、無印《むじるし》の二《ふた》つにランク分《わ》けしてあります。全部《ぜんぶ》で約《やく》一九〇〇語《ご》が収録《しゅうろく》されています。

● 意味　理解《りかい》しやすいように簡潔《かんけつ》にまとめてあります。

● 用例　身近《みぢか》な話題《わだい》を中心《ちゅうしん》に例文《れいぶん》を作成《さくせい》してあり、語句《ごく》の部分《ぶぶん》は青字《あおじ》で示《しめ》しました。

● 故事　語句《ごく》の由来《ゆらい》や語源《ごげん》を説明《せつめい》してあります。

● 参考　語句《ごく》に関《かん》する参考《さんこう》になる事柄《ことがら》を示《しめ》しました。

● 類似・対照　「類似《るいじ》」は似《に》た意味《いみ》、「対照《たいしょう》」は反対《はんたい》の意味《いみ》を持《も》つ語句《ごく》を示《しめ》しました。

● 意味《いみ》が同《おな》じで、詳《くわ》しい説明《せつめい》がある語句《ごく》を→で示《しめ》しました。

◆付録《ふろく》・さくいん

● 「入試《にゅうし》でる順《じゅん》チェック」は慣用句《かんようく》・ことわざ・四字熟語《よじじゅくご》に分《わ》け、空欄補充《くうらんほじゅう》の形《かたち》でチェックできます(269ページ)。

● 「グループ別《べつ》さくいん」を巻末《かんまつ》に設《もう》けました(276ページ)。

開いた口が塞がらない

あ

愛想《あいそ》を尽《つ》かす　慣用句

意味　好意《こうい》や愛情《あいじょう》がすっかりなくなる。「愛想《あいそう》を尽かす」とも読《よ》む。

用例　いつも約束《やくそく》を破《やぶ》ってばかりの友人《ゆうじん》に、彼女《かのじょ》はとうとう愛想を尽かした。

★開《あ》いた口《くち》が塞《ふさ》がらない　慣用句

意味　行為《こうい》のひどさ、ばかばかしさに、あきれてものが言《い》えない。

用例　彼《かれ》の勝手《かって》な言い分《ぶん》には、開いた口が塞がらなかった。

★相槌《あいづち》を打《う》つ　慣用句

意味　相手《あいて》の言《い》うことにうなずいたり、調子《ちょうし》を合《あ》わせたりする。

用例　友人《ゆうじん》の発言《はつげん》に、「まったくそのとおりだ」と相槌を打った。

参考　刀《かたな》などを作《つく》るとき、二人《ふたり》が向《む》き合《あ》って交互《こうご》に槌《つち》(物《もの》をたたく道具《どうぐ》)を打ち合うことから。

会《あ》うは別《わか》れの始《はじ》め　ことわざ

意味　会ったあとには必《かなら》ず別れのときが来《く》る。人生《じんせい》の無常《むじょう》(むなしいこと)を表《あらわ》す言葉《ことば》。「会うは別れの基《もと》」ともいう。「会うは別れ」「会うは別れの始め」とはいうが、ついにそのときが来《き》た。

用例　「会うは別れの始め」とはいうが、ついにそのときが来《き》た。

類似　会者定離《えしゃじょうり》

★阿吽《あうん》の呼吸《こきゅう》　慣用句

意味　二人以上《ふたりいじょう》が一緒《いっしょ》に物事《ものごと》をするとき、微妙《びみょう》な調子《ちょうし》や気持《きも》ちがぴったり一致《いっち》すること。

用例　相撲《すもう》の仕切《しき》りに、阿吽の呼吸を合《あ》わす。

参考　「阿」と「吽」が、吐《は》く息《いき》と吸《す》う息を表《あらわ》すことから、ぴったり呼吸が合うことをいう。寺院《じいん》の山門《さんもん》にある仁王《におう》や狛犬《こまいぬ》の一対《いっつい》の口《くち》の開《ひら》きは、阿と吽の形《かたち》になっている。

類似　息が合う

青息吐息《あおいきといき》　四字熟語

意味　苦《くる》しみ悩《なや》んで出《だ》すため息。また、そんなため息の出《で》る状態《じょうたい》。

用例　宿題《しゅくだい》がなかなか終《お》わらないので、青息吐息だ。

★青菜《あおな》に塩《しお》　慣用句

意味　元気《げんき》がなくなって、しょんぼりすることのたとえ。

用例　先《さき》ほどまでの元気はどこへやら、青菜に塩になってしまった。

参考　「青菜」は、色《いろ》が青々として勢《いきお》いのよい野菜《やさい》。それに塩をかけるとしおれてしまうことから。

類似　なめくじに塩

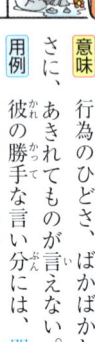

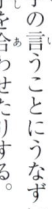

悪事千里を走る

青《あお》は藍《あい》より出《い》でて藍より青し　故事成語

意味　教《おし》えを受《う》けた人《ひと》が教えた人よりも優《すぐ》れること。弟子《でし》が師《し》よりも勝《まさ》ること。

用例　あなたはまさに青は藍より出でて藍より青しで、先生《せんせい》よりも偉《えら》くなったね。

参考　青の染料《せんりょう》は、原料《げんりょう》の藍草《あいくさ》よりも濃《こ》く、青いことから。中国《ちゅうごく》の『荀子《じゅんし》』にある言葉《ことば》。

類似　出藍《しゅつらん》の誉《ほま》れ

赤子《あかご》の手《て》をひねる　慣用句

意味　たいした力《ちから》を使《つか》わずに、相《あい》手《て》を負《ま》かすことができる。簡単《かんたん》にできることのたとえ。「赤子の手をねじる」ともいう。

用例　あのチームを打《う》ち負かすことは、赤子の手をひねるようなものだ。

赤《あか》の他人《たにん》　慣用句

意味　まったくの他人。何《なん》の関《かか》わりもない他人。

用例　名字《みょうじ》は同《おな》じですが、彼《かれ》は赤の他人です。

秋茄子《あきなす》は嫁《よめ》に食《く》わすな　ことわざ

意味　①秋の茄子はおいしいから、嫁に食《た》べさせるのは惜《お》しい。②秋の茄子は体《からだ》を冷《ひ》やすので、嫁に食べさせてはいけない。「秋茄子《あきなすび》は嫁に食わすな」とも読《よ》む。

用例　①秋にはおいしいものがたくさんあるが、昔《むかし》から「秋茄子は嫁に食わすな」といわれるくらい、秋の茄子はおいしい。

秋《あき》の日《ひ》は釣瓶《つるべ》落《お》とし　ことわざ

意味　秋は日が暮《く》れるのが早《はや》いというたとえ。

用例　「秋の日は釣瓶落とし」というから、あまり遠《とお》くまで遊《あそ》びに行《い》かないほうがいい。

参考　「釣瓶」は、縄《なわ》やさおの先《さき》に付《つ》けて井戸《いど》の水《みず》をくみ上《あ》げるおけ。井戸の中《なか》をまっすぐに落ちることから、急《きゅう》に太陽《たいよう》が沈《しず》む様子《ようす》を表《あらわ》す。

★悪事千里《あくじせんり》を走《はし》る　故事成語

意味　悪《わる》いことはすぐに世間《せけん》に知《し》れ渡《わた》る。「悪事千里を行《い》く」ともいう。

用例　そんな汚《きたな》いまねをしていたら「悪事千里を走る」ということになるだろう。

参考　中国《ちゅうごく》の『北夢瑣言《ほくぼうさげん》』にある言葉《ことば》。

★悪戦苦闘《あくせんくとう》　四字熟語

意味　強敵《きょうてき》を相手《あいて》に苦《くる》しい戦《たたか》いを

顎を出す

腕立《うで》て、腹筋《ふっきん》の後グラウンド10周《しゅう》！
こんなのまだハードじゃないぞ！ガンバレ!!
だめです先輩《せんぱい》…もうムリ…
これぐらいで顎を出すな!!
コラ〜！顎を出すな〜!!立て〜!!
もう顎が出ちゃってマジ無理《むり》…。

すること。また、苦しい状況《じょうきょう》の中《なか》で懸命《けんめい》に努力《どりょく》すること。

用例 悪戦苦闘の連続《れんぞく》だけど、がんばり通《とお》した。

悪銭《あくせん》身《み》に付《つ》かず　ことわざ

意味 不正《ふせい》な手段《しゅだん》で手《て》に入《い》れたお金《かね》は、無駄《むだ》なことに使《つか》われがちなので、手元《てもと》に残《のこ》らないものだということ。

用例 「悪銭身に付かず」とはいうが、うそをついてお母《かあ》さんにもらったお金を、たった一週間《いっしゅうかん》で全部《ぜんぶ》使ってしまった。

胡座《あぐら》をかく　慣用句

意味 足《あし》を組《く》んで楽《らく》に座《すわ》ることから、自分《じぶん》の地位《ちい》や人気《にんき》にいい気になって、ずうずうしく構《かま》える。

用例 私《わたし》は、高《たか》い地位に胡座をかいている人《ひと》が嫌《きら》いだ。

★揚《あ》げ足《あし》を取《と》る　慣用句

意味 他人《たにん》のわずかな欠点《けってん》をとらえて、言《い》いがかりをつけたり、皮肉《ひにく》ったりする。

用例 彼《かれ》はすぐ人《ひと》の揚げ足を取る。

挙《あげ》(揚)句《く》の果《は》て　慣用句

意味 結局《けっきょく》。最後《さいご》には。あれこれしたあとに。

用例 時計《とけい》をいじくり回《まわ》していたら、挙句の果てに壊《こわ》してしまった。

参考 「挙句」は、連歌《れんが》・俳諧《はいかい》の最後の句のこと。

上《あ》げ膳《ぜん》据《す》え膳　慣用句

意味 自分《じぶん》では何《なに》もせず、すべて他《ほか》の人《ひと》にやってもらうこと。

用例 両親《りょうしん》の下《もと》で上げ膳据え膳の生活《せいかつ》をしてきた彼《かれ》は、一人暮《ひとりぐ》らしを始《はじ》めたとたん、苦労《くろう》するはめになった。

明《あ》けても暮《く》れても　慣用句

意味 昼《ひる》も夜《よる》も。何日《なんにち》も同《おな》じ状況《じょうきょう》が続《つづ》く様子《ようす》。

用例 次《つぎ》の試合《しあい》に備《そな》えて、彼女《かのじょ》は明けても暮れても練習《れんしゅう》を続けた。

顎《あご》が落《お》ちる　慣用句

意味 食《た》べ物《もの》の味《あじ》が非常《ひじょう》によい。

用例 このりんごは、顎が落ちるほどおいしい。

類似 頬《ほお》が落ちる

顎《あご》が干上《ひあ》がる　慣用句

意味 生活《せいかつ》に困《こま》り、食《た》べるものもなくなる。

用例 このまま仕事《しごと》に就《つ》けないと、顎が干上がってしまう。

参考 食べ物《もの》を口《くち》に入《い》れないのでだ液《えき》が出《で》ず、口の中《なか》が乾《かわ》いてしまうことから。

あ

足が地に着かない

★顎《あご》で使《つか》う 慣用句

意味 いばった態度《たいど》で人《ひと》に指図《さしず》する。

用例 人を顎で使うようなことをしてはいけない。

★顎《あご》を出《だ》す 慣用句

意味 疲《つか》れ果《は》ててへたばる。

用例 新入部員《しんにゅうぶいん》たちは、ハードな練習《れんしゅう》についていけず、顎を出した。

★浅《あさ》い川《かわ》も深《ふか》く渡《わた》れ ことわざ

意味 浅い川でも、深い川を渡るように用心《ようじん》して渡れということで、簡単《かんたん》なように見《み》えても、十分注意《じゅうぶんちゅうい》して物事《ものごと》を行《おこな》いなさいという教《おし》え。

用例 一見《いっけん》たやすいように思《おも》えても、「浅い川も深く渡れ」というように、用心するに越《こ》したことはない。

類似 石橋《いしばし》を叩《たた》いて渡る・念《ねん》には念を入《い》れる

対照 危《あぶ》ない橋を渡る

足《あし》が重《おも》い 慣用句

意味 ①疲労《ひろう》のため足が重く感《かん》じられる。②行《い》き先《さき》に出向《でむ》くのが嫌《いや》だと感じる。

用例 ②隣《となり》に謝《あやま》りに行かなくてはならなかったが、足が重かった。

★足《あし》が地《ち》に着《つ》かない 慣用句

意味 何《なに》かに心《こころ》を奪《うば》われてそわそわする。また、考《かんが》えや行動《こうどう》が浮《う》ついた調子《ちょうし》で定《さだ》まらない。

用例 夢《ゆめ》みたいなことばかり考えて、足が地に着かないようだ。

足《あし》が付《つ》く 慣用句

意味 犯人《はんにん》や逃亡者《とうぼうしゃ》の足取《あしど》りがわかる。悪《わる》い行《おこな》いがばれる。

用例 近所《きんじょ》で銀行強盗《ぎんこうごうとう》があったけど、すぐに足が付いて、犯人は捕《つか》まるよ。

★足《あし》が出《で》る 慣用句

意味 予算《よさん》を超《こ》えたお金《かね》を使《つか》う。「足を出《だ》す」の形《かたち》でも使う。

用例 倹約《けんやく》していたつもりだったが、終《お》わってみれば足が出て赤字《あかじ》だった。

足《あし》が早《はや》(速)い 慣用句

意味 ①食《た》べ物《もの》などの傷《いた》みが早い。日持ちがしない。②商品《しょうひん》の売《う》れ行《ゆ》きがよい。

用例 ①いわしは足が早いから、今晩《こんばん》のうちに食べてしまいなさい。

★足《あし》が棒《ぼう》になる 慣用句

意味 歩《ある》きすぎや立《た》ちすぎで、疲《つか》れて足がこわばる。

用例 遠足《えんそく》で遠《とお》いところまで歩い

足に任せる

どこへ行くの?
足に任せて歩いてみよう!
ねえ、どこに向《む》かっているの?
足任せ、足任せ。
いったいどこに行くの?
ジリジリ
あっちち〜
足任せ、足任せ。
足に任せすぎよ!
さっむ〜
ピュー
あれ、おかしいなぁ?
ここどこ?

たので、足が棒になった。

明日《あした》は明日の風《かぜ》が吹《ふ》く ことわざ

意味　先《さき》のことを今《いま》からあれこれ気《き》に掛《か》けても、仕方《しかた》がないこと。成《な》り行《ゆ》きに任《まか》せる。

用例　「明日は明日の風が吹く」というじゃないか。今から中学校《ちゅうがっこう》に上《あ》がったときのことを考《かんが》えても仕方ないよ。

参考　明日には今日《きょう》と違《ちが》う風が吹くのだから、明日になってから考えればよいということから。

足《あし》に任《まか》せる 慣用句

意味　①あてもなく気《き》ままに歩《ある》く。②乗《の》り物《もの》に乗らないで、足の力《ちから》が続《つづ》く限《かぎ》り歩く。

用例　①友達同士《ともだちどうし》の気ままな旅《たび》だから、足に任せて行《い》こう。

足《あし》の踏《ふ》み場《ば》もない 慣用句

意味　物《もの》がいっぱい散《ち》らかっていて、足を下《お》ろすところもない。

用例　足の踏み場もないほど、おもちゃが散らかった部屋《へや》。

味《あじ》も素《そ》っ気《け》もない 慣用句

意味　何《なん》のおもしろ味《み》もない。つまらない。

用例　あの作品《さくひん》は一見美《いっけんうつく》しく感《かん》じるけど、よく見《み》ると味も素っ気もない絵《え》だよ。

足元《あしもと》(下)から鳥《とり》が立《た》つ 慣用句

意味　①身近《みぢか》なところで思《おも》いもよらない事件《じけん》が起《お》こる。②慌《あわ》てて物《もの》事《こと》を始《はじ》める。

用例　②足元から鳥が立つように、妹《いもうと》が二階《にかい》へ駆《か》け上《あ》がっていった。

参考　「上方《かみがた》いろはかるた」にある。

足元《あしもと》(下)に火《ひ》がつく 慣用句

意味　危険《きけん》や重大《じゅうだい》なことが身近《みぢか》に迫《せま》っているたとえ。

用例　夏休《なつやす》みの宿題《しゅくだい》をずっとほったらかしにしていたが、休みが終《お》わりに近《ちか》づいて、いよいよ、足元に火がついた。

類似　尻《しり》に火がつく

足元《あしもと》(下)にも及《およ》ばない 慣用句

意味　一方《いっぽう》があまりに優《すぐ》れているために、比《くら》べ物《もの》にならない。とてもかなわない。「足元へも寄《よ》り付《つ》けない」ともいう。

用例　彼《かれ》は水泳《すいえい》が大得意《だいとくい》だから、競争《きょうそう》したら僕《ぼく》なんか足元にも及ばないよ。

★足元《あしもと》(下)を見《み》る 慣用句

意味　相手《あいて》の弱《よわ》みにつけ込《こ》んで、

自分《じぶん》に有利《ゆうり》なようにする。「足元につけ込む」ともいう。

用例 人《ひと》の足元を見て商売《しょうばい》をするのはよくない。

★足《あし》を洗《あら》う 慣用句

意味 悪《わる》い行《おこな》いや仕事《しごと》をやめて、まじめになる。「足を抜《ぬ》く」ともいう。

用例 悪い習慣《しゅうかん》からは早《はや》く足を洗うことだな。

参考 農作業《のうさぎょう》を終《お》えるときに足をきれいに洗ったことから。

足《あし》を奪《うば》われる 慣用句

意味 事故《じこ》や災害《さいがい》などで交通機関《こうつうきかん》(電車《でんしゃ》やバスなど)が止《と》まり、利用《りよう》できなくなる。

用例 帰宅時間帯《きたくじかんたい》に災害が起《お》きると、多《おお》くの人々《ひとびと》が足を奪われ、帰宅困難者《こんなんしゃ》となるだろう。

★味《あじ》を占《し》める 慣用句

意味 一度《いちど》やってうまくいったことが忘《わす》れられなくなる。「味を得《え》る」ともいう。

用例 祖母《そぼ》にお小遣《こづか》いをもらったことに味を占めて、何度《なんど》もねだっていたら、母《はは》に叱《しか》られてしまった。

足《あし》をすくう 慣用句

意味 相手《あいて》のすきにつけ入《い》って、失敗《しっぱい》させる。

用例 油断《ゆだん》していると、足をすくわれるぞ。

足《あし》を延《の》ばす 慣用句

意味 ①楽《らく》な姿勢《しせい》をとって、ゆったりする。②予定《よてい》していたところよりも先《さき》へ行《い》く。

用例 ①せっかくだから、足を延ばしてゆっくりしてください。②京都《きょうと》まで来《き》たついでに、足を延ばして奈良《なら》まで行こう。

足《あし》を運《はこ》ぶ 慣用句

意味 わざわざ訪問《ほうもん》する。

用例 ゴッホの有名《ゆうめい》な絵《え》を見《み》ようと、美術館《びじゅつかん》まで足を運んだ。

★足《あし》を引《ひ》っ張《ぱ》る 慣用句

意味 他人《たにん》の成功《せいこう》や行動《こうどう》の妨害《ぼうがい》をする。また、チームや集団《しゅうだん》で行動するとき、チームや集団にとって不利《ふり》な行動をする。

用例 人《ひと》の成功を妬《ねた》んで、足を引っ張る人がいる。

足《あし》を向《む》けて寝《ね》られない 慣用句

意味 人《ひと》から受《う》けた恩義《おんぎ》をいつも忘《わす》れないでいる。

用例 昔《むかし》受けた恩がありがたくて、あの人には足を向けて寝られない。

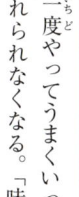

頭隠して尻隠さず

★頭《あたま》が上《あ》がらない 慣用句

意味 相手《あいて》に恩義《おんぎ》があったり、実《じつ》力差《りょくさ》がありすぎて、対等《たいとう》の立場《たちば》で接《せっ》することができない。引《ひ》け目《め》を感《かん》じる。

用例 姉《あね》にはいつも宿題《しゅくだい》を見《み》てもらっているから、頭が上がらない。

頭《あたま》が痛《いた》い 慣用句

意味 心配事《しんぱいごと》があって、その解決《かいけつ》に悩《なや》んでいる。

用例 明日《あす》のテストのことを考《かんが》えると、頭が痛い。

頭《あたま》が固《かた》い 慣用句

意味 一《ひと》つの考《かんが》え方《かた》に縛《しば》られて、その場《ば》に応《おう》じた柔軟《じゅうなん》な考えができない。

用例 祖父《そふ》は頭が固くて、私《わたし》が何《なに》を言《い》っても、自分《じぶん》の意見《いけん》を変《か》えようとしない。

頭《あたま》が切《き》れる 慣用句

意味 頭の働《はたら》きが鋭《するど》い。物事《ものごと》に対《たい》する判断《はんだん》が正確《せいかく》で早《はや》い。

用例 彼女《かのじょ》は非常《ひじょう》に頭が切れる。

★頭隠《あたまかく》して尻《しり》隠さず ことわざ

意味 悪事《あくじ》や欠点《けってん》の一部《いちぶ》だけを隠して、全部《ぜんぶ》を隠していると思《おも》い込《こ》んでいることのたとえ。

用例 うまく隠したつもりでしょうが、それでは頭隠して尻隠さずですよ。

参考 きじは草《くさ》むらに身《み》を隠すとき、頭さえ隠せば全身《ぜんしん》を隠したと思い、尾《お》が外《そと》に出《で》ていても気《き》が付《つ》かないことから。「江戸《えど》いろはかるた」にある。

頭《あたま》が下《さ》がる 慣用句

意味 相手《あいて》の行《おこな》いや人柄《ひとがら》を、心《こころ》から尊敬《そんけい》する。

用例 人のために力《ちから》を尽《つ》くすボランティアの人たちには、頭が下がる思《おも》いだ。

頭《あたま》の上《うえ》の蝿《はえ》を追《お》え ことわざ

意味 人《ひと》のことを心配《しんぱい》するよりも、まずは自分《じぶん》の問題《もんだい》をきちんと解決《かいけつ》しなさい。

用例 人のことに口《くち》を出《だ》す前《まえ》に、頭の上の蝿を追え。

頭《あたま》を抱《かか》える 慣用句

意味 どうしたらよいかわからず、考《かんが》え込《こ》む。「頭を抱え込む」ともいう。

用例 困難《こんなん》に直面《ちょくめん》し、彼《かれ》は思《おも》わず頭を抱えた。

★頭《あたま》を冷《ひ》やす 慣用句

意味 冷静《れいせい》さを取《と》り戻《もど》す。高《たか》ぶった気《き》持《も》ちを落《お》ち着《つ》かせる。

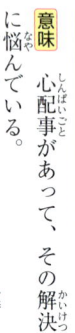

あちら立てればこちらが立たぬ

今回はA部長《ぶちょう》のA案《あん》を採用《さいよう》するということで…。
異議《いぎ》あり！
B部長
A部長
ではB部長の案も入れて…
君《きみ》、それでは困《こま》るよ！
あちら立てればこちらが立たぬだね。
お昼はA部長の好《す》きな、すしにしましょうか？
異議あり！
ではB部長の好きな中華《ちゅうか》に…
君、それでは困るよ！
お昼は別々《べつべつ》に行けばいいのに。

用例 頭を冷やして、もう一度《いちど》出《で》直《なお》しなさい。

当《あ》たらずといえども遠《とお》からず　故事成語

意味 正確《せいかく》には当たっているとはいえないが、そう外《はず》れているわけでもない。

用例 「その様子《ようす》だと、テストの点《てん》がすごく良《よ》かったんでしょ。」「まあ、当たらずといえども遠からずだよ。」

参考 中国《ちゅうごく》の『大学《だいがく》』にある言葉《ことば》。

当《あ》たるも八卦《はっけ》当たらぬも八卦　ことわざ

意味 占《うらな》いは、当たることもあれば、外《はず》れることもあるということ。

用例 悪《わる》い運勢《うんせい》が出《で》ても、「当たるも八卦当たらぬも八卦」というから、気《き》にすることはありません。

参考 「八卦」は、占いのこと。

あちら立《た》てればこちらが立たぬ　ことわざ

意味 一方《いっぽう》を満足《まんぞく》させようとすると、もう一方に不満《ふまん》を抱《いだ》かせてしまう。バランスを取《と》ることの難《むずか》しさをいう。

用例 あちら立てればこちらが立たぬで、なかなかクラス全員《ぜんいん》が納得《なっとく》するような結論《けつろん》には至《いた》らなかった。

圧《あっ》巻《かん》　故事成語

意味 最《もっと》も優《すぐ》れた詩《し》や文章《ぶんしょう》。詩や文章の傑作《けっさく》。他《ほか》のものより抜《ぬ》きんでてすばらしい作品《さくひん》や芸《げい》。

用例 あの人《ひと》のバイオリンの演奏《えんそう》は圧巻だった。

参考 昔《むかし》の中国《ちゅうごく》の科挙《かきょ》(官吏登用《かんりとうよう》試験《しけん》)で、最優秀《さいゆうしゅう》で合格《ごうかく》した者《もの》の答案《とうあん》(巻《かん》)を、他の答案の上《うえ》に置《お》いたことから。

呆気《あっけ》に取《と》られる　慣用句

意味 意外《いがい》な出来事《できごと》に、驚《おどろ》きあきれる。

用例 自分《じぶん》が失敗《しっぱい》しても開《ひら》き直《なお》っている彼《かれ》の態度《たいど》に、僕《ぼく》は呆気に取られてしまった。

★悪口雑言《あっこうぞうごん》　四字熟語

意味 さまざまにののしること。また、その悪口《わるくち》の言葉《ことば》。

用例 彼女《かのじょ》は、ここぞとばかり、彼《かれ》に対《たい》して悪口雑言を浴《あ》びせた。

参考 「雑言」は、いろいろな悪口。

★暑《あつ》さ寒《さむ》さも彼岸《ひがん》まで　ことわざ

意味 夏《なつ》の暑さも秋《あき》の彼岸までにはおさまり、しのぎやすくなり、厳《きび》しい寒さも春《はる》の彼岸には和《やわ》らぐこと。「暑さ寒さも彼岸ぎり」ともいう。

用例 「暑さ寒さも彼岸まで」とはよくいったもので、この頃《ごろ》はとてもしのぎやすくなった。

参考 「彼岸」は、春分《しゅんぶん》の日《ひ》と秋《しゅう》分《ぶん》の日を中心《ちゅうしん》とした七日間《なのかかん》をいう。

羹《あつもの》に懲《こ》りて膾《なます》を吹《ふ》く 故事成語

意味 一度《いちど》の失敗《しっぱい》に懲りて、用心《ようじん》し過《す》ぎるたとえ。

用例 前《まえ》に花火《はなび》をしたとき蚊《か》に刺《さ》されたからって、そんな長袖《ながそで》に長ズボンの格好《かっこう》じゃ暑《あつ》いよ。それこそ羹に懲りて膾を吹くじゃないか。

参考 「羹」は、野菜《やさい》や肉《にく》などを入《い》れた熱《あつ》いスープ。「膾」は、魚《さかな》や肉などを刻《きざ》み、酢《す》で味付《あじつ》けした冷《つめ》たい料理《りょうり》。熱いスープを食《た》べてやけどした人《ひと》が、それに懲りて冷たい料理もふうふう吹いて冷《さ》まして食べることから。中国《ちゅうごく》の『楚《そ》辞《じ》』にある言葉《ことば》。

後味《あとあじ》が悪《わる》い 慣用句

意味 物事《ものごと》が終《お》わった後でも、すっきりしないで、不快《ふかい》な感《かん》じを覚《おぼ》える。

用例 正《ただ》しいことを言《い》ったつもりだったが、何《なん》だか後味が悪い。

後足《あとあし》で砂《すな》をかける 慣用句

意味 恩義《おんぎ》を裏切《うらぎ》るだけでなく、さらに迷惑《めいわく》をかけて去《さ》っていく。

用例 彼《かれ》は後足で砂をかけるようにさんざん職場《しょくば》に文句《もんく》を言《い》って、去っていった。

参考 犬《いぬ》が走《はし》り去るときに、勢《いきお》いよく砂を跳《は》ね上《あ》げていく様子《ようす》から。

類似 恩を仇《あだ》で返《かえ》す・飼《か》い犬に手《て》を噛《か》まれる

★後《あと》の祭《まつ》り 慣用句

意味 時機《じき》を逃《のが》して後悔《こうかい》しても、何《なん》にもならないこと。

用例 今《いま》さら後悔しても、後の祭りだよ。

参考 祭りの終《お》わった翌日《よくじつ》に来《き》ても、行事《ぎょうじ》もおいしい食《た》べ物《もの》もなく、すでに手遅《ておく》れであることから。または、祭りの後の山車《だし》が何の役《やく》にも立《た》たないことから。

類似 六日《むいか》の菖蒲《あやめ》十日《とおか》の菊《きく》

★後《あと》は野《の》となれ山《やま》となれ ことわざ

意味 今《いま》さえよければ、後はどうなっても構《かま》わない。無責任《むせきにん》な態度《たいど》を表《あらわ》す言葉《ことば》。

用例 後は野となれ山となれと、遊《あそ》んだ後の部屋《へや》を散《ち》らかしっぱなしにして出《で》かけてはいけません。

対照 立《た》つ鳥跡《とりあと》を濁《にご》さず

後《あと》を引《ひ》く 慣用句

意味 ある出来事《できごと》の影響《えいきょう》が、それの終《お》わった後も続《つづ》く。

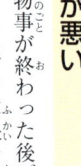

油を売る

用例 あの出来事が後を引いて、友達《ともだち》と気《き》まずくなってしまった。

類似 尾《お》を引く

穴《あな》が開《あ》く 慣用句

意味 不足《ふそく》や損失《そんしつ》が生《しょう》じる。

用例 舞台《ぶたい》の主役《しゅやく》がけがで入院《にゅういん》してしまい、公演《こうえん》に穴が開いた。

★穴《あな》があったら入《はい》りたい 故事成語

意味 恥《は》ずかしいことをしてかし、身《み》の置《お》き所《どころ》がない。

用例 あんな失敗《しっぱい》をして、穴があったら入りたいほどだ。

参考 中国《ちゅうごく》の『賈誼新書《かぎしんしょ》』にある言葉《ことば》。

あばたもえくぼ ことわざ

意味 好《す》きな人《ひと》のことは、欠点《けってん》まで長所《ちょうしょ》に見《み》えるということ。

用例 「以前《いぜん》は気《き》に入《い》らなかったところまですてきに見えるよ。」「それを、『あばたもえくぼ』というのよ。」

参考 「あばた」は、天然痘《てんねんとう》の治《なお》った後《あと》に残《のこ》るくぼみ。

対照 坊主憎《ぼうずにく》けりゃ袈裟《けさ》まで憎い

危《あぶ》ない橋《はし》を渡《わた》る 慣用句

意味 あえて危険《きけん》な方法《ほうほう》・手段《しゅだん》で物事《ものごと》を行《おこな》う。

用例 ときには危ない橋を渡ることも必要《ひつよう》だ。

対照 浅《あさ》い川《かわ》も深《ふか》く渡れ・石橋《いしばし》を叩《たた》いて渡《わた》る・念《ねん》には念を入《い》れる

★虻蜂取《あぶはちと》らず ことわざ

意味 あれもこれもと欲張《よくば》ると、どちらも手《て》に入《い》れることができず、失敗《しっぱい》する。

用例 そんなに欲張ると、虻蜂取らずになってしまうよ。

参考 くもが、巣《す》にかかった虻と蜂を両方一度《りょうほういちど》に取ろうとして、両方とも逃《に》がしてしまうことから。

類似 二兎《にと》を追《お》う者《もの》は一兎《いっと》をも得《え》ず

対照 一挙両得《いっきょりょうとく》・一石二鳥《いっせきにちょう》

★脂《あぶら》が乗《の》る 慣用句

意味 調子《ちょうし》が出《で》てくる。仕事《しごと》などがはかどる。

用例 最近《さいきん》は彼《かれ》も勉強《べんきょう》に脂が乗って、自分《じぶん》から机《つくえ》に向《む》かっている。

参考 魚《さかな》の身《み》に脂肪《しぼう》が増《ふ》え、ちょうど食《た》べ頃《ごろ》になることから。

★油《あぶら》を売《う》る 慣用句

意味 無駄話《むだばなし》をして仕事《しごと》を怠《なま》ける。

用例 いつまでたっても帰《かえ》らないで、いったいどこで油を売っていたの。

参考 江戸時代《えどじだい》に油を売る商人《しょうにん》が、いろんな話を長々《ながなが》としながら売っ

雨垂れ石を穿つ

お、太郎《たろう》熱心《ねっしん》に勉強《べんきょう》しているな。
雨垂れ石を穿つように今からコツコツと勉強しておくことは良《よ》いことだ。
ピチョン
いい言葉《ことば》だ…
石に落《お》ち続《つづ》ける水滴《すいてき》はいつか石に穴《あな》をあけるように、小さな力でも続ければ成《な》し遂《と》げられるという意味《いみ》だよ。
おお！
よ〜し！目指《めざ》せ、東大、京大!!
うおおおぉ
大きく出たな。でもいいぞ！
お父さんはビールをのんでくる

たことから。また、油売りが客《きゃく》の器《うつわ》に油を入《い》れるのに時間《じかん》がかかったからともいわれる。

油《あぶら》を絞《しぼ》る

慣用句

意味 人《ひと》の欠点《けってん》や失敗《しっぱい》を責《せ》める。

用例 宿題《しゅくだい》もせずに遊《あそ》んでいたら、母《はは》にこってり油を絞られた。

参考 大豆《だいず》やごまから油を搾《しぼ》り取《と》ったことから。

甘《あま》い汁《しる》を吸《す》う

慣用句

意味 ろくに苦労《くろう》もせずに、利益《りえき》を得《え》る。

用例 社会《しゃかい》の裏側《うらがわ》で甘い汁を吸う人間《にんげん》を、許《ゆる》してはおけない。

★雨垂《あまだ》れ石《いし》を穿《うが》つ

故事成語

意味 固《かた》い石に落《お》ち続《つづ》ける雨垂れが、長《なが》い間《あいだ》にその石に穴《あな》を開《あ》けるように、小《ちい》さな力《ちから》でも根気強《こんきづよ》くやり続ければ、物事《ものごと》を成《な》し遂《と》げることができる。

用例 雨垂れ石を穿つで、努力《どりょく》を積《つ》み重《かさ》ねれば、希望《きぼう》はかなうものだ。

参考 中国《ちゅうごく》の『文選《もんぜん》』にある言葉《ことば》。

天《あま》の邪鬼《じゃく》

慣用句

意味 何事《なにごと》にもわざと人《ひと》に逆《さか》らって反対《はんたい》のことをする人のたとえ。

用例 彼《かれ》は天の邪鬼だから、みんなの行《い》くところには行かないよ。

参考 仁王《におう》や四天王《してんのう》に踏《ふ》みつけられている子鬼《こおに》のこととも、日本神《にほんしん》話《わ》に出《で》てくる天探女《あまのさぐめ》から転《てん》じたものともいわれる。

網《あみ》を張《は》る

慣用句

意味 犯人《はんにん》などを捕《つか》まえようと、用意《ようい》して待《ま》ち構《かま》える。

用例 犯人が立《た》ち寄《よ》りそうな場所《ばしょ》に、くまなく網を張る。

雨《あめ》が降《ふ》ろうが槍《やり》が降ろうが

慣用句

意味 どんな困難《こんなん》があろうとも、必《かなら》ずやり遂《と》げるという強《つよ》い決意《けつい》のたとえ。「雨が降ろうと槍が降ろうと」ともいう。

用例 雨が降ろうが槍が降ろうが、今年《ことし》こそ富士山《ふじさん》に登《のぼ》って、頂上《ちょうじょう》から日《ひ》の出《で》を見《み》るぞ。

類似 石《いし》にかじりついても

飴《あめ》と鞭《むち》

慣用句

意味 一方《いっぽう》では甘《あま》い利益《りえき》で誘《さそ》い、一方では力《ちから》で脅《おど》かし、これらを適《てき》当《とう》に使《つか》い分《わ》けて、相手《あいて》を思《おも》うように操《あやつ》ること。

用例 野球部《やきゅうぶ》の監督《かんとく》は、飴と鞭で選手《せんしゅ》を鍛《きた》え、チームを強《つよ》くした。

★雨降《あめふ》って地固《じかた》まる

ことわざ

意味 悪《わる》い事《こと》があったあとは、か

泡を食う

えって物事《ものごと》が落《お》ち着《つ》く。

用例 けんかをしたあとは、前《まえ》より仲《なか》がよくなった。「雨降って地固まる」というやつさ。

参考 雨の降ったあとはぬかるんでいても、しばらくするとかえって地面《じめん》が固くなることから。

嵐《あらし》の前《まえ》の静《しず》けさ 慣用句

意味 何《なに》か事件《じけん》や騒《さわ》ぎなどが起《お》きる前には、不気味《ぶきみ》な静けさがあるものだということ。

用例 用心《ようじん》していたが、今《いま》のところ何も起きる気配《けはい》がなく、妙《みょう》に静かだ。嵐の前の静けさでなければいいのだが。

★蟻《あり》の穴《あな》から堤《つつみ》も崩《くず》れる 故事成語

意味 ちょっとした油断《ゆだん》から、思《おも》いもよらない大事件《だいじけん》が起《お》きる。

用例 私《わたし》たちのチームが大差《たいさ》で勝《か》っていたのに、ミスからあっという間《ま》に逆転《ぎゃくてん》されてしまった。まさに、蟻の穴から堤も崩れるだ。

参考 中国《ちゅうごく》の『韓非子《かんぴし》』にある言葉《ことば》。

★合《あ》わせる顔《かお》がない 慣用句

意味 申《もう》し訳《わけ》なくて相手《あいて》に会《あ》うのがつらい。

用例 迷惑《めいわく》ばかりかけてしまい、合わせる顔がない。

類似 顔向《かおむ》けができない

★泡《あわ》を食《く》う 慣用句

意味 ひどく慌《あわ》てる。うろたえる。

用例 突然《とつぜん》野良犬《のらいぬ》が飛《と》び掛《か》かってきて、僕《ぼく》は泡を食って逃《に》げ出《だ》した。

暗礁《あんしょう》に乗《の》り上《あ》げる 慣用句

意味 思《おも》いもよらない障害《しょうがい》に遭《あ》い、物事《ものごと》がうまく運《はこ》ばなくなる。

用例 彼《かれ》の反対《はんたい》で、計画《けいかく》は暗礁に

◆青二才《あおにさい》
年《とし》が若《わか》く、経験少《けいけんすく》ない者《もの》をののしっていう言葉《ことば》。「これは、あんな青二才に務《つと》まる仕事《しごと》ではないよ。」

◆朝飯前《あさめしまえ》
朝起《お》きて朝食《ちょうしょく》を食《た》べる前のわずかな時間《じかん》に、空腹《くうふく》でもできるような簡単《かんたん》なこと。「算数《さんすう》の計《けい》算問題《さんもんだい》なら、朝飯前だ。」

◆足手《あして》まとい
手足にまとい付《つ》いて、自由《じゆう》を奪《うば》う意味《いみ》から、活動《かつどう》のじゃまになること。「今度《こんど》兄《あに》といっしょに初《はじ》めて釣《つ》りに行《い》くことになったけど、足手まといにならないようにしよう。」

◆塩《あん》梅《ばい》
具合《ぐあい》。頃合《ころあい》。「今日《きょう》行《い》った銭《せん》湯《とう》のお湯《ゆ》の温度《おんど》は、ちょうどいい塩梅だった。」

言うは易く行うは難し

乗り上げてしまった。

参考　航海《こうかい》している船《ふね》が暗礁(海《かい》中《ちゅう》の岩《いわ》)に乗り上げると、前《まえ》にも後《うし》ろにも進《すす》めず立《た》ち往生《おうじょう》してしまうことから。

★案《あん》ずるより産《う》むが易《やす》し　ことわざ

意味　物事《ものごと》は実際《じっさい》にやってみると、心配《しんぱい》していたよりたやすいものだ。

用例　思《おも》い切《き》ってやってみると、案ずるより産むが易しだった。

★暗中模索《あんちゅうもさく》　四字熟語

意味　手掛《てが》かりが得《え》られないまま、あちこち探《さが》し求《もと》めること。見通《みとお》しもなくいろいろと試《ため》してみること。

用例　新《あたら》しい研究《けんきゅう》は始《はじ》まったばかりだから、暗中模索で進《すす》めるしかない。

参考　暗闇《くらやみ》の中《なか》では物《もの》が見えないので、手探《てさぐ》りで探すことから。

案《あん》の定《じょう》　慣用句

意味　予想《よそう》どおり。思《おも》ったとおり。

用例　朝起《あさお》きるのが苦手《にがて》な彼《かれ》は、案の定、今日《きょう》も遅刻《ちこく》して先生《せんせい》に叱《しか》られた。

い

唯唯諾諾《いいだくだく》　四字熟語

意味　「はいはい」と、人《ひと》の言《い》うことに素直《すなお》に従《したが》う様子《ようす》。

用例　あの人はいつも上司《じょうし》の命令《めいれい》には唯唯諾諾と従う。

参考　「唯唯」も「諾諾」も、「はいはい」と返事《へんじ》をすること。

★言《い》うは易《やす》く行《おこな》うは難《かた》し　故事成語

意味　口《くち》で言うのは誰《だれ》でもできるが、実際《じっさい》に行うのは難《むずか》しい。

用例　毎日日記《まいにちにっき》をつけるのは、言うは易く行うは難しだよ。

参考　中国《ちゅうごく》の『塩鉄論《えんてつろん》』にある言葉《ことば》。

怒《いか》り心頭《しんとう》に発《はっ》する　慣用句

意味　心《こころ》の底《そこ》から激《はげ》しい怒りが込《こ》み上《あ》げる。

用例　信《しん》じていた人《ひと》に裏切《うらぎ》られて、怒り心頭に発した。

参考　「心頭」は、心の中《なか》。「怒り心頭に達《たっ》する」は誤《あやま》り。

★生《い》き馬《うま》の目《め》を抜《ぬ》く　慣用句

意味　他人《たにん》を出《だ》し抜いて、素早《すばや》く利益《りえき》を得《え》る。また、少《すこ》しも油断《ゆだん》ならない様子《ようす》。

用例　最近《さいきん》の世《よ》の中《なか》は、生き馬の目を抜くようだ。

参考　生きている馬の目さえ抜き取《と》ってしまうほど、素早いことから。

意気投合

あ、ミキちゃんもそのグループが好《す》きなんだ！
私《わたし》も大好き！
マキちゃんも…!?
私たちは意気投合し、いつも二人で音楽《おんがく》の話をするようになった。
いい歌だよね―
私たちも歌ってみようよ！
その時の意気投合をきっかけに、私たちは…
ゆうひがふたりのかげをつつんでゆく～
10年後、“ミキ☆マキ”というグループ名でデビューを果《は》たしたのです！
こんにちは～
ミキ☆マキで～す
パチ
パチ
パチ
パチ
パチ

★息《いき》が合《あ》う　慣用句

意味　互《たが》いの気持《きも》ちや調子《ちょうし》がぴったり一致《いっち》する。

用例　猛特訓《もうとっくん》のおかげで、みんなのダンスは、ようやく息が合うようになってきた。

類似　阿吽《あうん》の呼吸《こきゅう》

息《いき》が切《き》れる　慣用句

意味　①激《はげ》しく動《うご》いたりして呼吸《こきゅう》がしにくくなる。息が続かなくなる。②物事《ものごと》を長《なが》く続《つづ》けることができず、途中《とちゅう》で弱《よわ》る。

用例　②勉強《べんきょう》ばかりしていると息が切れるよ。適度《てきど》に休《やす》むといい。

行《い》きがけの駄賃《だちん》　慣用句

意味　本来《ほんらい》のすべきことのついでに、別《べつ》のことをやって利益《りえき》を得《え》る。「行《ゆ》きがけの駄賃」とも読《よ》む。

用例　お使《つか》いの途中《とちゅう》、行きがけの駄賃《だちん》に本屋《ほんや》で漫画《まんが》を立《た》ち読《よ》みした。

参考　昔《むかし》、馬子《まご》が問屋《とんや》などに荷物《にもつ》を取《と》りに行くついでに、別の荷物などを運《はこ》んで手間賃《てまちん》を稼《かせ》いだことから。馬子とは、馬《うま》をひいて人《ひと》や物《もの》を運ぶことを職業《しょくぎょう》とする人。

息《いき》が絶《た》える　慣用句

意味　死《し》ぬ。

用例　懸命《けんめい》に手当《てあ》てをしたが、けが人《にん》は息が絶えてしまった。

類似　息を引《ひ》き取《と》る

息《いき》が詰《つ》まる　慣用句

意味　緊張《きんちょう》で呼吸《こきゅう》が苦《くる》しくなる。

用例　周《まわ》りに先生《せんせい》ばかりがいると、息が詰まる。

息《いき》が長《なが》い　慣用句

意味　一《ひと》つのことが長く続《つづ》く。

用例　このお菓子《かし》は、我《わ》が社《しゃ》において息が長い商品《しょうひん》だ。

★意気消沈《いきしょうちん》　四字熟語

意味　元気《げんき》をなくして、しょげる様子《ようす》。

用例　母《はは》にこっぴどく叱《しか》られて、彼《かれ》は意気消沈した。

対照　意気軒昂《いきけんこう》・意気揚揚《いきようよう》

★意気投合《いきとうごう》　四字熟語

意味　互《たが》いの気持《きも》ちや考《かんが》えがぴったり一致《いっち》すること。

用例　初《はじ》めて会《あ》ったときから意気投合して、ずっと友人《ゆうじん》でいる。

息《いき》の根《ね》を止《と》める　慣用句

意味　殺《ころ》す。相手《あいて》を完全《かんぜん》に打《う》ち倒《たお》してしまう。

用例　試合《しあい》の勝敗《しょうはい》を決《けっ》する点《てん》を入《い》れ、相手《あいて》チームの息の根を止めた。

参考　「息の根」は、命《いのち》のこと。

息を殺す

何も
言うんじゃない…
息を殺すんだ!!
見つかったら
おこられるぞ…
息を
殺すんだ…!!
たけしー、
花びんどこか
知らない?

息《いき》を凝《こ》らす　慣用句

意味　息を抑《おさ》えてじっとしている。

用例　息を凝らして次《つぎ》の展開《てんかい》を待《ま》った。

類似　息を殺《ころ》す・息を詰《つ》める

★息《いき》を殺《ころ》す　慣用句

意味　神経《しんけい》を集中《しゅうちゅう》して、呼吸《こきゅう》を抑《おさ》えて静《しず》かにしている。

用例　相手《あいて》がどう出《で》るかと、息を殺して待《ま》ち受《う》けた。

類似　息を凝《こ》らす・息を詰《つ》める

息《いき》をつく　慣用句

意味　ほっとする。一休《ひとやす》みする。

用例　テストが終《お》わり緊張《きんちょう》から解《かい》放《ほう》された彼《かれ》は、大《おお》きく息をついた。

★息《いき》を呑《の》む　慣用句

意味　はっと驚《おどろ》いて息を止《と》める。

用例　予想外《よそうがい》の出来事《できごと》に、思《おも》わず息を呑んだ。

息《いき》を弾《はず》ませる　慣用句

意味　運動《うんどう》したり、気持《きも》ちが高《たか》ぶったりして、呼吸《こきゅう》が荒《あら》くなる。

用例　昨日《きのう》のゲームの続《つづ》きをしようと、弟《おとうと》は息を弾ませて学校《がっこう》から帰《かえ》ってきた。

息《いき》を引《ひ》き取《と》る　慣用句

意味　死《し》ぬ。

用例　祖父《そふ》は眠《ねむ》るように静《しず》かに息を引き取った。

類似　息が絶《た》える

息《いき》を吹《ふ》き返《かえ》す　慣用句

意味　生《い》き返る。もうだめだと思《おも》われた人《ひと》や組織《そしき》が再《ふたた》び盛《も》り返す。

用例　倒産寸前《とうさんすんぜん》だった会社《かいしゃ》が、新《しん》商品《しょうひん》のヒットで息を吹き返した。

★異口同音《いくどうおん》　四字熟語

意味　みんなが、同《おな》じことを言《い》うこと。

用例　クラス全員《ぜんいん》が、異口同音に彼女《かのじょ》の行為《こうい》を褒《ほ》めた。

類似　口《くち》を揃《そろ》える

いざ鎌倉《かまくら》　ことわざ

意味　にわかに大事件《だいじけん》が起《お》こり、すぐに行動《こうどう》を起こさなければならないときに使《つか》う言葉《ことば》。「すわ鎌倉」ともいう。

用例　「いざ鎌倉」というときの準備《じゅんび》はできている。

参考　鎌倉時代《かまくらじだい》、一大事が起《お》こったとき、各地《かくち》の武士《ぶし》が幕府《ばくふ》のある鎌倉に召集《しょうしゅう》された。謡曲《ようきょく》「鉢木《はちのき》」の主人公《しゅじんこう》が、旅《たび》の僧《そう》に「一大事が起こったときの真《ま》っ先《さき》に鎌倉に駆《か》けつける覚悟《かくご》」を語《かた》ったときの言葉からといわれる。

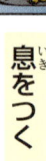

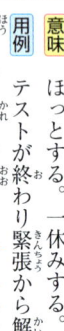

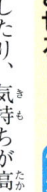

石橋を叩いて渡る

みなさんこんにちは
わたしは石橋叩子。よろしくね!!
チャオ
わたしとっても用心深《ぶか》いの。
行動《こうどう》する前にはかならず確認《かくにん》が必要《ひつよう》ね！
カンカン
叩子ちゃん、シュークリームもらったよ
まって！そのシュークリームあなたが先に食べてみて！
ヒーッ!!ワサビ入りだ!?
どんなときも用心しなくちゃね！
チャオ

石《いし》にかじりついても 慣用句

意味 どんなに苦労《くろう》しても。何《なん》としても。

用例 石にかじりついても、今度《こんど》の舞台《ぶたい》は成功《せいこう》させねばならない。

類似 雨《あめ》が降《ふ》ろうが槍《やり》が降ろうが

★石《いし》の上《うえ》にも三年《さんねん》 ことわざ

意味 どんなにつらくても、辛抱《しんぼう》すれば報《むく》われるときが来《く》る。

用例 「石の上にも三年」というから、あと少《すこ》し我慢《がまん》してやってみるか。

参考 冷《つめ》たい石の上にも三年座《すわ》り続《つづ》ければ、石も温《あたた》まることから。

★石橋《いしばし》を叩《たた》いて渡《わた》る ことわざ

意味 用心《ようじん》に用心を重《かさ》ねて、慎重《しんちょう》に物事《ものごと》を行《おこな》うことのたとえ。

用例 彼女《かのじょ》は何事《なにごと》に対《たい》しても石橋を叩いて渡る性格《せいかく》だ。

類似 浅《あさ》い川《かわ》も深《ふか》く渡《わた》れ・念《ねん》には念を入《い》れる

対照 危《あぶ》ない橋を渡る

医者《いしゃ》の不養生《ふようじょう》 ことわざ

意味 患者《かんじゃ》の健康《けんこう》にはうるさく言《い》う医者も、自分《じぶん》のことになるとおろそかになっているということから、他人《たにん》には立派《りっぱ》なことを言うが、自分では実行《じっこう》しないことのたとえ。

用例 あの医者はどう見《み》ても太《ふと》り過《す》ぎで、まさに医者の不養生だ。

類似 紺屋《こうや》の白袴《しろばかま》

衣食足《いしょくた》りて礼節《れいせつ》を知《し》る 故事成語

意味 衣食に不足《ふそく》なく、余裕《よゆう》のある生活《せいかつ》になってはじめて、人《ひと》は礼《れい》儀《ぎ》や節度《せつど》を重《おも》んじるようになる。「衣食足りて栄辱《えいじょく》を知る」ともいう。

用例 「衣食足りて礼節を知る」という言葉《ことば》もある。まずは安定《あんてい》した生活を送《おく》れるようになることが、人として大事《だいじ》だ。

参考 中国《ちゅうごく》の『管子《かんし》』にある言葉《ことば》。

★以心伝心《いしんでんしん》 四字熟語

意味 口《くち》に出《だ》して言《い》わなくても、互《たが》いに意思《いし》が通《つう》じること。

用例 あなたと私《わたし》は、以心伝心の間柄《あいだがら》だ。

参考 元《もと》は仏教《ぶっきょう》の言葉《ことば》。奥《おく》が深《ふか》い仏教の教《おし》えは文章《ぶんしょう》や言葉では表《あらわ》すことができず、心《こころ》から心へ伝《つた》えるしかないことから。

いずれ菖蒲《あやめ》か杜若《かきつばた》 ことわざ

意味 どれも優《すぐ》れていて、一《ひと》つに決《き》めることが難《むずか》しいことのたとえ。

用例 どの作品《さくひん》もみな優秀《ゆうしゅう》で、いずれ菖蒲か杜若の感《かん》がある。

参考 菖蒲と杜若はよく似《に》た花《はな》で、見分《みわ》けにくいところから。

急がば回れ

★急《いそ》がば回《まわ》れ　ことわざ

意味　急ぐときは危《あぶ》ない近道《ちかみち》よりも、遠回《とおまわ》りでも安全《あんぜん》な道を選《えら》んで行《い》け。つまり、急いで成果《せいか》を求《もと》めるより、着実《ちゃくじつ》な方法《ほうほう》を取《と》ったほうがよいという教《おし》え。

用例　緊急《きんきゅう》のときこそ、急がば回れだよ。

類似　急《せ》いては事《こと》を仕損《しそん》じる

対照　思《おも》い立《た》ったが吉日《きちじつ》・先《さき》んずれば人《ひと》を制《せい》す・先手必勝《せんてひっしょう》・善《ぜん》は急げ

痛《いた》くも痒《かゆ》くもない　慣用句

意味　何《なん》とも思《おも》わない。まったく平気《へいき》だ。

用例　その程度《ていど》の批判《ひはん》には慣《な》れているので、痛くも痒くもない。

痛《いた》くもない腹《はら》を探《さぐ》られる　慣用句

意味　何《なに》もやましいところはないのに、人《ひと》からあれこれ疑《うたが》いをかけられる。

用例　痛くもない腹を探られて、とても不愉快《ふゆかい》だ。

痛《いた》し痒《かゆ》し　慣用句

意味　片方《かたほう》を取《と》れば他方《たほう》に不都合《ふつごう》が生《しょう》じてしまうため、どうしたらよいか判断《はんだん》に迷《まよ》う様子《ようす》。

用例　晴《は》れの日《ひ》が続《つづ》くのはいいが、水不足《みずぶそく》が心配《しんぱい》になる。まさに、痛し痒しだ。

参考　かけば痛く、かかなければ痒いことから、二《ふた》つの事柄《ことがら》の間《あいだ》でどちらを取るか決《き》められないときに使《つか》う。

鼬《いたち》ごっこ　慣用句

意味　何度《なんど》も同《おな》じことを繰《く》り返《かえ》して、堂々巡《どうどうめぐ》りをすることのたとえ。

用例　いくら掃除《そうじ》しても、すぐに子《こ》どもたちに汚《よご》されてしまう。これでは鼬ごっこだよ。

参考　「鼬ごっこ」は、古《ふる》くからある子どもの遊《あそ》び。相手《あいて》の手の甲《こう》をつねったら、その手の甲を相手がつねり返す。その繰り返しの遊び。

★板《いた》に付《つ》く　慣用句

意味　経験《けいけん》を積《つ》んで、動作《どうさ》や態度《たいど》が役割《やくわり》にぴったり合《あ》ってくる。

用例　彼《かれ》はこの頃《ごろ》やっと、仕事《しごと》が板に付いてきた。

参考　「板」は、舞台《ぶたい》。役者《やくしゃ》の演技《えんぎ》が、舞台にぴったり合ってなじんでくることから。

板挟《いたばさ》みになる　慣用句

意味　対立《たいりつ》する二《ふた》つのものの間《あいだ》で、どちらか一方《いっぽう》だけに味方《みかた》するわけにもいかず、苦労《くろう》する。

用例　言《い》い争《あらそ》いをする父《ちち》と母《はは》の間

鼬ごっこ

で、僕《ぼく》は板挟みになってしまった。

至《いた》れり尽《つ》くせり　慣用句

意味　隅々《すみずみ》まで満足《まんぞく》のいく心配《こころくば》りがなされていること。

用例　友人《ゆうじん》の家《いえ》に招《まね》かれて、至れり尽くせりのもてなしを受《う》けた。

類似　痒《かゆ》い所《ところ》に手《て》が届《とど》く

一《いち》意《い》専《せん》心《しん》　故事成語

意味　心《こころ》を一《ひと》つのことに集中《しゅうちゅう》して、他《ほか》に向《む》けないこと。そのことにひたすら集中すること。

用例　相撲《すもう》に一意専心する。

参考　中国《ちゅうごく》の『管子《かんし》』にある言葉《ことば》。

類似　一心不乱《いっしんふらん》・脇目《わきめ》も振《ふ》らず

一《いち》衣《い》帯《たい》水《すい》　故事成語

意味　帯《おび》のような細《ほそ》い流《なが》れ。狭《せま》い海峡《かいきょう》。また、二《ふた》つのものの関係《かんけい》が非常《ひじょう》に近《ちか》いことのたとえ。

用例　日本《にほん》とお隣《となり》の国中国《くにちゅうごく》は、一衣帯水の関係だ。

参考　「衣帯」は、着物《きもの》の帯。中国の『南史《なんし》』にある言葉《ことば》。

★一《いち》か八《ばち》か　慣用句

意味　運《うん》を天《てん》に任《まか》せて、思《おも》い切《き》ってやってみること。

用例　ここが勝負《しょうぶ》の分《わ》かれ目《め》だ。一か八かやってみよう。

参考　「一」と「八」は、さいころの偶数《ぐうすう》を表《あらわ》す「丁《ちょう》」と奇数《きすう》を表す「半《はん》」の字《じ》の上部《じょうぶ》をとったもの。

類似　伸《の》るか反《そ》るか

一《いち》から十《じゅう》まで　慣用句

意味　何《なに》から何まで、すべて。最《さい》初《しょ》から最後《さいご》まで。

用例　一から十まで指図《さしず》されるのはごめんだ。

一《いち》言《げん》居《こ》士《じ》　四字熟語

意味　何事《なにごと》にも一言口出《ひとことくちだ》ししないでは気《き》のすまない性質《せいしつ》の人《ひと》。

用例　彼《かれ》は一言居士だから、きっと何か言《い》うよ。

参考　「居士」は、男性《だんせい》のこと。

★一《いち》期《ご》一《いち》会《え》　四字熟語

意味　一生《いっしょう》に一度《いちど》の出会《であ》い。人《ひと》と人が出会うのは、一生に一度の機《き》会《かい》だと思《おも》って誠意《せいい》を尽《つ》くすべきだという考《かんが》え。

用例　一期一会の出会いを大事《だいじ》にしていこう。

参考　「一期」は、一生の意味。安土桃山時代《あづちももやまじだい》の茶人《ちゃじん》、千利休《せんのりきゅう》の弟《で》子《し》である山上宗二《やまのうえそうじ》の言葉《ことば》。

一《いち》事《じ》が万《ばん》事《じ》　ことわざ

意味　一《ひと》つのことから他《ほか》のすべて

一日千秋

のことが推測《すいそく》できること。

用例　一事が万事、あなたたちはいつもこんな調子《ちょうし》で、ろくなことをしない。

参考　ふつう、あまりよい事柄《ことがら》には用《もち》いられない。

★一日千秋《いちじつせんしゅう》

四字熟語

意味　とても待《ま》ち遠《どお》しいこと。「一日千秋《いちにちせんしゅう》」とも読《よ》む。

用例　一日千秋の思《おも》いであなたを待っています。

参考　「千秋」は、千年《せんねん》のこと。

一日《いちじつ》の長《ちょう》

故事成語

意味　経験《けいけん》や技能《ぎのう》などが、少《すこ》し優《すぐ》れていること。

用例　今日《きょう》も負《ま》けた。将棋《しょうぎ》に限《かぎ》っていえば、彼《かれ》に一日の長があるようだ。

参考　中国《ちゅうごく》の『論語《ろんご》』にある言葉《ことば》。

一難《いちなん》去《さ》ってまた一難

ことわざ

意味　次々《つぎつぎ》と災難《さいなん》が襲《おそ》ってくること。

用例　病気《びょうき》が治《なお》ったと思《おも》ったら、一難去ってまた一難、今度《こんど》は交通《こうつう》事故《じこ》に遭《あ》った。

類似　前門《ぜんもん》の虎《とら》、後門《こうもん》の狼《おおかみ》

一年《いちねん》の計《けい》は元旦《がんたん》にあり

ことわざ

意味　一年の計画《けいかく》は元日《がんじつ》の朝《あさ》に立《た》てるべきである。つまり、何事《なにごと》も最初《さいしょ》が大事《だいじ》だということ。

用例　「一年の計は元旦にあり」というから、今年《ことし》一年の自分《じぶん》の目標《もくひょう》を立てることにしよう。

★一念発起《いちねんほっき》

四字熟語

意味　今《いま》までの心《こころ》を改《あらた》めて、事《こと》を成《な》し遂《と》げようと決心《けっしん》すること。

用例　昨日《きのう》までの怠《なま》けた生活《せいかつ》から一念発起して、早寝早起《はやねはやお》きの生活を始《はじ》めた。

参考　元《もと》は仏教《ぶっきょう》の言葉《ことば》で、「一念発起菩提心《ぼだいしん》」といい、改心《かいしん》して仏《ほとけ》の道《みち》に入《はい》ることをいう。

一姫二太郎《いちひめにたろう》

ことわざ

意味　子《こ》どもは、第一子《だいいっし》が女《おんな》の子、第二子が男《おとこ》の子で授《さず》かるのが理想《りそう》的《てき》だということ。

用例　二人目《ふたりめ》は男の子で、一姫二太郎になりましたね。

参考　女の子一人《ひとり》、男の子二人という説《せつ》もあるが、それは誤《あやま》りとされている。

一病息災《いちびょうそくさい》

四字熟語

意味　まったく病気《びょうき》をしない人《ひと》よりも、持病《じびょう》を一《ひと》つくらい抱《かか》えている人のほうが、健康《けんこう》に気《き》を付《つ》ける

一富士二鷹三茄子

から、むしろ長生《なが い》きするということ。

用例 祖母《そぼ》は、「『一病息災』という言葉《ことば》もあるから気にしないわ。」と言《い》って、今日《きょう》も病院《びょういん》に出掛《でか》けた。

参考 「息災」は、安《やす》らか、達者《たっしゃ》の意味《いみ》。

類似 無病息災《むびょうそくさい》

★一部始終《いちぶしじゅう》 四字熟語

意味 始《はじ》めから終《お》わりまで。ある事柄《ことがら》の全部《ぜんぶ》。

用例 悪事《あくじ》の一部始終が明《あき》らかになった。

参考 「一部」は、本《ほん》の一冊《いっさつ》を表《あらわ》す。つまり、一冊の本の最初《さいしょ》から最後《さいご》までの意味《いみ》。

類似 細大漏《さいだいも》らさず

一富士二鷹三茄子《いちふじにたかさんなすび》 ことわざ

意味 初夢《はつゆめ》に見《み》ると縁起《えんぎ》がよいとされるのは、一番《いちばん》に富士、二番に鷹、三番に茄子であるということ。

用例 「一富士二鷹三茄子」というけれど、母《はは》は一度《いちど》に全部《ぜんぶ》見たと言《い》って喜《よろこ》んでいる。

参考 駿河国《するがのくに》(今《いま》の静岡県《しずおかけん》)の名物《めいぶつ》を挙《あ》げたとする説《せつ》もある。

★一望千里《いちぼうせんり》 四字熟語

意味 一目《ひとめ》ではるか遠《とお》くまで見渡《みわた》せるほど、眺《なが》めが開《ひら》けていること。

用例 ここからの眺めは、一望千里だ。

★一網打尽《いちもうだじん》 四字熟語

意味 悪人《あくにん》などを残《のこ》らず一度《いちど》に捕《つか》まえること。

用例 一味《いちみ》の隠《かく》れ家《が》に乗《の》り込《こ》んで、悪党《あくとう》どもを一網打尽にした。

参考 一度の網《あみ》で魚《さかな》を取《と》り尽《つ》くすことから。

一目置《いちもくお》く 慣用句

意味 相手《あいて》の能力《のうりょく》・人格《じんかく》が優《すぐ》れていることを認《みと》め、敬意《けいい》を払《はら》う。

用例 私《わたし》は彼女《かのじょ》に一目置いている。

参考 「一目」は囲碁《いご》の用語《ようご》で、弱《よわ》いほうが先《さき》に一目(一《ひと》つ)石《いし》を置《お》くことから。

一目瞭然《いちもくりょうぜん》 四字熟語

意味 一目見《ひとめみ》ただけで、物事《ものごと》のありさまがはっきりわかること。

用例 私《わたし》が見れば、本物《ほんもの》かどうかは一目瞭然だよ。

参考 「瞭然」は、明《あき》らかな様子《ようす》。

一《いち》も二《に》もなく 慣用句

意味 何《なん》の文句《もんく》もなく。

用例 近所《きんじょ》の人《ひと》に雨《あま》どいの修理《しゅうり》を頼《たの》んだら、一も二もなく引《ひ》き受《う》けてくれた。

一喜一憂

一葉《いちよう》落《お》ちて天下《てんか》の秋《あき》を知《し》る　故事成語

【意味】わずかな兆《きざ》しによって、その後《ご》の状況《じょうきょう》を予知《よち》すること。

【用例】こんな所《ところ》にも、あの大国《たいこく》の衰退《すいたい》の兆しを見《み》た気《き》がする。「一葉落ちて天下の秋を知る」とは、このことだ。

【参考】梧桐《ごどう》(あおぎり)という木《き》は、他《ほか》の樹木《じゅもく》より早《はや》く落葉《らくよう》する。それを見て、秋が来《き》たことを知るから。中国《ちゅうごく》の『文禄《ぶんろく》』にある言葉《ことば》。

一陽来復《いちようらいふく》　故事成語

【意味】①冬《ふゆ》が終《お》わって春《はる》が来《く》ること。②新年《しんねん》が来ること。③悪《わる》いことが続《つつ》いたあとで、ようやく良《よ》いほうへ向《む》かうこと。

【用例】③一陽来復、これで幸運《こううん》も巡《めぐ》ってくるだろう。

【参考】旧暦《きゅうれき》の十一月《じゅういちがつ》に陰気《いんき》から陽《よう》気《き》が回復《かいふく》することをいう。ちょうど冬至《とうじ》の頃《ころ》でもあるから、冬至のことを一陽来復ともいう。①・②のように季節《きせつ》の巡りをいうことから、③の意味《いみ》でも用《もち》いる。中国《ちゅうごく》の『易経《えききょう》』にある言葉《ことば》。

一翼《いちよく》を担《にな》う　慣用句

【意味】ある役割《やくわり》を受《う》け持《も》つ。

【用例】彼《かれ》は今回《こんかい》の選挙《せんきょ》で副会長《ふくかいちょう》に選《えら》ばれ、生徒会《せいとかい》の一翼を担うことになった。

【参考】「一翼」は、鳥《とり》の片方《かたほう》の翼《つばさ》。

一利《いちり》一害《いちがい》　四字熟語

【意味】良《よ》い所《ところ》もある代《か》わりに、悪《わる》い所もあること。

【用例】一利一害で、農家《のうか》の人《ひと》にとっては豊作《ほうさく》も収穫量《しゅうかくりょう》が多過《おおす》ぎると、農作物《のうさくぶつ》の値段《ねだん》が下《さ》がってもうけがなくなってしまう。

【類似】一長一短《いっちょういったん》・一得一失《いっとくいっしつ》

一蓮托《いちれんたく》(託)生《しょう》　四字熟語

【意味】運命《うんめい》を共《とも》にすること。

【用例】あなたと私《わたし》は一蓮托生だ。

【参考】夫婦《ふうふ》がいっしょに極楽《ごくらく》に往《おう》生《じょう》して、一枚《いちまい》の蓮《はす》の葉《は》に仲良《なかよ》く身《み》を託《たく》す、というのが元《もと》の意味《いみ》。現《げん》代《だい》では夫婦に限《かぎ》らない。

★一《いち》を聞《き》いて十《じゅう》を知《し》る　故事成語

【意味】物事《ものごと》の一部《いちぶ》を聞いただけで、全体《ぜんたい》を理解《りかい》する。非常《ひじょう》に賢《かしこ》いことのたとえ。

【用例】あの人《ひと》は、一を聞いて十を知る賢さです。

【故事】弟子《でし》の子貢《しこう》が孔子《こうし》に、「おまえと顔回《がんかい》とはどちらが優《すぐ》れているか。」と問《と》われたとき、顔回の賢さについて、子貢は「顔回は一《ひと》つのことを聞いただけで十のことを悟《さと》りますが、私《わたし》はせいぜい二《ふた》つ

一騎当千

のことがわかる程度《ていど》です。」と答《こた》えた。（論語《ろんご》）

類似 目《め》から鼻《はな》へ抜《ぬ》ける

一攫千金《いっかくせんきん》 四字熟語

意味 一度《いちど》にたやすく大金《たいきん》をもうけること。一《ひと》つの仕事《しごと》で大《おお》きな利《り》益《えき》を得《え》ること。

用例 いつも一攫千金の夢《ゆめ》ばかり見《み》ている。

類似 濡《ぬ》れ手《て》で粟《あわ》

一巻《いっかん》の終《お》わり 慣用句

意味 物事《ものごと》のすべてが終わってしまう。何《なに》をしようにももはや手遅《ておく》れであること。

用例 こんな住宅密集地《じゅうたくみっしゅうち》で火事《かじ》になったら、一巻の終わりだ。

★一喜一憂《いっきいちゆう》 四字熟語

意味 喜《よろこ》んだり心配《しんぱい》したりして、落《お》ち着《つ》かないこと。

用例 観客《かんきゃく》は点《てん》が入《はい》るたびに、一喜一憂している。

参考 「憂」は、心配《しんぱい》すること。

一騎当千《いっきとうせん》 四字熟語

意味 非常《ひじょう》に強《つよ》いこと。また、飛《と》び抜《ぬ》けて能力《のうりょく》が優《すぐ》れていること。

用例 彼《かれ》は、一騎当千のつわものだ。

参考 一騎で千人《せんにん》もの敵《てき》を相手《あいて》にすることができるほど強いという意味《いみ》。

★一挙一動《いっきょいちどう》 四字熟語

意味 一《ひと》つ一つの振《ふ》る舞《ま》い。ちょっとした動作《どうさ》。

用例 姉《あね》は、幼《おさな》い弟《おとうと》の一挙一動が気《き》がかりだった。

参考 一回手《いっかいて》を挙《あ》げたり、一回体《からだ》を動《うご》かすことが元《もと》の意味《いみ》。

類似 一挙手一投足《いっきょしゅいっとうそく》

一挙手一投足《いっきょしゅいっとうそく》 慣用句

意味 細《こま》かな一《ひと》つ一つの動作《どうさ》。

用例 お母《かあ》さんは、赤《あか》ちゃんの一挙手一投足を見守《みまも》っている。

参考 一度手《いちどて》を挙《あ》げ、一度足《あし》を動《うご》かすというのが元《もと》の意味《いみ》。

類似 一挙一動《いっきょいちどう》

★一挙両得《いっきょりょうとく》 故事成語

意味 一回《いっかい》の動作《どうさ》で二《ふた》つのものを得《え》ること。

用例 ジョギングを始《はじ》めて、ダイエットにもなったし、健康《けんこう》にもなったし、一挙両得だと喜《よろこ》んでいる。

参考 中国《ちゅうごく》の『晋書《しんじょ》』にある言葉《ことば》。

類似 一石二鳥《いっせきにちょう》

対照 虻蜂取《あぶはちと》らず・二兎《にと》を追《お》う者《もの》は一兎《いっと》をも得《え》ず

一国一城《いっこくいちじょう》の主《あるじ》 慣用句

意味 人《ひと》から援助《えんじょ》も指図《さしず》も受《う》けず、

一糸乱れず

独立《どくりつ》した人物《じんぶつ》のこと。

用例 兄《あに》は就職《しゅうしょく》して一人暮《ひとりぐ》らしを始《はじ》め、「これでやっと僕《ぼく》も、一国一城の主になった。」と言《い》っていた。

一刻《いっこく》を争《あらそ》う 慣用句

意味 わずかの時間《じかん》の余裕《よゆう》もない、差《さ》し迫《せま》った状態《じょうたい》にある。

用例 津波《つなみ》が迫っている。一刻を争う事態《じたい》だ。

一糸乱《いっしみだ》れず 慣用句

意味 一人《ひとり》一人がきちんとしていて、少《すこ》しも乱れず整然《せいぜん》としている。

用例 一糸乱れず、ダンスのパフォーマンスを繰《く》り広《ひろ》げた。

参考 「一糸」は一本《いっぽん》の糸《いと》で、わずかなこと。

一瀉千里《いっしゃせんり》 故事成語

意味 ①物事《ものごと》の進行《しんこう》が速《はや》いこと。②文章《ぶんしょう》や話《はな》し方《かた》が、すらすらとよどみないこと。

用例 ②彼《かれ》は人前《ひとまえ》でも、一瀉千里に話すことができる。

参考 「瀉」は水《みず》が流《なが》れ下《くだ》るという意味《いみ》で、水が勢《いきお》いよく一気《いっき》に千里も流れることから。中国《ちゅうごく》の『福《ふく》恵全書《けいぜんしょ》』にある言葉《ことば》。

類似 ①一気呵成《いっきかせい》、②立《た》て板《いた》に水

★一生懸命《いっしょうけんめい》 四字熟語

意味 物事《ものごと》を必死《ひっし》にやること。

用例 一生懸命に働《はたら》く。

参考 封建時代《ほうけんじだい》は領主《りょうしゅ》から与《あた》えられた土地《とち》が生活《せいかつ》のよりどころだったため、その一《ひと》つの領地《りょうち》を命懸《いのちが》けで守《まも》ったことから、元《もと》は「一所懸《いっしょけん》命《めい》」といった。

一将功成《いっしょうこうな》りて万骨枯《ばんこつか》る 故事成語

意味 一人《ひとり》の将軍《しょうぐん》が功績《こうせき》をあげる陰《かげ》には、多《おお》くの兵士《へいし》の犠牲《ぎせい》がある。犠牲者《しゃ》を忘《わす》れてはならないという気持《きも》ちが込《こ》められている。

用例 勝利《しょうり》の褒美《ほうび》をもらっても、指導者《しどうしゃ》は、一将功成りて万骨枯るの現実《げんじつ》を忘れるな。

参考 中国《ちゅうごく》の詩人《しじん》、曹松《そうしょう》の詩『己《き》亥歳《がいのとし》』の一節《いっせつ》から。

一笑《いっしょう》に付《ふ》す 慣用句

意味 笑《わら》って問題《もんだい》にしない。軽《かろ》んじて相手《あいて》にしない。

用例 私《わたし》の意見《いけん》は、子《こ》どもの考《かんが》えだと一笑に付されてしまった。

★一触即発《いっしょくそくはつ》 四字熟語

意味 ちょっとしたきっかけで、大事故《だいじこ》や大事件《じけん》が起《お》こる危険《きけん》に直《ちょく》面《めん》している状態《じょうたい》。

用例 あの二人《ふたり》はこの前《まえ》もけんかしたし、いつも一触即発の状態にある。

一寸の虫にも五分の魂

お、カがいる。たたいてやるぞ！
あなどってはイカンぞ！
一寸の虫にも五分の魂というからな！
は、はい！
だれ？
ファイト！
TAKESHI
0 50 100
MOSQUITO
100 50 0
やられた～さされた～!!
小さくてもあなどるなかれだ。
かゆ～い！

一矢《いっし》を報《むく》いる　慣用句

意味　相手《あいて》の攻撃《こうげき》に対《たい》して、わずかながら反撃《はんげき》する。

用例　さんざんやられてきたが、今日《きょう》の勝負《しょうぶ》に勝《か》って、何《なん》とか一矢を報いることができた。

参考　多《おお》くの矢《や》を射《い》かけてくる相手に、一本《いっぽん》の矢を返《かえ》すことから。

★一進一退《いっしんいったい》　四字熟語

意味　進《すす》んだり退《しりぞ》いたりすること。また、状態《じょうたい》が良《よ》くなったり悪《わる》くなったりすること。

用例　一進一退でなかなか病気《びょうき》が治《なお》らない。

★一心同体《いっしんどうたい》　四字熟語

意味　何人《なんにん》かの人間《にんげん》が心《こころ》を一《ひと》つにして、同《おな》じ体《からだ》を持《も》つ一人《ひとり》の人《ひと》のように結束《けっそく》すること。

用例　運動会《うんどうかい》では、クラスの全員《ぜんいん》が一心同体になって盛《も》り上《あ》がった。

★一心不乱《いっしんふらん》　四字熟語

意味　一《ひと》つのことに集中《しゅうちゅう》して、他《ほか》のことに心《こころ》を乱《みだ》されないこと。

用例　姉《あね》は、一心不乱に絵《え》を描《か》いている。

類似　一意専心《いちいせんしん》・脇目《わきめ》も振《ふ》らず

一炊《いっすい》の夢《ゆめ》　故事成語

→〈邯鄲《かんたん》の夢《ゆめ》〉（64ページ）

★一寸先《いっすんさき》は闇《やみ》　ことわざ

意味　先のことは闇のようなもので、どうなるかわからないこと。

用例　今《いま》までどおりうまくいくかどうかなんて、誰《だれ》にもわからないよ。世《よ》の中《なか》一寸先は闇だからね。

参考　「一寸」は、約三《やくさん》・〇三センチメートル。短《みじか》い時間《じかん》や長《なが》さのたとえとして用《もち》いられる。「上方《かみがた》いろはかるた」にある。

一寸《いっすん》の光陰軽《こういんかろ》んずべからず　故事成語

意味　ほんの少《すこ》しの時間《じかん》も無駄《むだ》にしてはならないという教《おし》え。

用例　若《わか》いうちから、やるべきことをしっかりやりなさい。一寸の光陰軽んずべからずですよ。

参考　「光陰」は、日《ひ》と月《つき》のことで、時間を表《あらわ》す。中国《ちゅうごく》の朱子《しゅし》の詩《し》『偶成《ぐうせい》』の「少年老《しょうねんお》い易《やす》く学成《がくな》り難《がた》し」（若い者《もの》はいつの間《ま》にか年《とし》老いてしまい、学問《がくもん》を成就《じょうじゅ》させるのは難《むずか》しい）に続《つづ》く言葉《ことば》。

★一寸《いっすん》の虫《むし》にも五分《ごぶ》の魂《たましい》　ことわざ

意味　小《ちい》さい者《もの》や弱《よわ》い者でも、それ相応《そうおう》の意地《いじ》や根性《こんじょう》を持《も》っているから、あなどってはいけないということ。

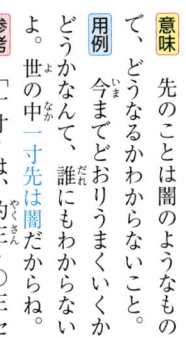

ひとつの石を投げて…
エイッ
ガン
ぴゅ〜
ゴン
やったーいっぺんに二匹《ひき》とれた！
これを、一石二鳥という。
じゃあ宿題《しゅくだい》二つのうち一つやって、朝起《お》きたら全部《ぜんぶ》できあがっているのは？
なんかラッキーだね
それは違《ちが》います！
ありえへんやろ！

一石二鳥

用例 子《こ》どもの私《わたし》にだって、一寸の虫にも五分の魂で、それなりの意地がある。
参考 わずか一寸（約三《やくさん》・〇三センチメートル）の虫でも、その体《からだ》の半分《はんぶん》（五分）は魂だということから。

★一世一代《いっせいちだい》 四字熟語

意味 一生《いっしょう》にたった一度《いちど》のこと。
用例 政治家《せいじか》として一世一代の演《えん》説《ぜつ》だった。

一世《いっせい》を風靡《ふうび》する 慣用句

意味 その時代《じだい》の人々《ひとびと》に広《ひろ》く認《みと》められ、もてはやされる。
用例 かつて一世を風靡した歌手《かしゅ》が再《ふたた》び人気《にんき》を得《え》て、テレビに出演《しゅつえん》していた。
参考 「風靡」は、風《かぜ》が草木《くさき》を靡《なび》かせるように、その時代の人々を靡かせ、従《したが》わせること。

★一石二鳥《いっせきにちょう》 四字熟語

意味 一《ひと》つの行為《こうい》から二《ふた》つの利益《りえき》を得《え》ること。
用例 読書《どくしょ》は、楽《たの》しみを得ると同《どう》時《じ》に教養《きょうよう》も身《み》につくから、一石二鳥だ。
参考 元《もと》は、一つの石《いし》を投《な》げて二《に》羽《わ》の鳥《とり》を打ち落《お》とすという英語《えいご》のことわざから。
類似 一挙両得《いっきょりょうとく》
対照 虻蜂《あぶはち》取《と》らず・二兎《にと》を追《お》う者《もの》は一兎《いっと》をも得ず

一石《いっせき》を投《とう》じる 慣用句

意味 これまでの考《かんが》え方《かた》やもののあり方について、問題《もんだい》を投《な》げかける。
用例 学級会《がっきゅうかい》での彼女《かのじょ》の一言《ひとこと》が、今《いま》までの議論《ぎろん》に一石を投じることになった。
類似 波紋《はもん》を投げる

一線《いっせん》を画《かく》す 慣用句

意味 同《おな》じではないと、違《ちが》いをはっきりさせる。境界《きょうかい》をはっきりさせる。
用例 彼《かれ》のアイデアは、今《いま》までの技術《ぎじゅつ》と一線を画すものだった。

★一朝一夕《いっちょういっせき》 故事成語

意味 短《みじか》い時間《じかん》。
用例 今年《ことし》ノーベル賞《しょう》を授与《じゅよ》された研究《けんきゅう》は、一朝一夕になされたものではない。
参考 中国《ちゅうごく》の『易経《えききょう》』にある言葉《ことば》。

★一長一短《いっちょういったん》 四字熟語

意味 長所《ちょうしょ》もあり、短所《たんしょ》もあるということ。
用例 人間誰《にんげんだれ》しも一長一短があるものだ。
類似 一利一害《いちりいちがい》・一得一失《いっとくいっしつ》

一朝一夕

山田博士《やまだはかせ》
ノーベル賞《しょう》
受賞《じゅしょう》
おめでとうございます！
パチ パチ
ありがとうございます。
パチ パチ パチ
この研究成果《けんきゅうせいか》は、決《けっ》して一朝一夕にできあがったものではないのです。
おお！
ドガーン
ドガーン
大変《たいへん》だったのですね。
ないてるよ。

一頭地《いっとうち》を抜《ぬ》く　故事成語

意味　他《ほか》の人《ひと》より、ひときわ優《すぐ》れている。「一頭地を出《だ》す」ともいう。

用例　彼女《かのじょ》の理科《りか》の成績《せいせき》は、クラスの中《なか》で一頭地を抜くものだった。

参考　「一頭地」は、頭一《あたまひと》つ分《ぶん》の高《たか》さ。中国《ちゅうごく》の『宋史《そうし》』にある言葉《ことば》。

★一刀両断《いっとうりょうだん》　故事成語

意味　思《おも》い切《き》って物事《ものごと》を処理《しょり》すること。

用例　委員長《いいんちょう》は、一刀両断でクラスの問題《もんだい》を片付《かたづ》けた。

参考　中国《ちゅうごく》の『朱子語類《しゅしごるい》』にある言葉《ことば》。

類似　快刀乱麻《かいとうらんま》を断《た》つ

一得一失《いっとくいっしつ》　四字熟語

意味　一方《いっぽう》で利益《りえき》を得《え》れば、もう一方では損失《そんしつ》もあるということ。物事《ものごと》には良《よ》い面《めん》と悪《わる》い面《めん》があるということ。

用例　早起《はやお》きすると、時間《じかん》を得した気《き》がして気分《きぶん》がいいけど、ちょっと眠《ねむ》たいな。一得一失だね。

類似　一利一害《いちりいちがい》・一長一短《いっちょういったん》

一杯食《いっぱいく》わされる　慣用句

意味　うまく人《ひと》にだまされる。相手《あいて》にしてやられる。

用例　宿題《しゅくだい》を早《はや》く済《す》ませたらおやつをたくさんもらえるはずだったのに、おやつがおむすびだなんて、まんまと一杯食わされたよ。

一敗地《いっぱいち》に塗《まみ》れる　故事成語

意味　二度《にど》と立《た》ち直《なお》れないほど、大敗《たいはい》する。

用例　ライバルとの勝負《しょうぶ》で一敗地に塗れた彼《かれ》は、寝込《ねこ》んでしまうほどのショックを受《う》けた。

参考　「地に塗れる」は、泥《どろ》まみれになること。中国《ちゅうごく》の『史記《しき》』にある言葉《ことば》。

一服盛《いっぷくも》る　慣用句

意味　毒薬《どくやく》を飲《の》ませる。

用例　昔《むかし》の殿様《とのさま》は、食事《しょくじ》に一服盛られることを恐《おそ》れて、家来《けらい》に先《さき》に食《た》べさせ安全《あんぜん》を確《たし》かめたそうだ。

参考　「一服」は、毒薬一包《ひとつつみ》のこと。「盛る」は、薬《くすり》を調合《ちょうごう》して人《ひと》に与《あた》えること。

居《い》ても立《た》っても居られない　慣用句

意味　不安《ふあん》や焦《あせ》りのために気持《きも》ちが落《お》ち着《つ》かず、じっとしていられない。

用例　母《はは》が出産予定日《しゅっさんよていび》を迎《むか》え、病院《びょういん》からの連絡《れんらく》を待《ま》つ間《あいだ》、僕《ぼく》は居ても立っても居られなかった。

参考　「居ても立っても」は、座《すわ》っても立ってもということ。

井の中の蛙大海を知らず

なぁじいさん、この世《よ》でいちばん物知《ものし》りなのは誰《だれ》だい？
フガ
フガ
わしがいちばん年寄《としよ》りじゃから、わしがいちばんの物知りになるのぉ…。
フンガ
フンガ
じゃあ、この場所《ばしょ》の外には、いったい何があるんだい？
ここの外には何もないのじゃよ…。

糸《いと》を引《ひ》く
慣用句

意味　陰《かげ》でこっそり人《ひと》を操《あやつ》って、自分《じぶん》の思《おも》いどおりに動《うご》かす。

用例　この事件《じけん》の裏《うら》で、あの男《おとこ》が糸を引いているに違《ちが》いない。

参考　「糸」は、操り人形《にんぎょう》を動かす糸のこと。

犬《いぬ》が西向《にしむ》きゃ尾《お》は東《ひがし》
ことわざ

意味　わかりきった当然《とうぜん》のこと。また、そのわかりきったことをさも新《あたら》しいことのように言《い》うこと。

用例　「今日《きょう》は雨降《あめふ》りだから、天《てん》気《き》がいいとはいえないな。」「それを『犬が西向きゃ尾は東』っていうんだよ。」

犬《いぬ》の遠吠《とおぼ》え
慣用句

意味　臆病者《おくびょうもの》が陰《かげ》で人《ひと》の悪口《わるくち》を言《い》ったり、いばったりすることのたとえ。

用例　本人《ほんにん》のいないところでそんなことを言うのは、犬の遠吠えにしか聞《き》こえないよ。

犬《いぬ》も歩《ある》けば棒《ぼう》に当《あ》たる
ことわざ

意味　①よけいなことをして、思《おも》わぬ災難《さいなん》に遭《あ》う。②動《うご》き回《まわ》れば思いがけない幸運《こううん》に出会《であ》う。

用例　①出《で》しゃばるから争《あらそ》いごとに巻《ま》き込《こ》まれたりするのだ。「犬も歩けば棒に当たる」というだろう。

参考　「棒に当たる」は①と②では、相反《あいはん》する解釈《かいしゃく》である。「江戸《えど》いろはかるた」にある。

命《いのち》あっての物種《ものだね》
ことわざ

意味　何事《なにごと》も命あってこそできるということ。死《し》んでしまっては何《なん》にもならないから、危険《きけん》なことをしてはいけないという教《おし》え。

用例　頼《たの》まれたってエベレスト登《と》山《ざん》なんてごめんだね。まさしく命あっての物種だよ。

参考　「物種」は、物事のもとになるもの。命はすべてのもとで、失《うしな》ってはならないということから。

命《いのち》の洗濯《せんたく》
慣用句

意味　日頃《ひごろ》の苦労《くろう》を忘《わす》れて、のびのびと気晴《きば》らしをすること。

用例　山奥《やまおく》の温泉《おんせん》に行《い》って、命の洗濯をしたいな。

★井《い》の中《なか》の蛙大海《かわずたいかい》を知《し》らず
故事成語

意味　自分《じぶん》の狭《せま》い知識《ちしき》や経験《けいけん》にとらわれて、他《ほか》に広《ひろ》い世界《せかい》があることを知らない。世間知《せけんし》らず。単《たん》に、「井の中の蛙」ともいう。

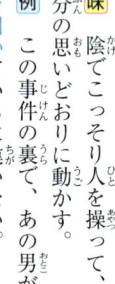

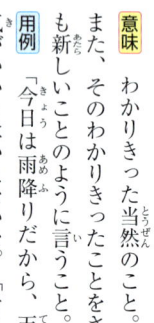

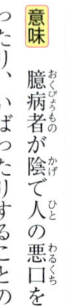

意表を突く
だいたいな、オマエが悪《わる》いんだぞ
さぁまずはお父さんの攻撃《こうげき》だ。
もうイヤ！わたし出ていきます！
お～っとここでお母さんの意表《いひょう》を突《つ》く反撃《はんげき》だ！
お父さんひるんだ
いや、オレが出て行ってやる！
これはなんと！意表を突く返《がえ》しという高等《こうとう》テクニックだ！
夫婦《ふうふ》ゲンカを実況中継《じっきょうちゅうけい》するなー!!
ピュー

用例 鉄道《てつどう》のことなら何《なん》でも知っているつもりだったが、彼《かれ》に会《あ》って、自分が井の中の蛙大海を知らずだったことに気《き》が付《つ》いた。

参考 中国《ちゅうごく》の『荘子《そうじ》』にある言葉《ことば》。

類似 針《はり》の穴《あな》から天《てん》をのぞく・よしの髄《ずい》から天井《てんじょう》をのぞく・遼東《りょうとう》の豕《いのこ》

茨《いばら》の道《みち》 慣用句

意味 茨の生《は》えている道を行《い》くように、困難《こんなん》や苦《くる》しみの多《おお》い人生《じんせい》や仕事《しごと》のたとえ。

用例 茨の道だったこれまでの人生を思《おも》うと、現在《げんざい》の生活《せいかつ》の幸《しあわ》せを感《かん》じずにはいられない。

意表《いひょう》を突《つ》く 慣用句

意味 人《ひと》が思《おも》ってもみなかったことをして、驚《おどろ》き慌《あわ》てさせる。

用例 生徒《せいと》からの意表を突く質問《しつもん》に、さすがの先生《せんせい》も慌てていた。

今泣《いまな》いた烏《からす》がもう笑《わら》う 慣用句

意味 今まで泣いていた者《もの》が、すぐに機嫌《きげん》を直《なお》して笑う。主《おも》に子《こ》どもの喜怒哀楽《きどあいらく》が変《か》わりやすいことをいう。

用例 大好《だいす》きなお菓子《かし》をもらって、今泣いた烏がもう笑った。

★意味深長《いみしんちょう》 故事成語

意味 文章《ぶんしょう》や発言《はつげん》に、深《ふか》い別《べつ》の意味が隠《かく》されていること。

用例 物静《ものしず》かな彼《かれ》の発言は、いつも意味深長に聞《き》こえる。

参考 「深長」は、奥《おく》が深《ふか》いこと。中国《ちゅうごく》の『論語序説《ろんごじょせつ》』にある言葉《ことば》。

芋《いも》づる式《しき》 慣用句

意味 一《ひと》つのことから、それと関《かん》係《けい》する事柄《ことがら》が次々《つぎつぎ》と現《あらわ》れること。

用例 一つの問題《もんだい》が明《あき》らかになると、そこから芋づる式にさまざまな問題があらわになった。

芋《いも》の子《こ》を洗《あら》うよう 慣用句

意味 大勢《おおぜい》の人《ひと》で混《こ》み合《あ》っている様子《ようす》。「芋を洗うよう」ともいう。

用例 映画館《えいがかん》は、芋の子を洗うような混雑《こんざつ》だった。

参考 たくさんの里芋《さといも》などを桶《おけ》に入《い》れて、長《なが》い棒《ぼう》でかき回《まわ》して洗う様子から。

色《いろ》を失《うしな》う 慣用句

意味 驚《おどろ》きや恐怖《きょうふ》で顔《かお》が青《あお》くなる。

用例 宿題《しゅくだい》を家《いえ》に置《お》き忘《わす》れたことに気《き》が付《つ》いて、色を失った。

類似 血《ち》の気《け》が失《う》せる

色《いろ》を付《つ》ける 慣用句

意味 商売《しょうばい》の取《と》り引《ひ》きなどで、相《あい》手《て》のために値引《ねび》きしたり、おまけ

したりする。

用例 まとめ買《が》いしたら色を付けると言《い》われて、つい十個《じっこ》も買ってしまった。

鰯《いわし》の頭《あたま》も信心《しんじん》から　ことわざ

意味 鰯の頭のようなつまらないものでも、それを信じている人《ひと》にとってはありがたいものに思《おも》えるということ。

用例 鰯の頭も信心からで、外国《がいこく》の小《ちい》さなコインでも、彼《かれ》にとっては幸運《こううん》を呼《よ》ぶお守《まも》りになっている。

参考 節分《せつぶん》の夜《よる》、ヒイラギの枝《えだ》に鰯の頭をさして玄関先《げんかんさき》につるすと、魔《ま》よけになるという民間《みんかん》の信仰《しんこう》から。「江戸《えど》いろはかるた」にある。

★言《い》わぬが花《はな》　ことわざ

意味 口《くち》に出《だ》して言わないほうがいいということ。また、そのほうが、趣《おもむき》があって、奥《おく》ゆかしいことのたとえ。

用例 あまりはっきり言わないほうがいいと思《おも》うよ。「言わぬが花」というでしょう。

意《い》を決《けっ》する　慣用句

意味 決心《けっしん》する。考《かんが》えをはっきり決《き》める。

用例 彼《かれ》はとうとう意を決して立《た》ち上《あ》がると、みんなに自分《じぶん》の考えを話《はな》した。

因果応報《いんがおうほう》　四字熟語

意味 善《よ》い行《おこな》いをすれば善い報《むく》いがあり、悪《わる》い行いをすれば悪い報いがあるということ。

用例 ずっと怠《なま》けていたんだから、こんな結果《けっか》になったのも、因果応報というしかない。

参考 仏教《ぶっきょう》の考《かんが》えに基《もと》づく言葉《ことば》。

慇懃無礼《いんぎんぶれい》　四字熟語

意味 丁寧《ていねい》すぎるのは、かえって失礼《しつれい》であること。また、相手《あいて》に対《たい》して表面上《ひょうめんじょう》は丁寧に振《ふ》る舞《ま》いながら、実際《じっさい》は相手をばかにしていること。

用例 彼《かれ》の言葉遣《ことばづか》いは丁寧だけれど、端々《はしばし》に慇懃無礼さが表《あらわ》れている。

参考 「慇懃」は、礼儀《れいぎ》正《ただ》しくて丁寧なこと。

引導《いんどう》を渡《わた》す　慣用句

意味 最後《さいご》の結論《けつろん》を相手《あいて》に言《い》い聞《き》かせて、あきらめるよう促《うなが》す。

用例 その考えが誤《あやま》りだってことを教《おし》えて、彼《かれ》に引導を渡してやったほうがいい。

参考 「引導」は仏教《ぶっきょう》の言葉《ことば》で、死者《ししゃ》の魂《たましい》が迷《まよ》わず極楽《ごくらく》へ行《い》けるように導《みちび》く言葉。

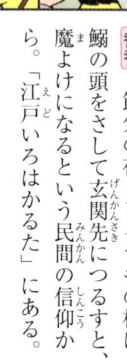

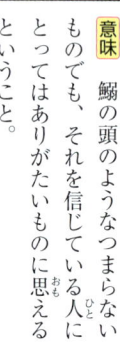

う

上《うえ》には上がある　慣用句

意味　これがいちばんだと思《おも》っていても、世《よ》の中《なか》にはさらにもっと優《すぐ》れているものがあるものだということ。

用例　私《わたし》ほど泳《およ》げる者《もの》はなかなかいないと思っていたが、上には上があるものだ。

上《うえ》を下《した》へ　慣用句

意味　ひどく混乱《こんらん》する様子《ようす》。

用例　僕《ぼく》の家《いえ》の町内《ちょうない》で火事《かじ》があり、隣近所《となりきんじょ》は上を下への大騒《おおさわ》ぎになった。

参考　本来《ほんらい》上にあるべきものが下に、下にあるべきものが上になる様子から。

★右往左往《うおうさおう》　四字熟語

意味　まごついて、あっちこっちへ動《うご》き回《まわ》ること。

用例　改札口《かいさつぐち》がわからず、右往左往している。

★魚心《うおごころ》あれば水心《みずごころ》　ことわざ

意味　相手《あいて》が好意《こうい》を持《も》つならば、自分《じぶん》も好意を持って相手の望《のぞ》むようにしてあげようということ。「水心あれば魚心」ともいう。

用例　魚心あれば水心で、そちらがこちらを信頼《しんらい》して頼《たよ》ってくるなら、悪《わる》いようにはしない。

参考　元《もと》は「魚、心あれば、水、心あり」（魚が水のことを思《おも》う心があれば、水もまた魚を思う心がある）といった。

浮《う》き足立《あしだ》つ　慣用句

意味　不安《ふあん》や恐怖《きょうふ》で気持《きも》ちが動揺《どうよう》し、落《お》ち着《つ》かない。びくびくして今《いま》にも逃《に》げ出《だ》しそうになる。

用例　突然《とつぜん》、背後《はいご》から攻《せ》められて、軍勢《ぐんぜい》は一気《いっき》に浮き足立った。

参考　「浮き足」は、足がしっかり地面《じめん》に着いていない様子《ようす》。

有卦《うけ》に入《い》る　慣用句

意味　運《うん》が巡《めぐ》ってきて、良《よ》いことが続《つづ》く。

用例　相次《あいつ》いで家族《かぞく》に良いことが起《お》き、有卦に入る。

参考　「有卦」は占《うらな》いの言葉《ことば》で、七年間《ななねんかん》良いことが続くという年《とし》の巡りのこと。

★烏合《うごう》の衆《しゅう》　故事成語

意味　烏《からす》の群《む》れのように、規律《きりつ》のない人々《ひとびと》の集《あつ》まりのたとえ。

用例　敵《てき》は烏合の衆だ。恐《おそ》れることはない。

参考　中国《ちゅうごく》の『後漢書《ごかんじょ》』にある言葉《ことば》。

後ろ髪を引かれる

次《つぎ》の列車《れっしゃ》でぼくは行かなければならない。
ピュ〜
彼女《かのじょ》を残《のこ》してゆくことに後ろ髪を引かれる思いだが…。
ピュー
駅員《えきいん》さん、次の列車は何時だい？
本日の列車はすべて終《お》わりました。
えっ。。？

★雨後《うご》の筍《たけのこ》（竹《たけ》の子《こ》） 慣用句

意味 似《に》たような物事《ものごと》が続《つづ》いて起《お》こることのたとえ。

用例 家《いえ》が建《た》ち、住民《じゅうみん》が増《ふ》えてくると、雨後の筍のように美容院《びよういん》がオープンした。

参考 雨《あめ》のあとには筍が次々《つぎつぎ》と生《は》え出《だ》すことから。

牛《うし》に引《ひ》かれて善光寺参《ぜんこうじまい》り ことわざ

意味 人《ひと》からの誘《さそ》いや思《おも》いがけない巡《めぐ》り合《あ》わせで、よい行《おこな》いに導《みちび》かれること。

用例 友達《ともだち》に誘われ、早起《はやお》きして近所《きんじょ》を走《はし》ったことがあったが、牛に引かれて善光寺参りで、今《いま》でも毎朝《まいあさ》続《つづ》けている。

参考 善光寺は、長野県《ながのけん》にある寺《てら》。近所《きんじょ》に住《す》む欲張《よくば》りのおばあさんが、牛の角《つの》に引っかかった布《ぬの》を取《と》ろうとあとを追《お》いかけて行《い》って、知《し》らないうちに善光寺にたどり着《つ》き、信仰心《しんこうしん》に目覚《めざ》めたという話《はなし》から。

牛《うし》の歩《あゆ》み 慣用句

意味 物事《ものごと》の進《すす》み方《かた》が遅《おそ》いことのたとえ。単《たん》に、「牛歩《ぎゅうほ》」ともいう。

用例 近所《きんじょ》の道路工事《どうろこうじ》の進み具合《ぐあい》は、まさしく牛の歩みだ。

氏《うじ》より育《そだ》ち ことわざ

意味 人間形成《にんげんけいせい》には、家柄《いえがら》や血筋《ちすじ》よりも、育《そだ》った環境《かんきょう》や教育《きょういく》のほうがたいせつだということ。

用例 「氏より育ち」というから、何《なに》よりたいせつなのは教育です。

参考 「上方《かみがた》いろはかるた」にある。

後《うし》ろ髪《がみ》を引《ひ》かれる 慣用句

意味 あとに思《おも》い残《のこ》すことがあり、すぱっと思い切《き》れない。

用例 後ろ髪を引かれる思いで、故郷《こきょう》をあとにした。

後《うし》ろ指《ゆび》を指《さ》される 慣用句

意味 陰《かげ》で悪口《わるくち》を言《い》われる。

用例 人《ひと》に後ろ指を指されるようなことはするな。

嘘《うそ》から出《で》た実《まこと》（誠） ことわざ

意味 嘘や冗談《じょうだん》で言《い》ったことが、本当《ほんとう》のことになってしまうこと。

用例 快晴《かいせい》の日《ひ》に、「今日《きょう》はこれから雨《あめ》が降《ふ》るよ。」とふざけて言ったら、急《きゅう》に雲《くも》が出《で》て雨が降り出《だ》し、嘘から出た実になった。

参考 「江戸《えど》いろはかるた」にある。

類似 ひょうたんから駒《こま》が出る

★嘘《うそ》つきは泥棒《どろぼう》の始《はじ》まり ことわざ

意味 平気《へいき》で嘘をついているうち

嘘つきは泥棒の始まり

またウソついて！嘘つきは泥棒の始まりよ！
ウソ
ウソツキはドロボウの…
キミ！
はじまり…
いやだあああああ!!
ヒィイイイ
だからウソはやめなさい！

に、しまいには人《ひと》のものを盗《ぬす》むような人間《にんげん》になってしまうということ。

用例 「嘘つきは泥棒の始まり」というから、もう二度《にど》とそんな嘘をついてはいけませんよ。

嘘八百《うそはっぴゃく》 慣用句

意味 多《おお》くの嘘。嘘ばかりなこと。

用例 あの男《おとこ》は嘘八百を並《なら》べ立《た》てて、人《ひと》からお金《かね》を巻《ま》き上《あ》げる。

参考 「八百」は、数《かず》の多いことを表《あらわ》す。「江戸八百八町《えどはっぴゃくやちょう》」（江戸には多くの町《まち》がある）「大阪八百八橋《おおさかはっぴゃくやばし》」（大阪には多くの橋がある）など。

★嘘《うそ》も方便《ほうべん》 ことわざ

意味 物事《ものごと》を円滑《えんかつ》に進《すす》めるためには、嘘をつかなければならないこともあり、ときにはそれも許《ゆる》されるということ。

用例 人《ひと》を救《すく》うためには、嘘も方便だ。

参考 「方便」は仏教《ぶっきょう》の言葉《ことば》で、都合《つごう》のいい手段《しゅだん》や方法《ほうほう》のこと。

うだつが上《あ》がらない 慣用句

意味 会社《かいしゃ》などで、低《ひく》い地位《ちい》にいてなかなか出世《しゅっせ》できない。また、運《うん》が悪《わる》く、何事《なにごと》もうまくいかない。

用例 入社二十年《にゅうしゃにじゅうねん》になるが、いっこうにうだつが上がらない。

参考 「うだつ」は、家《いえ》の梁《はり》の上《うえ》に立《た》てて、棟木《むなぎ》を支《ささ》える短《みじか》い柱《はしら》のこと。棟木によって、上から頭《あたま》を押《お》さえつけられているように見《み》えることから。

内弁慶《うちべんけい》の外地蔵《そとじぞう》 ことわざ

意味 家《いえ》の中《なか》ではいばっているくせに、外ではおとなしいこと。単《たん》に「内弁慶」ともいう。

用例 「内弁慶の外地蔵」とでもいうのか、外ではついおとなしくなってしまう私《わたし》です。

参考 「弁慶」は強《つよ》い人《ひと》を、「地蔵」はおとなしい人を表《あらわ》す。

有頂天《うちょうてん》になる 慣用句

意味 大喜《おおよろこ》びして我《われ》を忘《わす》れる。

用例 大好《だいす》きな人《ひと》に会《あ》えて、有頂天になった。

参考 「有頂天」は、仏教《ぶっきょう》の世界《せかい》では最高《さいこう》の場所《ばしょ》である無色界《むしきかい》の頂《いただき》のこと。「無色界」とは、欲望《よくぼう》を超越《ちょうえつ》した理想《りそう》の世界のこと。

現《うつつ》を抜《ぬ》かす 慣用句

意味 あることに心《こころ》を奪《うば》われて夢《む》中《ちゅう》になる。

用例 弟《おとうと》は大好《だいす》きなゲームに現を抜かしている。

★腕《うで》が上《あ》がる 慣用句

意味 技術《ぎじゅつ》や能力《のうりょく》が進歩《しんぽ》する。上《じょう》

腕が立つ

ウチはね、腕の立つ職人しか置《お》いてない。
職人工房《しょくにんこうぼう》
中でも彼《かれ》がウチでいちばん腕が立つね。
カンカン
カンカンカンカンカン
できました、親方!
ここ、何の工房でしたっけ?

達《たっ》する。

用例 ずいぶんと将棋《しょうぎ》の腕が上がったようだね。

類似 手《て》が上がる

対照 腕が落《お》ちる

★腕《うで》が立《た》つ　慣用句

意味 技術《ぎじゅつ》や能力《のうりょく》が優《すぐ》れている。

用例 彼《かれ》は腕が立つ弁護士《べんごし》だ。

腕《うで》が鳴《な》る　慣用句

意味 自分《じぶん》の得意《とくい》とすることに取《と》り組《く》む機会《きかい》を待《ま》ち遠《どお》しく思《おも》う。

用例 やっと試合《しあい》に出《で》られることになり、今《いま》から腕が鳴る。

腕《うで》に覚《おぼ》えがある　慣用句

意味 自分《じぶん》の技術《ぎじゅつ》や能力《のうりょく》・腕力《わんりょく》に自信《じしん》がある。

用例 私《わたし》は剣道《けんどう》ならいくらか腕に覚えがある。

参考 「覚え」は、自信のこと。

腕《うで》に縒《よ》りを掛《か》ける　慣用句

意味 自分《じぶん》の技術《ぎじゅつ》や能力《のうりょく》を存分《ぞんぶん》に発揮《はっき》しようと、張《は》り切《き》る。

用例 僕《ぼく》の誕生日《たんじょうび》に、母《はは》が腕に縒りを掛けてケーキを作《つく》ってくれた。

参考 「縒りを掛ける」は、数本《すうほん》の糸《いと》をねじってからませて強《つよ》くすること。

打《う》てば響《ひび》く　慣用句

意味 人《ひと》の言動《げんどう》に対《たい》してすぐに反《はん》応《のう》する。

用例 いろいろな質問《しつもん》をしたが、打てば響くように答《こた》えてくれた。

参考 鐘《かね》を打つと、すぐに音《おと》が鳴《な》り響くことから。

腕《うで》を振《ふ》るう　慣用句

意味 自分《じぶん》の持《も》っている技術《ぎじゅつ》や能《のう》力《りょく》を発揮《はっき》する。

用例 父《ちち》が腕を振るった料理《りょうり》は最高《さいこう》だった。

★腕《うで》を磨《みが》く　慣用句

意味 技術《ぎじゅつ》や能力《のうりょく》をいっそう優《すぐ》れたものにするために努力《どりょく》する。

用例 彼女《かのじょ》に勝《か》とうと思《おも》うなら、もっと腕を磨くことだな。

類似 磨《みが》きを掛《か》ける

★独活《うど》の大木《たいぼく》　慣用句

意味 体《からだ》ばかり大《おお》きくて役《やく》に立《た》たない者《もの》のたとえ。「独活の大木柱《はしら》にならぬ」ともいう。

用例 それくらいの荷物《にもつ》も持《も》てないの。本当《ほんとう》に独活の大木なんだから。

類似 大男総身《おおおとこそうみ》に知恵《ちえ》が回《まわ》りかね

対照 山椒《さんしょう》は小粒《こつぶ》でもぴりりと辛《から》い

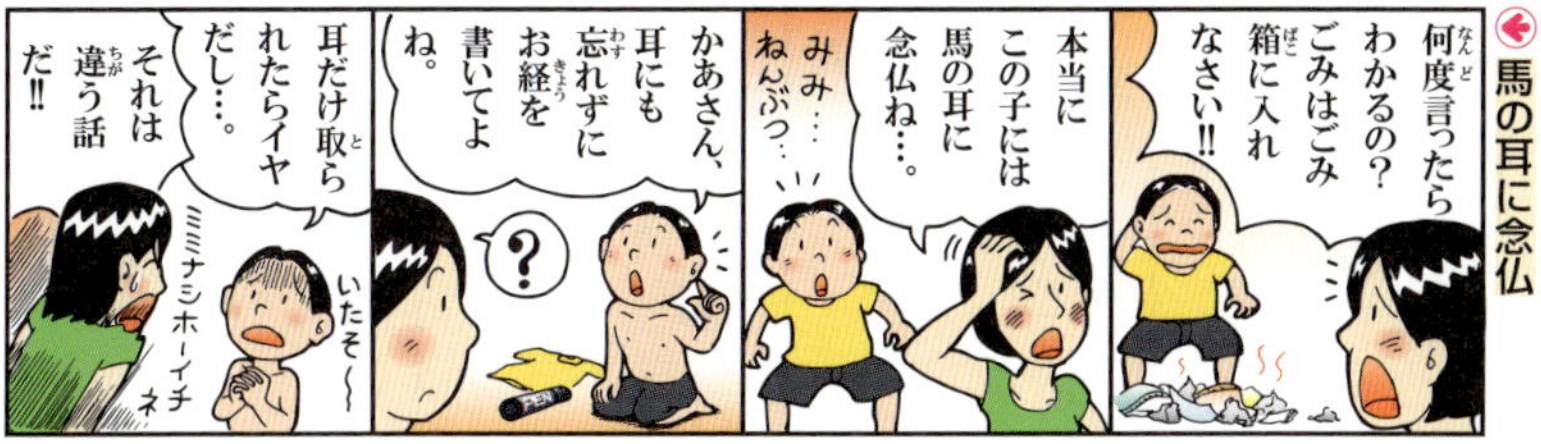
馬の耳に念仏
何度《なんど》言ったらわかるの？ごみはごみ箱《ばこ》に入れなさい!!
本当にこの子には馬の耳に念仏ね…。
みみ…ねんぶつ…
かあさん、耳にも忘《わす》れずにお経《きょう》を書いてよね。
？
耳だけ取《と》られたらイヤだし…。
それは違《ちが》う話だ!!
いたそ〜
ミミナシホーイチネ

鰻登《うなぎのぼ》り 慣用句

意味 物価《ぶっか》・温度《おんど》・人気《にんき》などがぐんぐん上《あ》がること。

用例 テレビコマーシャルの効果《こうか》で、この商品《しょうひん》の人気は鰻登りだ。

類似 天井知《てんじょうし》らず

鵜《う》の真似《まね》をする烏《からす》 ことわざ

意味 自分《じぶん》の能力《のうりょく》をわきまえず、有能《ゆうのう》な人《ひと》の真似をして失敗《しっぱい》することのたとえ。

用例 しっかりした実力《じつりょく》をつけないと、今《いま》のままじゃ鵜の真似をする烏でしかないよ。

参考 烏が鵜の真似をして川《かわ》に入《はい》って魚《さかな》を捕《と》ろうとしても溺《おぼ》れてしまうことから。

★鵜呑《うの》みにする 慣用句

意味 よく考《かんが》えもしないで、他人《たにん》の言《い》うことをそのまま信《しん》じて受《う》け入《い》れる。

用例 彼《かれ》はうそつきだから、彼の言うことを鵜呑みにするのはやめておいたほうがいい。

参考 鵜は魚《さかな》をかまないでそのまま呑み込《こ》むことから。

鵜《う》の目鷹《めたか》の目 慣用句

意味 獲物《えもの》を狙《ねら》うような鋭《するど》い目つき。また、鋭い目つきで何《なに》かを探《さが》し出《だ》そうとする様子《ようす》。

用例 鵜の目鷹の目で相手《あいて》の欠点《けってん》を探す。

参考 鵜や鷹が獲物を探し求《もと》めるときの目つきから。

★馬《うま》が合《あ》う 慣用句

意味 互《たが》いに気心《きごころ》が合い、しっくりいく。気が合う。

用例 あなたとはなぜか馬が合う。

参考 馬と乗《の》り手《て》との息《いき》がぴったり合うことから。

対照 馬が合わない・反《そ》りが合わない

★馬《うま》の耳《みみ》に念仏《ねんぶつ》 ことわざ

意味 意見《いけん》や忠告《ちゅうこく》などをしてもまったく効《き》き目《め》がないことのたとえ。

用例 あの人《ひと》にはいくら忠告しても、馬の耳に念仏だ。

類似 馬耳東風《ばじとうふう》

海千山千《うみせんやません》 四字熟語

意味 長年《ながねん》いろいろな経験《けいけん》を積《つ》み、世《よ》の中《なか》の裏《うら》も表《おもて》も知《し》り尽《つ》くしたずる賢《がしこ》い人《ひと》のこと。「海に千年山に千年」ともいう。

用例 あの人は海千山千で、油断《ゆだん》ならない相手《あいて》だ。

参考 海に千年、山に千年住《す》んだ蛇《へび》は竜《りゅう》になるという言《い》い伝《つた》えから。

瓜二つ

瓜二つ
瓜二つ
瓜二つ
瓜二つ
いや、むしろ違《ちが》いがわからないよ…。

生《う》(産)みの親《おや》より育《そだ》ての親 ことわざ

意味 自分《じぶん》を生んでくれた親よりも、育て上《あ》げてくれた親のほうが、その恩《おん》は重《おも》いということ。「生みの恩より育ての恩」ともいう。

用例 生みの親より育ての親で、僕《ぼく》をこれまで育ててくれた養父母《ようふぼ》には、とても感謝《かんしゃ》している。

海《うみ》の物《もの》とも山《やま》の物ともつかない 慣用句

意味 いったいどのようなものか、将来《しょうらい》どのようになるか、まったくわからない。

用例 今度《こんど》の試合《しあい》で対戦《たいせん》する相手《あいて》は、まだ海の物とも山の物ともつかない。

有《う》無《む》を言《い》わせず 慣用句

意味 相手《あいて》に文句《もんく》を言わせず。相手の返答《へんとう》に関係《かんけい》なく。無理《むり》やりに。

用例 カードゲームを学校《がっこう》に持《も》ってきたのが見《み》つかって、有無を言わせず取《と》り上《あ》げられてしまった。

紆《う》余《よ》曲折《きょくせつ》 四字熟語

意味 事情《じじょう》が込《こ》み入《い》っている様子《ようす》。

用例 紆余曲折はあったが、僕《ぼく》と彼《かれ》は今《いま》では大《だい》の仲《なか》よしだ。

参考 「紆」も「余」も折《お》れ曲《ま》がるという意味《いみ》。

★裏《うら》目《め》に出《で》る 慣用句

意味 よかれと思《おも》ってやったことが、逆《ぎゃく》の結果《けっか》になる。

用例 姉《あね》にたこ焼《や》きを買《か》ってきたが、ダイエット中《ちゅう》だったのをうっかり忘《わす》れていた。おかげでせっかくの好意《こうい》が裏目に出てしまった。

参考 「裏目」は、さいころの裏《うら》側《がわ》の目のこと。

裏《うら》をかく 慣用句

意味 相手《あいて》の計略《けいりゃく》を見破《みやぶ》って、その反対《はんたい》の行動《こうどう》を取《と》る。

用例 敵《てき》チームの裏をかいて、見《み》事《ごと》に我《わ》がチームが勝利《しょうり》した。

売《う》り言葉《ことば》に買《か》い言葉 慣用句

意味 相手《あいて》の暴言《ぼうげん》に対《たい》して、同《おな》じような暴言で言《い》い返《かえ》すこと。

用例 「もう遊《あそ》んでやらない」と姉《あね》が言ったので、売り言葉に買い言葉で「こっちこそ遊ぶもんか」と僕《ぼく》も言ってしまった。

対照 柳《やなぎ》に風《かぜ》

★瓜《うり》の蔓《つる》に茄子《なすび》はならぬ ことわざ

意味 瓜の蔓には瓜しかならないように、平凡《へいぼん》な親《おや》からは非凡《ひぼん》な才《さい》能《のう》を持《も》った子《こ》は生《う》まれないことのたとえ。

用例 三者面談《さんしゃめんだん》で僕《ぼく》の成績表《せいせきひょう》を見《み》た父《ちち》は「瓜の蔓に茄子はならぬですね。」と笑《わら》って先生《せんせい》に言《い》った。

類似 蛙《かえる》の子は蛙

対照 鳶《とんび》が鷹《たか》を生む

★瓜二つ《うりふたつ》 慣用句

意味 顔《かお》や姿《すがた》が非常《ひじょう》に似《に》ていることのたとえ。

用例 あなたとお姉《ねえ》さんは瓜二つね。

参考 瓜を縦《たて》に二つに割《わ》ると、そっくりなことから。

噂《うわさ》をすれば影《かげ》 ことわざ

意味 人《ひと》の噂をすると、思《おも》いがけなくその本人《ほんにん》が現《あらわ》れるものだということ。「噂をすれば影がさす」ともいう。

用例 噂をすれば影で、ほら、今《いま》僕《ぼく》の話《はな》していた人がやってきた。

上《うわ》の空《そら》 慣用句

意味 他《ほか》のことに気《き》を取《と》られて、目《め》の前《まえ》のことに集中《しゅうちゅう》しない様子《ようす》。

用例 先生《せんせい》が明日《あす》の遠足《えんそく》について話《はな》していたけど、皆天《みなてん》気《き》のことが気になって、上の空だった。

上前《うわまえ》を撥《は》ねる 慣用句

意味 人《ひと》に渡《わた》すべきお金《かね》の一部《いちぶ》を自分《じぶん》のものにする。

用例 給料《きゅうりょう》から上前を撥ねられるので、手元《てもと》にはいくらも残《のこ》らない。

参考 「上前」は、間《あいだ》に入《はい》った人が取《と》る手数料《てすうりょう》のこと。「撥ねる」は、かすめ取るの意味《いみ》。

類似 頭《あたま》を撥ねる

雲散霧消《うんさんむしょう》 四字熟語

意味 跡形《あとかた》もなく消《き》えてしまうこと。

用例 あんなに悩《なや》んでいたのに、おいしいケーキを食《た》べたら、悩み事《ごと》は雲散霧消した。

参考 雲《くも》や霧《きり》がきれいさっぱり消えてしまう様子《ようす》から。

★雲泥《うんでい》の差《さ》 故事成語

意味 非常《ひじょう》に大《おお》きな差。

用例 復習《ふくしゅう》をするかしないかで、学習《がくしゅう》の理解《りかい》には雲泥の差がある。

参考 空《そら》の「雲《くも》」と地《ち》の「泥《どろ》」とでは、非常に離《はな》れていることから。中国《ちゅうごく》の白居易《はくきょい》の詩《し》にある言葉《ことば》。

類似 提灯《ちょうちん》に釣《つ》り鐘《がね》・月《つき》とすっぽん

え

栄枯盛衰《えいこせいすい》 四字熟語

意味 栄《さか》えるときもあれば、衰《おとろ》え

絵に描いた餅

このような計画で勉強《べんきょう》し、まずは中高一貫《いっかん》の有名校《ゆうめいこう》に入学します。
計画
フン
フン
大学へは推薦《すいせん》で入学し、研究《けんきゅう》が大会社に認《みと》められ、招待《しょうたい》される形《かたち》で入社します。
フン
フン
さて今の発表《はっぴょう》の感想《かんそう》をどうぞ！
サッ
サッ
全員《ぜんいん》“絵に描いた餅”でした！
うわ〜ダメか〜
あたりまえでしょ!?
プレゼンしっぱい！

るときもあること。

用例　栄枯盛衰というのは、どんなものも避《さ》けることができない。

会者定離《えしゃじょうり》　四字熟語

意味　会《あ》う者《もの》は必《かなら》ず別《わか》れる運命《うんめい》にあること。

用例　会者定離とはいえ、いとしい人《ひと》と別れるのはつらいものだ。

参考　仏教《ぶっきょう》の言葉《ことば》で、「生者必滅《しょうじゃひつめつ》（生《い》きている者は必ず滅《ほろ》びる）、会者定離」と続《つづ》く。「定」は、きっと、必ずという意味《いみ》。

類似　会うは別れの始《はじ》め

得手《えて》に帆《ほ》を揚《あ》げる　慣用句

意味　自分《じぶん》の得意《とくい》なことを張《は》り切《き》ってやる。

用例　ドッジボールとなると、彼《かれ》は生《い》き生きした顔《かお》つきになり、得手に帆を揚げる。

参考　「得手」は、得意とすること。「江戸《えど》いろはかるた」にある。

類似　順風満帆《じゅんぷうまんぱん》・流《なが》れに棹《さお》さす

江戸《えど》の敵《かたき》を長崎《ながさき》で討《う》つ　ことわざ

意味　思《おも》いもよらないところで、以前《いぜん》に受《う》けた恨《うら》みを晴《は》らすことのたとえ。

用例　前《まえ》に宿題《しゅくだい》を見《み》せてあげなかったからって、こんなところで仕返《しかえ》しするなんて、江戸の敵を長崎で討つようなものじゃないか。

参考　「江戸」と「長崎」が遠《とお》く離《はな》れていて関係《かんけい》の薄《うす》いことから。

★絵《え》に描《か》いた餅《もち》　慣用句

意味　実際《じっさい》には役《やく》に立《た》たないこと。計画《けいかく》だけで実現《じつげん》する見込《みこ》みがないことのたとえ。「画餅《がべい》」ともいう。

用例　立派《りっぱ》な計画《けいかく》だけど、ちゃんと実行《じっこう》しないと絵に描いた餅になっちゃうよ。

類似　机上《きじょう》の空論《くうろん》・畳《たたみ》の上《うえ》の水練《すいれん》

★海老《えび》で鯛《たい》を釣《つ》る　ことわざ

意味　わずかな労力《ろうりょく》や元手《もとで》で、大《おお》きな利益《りえき》を得《え》る。「海老鯛」ともいう。

用例　お手伝《てつだ》いをするから、新発《しんぱつ》売《ばい》のゲームソフトを買《か》ってほしいだなんて、海老で鯛を釣るつもりね。

襟《えり》を正《ただ》す　慣用句

意味　心《こころ》を引《ひ》き締《し》めて、物事《ものごと》に当《あ》たる。姿勢《しせい》や態度《たいど》を改《あらた》める。

用例　こんな失敗《しっぱい》をしたからには、今後《こんご》は襟を正して行動《こうどう》しよう。

縁起《えんぎ》を担《かつ》ぐ　慣用句

意味　ちょっとしたことにも、縁起がいいか悪《わる》いかを気《き》にする。

用例　前回《ぜんかい》のテストがうまくいっ

海老で鯛を釣る

一等《いっとう》はなんと大型液晶《おおがたえきしょう》テレビ!!
当たれば大きいよ!
一枚《いちまい》からでもOK。海老で鯛を釣ってみよう!
お客《きゃく》さん…えびせんで鯛は釣れませんよ…。
一本じゃダメ?

たので、縁起を担いで、そのとき使《つか》っていた鉛筆《えんぴつ》を、今日《きょう》もペンケースに入《い》れている。

参考 「縁起」は、吉凶《きっきょう》(良《よ》いことと悪いこと)の前触《まえぶ》れ。「担ぐ」は、気に掛《か》けること。

★縁《えん》の下《した》の力持《ちからも》ち　ことわざ

意味 目立《めだ》たないところで人《ひと》のために苦労《くろう》し、力を尽《つ》くす人のたとえ。

用例 華《はな》やかな大会《たいかい》が成功《せいこう》した陰《かげ》には、縁の下の力持ちとして働《はたら》いた、多《おお》くの人の力があったことを忘《わす》れてはならない。

縁《えん》は異《い》なもの味《あじ》なもの　ことわざ

意味 男女《だんじょ》の結《むす》びつきは、どこでどう結び付《つ》くかわからない不思議《ふしぎ》なものであるということ。「縁は異なもの」だけでも使《つか》う。

用例 姉《あね》が通勤電車《つうきんでんしゃ》で出会《であ》った人《ひと》と結婚《けっこん》した。縁は異なもの味なものだと思《おも》った。

参考 「異」は、不思議だという意《い》味《み》。「江戸《えど》いろはかるた」にある。

類似 合縁奇縁《あいえんきえん》

縁《えん》もゆかりもない　慣用句

意味 何《なん》の関係《かんけい》もない。

用例 旅先《たびさき》で、縁もゆかりもない人《ひと》に助《たす》けられた。

お

老《お》いては子《こ》に従《したが》え　ことわざ

意味 年《とし》を取《と》ったら、子どもの言《い》うことを聞《き》いて従うのがよい。

用例 老いては子に従えで、そろそろ息子《むすこ》さんに仕事《しごと》を任《まか》せたほうがいい。

参考 元《もと》は仏教《ぶっきょう》の言葉《ことば》で「三従《さんじゅう》の教《おし》え」といわれたもので、女性《じょせい》は「幼《おさな》いときは親《おや》に、結婚後《けっこんご》は夫《おっと》に、老いたら子に従いなさい」とされた。今《いま》では女性に限《かぎ》らず男性《だんせい》にも使《つか》う。「江戸《えど》いろはかるた」にある。

負《お》うた子《こ》に教《おし》えられて浅《あさ》瀬《せ》を渡《わた》る　ことわざ

意味 ときには若《わか》くて未熟《みじゅく》な者《もの》に教えられることもあるというたとえ。「負うた子に教えられる」ともいう。

用例 長《なが》く生《い》きていると、思《おも》いもよらぬことで、負うた子に教えられて浅瀬を渡ることもあるものだ。

参考 「負う」は、背負《せお》うこと。背中《せなか》に負った子どもに、川《かわ》の浅い所《ところ》を教えられながら川を渡るという意味《いみ》から。「上方《かみがた》いろはかるた」にある。

大きな顔をする

あの子の学力には困《こま》ったものだわ…。この間もテスト5点だったし…。
ゆらあ…
今日のオレはいつものオレとは違《ちが》うんだよ、お母さん…。
あら、おかえり。
ど〜だみたか!?
そんな20点で大きな顔されても…。

王手《おうて》を掛《か》ける　慣用句

意味　相手《あいて》の運命《うんめい》を決《けっ》するような手段《しゅだん》を取《と》る。

用例　優勝《ゆうしょう》まであと一勝《いっしょう》と、王手を掛けた。

参考　将棋《しょうぎ》の用語《ようご》で、相手の王将《おうしょう》を直接《ちょくせつ》取る一手《いって》のこと。

おうむ返《がえ》し　慣用句

意味　相手《あいて》の言《い》ったことを、よく考《かんが》えないでそっくりそのまま言い返すこと。

用例　彼女《かのじょ》の言葉《ことば》にすっかり驚《おどろ》いてしまい、僕《ぼく》は思《おも》わずその言葉をおうむ返しにつぶやいた。

★大《おお》きな顔《かお》をする　慣用句

意味　いばって偉《えら》そうな態度《たいど》を取《と》る。「大きな面《つら》をする」ともいう。

用例　あの政治家《せいじか》は、いつも大きな顔をしている。

大《おお》きな口《くち》をきく　慣用句

意味　自分《じぶん》の実力以上《じつりょくいじょう》の、偉《えら》そうなことを言《い》う。

用例　絶対《ぜったい》にできるだなんて、そんな大きな口をきいて大丈夫《だいじょうぶ》だろうな。

類似　大口《おおぐち》を叩《たた》く・大風呂敷《おおぶろしき》を広《ひろ》げる・大言壮語《たいげんそうご》・ほらを吹《ふ》く・らっぱを吹く

大手《おおで》を振《ふ》る　慣用句

意味　周《まわ》りに遠慮《えんりょ》しないで、堂々《どうどう》と行動《こうどう》する。

用例　彼《かれ》に対《たい》する疑《うたが》いは晴《は》れたのだから、これからは大手を振って外《そと》を歩《ある》けるだろう。

大船《おおぶね》に乗《の》ったよう　慣用句

意味　安心《あんしん》して頼《たよ》れる者《もの》に身《み》を任《まか》す様子《ようす》。

用例　私《わたし》が来《き》たからには、大船に乗ったような気《き》でいなさい。

大風呂敷《おおぶろしき》を広《ひろ》げる　慣用句

意味　できそうもないことを、さもできるかのように言《い》う。

用例　そんなに大風呂敷を広げて、あとで失敗《しっぱい》して恥《はじ》をかくのは君《きみ》だぞ。

類似　大きな口をきく・大口《おおぐち》を叩《たた》く・大言壮語《たいげんそうご》・ほらを吹《ふ》く・らっぱを吹く

大見得《おおみえ》を切《き》る　慣用句

意味　人前《ひとまえ》で大《おお》きな事《こと》を言《い》う。自信《じしん》のほどをおおげさに強調《きょうちょう》する。

用例　次《つぎ》のテストでは九十点以上《きゅうじってんいじょう》取《と》ると、母《はは》に大見得を切ったはいいが、相当努力《そうとうどりょく》しないといけない。

参考　「見得」は、芝居《しばい》の最高潮《さいこうちょう》の場面《ばめん》で、役者《やくしゃ》が特《とく》に目立《めだ》つしぐさ・表情《ひょうじょう》をすること。

おくびにも出さない

カナちゃん この前の 大会残念《ざんねん》 だったね。
ええ。
あんなに がんばったのに 気を落《お》とさ ないでね。
ダイジョーブ?
いいえ 大丈夫《だいじょうぶ》 です。
あのこ、 すごいね。 悲《かな》しみを おくびにも 出さないね。
きっと 強い人 なんだ ね。
ひーん

大目玉《おおめだま》を食《く》う　慣用句

意味　ひどく叱《しか》られる。「お目玉を食う」ともいう。

用例　掃除《そうじ》をさぼっていたら、先生《せんせい》から大目玉を食った。

大目《おおめ》に見《み》る　慣用句

意味　失敗《しっぱい》を厳《きび》しく責《せ》めないで、許《ゆる》す。

用例　練習《れんしゅう》をさぼるのはよくないが、今回《こんかい》だけは大目に見ることにした。

類似　目をつぶる

陸《おか》に上《あ》がった河童《かっぱ》　慣用句

意味　環境《かんきょう》が変化《へんか》したために、自《じ》分《ぶん》の能力《のうりょく》を十分発揮《じゅうぶんはっき》できなくなることのたとえ。

用例　バスケットボールが得意《とくい》な彼《かれ》も、サッカーとなると陸に上がった河童になってしまう。

類似　木《き》から落《お》ちた猿《さる》

対照　水《みず》を得《え》た魚《うお》のよう

お株《かぶ》を奪《うば》う　慣用句

意味　ある人《ひと》が得意《とくい》にしていることを、他《ほか》の人がもっと上手《じょうず》にやってのける。

用例　挑戦者《ちょうせんしゃ》は、チャンピオンのお株を奪う技《わざ》で、場内《じょうない》を沸《わ》かせた。

参考　「お株」は、得意としている事柄《ことがら》。

★傍《おか》（岡）目《め》八目《はちもく》　四字熟語

意味　当事者《とうじしゃ》たちよりも、そばで見《み》ている第三者《だいさんしゃ》のほうが、その本質《ほんしつ》がよくわかるということ。

用例　傍目八目とはよくいったもので、選手《せんしゅ》としてプレーしているときより、ベンチから見ているときのほうが、試合《しあい》の様子《ようす》がよくわかる。

参考　「傍目」は、直接関《ちょくせつかか》わらず、そばで見ていること。囲碁《いご》を打《う》っている人《ひと》よりも、そばで見ている人のほうが、八目先《さき》の手《て》まで読《よ》めるということから。「目《もく》」は、碁盤《ごばん》の目や石《いし》を数《かぞ》える言葉《ことば》。

奥歯《おくば》に物《もの》が挟《はさ》まる　慣用句

意味　心《こころ》に思《おも》っていることを口《くち》に出《だ》さず、はっきりとものを言《い》わない。

用例　奥歯に物が挟まったような言い方《かた》をしないでください。ああ、じれったい。

対照　歯に衣着《きぬき》せぬ

おくびにも出《だ》さない　慣用句

意味　心の中《なか》に秘《ひ》めて、口《くち》にも出さないし、そぶりにも見《み》せない。

用例　彼女《かのじょ》は最近祖母《さいきんそぼ》をなくしたが、人前《ひとまえ》では、悲《かな》しんでいることをおくびにも出さなかった。

参考　「おくび」は、げっぷのこと。

驕る平家は久しからず

驕る平家は久しからず～
べべん
あんなに栄《さか》えていた平家一門も、ついには滅《ほろ》びてしまったのだ…。
思い上がった人々はいつまでも栄え続《つづ》けることはできないんだ。
じゃあ、先生もいばってるから、いつかは滅びるね。
平家みたいに♡
コラ！
滅びません‼

後《おく》(遅)れを取《と》る　慣用句

意味　物事《ものごと》の進展《しんてん》が、他《ほか》の人《ひと》よりあとになる。

用例　バトンの受《う》け渡《わた》しでもたついて、ライバルチームに後れを取ってしまった。

対照　機先《きせん》を制《せい》する・先《さき》を越《こ》す

驕《おご》る平家《へいけ》は久《ひさ》しからず　ことわざ

意味　富《とみ》や権力《けんりょく》を得《え》て思《おも》い上《あ》がった者《もの》は、いつまでも栄《さか》え続《つづ》けることはできず、やがて滅《ほろ》びるものだという戒《いまし》め。

用例　今回《こんかい》は君《きみ》が勝《か》ったけれど、驕る平家は久しからずで、いい気《き》になっていたら、いずれ誰《だれ》かに負《ま》かされるよ。

参考　一時《いちじ》は栄えていた平家が、源氏《げんじ》に滅ぼされたことから。『平《へい》家物語《けものがたり》』には「おごれる人《ひと》も久しからず、ただ春《はる》の夜《よ》の夢《ゆめ》のごとし。たけき者も遂《つい》には滅びぬ、ひとえに風《かぜ》の前《まえ》の塵《ちり》に同《おな》じ。」（思い上がった人は、いつまでも栄え続けることはできず、まるで春の夜の夢のようにはかない。勢《いきお》いの盛《さか》んな者も遂には滅びてしまう、まったく風の前の塵と同じようなものだ。）とある。「驕る」は、自分《じぶん》の才能《さいのう》・地位《ちい》・財産《ざいさん》などに得意《とくい》になって、わがままな振《ふ》る舞《ま》いをすること。

お先棒《さきぼう》を担《かつ》ぐ　慣用句

意味　軽々《かるがる》しく人《ひと》の手先《てさき》になって働《はたら》く。

用例　お先棒を担ぐように、信用《しんよう》できない会社《かいしゃ》の商品《しょうひん》を人に薦《すす》めるのはやめたほうがいい。

参考　「先棒」は、二人《ふたり》で担ぐかごの前《まえ》のほうの棒。

類似　提灯《ちょうちん》を持《も》つ

押《お》しが強《つよ》い　慣用句

意味　自分《じぶん》の意見《いけん》や望《のぞ》みなどを、強引《ごういん》に通《とお》そうとする様子《ようす》。

用例　彼《かれ》は押しが強く、周《まわ》りの意見を聞《き》き入《い》れないので、みんな迷惑《めいわく》している。

押《お》しも押されもしない　慣用句

意味　誰《だれ》からも認《みと》められる力《ちから》があり、堂々《どうどう》としている。

用例　彼《かれ》は今《いま》や押しも押されもしない我《わ》がチームのエースだ。

参考　押してもびくともしないということから。

お高《たか》くとまる　慣用句

意味　つんとすまして、人《ひと》を見下《みくだ》した態度《たいど》を取《と》る。

用例　彼女《かのじょ》はお高くとまって、私《わたし》たちを相手《あいて》にしない。

コラー！校庭《こうてい》にイタズラしたのはだれだー!?
でてこーい!!
たいいくそうこ
佐藤《さとう》の仕業《しわざ》か！それに学級委員長《がっきゅういいんちょう》の山本まで同じ穴の狢だったのか!?
ヤマモト
サトウ
他《ほか》にも…!?
ぜ…全員《ぜんいん》同じ穴の狢だったのか…!?
同じ穴の狢

小田原評定《おだわらひょうじょう》 ことわざ

意味 長引《ながび》くばかりで、なかなかまとまらない相談《そうだん》。

用例 国会《こっかい》では、議員定数《ぎいんていすう》の削減《さくげん》について、相変《あいか》わらず小田原評定が続《つづ》いている。

参考 昔《むかし》、豊臣秀吉《とよとみひでよし》が北条氏《ほうじょうし》の立《た》てこもる小田原城《じょう》を攻《せ》めて取《と》り囲《かこ》んだとき、城内《じょうない》では降伏《こうふく》するか、戦《たたか》うか結論《けつろん》が出《で》ず、ぐずぐず長引くうちに滅《ほろ》ぼされたことから。

お茶《ちゃ》の子《こ》さいさい 慣用句

意味 苦労《くろう》せず、楽《らく》にできること。「お茶の子さいさい河童《かっぱ》の屁《へ》」ともいう。

用例 こんな宿題《しゅくだい》は、お茶の子さいさいだ。

参考 「お茶の子」は、お茶菓子《ちゃがし》のこと。軽《かる》くておなかにもたれないことから、簡単《かんたん》にできるという意味《いみ》に使《つか》われる。「さいさい」は民謡《みんよう》などのはやし言葉《ことば》。

類似 朝飯前《あさめしまえ》・屁の河童

★お茶《ちゃ》を濁《にご》す 慣用句

意味 うわべだけを取《と》り繕《つくろ》い、いいかげんなことを言《い》ったりしたりして、その場《ば》をごまかす。

用例 その政治家《せいじか》は、肝心《かんじん》なことを言わないで、適当《てきとう》にお茶を濁して会見《かいけん》を終《お》えた。

参考 茶道《さどう》の作法《さほう》を知《し》らない者《もの》が、適当なやり方《かた》でお茶をたててその場を取り繕うことから。

男《おとこ》は度胸《どきょう》、女《おんな》は愛嬌《あいきょう》(敬) ことわざ

意味 男は物事《ものごと》に動《どう》じない強《つよ》い心《こころ》が、女は人《ひと》に好《す》かれる愛想《あいそ》のよさが必要《ひつよう》ということ。

用例 「男は度胸、女は愛嬌」というじゃないか。男なら人前《ひとまえ》でも堂々《どうどう》としていなくちゃ。

音《おと》に聞《き》く 慣用句

意味 世間《せけん》に名《な》が知《し》られている。評判《ひょうばん》が高《たか》い。

用例 これが音に聞く厳島《いつくしま》か。日《に》本三景《ほんさんけい》の一《ひと》つだけあって美《うつく》しいね。

★同《おな》じ穴《あな》の狢《むじな》 慣用句

意味 同じ仲間《なかま》であることのたとえ。特《とく》に悪《わる》い仲間についていう。「同じ穴の狐《きつね》(狸《たぬき》)」「一《ひと》つ穴の狢」ともいう。

用例 結局《けっきょく》あの人《ひと》も、あの悪党《あくとう》ども同じ穴の狢だったのね。

参考 「狢」は、人間《にんげん》に悪さするとされるアナグマのこと。

同《おな》じ釜《かま》の飯《めし》を食《く》う 慣用句

意味 ある時期《じき》に生活《せいかつ》を共《とも》にし、苦労《くろう》や喜《よろこ》びを分《わ》かち合《あ》った親《した》しい

鬼が笑う

すごい計画を作ったよ。これで学力アップだ！
すごいプラン
いつから実行《じっこう》するの？
来年からだよ。
ふふふふ

仲《なか》をいう。

用例 彼《かれ》とは学校《がっこう》の寮《りょう》で、同じ釜の飯を食った仲だ。

鬼《おに》が出《で》るか蛇《じゃ》が出るか 慣用句

意味 これから先《さき》にどんな運命《うんめい》が待《ま》ち構《かま》えているのか、予想《よそう》できない様子《ようす》。

用例 厳《きび》しいと評判《ひょうばん》の先生《せんせい》に、明《あ》日《す》からピアノを習《なら》いに行《い》くことになったけど、果《は》たして鬼が出るか蛇が出るかわからない。

参考 鬼や蛇は、人間《にんげん》が恐《おそ》れるものの代表《だいひょう》。

鬼《おに》が笑《わら》う 慣用句

意味 見通《みとお》しがはっきりしないことや予測《よそく》がつかない先《さき》のことを言《い》う人《ひと》を、からかっていう言葉《ことば》。

用例 来年《らいねん》のことを言うと、鬼が笑うぞ。

参考 めったに笑わない鬼でさえ笑うということから。

★鬼《おに》に金棒《かなぼう》 ことわざ

意味 ただでさえ強《つよ》いのに、さらに強力《きょうりょく》なものが加《くわ》わるたとえ。

用例 私《わたし》たちのチームに彼女《かのじょ》が加われば、鬼に金棒だ。

参考 ただでさえ十分《じゅうぶん》強い鬼が金棒を持《も》ったら、もう誰《だれ》も対抗《たいこう》できなくなってしまうことから。「江《え》戸《ど》いろはかるた」にある。

★鬼《おに》の居《い》ぬ間《ま》に洗濯《せんたく》 ことわざ

意味 厳《きび》しく注意《ちゅうい》する人《ひと》や怖《こわ》い人が居ない間《あいだ》に、のんびり楽《らく》をしようということ。「鬼の居ぬ間の洗濯」ともいう。

用例 今日《きょう》はコーチが休《やす》みだから、鬼の居ぬ間に洗濯で、のんびり練《れん》習《しゅう》できるぞ。

参考 「洗濯」は、心《こころ》を洗《あら》うという意味《いみ》で、日頃《ひごろ》の苦労《くろう》などを忘《わす》れてさっぱりした気持《きも》ちになること。それだけの余裕《よゆう》を得《え》ることから。

鬼《おに》の霍乱《かくらん》 ことわざ

意味 いつも健康《けんこう》で丈夫《じょうぶ》な人《ひと》が、珍《めずら》しく病気《びょうき》になること。

用例 いつも元気《げんき》いっぱいの先生《せんせい》が、今日《きょう》は風邪《かぜ》で休《やす》みだって。鬼の霍乱だね。

参考 「霍乱」は、日射病《にっしゃびょう》のこと。

★鬼《おに》の首《くび》を取《と》ったよう 慣用句

意味 まるで鬼を打《う》ち倒《たお》す大手柄《おおてがら》を立《た》てたかのように得意《とくい》になるたとえ。

用例 小《ちい》さな誤《あやま》りを見《み》つけて、彼《かの》女《じょ》は鬼の首を取ったように大《おお》いばりだった。

参考 多《おお》くは、本人《ほんにん》が思《おも》っているほどたいした手柄ではない場合《ばあい》に用《もち》いられる。

鬼の居ぬ間に洗濯

自習だってー。
自習
やったね！
ラッキー！！
鬼の居ぬ間に
洗濯だ！
やったー！
ピコ
ピコ
ゲーム
やろうぜ！
マンガ読んでよう！
アハハ
ギュイイイイン
ギター弾《ひ》いちゃおう！
バンド組もうぜ！
ギュイイイン
YEAH!
校長先生だーー!!

鬼《おに》の目《め》にも涙《なみだ》 ことわざ

意味 ふだんは冷酷《れいこく》な人《ひと》でも、ときには感情《かんじょう》に流《なが》されて優《やさ》しい態度《たいど》を取《と》ることがあるというたとえ。

用例 僕《ぼく》らが試合《しあい》で勝《か》ったとき、あのいつも厳《きび》しいコーチが泣《な》いていた。鬼の目にも涙だ。

鬼《おに》も十八《じゅうはち》、番茶《ばんちゃ》も出花《でばな》 ことわざ

意味 どんな女性《じょせい》でも、年頃《としごろ》には美《うつく》しくなるものだということ。

用例 我《わ》が家《や》のおてんば娘《むすめ》も、この頃きれいになってきたよ。鬼も十八、番茶も出花かな。

参考 「出花」は、お湯《ゆ》を注《そそ》いだばかりの香《かお》りのよいお茶のこと。「上方《かみがた》いろはかるた」にある。

十八番《おはこ》 慣用句

意味 得意《とくい》とする芸《げい》。「十八番《じゅうはちばん》」とも読《よ》む。

用例 彼《かれ》はクラスのお楽《たの》しみ会《かい》で、十八番のものまねをやって、笑《わら》いを取《と》った。

参考 歌舞伎《かぶき》の市川家《いちかわけ》が、十八《じゅうはち》の芸の台本《だいほん》を箱《はこ》に収《おさ》めて秘蔵《ひぞう》の芸としたことから。

お鉢《はち》が回《まわ》る 慣用句

意味 自分《じぶん》のところに順番《じゅんばん》が回ってくる。

用例 今度《こんど》は僕《ぼく》に、クラスで飼《か》っている亀《かめ》の世話《せわ》というお鉢が回ってくるはずだ。

参考 「お鉢」は、ご飯《はん》が入《はい》っている飯《めし》びつのこと。多《おお》くの人《ひと》が集《あつ》まった場《ば》で、飯びつを順々《じゅんじゅん》に回すところから。

★帯《おび》に短《みじか》し襷《たすき》に長《なが》し ことわざ

意味 中途半端《ちゅうとはんぱ》で役《やく》に立《た》たないことのたとえ。

用例 去年《きょねん》の冬《ふゆ》に着《き》ていたジャンパーは、帯に短し襷に長しで、今《こ》年僕《としぼく》が着るには小《ちい》さくなってしまったし、弟《おとうと》にはまだ大《おお》き過《す》ぎる。

参考 ひもが、帯に使《つか》うには短過ぎ、襷に使うには長過ぎることから。

お百度《ひゃくど》を踏《ふ》む 慣用句

意味 頼《たの》み事《ごと》をするために、同《おな》じ場所《ばしょ》を何度《なんど》も訪《たず》ねる。

用例 彼《かれ》は新《あたら》しく将棋部《しょうぎぶ》を作《つく》ることを認《みと》めてもらおうと、職員室《しょくいんしつ》にお百度を踏んだ。

参考 「お百度」は、お百度参《まい》りのこと。神社《じんじゃ》やお寺《てら》の境内《けいだい》の一定《いってい》の距離《きょり》を百回往復《ひゃっかいおうふく》して、その度《たび》に願《ねが》いがかなうように拝《おが》むことをいう。

尾《お》ひれを付《つ》ける 慣用句

意味 事実《じじつ》に勝手《かって》な付け足《た》しをして、話《はなし》を大《おお》げさにする。

溺れる者は藁をもつかむ

用例 場《ば》を盛《も》り上《あ》げようと、つい尾ひれを付けて話《はな》してしまった。

参考 この場合《ばあい》の「尾ひれ」は、本体《ほんたい》とは別《べつ》のよけいなものを意味《いみ》する。

★溺《おぼ》れる者《もの》は藁《わら》をもつかむ　ことわざ

意味 窮地《きゅうち》にある者は、手段《しゅだん》を選《えら》ばず、まったく頼《たよ》りにならないようなものにまですがろうとすることのたとえ。「藁にもすがる」ともいう。

用例 いよいよ困《こま》り果《は》てて、あの人《ひと》にまで電話《でんわ》をかけたわ。溺れる者は藁をもつかむの心境《しんきょう》ね。

参考 溺れている人は、まったく役《やく》に立《た》たない藁でもつかんで助《たす》かろうとすることから。

★思《おも》い立《た》ったが吉日《きちじつ》　ことわざ

意味 何《なに》かをしようと思ったら、すぐに始《はじ》めるのがよいということのたとえ。「思い立ったが吉日《きちにち》」とも読《よ》む。

用例 思い立ったが吉日で、今日《きょう》からダイエットを始めるわ。

類似 先《さき》んずれば人《ひと》を制《せい》す・善《ぜん》は急《いそ》げ

対照 急がば回《まわ》れ・急《せ》いては事《こと》を仕損《しそん》じる

思《おも》う壺《つぼ》　慣用句

意味 思《おも》ったとおり。思惑《おもわく》どおり。「思う壺にはまる」ともいう。

用例 彼《かれ》が挑戦《ちょうせん》に応《おう》じてくれれば、こちらの思う壺だ。

参考 「壺」は、さいころを入《い》れて振《ふ》る壺のこと。思ったとおりのさいころの目《め》が出《で》ることから。

重荷《おもに》を下《お》ろす　慣用句

意味 重い責任《せきにん》を果《は》たし、安心《あんしん》する。

用例 卒業式《そつぎょうしき》が終《お》わって、ようやく学級委員長《がっきゅういいんちょう》という重荷を下ろすことができた。

類似 肩《かた》の荷《に》が下りる

親方日《おやかたひ》の丸《まる》　慣用句

意味 国《くに》の機関《きかん》や役所《やくしょ》などは、つぶれる心配《しんぱい》がないということ。

用例 祖父《そふ》が、父の勤《つと》めている役所は親方日の丸だから、何《なん》の心配もないと言《い》っていた。

参考 親方（給料《きゅうりょう》を支払《しはら》う人《ひと》）が日の丸（日本《にっぽん》）だということ。

★親《おや》の心《こころ》子《こ》知らず　ことわざ

意味 子どもを深《ふか》く思《おも》う親の心を子どもは知らないで、勝手気《かってき》ままに振《ふ》る舞《ま》うものだ。

用例 親の心子知らずで、息子《むすこ》は都会《とかい》に行《い》ったっきり、電話《でんわ》の一《ひと》つもかけてこない。

温故知新

過去《かこ》を振《ふ》り返《かえ》るな! 我々《われわれ》は常《つね》に前《まえ》に進《すす》んでいかなければいけないのだ!
新《あたら》しいものに飛《と》び付《つ》く者《もの》が未来《みらい》を創《つく》るのか? ちがう!
温故知新!
だれだオマエは
過去を学び、その中から新しいことを見いだしてゆく。それこそが大事《だいじ》なのだ!
ではみなさん、地球《ちきゅう》の将来《しょうらい》を頼《たの》みます!
え〜!? 未来から来た人!?

★親《おや》の脛《すね》をかじる　慣用句

意味 経済的《けいざいてき》に自立《じりつ》ができていないので、親に頼《たよ》って養《やしな》ってもらっている。「脛をかじる」ともいう。

用例 姉《あね》は親の脛をかじっているくせに、毎年海外旅行《まいとしかいがいりょこう》に行《い》く。

親《おや》の光《ひかり》は七光《ななひかり》　慣用句

意味 本人《ほんにん》は実力《じつりょく》がなくても、親の地位《ちい》や名誉《めいよ》のおかげで恩恵《おんけい》を受《う》けること。「親の七光」ともいう。

用例 親の光は七光だと思《おも》われるのは嫌《いや》だから、他《ほか》の人以上《ひといじょう》に努力《どりょく》するわ。

親《おや》はなくとも子《こ》は育《そだ》つ　ことわざ

意味 子どもというのは、親がいなくても育っていくものだから、心配《しんぱい》しなくてもよいということ。

用例 「親はなくとも子は育つ」というけれど、私《わたし》がいなくてもこの子がしっかり育ってくれるか心配だ。

★折《お》り紙付《がみつ》き　慣用句

意味 人《ひと》や物《もの》について、人格《じんかく》や品《ひん》質《しつ》が優《すぐ》れていると保証《ほしょう》すること。「折り紙を付ける」ともいう。

用例 この宝石《ほうせき》の価値《かち》については、専門家《せんもんか》の折り紙付きだ。

参考 書画《しょが》や器《うつわ》などに鑑定保証書《かんていほしょうしょ》を付けることから。

類似 太鼓判《たいこばん》を捺《お》す

★温故知新《おんこちしん》　故事成語

意味 過去《かこ》の事柄《ことがら》をじっくり学《まな》んで、その中《なか》から新《あたら》しい意味《いみ》を見つける。

用例 迷《まよ》ったときには焦《あせ》らないで、温故知新を実行《じっこう》すればよい。

参考 中国《ちゅうごく》の『論語《ろんご》』にある「故《ふる》きを温《たず》ねて新しきを知《し》れば、以《もっ》て師《し》と為《な》るべし（人の師となることができる）」の言葉《ことば》から。

★音頭《おんど》を取《と》る　慣用句

意味 大勢《おおぜい》で何《なに》かをする場合《ばあい》に、先頭《せんとう》に立《た》って物事《ものごと》を進《すす》める。

用例 彼《かれ》が音頭を取って、みんなで合唱《がっしょう》コンクールに参加《さんか》することになった。

参考 大勢で歌《うた》うとき、先《さき》に歌い出《だ》して調子《ちょうし》を取ることから。

類似 采配《さいはい》を振《ふ》る

恩《おん》に着《き》せる　慣用句

意味 自分《じぶん》がしてあげたことを、相手《あいて》にありがたく思《おも》わせるような態度《たいど》を取《と》る。

用例 少《すこ》し親切《しんせつ》にしたぐらいで、恩に着せるな。

参考 「着せる」は、負《お》わせると

恩に着る

いう意味《いみ》。

恩《おん》に着《き》る 慣用句

意味 人《ひと》から受《う》けた恩をありがたく思《おも》う。

用例 私《わたし》が苦《くる》しいときにあなたが助《たす》けてくれたことを、一生《いっしょう》恩に着ます。

参考 「着る」は、身《み》に受けるという意味《いみ》。

恩《おん》を仇《あだ》で返《かえ》す 慣用句

意味 受《う》けた恩に感謝《かんしゃ》するどころか、かえって害《がい》を与《あた》えるようなことをする。

用例 あれほど先生《せんせい》にはお世話《せわ》になっておきながら、恩を仇で返すようなことをしてしまい、心苦《こころぐる》しい。

類似 後足《あとあし》で砂《すな》をかける・飼《か》い犬《いぬ》に手《て》を噛《か》まれる

★飼《か》い犬《いぬ》に手《て》を噛《か》まれる 慣用句

意味 日頃《ひごろ》めんどうを見《み》ていた相《あい》手《て》から、思《おも》いがけず裏切《うらぎ》り行為《こうい》を受《う》ける。「飼い犬に手を食《く》われる」ともいう。

用例 世話《せわ》をしてきた後輩《こうはい》に裏切られ、飼い犬に手を噛まれた気分《きぶん》だ。

類似 後足《あとあし》で砂《すな》をかける・恩《おん》を仇《あだ》で返《かえ》す

開口一番《かいこういちばん》 四字熟語

意味 (何《なに》かを話《はな》そうとして)口《くち》を開《ひら》くやいなや。話《はな》し始《はじ》めてすぐに。

用例 寝坊《ねぼう》した朝《あさ》、急《いそ》いで食堂《しょくどう》に入《はい》っていくと、開口一番、親《おや》に小《こ》言《ごと》を言《い》われたよ。

外交辞令《がいこうじれい》 四字熟語

意味 相手《あいて》を喜《よろこ》ばせるような口先《くちさき》だけの言葉《ことば》。相手に好感《こうかん》を持《も》たれるよう、上手《じょうず》に応対《おうたい》しようとする表面的《ひょうめんてき》な言葉。おせじ。

用例 おばさんが僕《ぼく》を褒《ほ》めてくれたけど、外交辞令じゃないかな。

参考 「辞令」は、挨拶《あいさつ》の言葉。「辞礼」と書《か》くのは誤《あやま》り。

類似 社交辞令《しゃこうじれい》

快刀乱麻《かいとうらんま》を断《た》つ 慣用句

意味 もつれた麻糸《あさいと》を切《き》れ味《あじ》の良《よ》い刀《かたな》ですぱっと断ち切るように、こじれた物事《ものごと》を手際《てぎわ》よく処理《しょり》する。「快刀乱麻」ともいう。

用例 彼《かれ》の手際は、快刀乱麻を断つような鮮《あざ》やかさだった。

類似 一刀両断《いっとうりょうだん》

蛙の子は蛙
よくねること…
やっぱり蛙の子は蛙ねー。
“蛙の子は蛙”ってどういう意味《いみ》?
子どもは結局《けっきょく》親に似《に》るということさ
そんなのウソだ! ボクは大きくなったら人間になるんだ!
そりゃムリだ。
やっぱりカエルになった。
蛙の子は蛙か。
うわあ夢《ゆめ》か!?

か

隗《かい》より始《はじ》めよ
故事成語

意味 大《おお》きな計画《けいかく》も、まず手近《てぢか》なことから始めるのがよい。また、何《なに》か始めるときには、言《い》い出《だ》した者《もの》から先《さき》に立《た》って実行《じっこう》するべきだということ。「まず隗より始めよ」ともいう。

用例 生徒《せいと》に読書《どくしょ》の習慣《しゅうかん》を付《つ》けさせるために、隗より始めよで、朝《あさ》の十分間《じっぷんかん》を読書にあてる取《と》り組《く》みが、学校《がっこう》で始まった。

故事 昔中国《むかしちゅうごく》で、秦《しん》に大敗《たいはい》した燕《えん》の昭王《しょうおう》が、優《すぐ》れた人材《じんざい》を得《え》たいと郭隗《かくかい》に相談《そうだん》すると、「それならまず、私《わたし》のようなつまらない者から優遇《ゆうぐう》しなさい。そうすれば、私よりはるかに優れた人物《じんぶつ》ならもっと優遇されると思《おも》って、優秀《ゆうしゅう》な人物が集《あつ》まってきます。」と答《こた》えた。王がそのとおりにしたところ、立派《りっぱ》な人物を得ることができた。(戦国策《せんごくさく》)

★蛙《かえる》の子《こ》は蛙
ことわざ

意味 子どもは結局親《けっきょくおや》に似《に》るものだということ。平凡《へいぼん》な親の子はやはり平凡な人《ひと》になるというたとえ。

用例 あれこれ習《なら》ったけど、蛙の子は蛙、親と同《おな》じで飽《あ》きっぽいから、どれも長続《ながつづ》きしなかった。

参考 親とはちっとも似ていないおたまじゃくしが、成長《せいちょう》すれば結局、親と同じ蛙になることから。身内《みうち》についてへりくだって言《い》う表現《ひょうげん》なので、他人《たにん》には使《つか》わない。

類似 瓜《うり》の蔓《つる》に茄子《なすび》はならぬ

対照 鳶《とび》が鷹《たか》を生《う》む

★蛙《かえる》の面《つら》に水《みず》
ことわざ

意味 何《なに》をされても、何を言《い》われても、まったく何も感《かん》じていないかのように平気《へいき》な様子《ようす》。「蛙の面に小便《しょうべん》」ともいう。

用例 先生《せんせい》に「廊下《ろうか》を走《はし》るな」といくら叱《しか》られても、あの子《こ》はまるっきり蛙の面に水だね。

参考 「上方《かみがた》いろはかるた」にある。

顔色《かおいろ》をうかがう
慣用句

意味 相手《あいて》の表情《ひょうじょう》に気《き》を付《つ》けて、気持《きも》ちや機嫌《きげん》を探《さぐ》る。「顔色を見《み》る」「顔色を読《よ》む」ともいう。

用例 今日《きょう》は朝《あさ》から母《はは》の機嫌が悪《わる》いので、顔色をうかがって、怒《おこ》られないようにしている。

類似 鼻息《はないき》をうかがう

顔《かお》が売《う》れる
慣用句

意味 有名《ゆうめい》になって、広《ひろ》く名前《なまえ》が知《し》られる。

用例 テレビでよく見《み》かけるあのタレントさんは、最近急《さいきんきゅう》に顔が売れてきたね。

類似 名が売れる

顔が利く

みかちゃんお誕生日《たんじょうび》おめでとう!
ハイ!
ありがとう!
すごーい! どーしたの、これ!?
ステキ!
私《わたし》のお父さんがケーキ屋《や》に顔が利くのよ。
私もお店に顔が利くの。はい、プレゼント。
ありがとう。何かしら?
兄がは虫類《ちゅうるい》のペット屋さんだから…あっ
ぴゅー
かわいいのに…

★顔《かお》が利《き》く　慣用句

意味　信用《しんよう》があったり力《ちから》があったりして、人《ひと》に知《し》られた存在《そんざい》であることから、特別《とくべつ》に都合《つごう》や無理《むり》を聞《き》いてもらえる。

用例　あの人はいつも、芸能界《げいのうかい》に顔が利く、いつでも紹介《しょうかい》してあげるなどと調子《ちょうし》のいいことを言《い》っている。

★顔《かお》が立《た》つ　慣用句

意味　世間《せけん》に対《たい》する名誉《めいよ》が守《まも》られる。面目《めんぼく》や体面《たいめん》が保《たも》たれる。

用例　君《きみ》ががんばって働《はたら》いてくれるから、紹介《しょうかい》した僕《ぼく》も顔が立つというものだよ。

対照　顔がつぶれる

顔《かお》がつぶれる　慣用句

意味　世間《せけん》に対《たい》する名誉《めいよ》が傷《きず》つけられる。恥《はじ》をかかされる。

用例　私《わたし》の失敗《しっぱい》で、先輩《せんぱい》の顔がつぶれてしまった。

対照　顔が立《た》つ

★顔《かお》が広《ひろ》い　慣用句

意味　知《し》り合《あ》いが多《おお》く、たくさんの人《ひと》と付《つ》き合いがある。

用例　この町《まち》では、君《きみ》は本当《ほんとう》に顔が広いねえ。みんな君のことを知っているみたいだ。

参考　「顔」は、知名度《ちめいど》の意味《いみ》。

★顔《かお》から火《ひ》が出《で》る　慣用句

意味　恥《は》ずかしさで顔が赤《あか》くなる。とても恥ずかしい思《おも》いをする。

用例　みんなの前《まえ》でうそがばれて、顔から火が出るような思いをした。

★顔《かお》に泥《どろ》を塗《ぬ》る　慣用句

意味　恥《はじ》をかかせて、名誉《めいよ》を傷《きず》つける。

用例　親《おや》の顔に泥を塗るようなことだけはしたくない。

参考　「泥」は、恥や迷惑《めいわく》のこと。

類似　顔をつぶす

対照　顔を立《た》てる

顔向《かおむ》けができない　慣用句

意味　相手《あいて》に対《たい》する申《もう》し訳《わけ》ない気《き》持《も》ちから、恥《は》ずかしくて相手の顔をまともに見《み》ることができない。

用例　あれほど期待《きたい》されていたのに、ものの見事《みごと》に失敗《しっぱい》してしまい、みんなに顔向けができなかった。

類似　合《あ》わせる顔がない

顔《かお》を売《う》る　慣用句

意味　有名《ゆうめい》になるように売り込《こ》む。目立《めだ》つようにして、自分《じぶん》の名前《なまえ》や存在《そんざい》が知《し》られるように努《つと》める。

用例　選挙《せんきょ》が近《ちか》づいてきてテレビに政治家《せいじか》がよく出《で》ているね。顔を売ろうとしてるんじゃないかな。

顔を売る

よろしくお願《ねが》いしまーす!!
万太郎《まんたろう》さん、ここのところがんばってるね。
こんにちはーマンタロウです!
顔を売ろうと必死《ひっし》なんでしょうね。
いつもあんな笑顔《えがお》なんてすごいね。
売るほどありますからね。
つかれる…
笑顔お面↓

★顔《かお》を貸《か》す 慣用句

意味 人《ひと》に頼《たの》まれて、会合《かいごう》に出《で》たり、人に会《あ》ったりする。

用例 今度《こんど》の集《あつ》まりに、君《きみ》の顔を貸してもらえないかな。

顔《かお》を出《だ》す 慣用句

意味 人前《ひとまえ》に姿《すがた》を見《み》せる。人の家《いえ》を挨拶《あいさつ》のために訪問《ほうもん》したり、会合《かいごう》に出席《しゅっせき》したりする。また、ある物《もの》の一部分《いちぶぶん》が見えていることをいう場合《ばあい》もある。

用例 あなたもちょっと顔を出して、お客様《きゃくさま》にご挨拶しなさい。

書《か》き入《い》れ時《どき》 慣用句

意味 商売《しょうばい》が繁盛《はんじょう》して、最《もっと》ももうかる時期《じき》。

用例 この時間帯《じかんたい》は書き入れ時だから、休憩《きゅうけい》を取《と》る暇《ひま》もないよ。

参考 商売の帳簿《ちょうぼ》を記入《きにゅう》するのに忙《いそが》しい時期ということ。

学問《がくもん》に王道《おうどう》なし ことわざ

意味 学問は、知識《ちしき》を順序《じゅんじょ》立《だ》てて積《つ》み重《かさ》ねてはじめて習得《しゅうとく》できるもので、努力《どりょく》なしに簡単《かんたん》に身《み》につけられるようなものではない。「学問に近道《ちかみち》なし」ともいう。

用例 「学問に王道なし」というじゃないか。遠回《とおまわ》りなようでも、結局《けっきょく》は地道《じみち》に努力した人《ひと》が大成《たいせい》するのさ。

参考 「王道」は、王のための楽《らく》な方法《ほうほう》。エジプト王トレミーが、ユークリッドという高名《こうめい》な学者《がくしゃ》に、幾何学《きかがく》を簡単に学《まな》ぶ方法はないかと尋《たず》ねたとき、ユークリッドが、「幾何学に王道なし」と答《こた》えたという話《はなし》から。

影《かげ》が薄《うす》い 慣用句

意味 元気《げんき》がない。生《い》き生きしていない。また、印象《いんしょう》が薄く、目立《めだ》たない。

用例 総理大臣《そうりだいじん》を辞《や》めてから、彼《かれ》はすっかり影が薄くなったね。

★陰《かげ》になり日向《ひなた》になり 慣用句

意味 人《ひと》に知《し》られない所《ところ》でも、見《み》える所でも、何《なに》かとかばったり援助《えんじょ》したりする様子《ようす》。

用例 陰になり日向になり、私《わたし》たちを見守《みまも》ってくれた人が、遠《とお》く旅立《たびだ》つこととなった。私たちの寂《さび》しさは言《い》うまでもない。

参考 「陰」は人から見えない所、「日向」は人から見える所。

★影《かげ》も形《かたち》もない 慣用句

意味 そこにあったものがまったくなくなる。何《なに》も残《のこ》っていない。

用例 二十年《にじゅうねん》ぶりのふるさとだったが、私《わたし》の思《おも》い出《で》の景色《けしき》は、影も形もなかった。

風が吹けば桶屋が儲かる

僕《ぼく》が石につまずくと、
ガッツン
コラー！
からすが驚《おどろ》いてみきちゃんのハンカチをくわえて逃《に》げ…
ガァガァ
サッ
あ！
そのからすが他《ほか》の鳥とぶつかってハンカチを落《お》とし、僕《ぼく》の目の前に…
ガン
ヒラヒラ
あっ、ハンカチに名前が…
これ、なくしたって言ってたハンカチでしょ？
フッ
わぁ、ありがとう！
これもひとつの、風が吹けば桶屋が儲かる

影《かげ》を潜《ひそ》める　慣用句

意味　それまで目立《めだ》っていた姿《すがた》や行動《こうどう》が見《み》えなくなる。

用例　近所《きんじょ》を騒《さわ》がせていた空《あ》き巣《す》が、最近《さいきん》は影を潜めている。

籠《かご》の鳥《とり》　慣用句

意味　籠に入《い》れられて飼《か》われている鳥のように、自由《じゆう》を奪《うば》われているもののたとえ。

用例　彼女《かのじょ》は、家《いえ》が厳《きび》しくてなかなか外出《がいしゅつ》させてもらえない。まるで籠の鳥である。

風上《かざかみ》にも置《お》けない　慣用句

意味　性質《せいしつ》や行動《こうどう》が卑劣《ひれつ》で汚《きたな》い者《もの》は、仲間《なかま》として認《みと》めることができない。

用例　実験《じっけん》データを偽《いつわ》るとは、科《か》学者《がくしゃ》の風上にも置けないやつだ。

参考　嫌《いや》な臭《にお》いのする物《もの》を風上に置くと、風下《かざしも》の者は臭《くさ》くてたまらず迷惑《めいわく》することから。

笠《かさ》に着《き》る　慣用句

意味　権力《けんりょく》や地位《ちい》などを頼《たの》みにしていばる。また、自分《じぶん》がしてやったことを頼みに圧力《あつりょく》をかける。

用例　父親《ちちおや》の名声《めいせい》を笠に着て君《きみ》がいばるのは、筋違《すじちが》いというものだ。

参考　「笠」は、頭《あたま》にかぶって雨《あめ》や日差《ひざ》しを防《ふせ》ぐもの。

舵《かじ》を取《と》る　慣用句

意味　物事《ものごと》がうまく行《い》くように、正《ただ》しい方向《ほうこう》へ進《すす》める。

用例　クラス全体《ぜんたい》の舵を取る人《ひと》がいないと、文化祭《ぶんかさい》の出《だ》し物《もの》は成功《せいこう》しないだろう。

臥薪嘗胆《がしんしょうたん》　故事成語

意味　目的《もくてき》を果《は》たすため、自《みずか》らに試練《しれん》を課《か》し、長《なが》い間努力《あいだどりょく》を続《つづ》けること。

用例　君《きみ》は合格《ごうかく》を目指《めざ》して臥薪嘗胆、日夜《にちや》努力を続け、ついに栄冠《えいかん》を勝《か》ち取ったんだね。おめでとう。

故事　中国《ちゅうごく》の春秋時代《しゅんじゅうじだい》、呉王《ごおう》の夫差《ふさ》は、父《ちち》を殺《ころ》された恨《うら》みを忘《わす》れないように、薪《たきぎ》の上《うえ》に寝起《ねお》きしてその痛《いた》みで自分《じぶん》を戒《いまし》め、敵《かたき》の越王《えつおう》の句践《こうせん》を破《やぶ》った。一方《いっぽう》、敗《やぶ》れた句践もまた、苦《にが》い胆《きも》を嘗《な》めて敗戦《はいせん》の悔《くや》しさを忘れないよう自分を奮《ふる》い立《た》たせ、長い歳月《さいげつ》をかけて夫差への復讐《ふくしゅう》を果《は》たした。（十八史略《じゅうはっしりゃく》）

佳人薄命《かじんはくめい》　四字熟語

→〈美人薄命《びじんはくめい》〉（200ページ）

風《かぜ》が吹《ふ》けば桶屋《おけや》が儲《もう》かる　ことわざ

意味　物事《ものごと》が巡《めぐ》り巡って思《おも》いがけないところに影響《えいきょう》を与《あた》える。また、

風の便り

当《あ》てにならないことに期待《きたい》をかける場合《ばあい》に使《つか》うこともある。「大風《おおかぜ》が吹けば桶屋が儲かる」ともいう。

用例 「まさかそんなところに影響があるなんて思いもしなかったよ。」「『風が吹けば桶屋が儲かる』というやつさ。」

参考 大風が吹くと砂《すな》ぼこりが舞《ま》い上《あ》がって目《め》に入《はい》る。すると目を悪《わる》くする人《ひと》が増《ふ》えて、三味線《しゃみせん》を弾《ひ》く仕事《しごと》を始《はじ》める。三味線は猫《ねこ》の皮《かわ》を使《つか》うので、猫の数《かず》が減《へ》り、ねずみが増える。ねずみが増えると、木《き》でできた桶が次々《つぎつぎ》かじられるので、桶がよく売《う》れて、桶屋が儲かる、という話《はなし》から。また、風が吹けば木が倒《たお》れ、桶の材料《ざいりょう》が安《やす》くなるからだという説《せつ》もある。

★風《かぜ》の便《たよ》り 慣用句

意味 まるで風が運《はこ》んでくるように、どこからともなく伝《つた》わってくるうわさ。

用例 久《ひさ》しぶりに電話《でんわ》をしたのは、君《きみ》が念願《ねんがん》の甲子園出場《こうしえんしゅつじょう》を果《は》たしたと、風の便りに聞《き》いたからだよ。

風《かぜ》の吹《ふ》き回《まわ》し 慣用句

意味 そのときの成《な》り行《ゆ》き。気分《きぶん》や加減《かげん》など。しばしば「どういう」「どうした」などの言葉《ことば》とともに用《もち》いる。

用例 いつも宿題《しゅくだい》のことで口《くち》うるさい母《はは》が、どういう風の吹き回しか、今日《きょう》は何《なに》も言《い》わなかった。

風邪《かぜ》は万病《まんびょう》の因《もと》 ことわざ

意味 風邪を引《ひ》くと体《からだ》が弱《よわ》って抵抗力《ていこうりょく》がなくなり、いろいろな病気《びょうき》になりやすい。風邪ぐらいと思《おも》って軽《かる》く見《み》てはいけないという戒《いまし》め。

用例 「風邪は万病の因」っていうでしょ、無理《むり》しないで今日《きょう》は休《やす》んだほうがいいよ。

方《かた》(片)が付《つ》く 慣用句

意味 物事《ものごと》の処理《しょり》や整理《せいり》が終《お》わる。

用例 長《なが》らく取《と》り組《く》んでいた仕事《しごと》も、ようやく方が付いた。

参考 「方」は、物事の進行《しんこう》する方向《ほうこう》。

類似 けりが付く

肩透《かたす》かしを食《く》う 慣用句

意味 意気込《いきご》んで向《む》かったのに、相手《あいて》にはぐらかされてしまう。勢《いきお》いをそらされる。

用例 今日《きょう》こそは勝《か》つぞ、と意気込んで試合《しあい》に臨《のぞ》んだのに、風邪《かぜ》で欠場《けつじょう》だって。すっかり肩透かしを食ってしまったよ。

参考 「肩透かし」は相撲《すもう》の技《わざ》で、勢いよくぶつかってくる相手《あいて》に対《たい》して、体《からだ》を開《ひら》いて相手の肩口《かたぐち》に手《て》を掛《か》け、その勢いを利用《りよう》して引《ひ》き倒《たお》すこと。

固唾《かたず》を呑《の》む 慣用句

意味 どうなることかと心配《しんぱい》して、はらはらしながら、じっと成《な》り行《ゆ》きを見守《みまも》る。

用例 優勝決定戦《ゆうしょうけっていせん》に臨《のぞ》む選手《せんしゅ》の様《よう》子《す》を、固唾を呑んで見守った。

参考 「固唾」は、緊張《きんちょう》したときなどに、口《くち》の中《なか》にたまる唾《つば》のこと。

類似 手《て》に汗《あせ》を握《にぎ》る

肩《かた》で息《いき》をする 慣用句

意味 肩を上下《じょうげ》させて、苦《くる》しそうに息をする。

用例 挑戦者《ちょうせんしゃ》はすでに肩で息をして、今《いま》にも倒《たお》れそうだ。

刀《かたな》折《お》れ矢《や》尽《つ》きる 故事成語

意味 必死《ひっし》に努力《どりょく》したが、取《と》るべき方法《ほうほう》がなくなって、もうどうしようもない状態《じょうたい》になる。

用例 刀折れ矢尽き、今《いま》は状況《じょうきょう》が少《すこ》しでもましになることを祈《いの》るばかりだ。

参考 中国《ちゅうごく》の『後漢書《ごかんじょ》』にある言葉《ことば》。

類似 弓《ゆみ》折れ矢尽きる

型《かた》にはまる 慣用句

意味 決《き》まりきったやり方《かた》で、独《どく》創性《そうせい》がない。

用例 型にはまった受《う》け答《こた》えでは、お客《きゃく》さんの心《こころ》はつかめないよ。

★肩《かた》の荷《に》が下《お》りる 慣用句

意味 重《おも》い責任《せきにん》を果《は》たして、ほっとする。

用例 児童会《じどうかい》の会議《かいぎ》が終《お》わり、議《ぎ》長《ちょう》としての肩の荷が下りた。

類似 重荷《おもに》を下ろす

片腹痛《かたはらいた》い 慣用句

意味 ばかばかしくて見《み》ていられず、おかしくてたまらない。

用例 そんなへなちょこで、わしにかなうものか。片腹痛いわ。

参考 元《もと》は「傍《かたわ》ら痛い」で、そばで見ていても気《き》の毒《どく》だという意味《いみ》。

片棒《かたぼう》を担《かつ》ぐ 慣用句

意味 人《ひと》の仕事《しごと》の一部《いちぶ》を受《う》け持《も》って協力《きょうりょく》する。

用例 危《あや》うく詐欺《さぎ》の片棒を担がされるところだったよ。

参考 多《おお》くは、何《なに》かよくないことをたくらんでいる場合《ばあい》に用《もち》いる。昔《むかし》、人《ひと》を乗《の》せて運《はこ》ぶかごは、棒の前《まえ》と後《うし》ろを二人《ふたり》で担いだことから。

★肩身《かたみ》が狭《せま》い 慣用句

意味 世間《せけん》の人《ひと》に対《たい》して引《ひ》け目《め》を感《かん》じる。恥《は》ずかしく思《おも》う。

用例 いつもいつも人様《ひとさま》に迷惑《めいわく》ばかりかけて。お母《かあ》さんは、あなたのせいで肩身が狭いわ。

参考 「肩身」は、世間に対する

体裁《ていさい》、面目《めんぼく》のこと。

対照　肩身が広《ひろ》い

肩《かた》を怒《いか》らす　慣用句

意味　肩を高《たか》く起《お》こして、相手《あいて》を怖《こわ》がらせる態度《たいど》を取《と》る。

用例　門番《もんばん》は、門の中《なか》に入《はい》ろうとした男《おとこ》に、肩を怒らし、手《て》で追《お》い払《はら》うしぐさをした。

肩《かた》を入《い》れる　慣用句

意味　特《とく》に応援《おうえん》する。ひいきする。「肩入れする」ともいう。

用例　兄《あに》は最近《さいきん》、地元《じもと》の球団《きゅうだん》に肩を入れている。

肩《かた》を落《お》とす　慣用句

意味　気力《きりょく》をなくしてがっかりする。落胆《らくたん》する。

用例　勝《か》てるはずの試合《しあい》に負《ま》けた。選手《せんしゅ》たちは肩を落として会場《かいじょう》をあとにした。

類似　気を落とす・力《ちから》を落とす

方《かた》(片)を付《つ》ける　慣用句

意味　物事《ものごと》を処理《しょり》して、終《お》わりにする。あやふやな問題《もんだい》を解決《かいけつ》する。

用例　自転車同士《じてんしゃどうし》の事故《じこ》になったが、双方《そうほう》の話《はな》し合《あ》いで方を付けた。

類似　けりを付ける

★肩《かた》を並《なら》べる　慣用句

意味　実力《じつりょく》、地位《ちい》、技術《ぎじゅつ》などで同《おな》じような力《ちから》を持《も》ち、対等《たいとう》な位置《いち》に立《た》っている。

用例　彼《かれ》は去年《きょねん》まで素人同然《しろうとどうぜん》だったのに、今《いま》では師匠《ししょう》と肩を並べるほどである。

★肩《かた》を持《も》つ　慣用句

意味　味方《みかた》をして助《たす》ける。ひいきする。

用例　兄弟《きょうだい》げんかのたびに、母《はは》が弟《おとうと》の肩を持つので、おもしろくない。

★火中《かちゅう》の栗《くり》を拾《ひろ》う　ことわざ

意味　自分《じぶん》の得《とく》にもならないのに、他人《たにん》のためにわざわざ危険《きけん》なことをするたとえ。

用例　どうせうまくいきっこないのに、あえて火中の栗を拾うことはないよ。

参考　猿《さる》が猫《ねこ》をおだてて、いろりの中《なか》で焼《や》けている栗を拾わせたら、栗がはじけて飛《と》び、猫が大《おお》やけどをしたという、フランスの詩人《しじん》、ラ・フォンテーヌの『寓話《ぐうわ》』から。

勝《か》って兜《かぶと》の緒《お》を締《し》めよ　ことわざ

意味　気持《きも》ちを張《は》り詰《つ》めさせ、心《こころ》を引《ひ》き締めよ。試合《しあい》などに勝って、つい気が緩《ゆる》むのを戒《いまし》める言葉《ことば》。

我田引水

お姉《ねえ》ちゃん、弟たちの分ケーキ切ってあげて。
任《まか》せるからね
はーい。
うわー、私《わたし》の大好《だいす》きなショートケーキ！
キャ～！
ステキ～！
ぜ～んぶ一人で食べた～い!!
そうだ、弟たちの分を薄《うす》く切って私の取《と》り分を多くすることもできる…。
ハッ!!
切り方は私に任されているわけだし…。
ゆるしません！我田引水！取り分は公平《こうへい》に!!
わかったわかった!!

用例 念願《ねんがん》の初勝利《はつしょうり》。だが、勝って兜《かぶと》の緒を締めよ。さあ、二回戦《にかいせん》突破《とっぱ》に向《む》けて練習《れんしゅう》だ。

参考 戦《たたか》いに勝ったあとも、次《つぎ》の戦いに備《そな》えて兜のひもをきつく結《むす》び直《なお》すことから。

買《か》って出《で》る　慣用句

意味 自分《じぶん》から進《すす》んで仕事《しごと》や役目《やくめ》を引《ひ》き受《う》ける。

用例 小《ちい》さい頃《ころ》からピアノを習《なら》っている彼女《かのじょ》が、クラスの合唱《がっしょう》で伴《ばん》奏《そう》する役を買って出た。

★河童《かっぱ》の川流《かわなが》れ　ことわざ

意味 泳《およ》ぎの上手《じょうず》な河童でも、ときには川に流されることもあるように、どんな名人《めいじん》でも、ときには失敗《しっぱい》することがあるというたとえ。

用例 いくら泳ぎが得意《とくい》でも、沖《おき》まで行《い》っちゃ危《あぶ》ないよ。「河童の川流れ」という言葉《ことば》もあるからね。

類似 弘法《こうぼう》にも筆《ふで》の誤《あやま》り・猿《さる》も木《き》から落《お》ちる・上手の手《て》から水《みず》が漏《も》れる・千慮《せんりょ》の一失《いっしつ》

活《かつ》を入《い》れる　慣用句

意味 弱《よわ》っているものに刺激《しげき》を与《あた》えて、元気《げんき》を取《と》り戻《もど》させる。弱気《よわき》な人《ひと》に気力《きりょく》を奮《ふる》い立《た》たせるような言葉《ことば》を掛《か》ける。

用例 彼《かれ》、この頃《ごろ》やる気が見《み》えないんだ。君《きみ》、ちょっと活を入れてくれないか。

参考 「活」は、柔道《じゅうどう》などで気を失《うしな》ったときに、急所《きゅうしょ》を突《つ》くなどして息《いき》を吹《ふ》き返《かえ》させること。

類似 ねじを巻《ま》く・発破《はっぱ》を掛ける

勝《か》てば官軍《かんぐん》　ことわざ

意味 戦《たたか》いに勝ったほうが、結果《けっか》的《てき》に正《ただ》しいことになるというたとえ。

用例 彼《かれ》があの商談《しょうだん》を成功《せいこう》させたんだって！　悔《くや》しいけど、勝てば官軍、彼のやり方《かた》がよかったことになるね。

参考 「勝てば官軍、負ければ賊軍《ぐん》」を短《みじか》くした言《い》い方。官軍は、明治《めいじ》維新《いしん》で勝利《しょうり》した朝廷側《ちょうていがわ》、負《ま》けた幕府側《ばくふがわ》が賊《ぞく》軍。

★我田引水《がでんいんすい》　四字熟語

意味 他人《たにん》のことは考《かんが》えずに、自《じ》分《ぶん》に都合《つごう》がいいように、言《い》ったりしたりすること。

用例 緊急《きんきゅう》時《じ》に物《もの》を買《か》い占《し》めるのは、我田引水と言われても仕方《しかた》がない行為《こうい》だ。

参考 耕作《こうさく》に水《みず》は欠《か》かせない。その貴重《きちょう》な水を、自分の田畑《たはた》にばかり引《ひ》いてくると、他《ほか》の人の所《ところ》は枯《か》れてしまうことから。

合点《がてん》がいかない　慣用句

意味 納得《なっとく》できない。

用例　その話《はなし》には、どうも合点がいかないよ。
参考　和歌《わか》・連歌《れんが》・俳諧《はいかい》などの批《ひ》評《ひょう》をするときに、良《よ》いものの上《うえ》に点を付《つ》けることを「合点」ということから。

★角《かど》が立《た》つ　慣用句

意味　相手《あいて》に対《たい》する言葉《ことば》や行為《こうい》が原因《げんいん》で、ぎくしゃくした気《き》まずい関係《かんけい》になる。
用例　すぐに「だめだ」なんて言《い》うと、そりゃあ角が立つよ。

角《かど》が取《と》れる　慣用句

意味　年《とし》を取《と》ったり、苦労《くろう》をして経験《けいけん》を積《つ》んだりして、人柄《ひとがら》が穏《おだ》やかになる。
用例　若《わか》い頃《ころ》は何《なに》かとつっかかってきたものだったが、そんな彼《かれ》も最近《さいきん》はずいぶん角が取れてきたね。

類似　灰汁《あく》が抜《ぬ》ける

金《かね》が物《もの》を言《い》う　慣用句

意味　金で何事《なにごと》も解決《かいけつ》がつく。金の力《ちから》は絶大《ぜつだい》である。
用例　最近《さいきん》は問題《もんだい》が起《お》きると、すぐにお金で済《す》ませようとする。まさに金が物を言う時代《じだい》になっちゃったね。
類似　地獄《じごく》の沙汰《さた》も金次第《しだい》

金《かね》に糸目《いとめ》を付《つ》けない　慣用句

意味　費用《ひよう》を惜《お》しまない。
用例　自分《じぶん》の趣味《しゅみ》のためなら、彼《かれ》は金に糸目を付けない主義《しゅぎ》だ。
参考　「糸目」は、たこに付《つ》けた糸。糸目を付けないとコントロールできないところから。また、昔《むかし》はお金を糸で結《むす》んでいたが、その糸をかけないでお金を使《つか》うところから、ともいわれる。

金《かね》の切《き》れ目《め》が縁《えん》の切れ目　ことわざ

意味　お金のあるうちは親《した》しく付《つ》き合《あ》うが、なくなると関係《かんけい》を絶《た》ってしまうこと。お金で成《な》り立《た》った関係の壊《こわ》れやすさをいう。
用例　「金の切れ目が縁の切れ目」というが、会社《かいしゃ》が倒産《とうさん》したとたん、あの社長《しゃちょう》の下《もと》には誰《だれ》も寄《よ》り付《つ》かなくなった。

金《かね》は天下《てんか》の回《まわ》りもの　ことわざ

意味　お金は同《おな》じ所《ところ》にとどまらず、次々《つぎつぎ》と人《ひと》の手《て》を渡《わた》っていくもので、いつかはお金のない人の所にも回ってくるということ。「金は天下の回り持《も》ち」ともいう。
用例　「金は天下の回りもの」っていうでしょ。あなたにも、お金を得《え》る機会《きかい》は巡《めぐ》ってきますよ。

角が立つ

みなさんこんにちは！
私《わたし》は角《かど》立子《たつこ》。よろしくね!!
チャオ
私ったらついつい角が立つこと言っちゃうの。
傷《きず》つけちゃったらゴメンネ。
エヘヘ
メンゴ（死語）
あのね、私今度《こんど》タレントのテスト受《う》けてみようと思うの。
いいんじゃない？鏡《かがみ》で自分を見て納得《なっとく》の上ならね。
そりゃ自信《じしん》があるわけじゃないけど…。
くっそ〜
あらら、私ったらまた言っちゃった？
チャオ

か

壁に耳あり障子に目あり

株《かぶ》が上《あ》がる 慣用句

意味 その人《ひと》の評価《ひょうか》が高《たか》まる。

用例 この前《まえ》の試合《しあい》で活躍《かつやく》し、彼《かれ》は一気《いっき》に株が上がった。

参考 「株」は、評価・人気《にんき》のこと。

禍福《かふく》はあざなえる縄《なわ》のごとし 故事成語

意味 禍（災《わざわ》い）と思《おも》っていたらそれがきっかけで福（幸《しあわ》せ）が来《き》たり、福と思っていたらいつのまにか禍が訪《おとず》れたり、というように、幸不《こうふ》幸《こう》は、より合《あ》わせた縄のように、代《か》わる代わるやってくるというたとえ。

用例 まさに禍福はあざなえる縄のごとしで、人生《じんせい》にはいいときもあれば悪《わる》いときもあるものだ。

参考 中国《ちゅうごく》の『史記《しき》』にある言葉《ことば》。

類似 塞翁《さいおう》が馬《うま》・沈《しず》む瀬《せ》あれば浮《う》かぶ瀬あり・人間万事《にんげんばんじ》塞翁が馬

★兜《かぶと》を脱《ぬ》ぐ 慣用句

意味 相手《あいて》の力《ちから》を認《みと》めて、素直《すなお》に降参《こうさん》する。

用例 圧倒的《あっとうてき》な力の差《さ》を見《み》せつけられ、挑戦者《ちょうせんしゃ》はあっさりと兜を脱いだ。

株《かぶ》を守《まも》りて兎《うさぎ》を待《ま》つ ことわざ

→〈守株《しゅしゅ》〉（118ページ）

★壁《かべ》に耳《みみ》あり障子《しょうじ》に目《め》あり ことわざ

意味 どこで誰《だれ》が聞《き》いたり見《み》たりしているかわからない。秘密《ひみつ》は漏《も》れやすいから気《き》を付《つ》けなさいというたとえ。

用例 しゃべりたくて仕方《しかた》がないみたいだね。でも、壁に耳あり障子に目ありだから絶対《ぜったい》しゃべっちゃだめだよ。

類似 闇夜《やみよ》に目あり

★果報《かほう》は寝《ね》て待《ま》て ことわざ

意味 幸運《こううん》は焦《あせ》らず待《ま》っていると、そのうちやってくるものだ。

用例 コンクールの結果《けっか》が気《き》になるのはわかるけれど、「果報は寝て待て」というじゃないか、気長《きなが》に待とうよ。

参考 幸運《こううん》は前世《ぜんせ》からの因縁《いんねん》で決《き》まっているという、仏教《ぶっきょう》の「因果《いんが》応報《おうほう》」の考《かんが》え方《かた》から生《う》まれた言葉《ことば》。

類似 待てば海路《かいろ》の日和《ひより》あり

対照 まかぬ種《たね》は生《は》えぬ

鎌《かま》を掛《か》ける 慣用句

意味 巧《たく》みに話《はなし》をふり、相手《あいて》から知《し》りたいことを聞《き》き出《だ》そうとする。

用例 真相《しんそう》を聞き出そうと彼女《かのじょ》に鎌を掛けてみたが、だめだったよ。

類似 水《みず》を向《む》ける

借りてきた猫

ギャー!
コラー!
ギャー
静《しず》かにしなさーい!
明日《あす》、三者面談《さんしゃめんだん》でお母さん学校へ行くからね!
先生に会うの心配《しんぱい》だわ〜。
えらくおとなしい…
……
借りてきた猫?

★亀《かめ》の甲《こう》より年《とし》の功《こう》(劫)

ことわざ

意味 年長者《ねんちょうしゃ》が長《なが》い経験《けいけん》で身《み》につけた豊《ゆた》かな知恵《ちえ》は尊《とうと》いということ。単《たん》に、「年の功(劫)」ともいう。

用例 やっぱりここは亀の甲より年の功、おじいちゃんに聞《き》いてみようよ。

参考 「功」と「甲」が同《おな》じ音《おん》であることからのごろ合《あ》わせ。

鴨《かも》が葱《ねぎ》を背負《しょ》ってくる

ことわざ

意味 鴨が葱を背負《せお》ってやってきたら、すぐに鴨鍋《かもなべ》ができるように、利用《りよう》されるものが、さらに利益《りえき》になるものを持《も》ってくるたとえ。「鴨葱《かもねぎ》」ともいう。

用例 弱《よわ》いくせに、向《む》こうから試《し》合《あい》を申《もう》し込《こ》んでくるとは、鴨が葱を背負ってくるようなものだ。

可《か》もなく不可《ふか》もなし

故事成語

意味 特別《とくべつ》良《よ》くもないが、悪《わる》くもない、ごく平凡《へいぼん》だということ。

用例 今年《ことし》のチーム成績《せいせき》は、可もなく不可もなしといったところだ。

故事 孔子《こうし》は、昔《むかし》の清潔《せいけつ》な隠者《いんじゃ》(世間《せけん》の人《ひと》と交際《こうさい》を絶《た》って、隠《かく》れ住《す》む人)を立派《りっぱ》だと認《みと》めた上《うえ》で、それらの人《ひと》とは違《ちが》い、自分《じぶん》は普通《ふつう》の生《い》き方《かた》をすると言《い》った。(論語《ろんご》)

類似 毒《どく》にも薬《くすり》にもならない

蚊帳《かや》の外《そと》

慣用句

意味 大事《だいじ》なことに関《かか》われないこと。仲間《なかま》に入《はい》れないこと。

用例 発表会《はっぴょうかい》のことを聞《き》かれても、僕《ぼく》はまるで蚊帳の外で、何《なに》もわからないんだ。

参考 「蚊帳」は、蚊《か》を防《ふせ》ぐために部屋《へや》につり、寝床《ねどこ》を覆《おお》うもの。蚊帳の外《そと》からでは、中《なか》がよく見《み》えないことから。

痒《かゆ》い所《ところ》に手《て》が届《とど》く

慣用句

意味 細《こま》かい点《てん》にまで配慮《はいりょ》が行《い》き届いているたとえ。

用例 痒い所に手が届くような世《せ》話《わ》をしていただき、感謝《かんしゃ》します。

類似 至《いた》れり尽《つ》くせり

烏《からす》の行水《ぎょうずい》

慣用句

意味 入浴《にゅうよく》の時間《じかん》が極端《きょくたん》に短《みじか》いことのたとえ。

用例 烏の行水はだめよ。ちゃんと体《からだ》を洗《あら》いなさい。

参考 「行水」は、たらいに水《みず》やお湯《ゆ》を入《い》れて、体を洗うこと。烏の水浴《みずあ》びは短いことから。

借《か》りてきた猫《ねこ》

慣用句

意味 いつもと違《ちが》い、おとなしく、

かわいい子には旅をさせよ

父さん、僕《ぼく》一人旅《ひとりたび》に行ってくるよ。
ええ!? 大丈夫《だいじょうぶ》か!?
かわいい子には旅をさせよ、というが、心配《しんぱい》だな…
大丈夫だよ。行ってきます!
さて、電車もバスもないところだ。ヒッチハイクしてみよう。
ドキドキするなぁ。
はあい、お兄さんどこいくの?
のってく?
父さんじゃん…。
いみね～

小《ちい》さくなっていることのたとえ。

用例 授業中《じゅぎょうちゅう》いつもうるさいのに、参観日《さんかんび》はまるで借りてきた猫のようだね。

参考 ねずみを捕《と》らせようと猫を借りてきても、その家《いえ》に慣《な》れていないため、いつもとは違《ちが》っておとなしく小《ちい》さくなっている様子《ようす》から。

★画竜点睛《がりょうてんせい》を欠《か》く　故事成語

意味 物事《ものごと》を成《な》し遂《と》げようとするとき、最後《さいご》の仕上《しあ》げともいうべき大事《だいじ》な部分《ぶぶん》が欠けていること。全《ぜん》体的《たいてき》にはよくできているが、最後になって肝心《かんじん》な部分が不十分《ふじゅうぶん》であること、またそのために全体《ぜんたい》がぱっとしないことをいう。「画竜《がりゅう》点睛を欠く」とも読《よ》む。

用例 せっかく立派《りっぱ》な本《ほん》ができたのに、少《すく》なからず誤字《ごじ》が見《み》つかったとなると、残念《ざんねん》ながら画竜点睛を欠くだね。

故事 昔《むかし》、中国《ちゅうごく》の画家《がか》が、金陵《きんりょう》にある安楽寺《あんらくじ》の壁《かべ》に竜《りゅう》を描《か》いたが、わざと瞳《ひとみ》を描かなかった。どうしてもと言《い》われて瞳を描き入《い》れたところ、たちまち風雲《ふううん》が巻《ま》き起《お》こり、竜は天《てん》に昇《のぼ》った。（水衡記《すいこうき》）

参考 「睛」は瞳、黒目《くろめ》のことで、「晴」とは別《べつ》の字《じ》。「点睛」は、瞳を描き入れること。

類似 仏作《ほとけつく》って魂《たましい》入《い》れず

枯《か》れ木《き》に花《はな》　慣用句

意味 衰《おとろ》えていたものが、再《ふた》び勢《いきお》いを取《と》り戻《もど》すたとえ。「枯れ木に花が咲《さ》く」ともいう。

用例 あの選手《せんしゅ》はずっと不調《ふちょう》だったが、最近《さいきん》は、「枯れ木に花」というくらいに活躍《かつやく》している。

★枯《か》れ木《き》も山《やま》の賑《にぎ》わい　ことわざ

意味 つまらないものでも、ないよりはましであることのたとえ。

用例 場違《ばちが》いかとは思《おも》ったけれど、枯れ木も山の賑わい、参加《さんか》させてもらうことにしたよ。

参考 自分《じぶん》が謙遜《けんそん》していう言葉《ことば》で、他人《たにん》に対《たい》して使《つか》うと失礼《しつれい》になる。

★かわいい子《こ》には旅《たび》をさせよ　ことわざ

意味 子どもがかわいいなら、甘《あま》やかさないで、世《よ》の中《なか》に出《だ》して苦《く》労《ろう》をさせたほうがいい。

用例 あんまり甘やかさないほうがいいよ。「かわいい子には旅をさせよ」っていうだろ。

類似 獅子《しし》の子落《お》とし・若《わか》い時《とき》の辛労《しんろう》は買《こ》うてもせよ

我《が》を張《は》る　慣用句

意味 自分《じぶん》の意見《いけん》ばかりを主張《しゅちょう》して、人《ひと》の言《い》う事《こと》を聞《き》こうとしない。

用例 お互《たが》いに我を張って譲《ゆず》らな

完全無欠

完全無欠のロケン・ローラー!!
ギャー
オレは上から下まで完全無欠のロケンローラーさ!
センキュー
完全無欠の美人先生!!
でた～
私《わたし》は上から下まで完全無欠の美人先生よ!!
コラー
よ～いうわ!
ひっこめ～!

いから、とうとうけんかになってしまった。

感慨無量《かんがいむりょう》

四字熟語

意味　心《こころ》に深《ふか》く感じて、胸《むね》がいっぱいになること。「感無量」ともいう。

用例　娘《むすめ》の結婚式《けっこんしき》。幸《しあわ》せそうな娘の姿《すがた》に、感慨無量だった。

参考　「無量」は、はかれないほど大量《たいりょう》という意味《いみ》。

換骨奪胎《かんこつだったい》

故事成語

意味　他人《たにん》の詩《し》や文章《ぶんしょう》の着想《ちゃくそう》や表現《ひょうげん》などをまねて、それを利用《りよう》して自分《じぶん》の作品《さくひん》を作《つく》ること。

用例　彼《かれ》の詩は、他人の作品を換骨奪胎しただけの代物《しろもの》だ。

参考　先行《せんこう》する作品《さくひん》から、盗作《とうさく》することをいう場合《ばあい》が多《おお》い。中国《ちゅうごく》の『冷斎夜話《れいさいやわ》』にある言葉《ことば》。

閑古鳥《かんこどり》が鳴《な》く

慣用句

意味　人気《ひとけ》がなく、寂《さび》れてひっそりとしている様子《ようす》。多《おお》くは、店《みせ》に客《きゃく》が来《こ》なかったり、仕事《しごと》の注文《ちゅうもん》がなくて活気《かっき》がなかったりという状態《じょうたい》をいう。

用例　大売《おおう》り出《だ》しだというのに、お客さんは少《すく》ないし、閑古鳥が鳴きそうだ。

参考　「閑古鳥」は、かっこうのこと。静《しず》かな山里《やまざと》で鳴くことから、寂しいものの代名詞《だいめいし》のようにいわれる。松尾芭蕉《まつおばしょう》の「憂《う》きわれをさびしがらせよ閑古鳥」という有名《ゆうめい》な句《く》がある。

対照　門前市《もんぜんいち》を成《な》す

冠婚葬祭《かんこんそうさい》

四字熟語

意味　「冠」は成人式《せいじんしき》、「婚」は婚《こん》礼《れい》、「葬」は葬式《そうしき》、「祭」は祖先《そせん》の祭《まつ》りのこと。おめでたい儀式《ぎしき》や悲《かな》しい儀式などをまとめた言《い》い方《かた》。

用例　ふだんは連絡《れんらく》を取《と》らない親《しん》戚《せき》も、冠婚葬祭で集《あつ》まれば、大《おお》いに話《はなし》をする。

勧善懲悪《かんぜんちょうあく》

故事成語

意味　善《よ》い行《おこな》いを勧《すす》め、悪《わる》いことをした者《もの》を懲《こ》らしめること。

用例　昔話《むかしばなし》や時代劇《じだいげき》には、勧善懲悪の話が多《おお》い。

参考　「勧」は奨励《しょうれい》する、「懲」は懲《こ》らしめるという意味《いみ》。昔《むかし》、孔子《こうし》が書《か》いた『春秋《しゅんじゅう》』という本《ほん》の言葉《ことば》は簡潔《かんけつ》で意味深《いみぶか》く、「勧善懲悪」ですばらしい、と『春秋左氏伝《さしでん》』で評価《ひょうか》したことから。

★完全無欠《かんぜんむけつ》

四字熟語

意味　完全で、欠点《けってん》がないこと。

用例　誰《だれ》でも失敗《しっぱい》ぐらいする。完全無欠な人間《にんげん》はいない。

類似　完璧《かんぺき》

堪忍袋の緒が切れる

こーら、やめなさい！
シンブン読んでるんだから！
キャキャ
あそぼー
こ～ら、やめなさいって言ってるでしょ…。
キャキャ
イテテテ
うぉー
堪忍袋の緒が切れたー!!
ホント、うるさくて堪忍袋の緒が切れたわ。

肝胆《かんたん》相《あい》照《て》らす
故事成語

意味 互《たが》いに隠《かく》し事《ごと》をしないで、心《こころ》を許《ゆる》して親《した》しく付《つ》き合《あ》う。また、そういう関係《かんけい》のこと。

用例 僕《ぼく》らの付き合いは、もう何《なん》十年《じゅうねん》にもなる、肝胆相照らす仲《なか》なんだ。

参考 「肝胆」は肝臓《かんぞう》と胆嚢《たんのう》のことで、体《からだ》の奥《おく》のほうにあることから、心の奥底《おくそこ》、すなわち真心《まごころ》を指《さ》す。中国《ちゅうごく》の『故事成語考《こじせいごこう》』にある言葉《ことば》。

邯鄲《かんたん》の夢《ゆめ》
故事成語

意味 人《ひと》の世《よ》の栄華《えいが》は、はかないということのたとえ。「一炊《いっすい》の夢」「盧生《ろせい》の夢」ともいう。

用例 年老《としお》いてから自分《じぶん》の人生《じんせい》を振《ふ》り返《かえ》ると、邯鄲の夢のように感《かん》じられる。

故事 昔《むかし》、中国《ちゅうごく》の邯鄲に、盧生という貧《まず》しい若者《わかもの》がいた。あるとき、仙人《せんにん》に渡《わた》された枕《まくら》で寝《ね》たら、よい妻《つま》を得《え》て、出世《しゅっせ》し、大金持《おおがねも》ちになって、幸《しあわ》せに生涯《しょうがい》を送《おく》る夢を見《み》た。だが、目《め》が覚《さ》めると、それは炊《た》きかけの飯《めし》が、まだ炊きあがっていないくらいの短《みじか》い間《あいだ》だった。（枕中記《ちんちゅうき》）

眼中《がんちゅう》にない
慣用句

意味 まったく注意《ちゅうい》や関心《かんしん》を払《はら》わない。

用例 彼《かれ》は自分《じぶん》のことばかりが大事《だいじ》で、他人《たにん》のことなんかまるで眼中にない。

参考 「眼中」は見《み》える範囲《はんい》の意《い》味《み》で、注意や関心の範囲を表《あらわ》す。

噛《か》んで含《ふく》める
慣用句

意味 相手《あいて》が十分理解《じゅうぶんりかい》できるように、丁寧《ていねい》に言《い》い聞《き》かせる。

用例 お使《つか》いに行《い》く妹《いもうと》に、母《はは》は噛んで含めるように道順《みちじゅん》を教《おし》えた。

参考 噛みにくい食《た》べ物《もの》を一旦《いったん》噛みくだいて、相手の口《くち》に入《い》れてやるところから。

艱難辛苦《かんなんしんく》
四字熟語

意味 困難《こんなん》に出会《であ》って、非常《ひじょう》な苦《くる》しみを味《あじ》わうこと。

用例 艱難辛苦の末《すえ》、その発明《はつめい》は実用化《じつようか》され、世《よ》に認《みと》められた。

類似 四苦八苦《しくはっく》・粒粒辛苦《りゅうりゅうしんく》

艱難汝《かんなんなんじ》を玉《たま》にす
ことわざ

意味 人《ひと》は多《おお》くの辛《つら》い苦《くる》しみを乗《の》り越《こ》えてこそ、立派《りっぱ》な人物《じんぶつ》になる。

用例 「艱難汝を玉にす」というから、今《いま》は苦しくてもがんばるぞ。

参考 「玉」は、宝石《ほうせき》のこと。元《もと》は西洋《せいよう》のことわざ。

癇《かん》に障《さわ》る
慣用句

意味 腹《はら》が立《た》つ。気《き》に入《い》らない。

間髪をいれず

あかん
あかん！
そんなん
つっこみ
遅《おそ》いねん！
間髪を
いれずに
つっこまな
リズムが
出えへん
やろ!?
スミマセン…
相手《あいて》が
ボケたら
すぐや！
間髪いれ
ずにや！
間悪《わる》いねん、じぶん
ガッ!!
ビュッ
うわー
大丈夫《だいじょうぶ》か〜!?
あ、スマン。
う〜〜

か

【用例】彼《かれ》の偉《えら》そうな態度《たいど》が、いちいち癇に障る。

【類似】気に障る・癪《しゃく》に障る

★堪忍袋《かんにんぶくろ》の緒《お》が切《き》れる　慣用句

【意味】我慢《がまん》しきれなくなった怒《いか》りが、ついに爆発《ばくはつ》する。

【用例】何度《なんど》やったら気《き》が済《す》むんだ！ 堪忍袋の緒が切れた。もうこれ以上黙《いじょうだま》っていられるか！

【参考】我慢を詰《つ》めた袋が膨《ふく》らみすぎて、袋を縛《しば》っていたひもが切れることから。

★間髪《かんはつ》をいれず　故事成語

【意味】ほんのわずかな間《ま》も置《お》かず反応《はんのう》する様子《ようす》。すぐに。

【用例】先生《せんせい》に間違《まちが》った言葉遣《ことばづか》いをして、間髪をいれず注意《ちゅうい》された。

【参考】一本《いっぽん》の髪《かみ》の毛《け》を入《い》れるすき間もないほど接近《せっきん》していることから。中国《ちゅうごく》の『説苑《ぜいえん》』にある言葉《ことば》。

看板《かんばん》に偽《いつわ》りなし　慣用句

【意味】宣伝《せんでん》どおりの品物《しなもの》を売《う》っている。見《み》かけ倒《だお》しでなく、外見《がいけん》と中身《なかみ》が一致《いっち》している。

【用例】「この店《みせ》の豆腐《とうふ》はおいしいね。」「『日本一《にほんいち》』の看板に偽りなしだよ。」

【対照】看板に偽りあり・羊頭狗肉《ようとうくにく》

★完《かん》璧《ぺき》　故事成語

【意味】少《すこ》しの欠点《けってん》もないこと。パーフェクト。

【用例】年月《ねんげつ》をかけて入念《にゅうねん》に作《つく》られただけあって、この辞典《じてん》は完璧な仕上《しあ》がりだ。

【故事】昔中国《むかしちゅうごく》で、趙《ちょう》の国《くに》に、和氏《かし》の壁《へき》というすばらしい宝玉《ほうぎょく》があると聞《き》いた秦《しん》の王《おう》が、十五《じゅうご》の町《まち》と交《こう》換《かん》にそれを要求《ようきゅう》した。趙の使者《ししゃ》、藺相如《りんしょうじょ》が宝玉を持《も》って出向《でむ》いたが、相手《あいて》に条件《じょうけん》を果《は》たすつもりがない

◆長寿《ちょうじゅ》のお祝《いわ》い

長寿を祝う呼《よ》び名《な》は、年齢《ねんれい》とともに変化《へんか》する。まとめて覚《おぼ》えるようにしよう。

・**還暦**《かんれき》(数《かぞ》え六十一歳《ろくじゅういっさい》)…数え六十一年目《め》に生《う》まれ年《どし》の干支《えと》に返《かえ》ることから、生まれ変《か》わりを祝う。
・**古希**《こき》(数え七十歳《ななじっさい》)…唐《とう》の詩人《しじん》杜甫《とほ》が詠《よ》んだ詩に由来《ゆらい》する。
・**喜寿**《きじゅ》(数え七十七歳)…喜の略《りゃく》字《じ》が七十七と読《よ》めることから。
・**傘寿**《さんじゅ》(数え八十歳《はちじっさい》)…傘の略字が八十と読めることから。
・**米寿**《べいじゅ》(数え八十八歳)…米の字を分解《ぶんかい》すると八十八になることから。
・**卒寿**《そつじゅ》(数え九十歳《きゅうじっさい》)…卒の略字が九十と読めることから。
・**白寿**《はくじゅ》(数え九十九歳)…百《ひゃく》の字から一《いち》を取《と》る(九十九)と、「白」の字になることから。

何だよ、話って？
やっぱり言えない…
おいおい、オレたち気が置けない仲《なか》だろ？何でも言ってくれよ！
シンちゃん…
ほんとに？
ほんとだよ！
じゃあ言うけど、この間借《か》りたマンガ、母ちゃんが間違《まちが》えて捨《す》てちゃった…。
ガン
気が置けない

とわかり、傷一《きずひと》つ付《つ》けずに、見事《みごと》宝玉を趙に持《も》ち帰《かえ》った。（史記《しき》）

類似 完全無欠《かんぜんむけつ》

き

聞《き》いて極楽《ごくらく》見《み》て地獄《じごく》 ことわざ

意味 話《はなし》に聞いているときはすばらしいが、実際《じっさい》に見ると、とんでもなくひどいことのたとえ。

用例 聞いて極楽見て地獄ってことにならないように、よく調《しら》べたほうがいいよ。

参考 「江戸《えど》いろはかるた」にある。

類似 見ると聞くとは大違《おおちが》い

黄色《きいろ》い声《こえ》 慣用句

意味 女性《じょせい》や子《こ》どものかん高《だか》い声。

用例 サッカーの試合会場《しあいかいじょう》でも、女性の応援《おうえん》が増《ふ》えたようだ。盛《さか》んに黄色い声が飛《と》び交《か》っている。

気《き》が多《おお》い 慣用句

意味 移《うつ》り気で、飽《あ》きっぽい。

用例 彼《かれ》は気が多いのか、習《なら》い事《ごと》を始《はじ》めても、すぐにやめて別《べつ》の習い事を始める。

★気《き》が置《お》けない 慣用句

意味 気を遣《つか》ったり、遠慮《えんりょ》したりせずに、気楽《きらく》に付《つ》き合《あ》える。

用例 彼《かれ》とは気が置けない仲《なか》で、何《なん》でも相談《そうだん》できるんだ。

参考 油断《ゆだん》ならない人《ひと》や気を遣う必要《ひつよう》のある人との関係《かんけい》を指《さ》して、間違《まちが》って使《つか》われることが多《おお》い。

★気《き》が重《おも》い 慣用句

意味 何《なに》かをしようとしても気分《きぶん》が乗《の》らない。心《こころ》に負担《ふたん》や心配《しんぱい》があって、気が進《すす》まない。

用例 明日《あす》はテストだと思《おも》うと、気が重いよ。

類似 心が重い

気《き》が利《き》く 慣用句

意味 ①細《こま》かいところまで注意《ちゅうい》が行《ゆ》き届《とど》く。とっさに判断《はんだん》して適切《てきせつ》な対応《たいおう》ができる。②しゃれている。洗練《せんれん》されている。

用例 ②気が利いた贈《おく》り物《もの》をしたいんだ。相談《そうだん》に乗《の》ってくれないか。

参考 目上《めうえ》の人に面《めん》と向《む》かって使うと失礼《しつれい》に当《あ》たる。

気《き》が気でない 慣用句

意味 心配《しんぱい》で落《お》ち着《つ》かない。

用例 合格発表《ごうかくはっぴょう》を前《まえ》にして、気が気でないのは君《きみ》だけじゃないよ。

類似 気が揉《も》める

対照 気が休《やす》まる

気が散る

機《き》が熟《じゅく》す　慣用句

意味　物事《ものごと》を始《はじ》めるのに、最《もっと》も適《てき》した状況《じょうきょう》になる。

用例　計画《けいかく》を実行《じっこう》に移《うつ》すのはまだ早《はや》い。機が熟すまで待《ま》つべきだ。

参考　「機」は、何《なに》かをするのにちょうどよいとき。

★気《き》が進《すす》まない　慣用句

意味　自分《じぶん》から積極的《せっきょくてき》にやる気がしない。その気になれない。

用例　校区外《こうくがい》へ遊《あそ》びに行《い》くのは、どうも気が進まない。

気《き》が立《た》つ　慣用句

意味　感情《かんじょう》が高《たか》ぶって興奮《こうふん》する。いらいらする。

用例　母《はは》は朝《あさ》から気が立っているみたいだ。怒《おこ》られたら嫌《いや》だから、おとなしくしていよう。

★気《き》が小《ちい》さい　慣用句

意味　つまらないことまで気にする性質《せいしつ》である。小心《しょうしん》である。

用例　あんなに大《おお》きな態度《たいど》を取《と》っていたくせに、いざとなると案外《あんがい》気が小さいんだな。

対照　気が大きい

★気《き》が散《ち》る　慣用句

意味　一《ひと》つのことに注意《ちゅうい》が集中《しゅうちゅう》しない。いろいろなことで心《こころ》が乱《みだ》れて集中できない。

用例　近《ちか》くでうろうろされると、気が散って勉強《べんきょう》に集中できないよ。

★気《き》が付《つ》く　慣用句

意味　①あることについてわかる。考《かんが》えつく。②細《こま》かいところまで注《ちゅう》意《い》が行き届《とど》く。よく配慮《はいりょ》する。③失神《しっしん》したり眠《ねむ》ったりしていた状態《じょうたい》から正気《しょうき》に返《かえ》る。意識《いしき》を取《と》り戻《もど》す。

用例　①テストが終《お》わって鉛筆《えんぴつ》を置《お》いたとき、最後《さいご》の問題《もんだい》で勘違《かんちが》いをしていたことに気が付いた。

気《き》が強《つよ》い　慣用句

意味　自分《じぶん》の意見《いけん》や考《かんが》えを曲《ま》げない。負《ま》けず嫌《ぎら》いで弱音《よわね》を吐《は》かない。

用例　彼《かれ》の気が強いのは親譲《おやゆず》りだ。

対照　気が弱い

気《き》が遠《とお》くなる　慣用句

意味　①正気《しょうき》を失《うしな》って意識《いしき》がなくなる。②時間《じかん》や数量《すうりょう》があまりにも膨大《ぼうだい》で、想像《そうぞう》がつかない。

用例　②「もうすぐ夏休《なつやす》みだね。」「でも見《み》て、この宿題《しゅくだい》！」「えっ、こんなにあるの。」「そうだよ。気が遠くなっちゃうよ。」

気《き》が咎《とが》める　慣用句

意味　良《よ》くない事《こと》をして、後《うし》ろめ

危機一髪

※このマンガは、本の向《む》きを変《か》えて読んでね。

たい気持《きも》ちになる。

用例 友達《ともだち》と最後《さいご》に別《わか》れた日《ひ》にひどい事を言《い》ってしまって、今《いま》でも気が咎めている。

類似 気が引《ひ》ける

気《き》がない 慣用句

意味 関心《かんしん》がないし、望《のぞ》んでもいない。相手《あいて》に対《たい》して冷淡《れいたん》である。

用例 「彼《かれ》はすごく足《あし》が速《はや》いよね。だから、陸上部《りくじょうぶ》が熱心《ねっしん》に誘《さそ》っているらしいよ。」「でもねえ、無理《むり》だと思《おも》うよ。だって、陸上競技《きょうぎ》には気がないようだから。」

★気《き》が長《なが》い 慣用句

意味 焦《あせ》らずのんびりしている。いらいらしない。

用例 彼女《かのじょ》は気が長いので、弟《おとうと》が少々《しょうしょう》いたずらをしても、ちっとも怒《おこ》らない。

対照 気が短《みじか》い

気《き》が抜《ぬ》ける 慣用句

意味 ①ふとしたことで、やる気がなくなる。②炭酸飲料《たんさんいんりょう》などで、独特《どくとく》の風味《ふうみ》や香《かお》りなどが落《お》ちる。

用例 ①先日《せんじつ》まであんなに忙《いそが》しかったのに、急《きゅう》に暇《ひま》になって、なんだか気が抜けたみたいだ。

参考 息抜《いきぬ》きをしたり、緊張《きんちょう》を緩《ゆる》める意味《いみ》で、「気を抜く」という慣用句《かんようく》もある。

気《き》が早《はや》い 慣用句

意味 物事《ものごと》の手順《てじゅん》を踏《ふ》もうとせずに、先《さき》を急《いそ》ぐ。

用例 まだ節分《せつぶん》が終《お》わったばかりだというのに、もうお花見《はなみ》の話《はなし》をしてるのか。何《なん》とも気が早い話だなあ。

気《き》が引《ひ》ける 慣用句

意味 何《なに》かをしようとするとき、何《なん》となく後《うし》ろめたくて、ためらいを感《かん》じる。

用例 この課題《かだい》は君《きみ》のおかげで完成《かんせい》したようなものなのに、僕《ぼく》が発表《はっぴょう》するなんて、何だか気が引けるよ。

類似 気が咎《とが》める

気《き》が回《まわ》る 慣用句

意味 あれこれと細《こま》かなところにまでよく注意《ちゅうい》が行《い》き届《とど》く。

用例 今年《ことし》の新入社員《しんにゅうしゃいん》は、よく気が回るね。

★気《き》が短《みじか》い 慣用句

意味 せっかちで、すぐに怒《おこ》ったり、いらいらしたりする。

用例 父《ちち》は気が短くて、気に入《い》らないことがあると、すぐに大声《おおごえ》でどなり散《ち》らす。

対照 気が長《なが》い

聞くは一時の恥、聞かぬは一生の恥

気《き》が向《む》く 慣用句

意味 やってみようという気持《きも》ちになる。関心《かんしん》を持《も》つ。

用例 気が向いたら、今度《こんど》僕《ぼく》といっしょにかぶと虫《むし》を捕《と》りに行《い》かないか。

気《き》が滅入《めい》る 慣用句

意味 気持《きも》ちが沈《しず》んで、憂鬱《ゆううつ》になる。

用例 このところずっと雨続《あめつづ》きで、気が滅入ってしまうよ。

対照 気が晴《は》れる

気《き》が弱《よわ》い 慣用句

意味 性格《せいかく》や考《かんが》え方《かた》が消極的《しょうきょくてき》である。自分《じぶん》の気持《きも》ちや考えをはっきり言《い》えず、他人《たにん》に引《ひ》きずられやすい。

用例 彼《かれ》のことを気が弱いと言う人《ひと》もいるけれど、芯《しん》はしっかりした人だ。

対照 気が強《つよ》い

★危機一髪《ききいっぱつ》 四字熟語

意味 間《あいだ》に髪《かみ》の毛《け》一本《いっぽん》しか挟《はさ》む余地《よち》がないほど、すぐそばまで危険《きけん》が迫《せま》っている状態《じょうたい》。

用例 自動車《じどうしゃ》が猛《もう》スピードで僕《ぼく》のすぐ目《め》の前《まえ》を走《はし》り抜《ぬ》けていった。本当《ほんとう》に危機一髪だった。

参考 「一発《いっぱつ》」と書《か》くのは間違《まちが》い。

類似 間一髪《かんいっぱつ》

鬼気迫《ききせま》る 慣用句

意味 思《おも》わずぞっとするような恐《おそ》ろしい気配《けはい》が感《かん》じられる。

用例 その役者《やくしゃ》の鬼気迫る演技《えんぎ》には圧倒《あっとう》された。

聞《き》き耳《みみ》を立《た》てる 慣用句

意味 小《ちい》さな声《こえ》や音《おと》でも聞き漏《も》らさないように、注意《ちゅうい》を集中《しゅうちゅう》して聞こうとする。

用例 隣《となり》の席《せき》の人《ひと》がおもしろい話《はなし》をしていたので、つい聞き耳を立てた。

類似 耳を澄《す》ます・耳をそばだてる

★聞《き》くは一時《いっとき》の恥《はじ》、聞かぬは一生《いっしょう》の恥 ことわざ

意味 知《し》らないことを人《ひと》に聞くのは、その時は恥《は》ずかしいが、だからといって聞かなければ、一生知らないままで、もっと恥ずかしい思《おも》いをする。知らないことは聞いたほうがいいという教《おし》え。「問《と》うは一旦《いったん》の恥、問わぬは末代《まつだい》の恥」ともいう。

用例 人に聞くことをためらわないようにしなさい。「聞くは一時の恥、聞かぬは一生の恥」というからね。

起承転結

起
ことが起《お》こり
ちこくする〜〜!
承
起をう(承)けて
キンコ〜ン
カンコ〜ン
ギャ
チャイムだ!
転
話が転換《てんかん》し、
助《たす》かった!
先生いない!?
結
結果《けっか》をまとめる。
たけしくん
待っていたよ…!!
四コママンガの基本《きほん》です。

聞《き》く耳《みみ》を持《も》たない　慣用句

意味　人《ひと》の忠告《ちゅうこく》や意見《いけん》を聞こうとしない。相手《あいて》の話《はなし》を聞こうとする気持《きも》ちがない。

用例　聞く耳を持たないやつには、いくら言《い》っても無駄《むだ》だ。

機嫌《きげん》を取《と》る　慣用句

意味　人《ひと》の気分《きぶん》をよくして、物事《ものごと》がうまくいくように働《はたら》きかける。

用例　妙《みょう》に機嫌を取るねえ、何《なに》か欲《ほ》しい物《もの》でもあるのかな。

★起死回生《きしかいせい》　四字熟語

意味　思《おも》い切《き》った手段《しゅだん》で、だめになりそうな危機《きき》から立《た》ち直《なお》らせること。

用例　九回裏《きゅうかいうら》、起死回生の満塁《まんるい》ホームランで、我《わ》が校《こう》が逆転勝利《ぎゃくてんしょうり》した。

★雉《きじ》も鳴《な》かずば打《う》(撃)たれまい　ことわざ

意味　よけいなことを言《い》ったために、災難《さいなん》を招《まね》く。

用例　「雉も鳴かずば打たれまい」というように、君《きみ》はちょっと黙《だま》っていたほうがいいよ。

参考　雉はそのために、猟師《りょうし》に気《き》付《づ》かれ撃たれてしまうことから。

類似　口《くち》は禍《わざわい》の元《もと》・物言《ものい》えば唇寒《くちびるさむ》し秋《あき》の風《かぜ》・病《やまい》は口より入《い》り、禍は口より出《い》ず・禍は口から

起承転結《きしょうてんけつ》　四字熟語

意味　絶句《ぜっく》という漢詩《かんし》の組《く》み立《た》て方《かた》。また、物事《ものごと》や文章《ぶんしょう》を組み立てる順序《じゅんじょ》。

用例　君《きみ》の文章は起承転結がはっきりしていて、わかりやすいね。

参考　漢詩では、最初《さいしょ》の起句《きく》で歌《うた》い始《はじ》め、次《つぎ》の承句《しょうく》でそれをうけつぎ、続《つづ》く転句《てんく》で展開《てんかい》に変化《へんか》をつけ、最後《さいご》の結句《けっく》で全体《ぜんたい》をまとめる。

机上《きじょう》の空論《くうろん》　慣用句

意味　実際《じっさい》にはうまくいかず、役《やく》に立《た》たない議論《ぎろん》や計画《けいかく》。

用例　君《きみ》の計画では全部《ぜんぶ》うまくいくように見《み》えるけど、それは机上の空論だと思《おも》うよ。

類似　絵《え》に描《か》いた餅《もち》・畳《たたみ》の上《うえ》の水練《すいれん》

喜色満面《きしょくまんめん》　四字熟語

意味　心《こころ》の中《なか》に収《おさ》めきれない喜《よろこ》びが、顔《かお》いっぱいに表《あらわ》れている様子《ようす》。

用例　優勝《ゆうしょう》した選手《せんしゅ》が、喜色満面でインタビューを受《う》けていた。

★疑心暗鬼《ぎしんあんき》　故事成語

意味　疑《うたが》い出《だ》すと、何《なに》もかも信《しん》じられなくなること。

狐につままれる

気がつくと僕はまったく知らない場所《ばしょ》に来ていた。
狐につままれたような気分《きぶん》だった…。
気がつくと目の前がまっくらになっていた。
狐につままれたような気分《きぶん》だった…。

き

用例 疑心暗鬼の心《こころ》で周《まわ》りを見《み》るから、自分《じぶん》が嫌《きら》われているような気がするのさ。

参考 疑う心で見ると、暗闇《くらやみ》の中《なか》に、ありもしない鬼《おに》や幽霊《ゆうれい》の姿《すがた》を見たりする、ということから。「疑心暗鬼を生《しょう》ず」が元《もと》の形《かたち》。中国《ちゅうごく》の『列子《れっし》』にある言葉《ことば》。

類似 幽霊の正体《しょうたい》見たり枯《か》れ尾花《おばな》

帰心矢《きしんや》のごとし　慣用句

意味 家《いえ》や故郷《こきょう》、祖国《そこく》に早《はや》く帰《かえ》りたいという気持《きも》ちが、非常《ひじょう》に強《つよ》いこと。

用例 ふるさとの母《はは》からの手紙《てがみ》が届《とど》いて、帰心矢のごとしだ。

機先《きせん》を制《せい》する　慣用句

意味 相手《あいて》と競争《きょうそう》したり争《あらそ》ったりしているときに、相手が動《うご》くより前《まえ》に仕掛《しか》けて相手を抑《おさ》え、自分《じぶん》の有利《ゆうり》に展開《てんかい》させる。

用例 相撲《すもう》では、機先を制したほうが圧倒的《あっとうてき》に有利だ。

類似 先《さき》を越《こ》す

対照 後《おく》れを取《と》る

奇想天外《きそうてんがい》　四字熟語

意味 ふつうでは思《おも》いつきそうにないくらい、考《かんが》えなどが奇抜《きばつ》であること。発想《はっそう》があっと驚《おどろ》くほど変《か》わっていること。

用例 この漫画《まんが》は奇想天外なストーリーが魅力《みりょく》だ。

参考 「奇想天外より落《お》つ」が省《しょう》略《りゃく》されたもので、「奇想」（奇抜な発想）が「天外」（はるかかなたの空《そら》）から落ちてきたという意味《いみ》。

狐《きつね》と狸《たぬき》　ことわざ

意味 ずる賢《がしこ》い者同士《ものどうし》が、互《たが》いに相手《あいて》をだまそうとすること。また、くせ者同士ということ。「狐と狸の化《ば》かし合《あ》い」ともいう。

用例 ここにいるのはいずれ劣《おと》らぬ狐と狸、しっかりしないとだまされちゃうよ。

狐《きつね》につままれる　慣用句

意味 何《なに》がどうなったのか、わけがわからずぼんやりしている。

用例 ここはいったいどこだろう。何《なん》だか狐につままれた気分《きぶん》だよ。

参考 「つままれる」は、化《ば》かされること。狐が人間《にんげん》をだますといわれるところから。

狐《きつね》の嫁入《よめい》り　慣用句

意味 ①暗《くら》い夜《よる》、遠《とお》くの山《やま》や野原《のはら》に点々《てんてん》と青《あお》く燃《も》える火《ひ》が消《き》えたりともったりする現象《げんしょう》。狐の嫁入り行列《ぎょうれつ》の提灯《ちょうちん》に見立《みた》てて、狐火《きつねび》と呼《よ》んだもの。②日《ひ》が差《さ》しているのに雨《あめ》がぱらつく状態《じょうたい》。天気雨《てんきあめ》のこと。

用例 ②これくらいの雨なら大丈《だいじょう》

喜
キャー
ケーキ!!
怒
ひどい! ワタシのケーキは!?
哀
あぁ… ケーキ…
もう ないのね…
楽
ステキ!
エヘヘ ケーキ…
ZZZ
ケーキにまつわる喜怒哀楽でした。
喜怒哀楽

夫《ぶ》さ。狐の嫁入りだよ、たいしてぬれやしないさ。

★木《き》で鼻《はな》を括《くく》る 慣用句

意味 人《ひと》に話《はな》し掛《か》けられたり、頼《たの》み事《ごと》をされたりしたとき、ろくに返事《へんじ》もしないで冷《つめ》たくあしらったり、無愛想《ぶあいそう》に対応《たいおう》したりする。

用例 久《ひさ》しぶりに会《あ》ったのに、木で鼻を括ったような挨拶《あいさつ》をされた。

参考 元《もと》は「木で鼻をこくる」といい、「こくる」はこするという意味《いみ》。鼻を木でこすっても、しっくりいかないことから。

類似 けんもほろろ・取《と》り付《つ》く島《しま》もない

★喜《き》怒《ど》哀楽《あいらく》 故事成語

意味 喜《よろこ》びと怒《いか》りと悲《かな》しみと楽《たの》しみ。人間《にんげん》のいろいろな感情《かんじょう》をまとめていう言《い》い方《かた》。

用例 単純《たんじゅん》な彼《かれ》は、喜怒哀楽がすぐ顔《かお》に出《で》る。

参考 中国《ちゅうごく》の『中庸《ちゅうよう》』にある言葉《ことば》。

軌道《きどう》に乗《の》る 慣用句

意味 物事《ものごと》が順調《じゅんちょう》に進《すす》むようになる。

用例 はじめの頃《ころ》は余裕《よゆう》のなかった会社《かいしゃ》の経営《けいえい》も、ようやく軌道に乗り始《はじ》めた。

参考 電車《でんしゃ》などが線路《せんろ》を走《はし》るように、決《き》まった道筋《みちすじ》に乗ると安定《あんてい》して進めることから。

気《き》に入《い》る 慣用句

意味 好《す》きになる。いいと思《おも》い、満足《まんぞく》する。

用例 おばあちゃんの編《あ》んでくれたセーターがすっかり気に入って、僕《ぼく》はそればかり着《き》ている。

対照 気に食《く》わない

気《き》に掛《か》ける 慣用句

意味 心《こころ》に留《と》めて忘《わす》れず、あれこれと心配《しんぱい》する。

用例 遠《とお》く離《はな》れていても、母親《ははおや》というのはいつも息子《むすこ》のことを気に掛けているものだ。

気《き》に食《く》わない 慣用句

意味 嫌《いや》だと思《おも》う。嫌《きら》いである。

用例 あいつのすることは、すべて気に食わない。話《はなし》もしたくないよ。

対照 気に入る

気《き》に障《さわ》る 慣用句

意味 不愉快《ふゆかい》に感《かん》じる。

用例 僕《ぼく》の言葉《ことば》が気に障ったのか、彼《かれ》はとたんに不機嫌《ふきげん》になった。

参考 「障る」は、害《がい》になること。

類似 癇《かん》に障る・癪《しゃく》に障る

◀気に掛ける

あ、りゅうじくんのお母さん！
中学でも野球《やきゅう》がんばっているようですねー！
ありがとうございます。
今年高校受験《じゅけん》だろ!?
ありがとうございます。
先生、応援《おうえん》してるからな!!
いい先生ね。
ひさしぶり！
卒業《そつぎょう》しても生徒《せいと》のこと気に掛けてくれるなんてうれしいわ。
お、けんたくんのところのタマか！元気か!?
これはちょっとやりすぎじゃない!?
?

木《き》に竹《たけ》を接《つ》ぐ
慣用句

意味 不自然《ふしぜん》でつり合《あ》いがとれない。物事《ものごと》の前後《ぜんご》のつじつまが合わない。

用例 いまさらそんなことをしても、木に竹を接ぐようなもので、誰《だれ》も納得《なっとく》しないよ。

参考 木に竹を接ぎ木しても、うまく育《そだ》つはずがないことから。

気《き》に病《や》む
慣用句

意味 物事《ものごと》の結果《けっか》や先々《さきざき》のことを、いろいろと心配《しんぱい》する。くよくよと思《おも》い悩《なや》む。

用例 一度《いちど》ミスしたぐらいでいちいち気に病んでも仕方《しかた》がないさ。気にしない、気にしない。

木《き》に縁《よ》りて魚《うお》を求《もと》む
故事成語

意味 手段《しゅだん》や方法《ほうほう》を間違《まちが》えると、努力《どりょく》しても成功《せいこう》の見込《みこ》みはない。無茶《むちゃ》なやり方《かた》を戒《いまし》めるたとえ。

用例 君《きみ》のやり方は、木に縁りて魚を求むようなものだよ。もう一度《いちど》やり方を見直《みなお》してみろよ。

参考 水《みず》の中《なか》にいる魚《さかな》は、苦労《くろう》して木によじ登《のぼ》って求めようとしても、けっして手《て》に入《はい》るはずがないということ。中国《ちゅうごく》の『孟子《もうし》』にある言葉《ことば》。武力《ぶりょく》によって天下《てんか》を統一《とういつ》しようとする王様《おうさま》をたしなめるときに、孟子が使《つか》ったたとえから。

着《き》の身《み》着のまま
慣用句

意味 今《いま》着ている服《ふく》の他《ほか》には、何《なに》一《ひと》つ着る物《もの》を持《も》っていないこと。

用例 「火事《かじ》だ！」の声《こえ》に、着の身着のまま外《そと》に飛《と》び出《だ》した。

気《き》は心《こころ》
慣用句

意味 手渡《てわた》す物《もの》はささやかでも、真心《まごころ》が込《こ》もっていれば気持《きも》ちが通《つう》じるということ。

用例 無理《むり》してそんなに高価《こうか》な物を贈《おく》る必要《ひつよう》はないよ。気は心だから。

牙《きば》を剥《む》く
慣用句

意味 動物《どうぶつ》が口《くち》を開《ひら》き、牙で攻撃《こうげき》するように、相手《あいて》に敵意《てきい》をむき出《だ》しにして襲《おそ》いかかる。

用例 ときに自然《しぜん》が我々《われわれ》に対《たい》して牙を剥くこともある。

踵《きびす》を返《かえ》す
慣用句

意味 引《ひ》き返す。後戻《あともど》りする。

用例 忘《わす》れ物《もの》を思《おも》い出《だ》し、慌《あわ》てて踵を返した。

参考 「踵」は、かかとのこと。

★きまりが悪《わる》い
慣用句

意味 恥《は》ずかしくて、気持《きも》ちが落《お》ち着《つ》かない。周囲《しゅうい》の目《め》が気になり、

肝が据わる

人《ひと》に顔《かお》が合《あ》わせられない。

用例 何《なん》でもないプレーでミスをした僕《ぼく》は、きまりが悪くて、つい目を伏《ふ》せてしまった。

木目《きめ》が細《こま》かい　慣用句

意味 隅々《すみずみ》まで配慮《はいりょ》が行《ゆ》き届《とど》いた状態《じょうたい》である。

用例 班長《はんちょう》の指示《しじ》は木目が細かく、おかげで作業《さぎょう》は順調《じゅんちょう》に進《すす》んだ。これなら予定《よてい》どおりに終《お》わりそうだ。

参考 人間《にんげん》の肌《はだ》についてもいうが、その場合《ばあい》はふつう「肌理《きめ》」と書《か》く。

肝《きも》(胆)が大《おお》きい　慣用句

意味 何事《なにごと》にも驚《おどろ》いたり恐《おそ》れたりしない。度胸《どきょう》がある。

用例 彼《かれ》は肝が大きいので、何が起《お》きようと落《お》ち着《つ》いている。

参考 「肝」は肝臓《かんぞう》だけでなく内《ない》臓全体《そうぜんたい》を指《さ》し、心《こころ》の持《も》ち方《かた》を表《あらわ》している。

類似 肝が太《ふと》い

対照 肝が小《ちい》さい

肝《きも》(胆)が据《す》わる　慣用句

意味 少々《しょうしょう》のことでは驚《おどろ》いたり慌《あわ》てたりせず、落《お》ち着《つ》いている。「胆《たん》が据わる」ともいう。

用例 初《はつ》の先発出場《せんぱつしゅつじょう》なのに、堂々《どうどう》とプレーをしている。さすが大物《おおもの》新人《しんじん》だ、肝が据わっているね。

類似 腹《はら》が据わる

肝《きも》(胆)が小《ちい》さい　慣用句

意味 気《き》が小さい。度胸《どきょう》がない。

用例 肝が小さいので、ホラー映《えい》画《が》なんか見《み》たいと思《おも》わない。

対照 肝が大《おお》きい・肝が太《ふと》い

肝《きも》(胆)が太《ふと》い　慣用句

意味 度胸《どきょう》があって、少々《しょうしょう》のことにこだわったり恐《おそ》れたりしない。物《もの》に動《どう》じない。大胆《だいたん》である。

用例 あんなに追《お》い詰《つ》められても、彼《かれ》は表情《ひょうじょう》一《ひと》つ変《か》えない。ほんとに肝が太いねえ。

類似 肝が大《おお》きい

対照 肝が小《ちい》さい

気《き》もそぞろ　慣用句

意味 気に掛《か》かることがあって落《お》ち着《つ》かず、そわそわしている様子《ようす》。

用例 明日《あす》からの修学旅行《しゅうがくりょこう》に気もそぞろで、授業《じゅぎょう》にちっとも集中《しゅうちゅう》できない。

肝《きも》(胆)に銘《めい》じる　慣用句

意味 心《こころ》に深《ふか》く刻《きざ》み付《つ》けて、忘《わす》れないようにする。

用例 今回《こんかい》の失敗《しっぱい》を肝に銘じて、これからは気《き》を付けるようにしよう。

参考 「肝に命《めい》じる」と書《か》くのは間違《まちが》い。「銘じる」は、刻みつけ

肝を冷やす

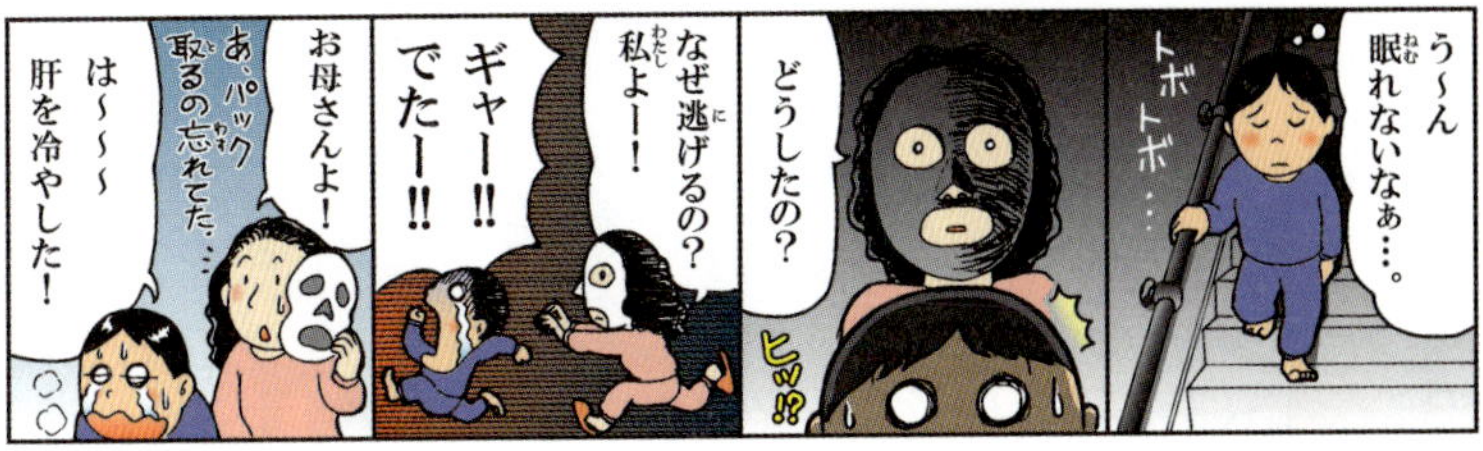
う〜ん
眠《ねむ》れないなぁ…。
トボトボ…
どうしたの?
ヒッ!?
なぜ逃《に》げるの?
私《わたし》よー!
ギャー!!
でたー!!
お母さんよ!
あ、パック取《と》るの忘《わす》れてた…
は〜〜〜
肝を冷やした!

ること。

類似 心に刻む・胸《むね》に刻む

★肝《きも》(胆)をつぶす　慣用句

意味 非常《ひじょう》にびっくりする。

用例 角《かど》を曲《ま》がったとたん、大《おお》きな犬《いぬ》にほえられて、肝をつぶした。

肝《きも》(胆)を冷《ひ》やす　慣用句

意味 恐《おそ》ろしい目《め》に遭《あ》ったり驚《おどろ》いたりして、ぞっとする。

用例 自転車《じてんしゃ》で走《はし》っていたら、いきなり小《ちい》さな子《こ》どもが飛《と》び出《だ》してきて、肝を冷やしたよ。

脚光《きゃっこう》を浴《あ》びる　慣用句

意味 たくさんの人《ひと》の注目《ちゅうもく》を集《あつ》める。

用例 ノーベル賞《しょう》を受《う》けた彼《かれ》は、一躍世間《いちやくせけん》の脚光を浴びることになった。

参考 「脚光」は、舞台《ぶたい》で足元《あしもと》から照《て》らす照明《しょうめい》、フットライトのこと。

杞《き》憂《ゆう》　故事成語

意味 心配《しんぱい》しなくてもいいことを、くよくよ心配すること。取《と》り越《こ》し苦労《ぐろう》。

用例 飛行機《ひこうき》が飛《と》び立《た》った。台風《たいふう》接近《せっきん》と聞《き》いて心配したが、杞憂に終《お》わってほっとした。

故事 昔《むかし》、中国《ちゅうごく》の杞《き》の国《くに》に一人《ひとり》の男《おとこ》がいて、空《そら》が落《お》ち地面《じめん》が崩《くず》れるのではないかと、夜《よる》も寝《ね》られず、食事《しょくじ》ものどを通《とお》らないほど心配した。それを聞いたある人《ひと》が彼《かれ》の所《ところ》に行《い》って、天《てん》は大気《たいき》の集《あつ》まりだから落ちないと教《おし》えた。ところが男はさらに、太陽《たいよう》や月《つき》や星《ほし》が落ちてこないか心配した。するとその人は、太陽や月は大気の中《なか》で光《ひか》り輝《かがや》いていて大丈夫《だいじょうぶ》。大地《だいち》も地《ち》の果《は》てまで続《つづ》いていて崩れないと教えてやった。それを聞いて、男はやっと安心《あんしん》した。(列子《れっし》)

牛飲馬食《ぎゅういんばしょく》　四字熟語

意味 牛《うし》のように大量《たいりょう》に飲《の》んだり、馬《うま》のように大量に食《た》べたりすること。

用例 昨日《きのう》はお祭《まつ》りで、みんなが集《あつ》まって、牛飲馬食した。そのせいか、今日《きょう》は全然食欲《ぜんぜんしょくよく》がない。

類似 暴飲暴食《ぼういんぼうしょく》

九牛《きゅうぎゅう》の一毛《いちもう》　故事成語

意味 たくさんある中《なか》で、ほんの少《すこ》しということ。また、ごく一部《いちぶ》で問題《もんだい》にならないこと。

用例 人《ひと》は一生《いっしょう》の間《あいだ》に数多《かずおお》くの人と知《し》り合《あ》うが、真《しん》の友人《ゆうじん》となる人は九牛の一毛といってもよい。

参考 九は一桁《ひとけた》の最大《さいだい》の数《かず》なので、九《きゅう》は非常《ひじょう》に多《おお》いという意味《いみ》になる。

九死に一生を得る

煙《けむり》に囲《かこ》まれてもうダメと思ったときに、消防士《しょうぼうし》さんに助《たす》けてもらいました。
まさに九死に一生を得ることができました。
もうダメかと思ったその時、Aくんがノートを貸《か》してくれたのです…。
ほら、宿題《しゅくだい》のノート。
彼《かれ》のおかげで宿題を出すことができました…。
コラー! 自分でやれー!
九死に一生を得る思いでした。

頭《とう》の牛《うし》の毛《け》の中で、たった一本《いっぽん》の毛《け》ということから。中国《ちゅうごく》の司馬遷《しばせん》の書物《しょもつ》にある言葉《ことば》。

★九死《きゅうし》に一生《いっしょう》を得《え》る　ことわざ

意味 死《し》にそうなほど危《あぶ》ないところを、やっとのことで助《たす》かる。

用例 ビル火災《かさい》で逃《に》げ場《ば》を失《うしな》ったが、はしご車《しゃ》によって救助《きゅうじょ》された。まさに九死に一生を得ることができた。

参考 十《じゅう》の内九《うちきゅう》が死、残《のこ》りの一《いち》が助《たす》かるということ。

牛耳《ぎゅうじ》る　故事成語

意味 団体《だんたい》や組織《そしき》の中心《ちゅうしん》となって、自分《じぶん》の思《おも》いどおりに動《うご》かす。「牛耳を執《と》る」ともいう。

用例 彼《かれ》が児童会長《じどうかいちょう》になってからは、何《なん》でも牛耳ろうとして、おもしろくないよ。

故事 昔《むかし》、中国《ちゅうごく》で、諸侯《しょこう》が集《あつ》まって同盟《どうめい》を結《むす》ぶ儀式《ぎしき》を行《おこな》うときには、盟主《めいしゅ》となる者《もの》がいけにえの牛《うし》の耳《みみ》を切《き》り取《と》り、その血《ち》を順番《じゅんばん》にすすったという。（春秋左氏伝《しゅんじゅうさしでん》）

窮《きゅう》すれば通《つう》ず　故事成語

意味 行《い》き詰《づ》まってどうにもならなくなってしまうと、かえって解《かい》決方法《けっほうほう》が見《み》つかって、何《なん》とかなるものだ。

用例 そんなに簡単《かんたん》にあきらめてはいけない。「窮すれば通ず」というじゃないか。

参考 中国《ちゅうごく》の『易経《えききょう》』にある言葉《ことば》。

類似 必要《ひつよう》は発明《はつめい》の母《はは》

★窮鼠《きゅうそ》猫《ねこ》を噛《か》む　故事成語

意味 弱《よわ》い者《もの》も追《お》い詰《つ》められると強《つよ》い者に刃向《はむ》かい、苦《くる》しめることがある。

用例 僕《ぼく》らのチームのほうが実力《じつりょく》はずっと上《うえ》だけど、窮鼠猫を噛むってこともあるから注意《ちゅうい》しよう。

参考 弱いねずみも猫に追い詰められたら、必死《ひっし》になって猫に噛みつくことから。中国《ちゅうごく》の『塩鉄論《えんてつろん》』にある言葉《ことば》。

旧態依然《きゅうたいいぜん》　四字熟語

意味 昔《むかし》のままの状態《じょうたい》で、いっこうに進歩《しんぽ》がない様子《ようす》。

用例 こんな旧態依然としたやり方《かた》をしていては、若《わか》い人《ひと》がついてこないよ。

類似 十年一日《じゅうねんいちじつ》

対照 日進月歩《にっしんげっぽ》

窮鳥《きゅうちょう》懐《ふところ》に入《い》れば猟師《りょうし》も殺《ころ》さず　故事成語

意味 困《こま》って頼《たよ》ってくる者《もの》があれば、誰《だれ》でも助《たす》けようとするものだということ。また、困りきったときは、敵《てき》にも助けを求《もと》めるものだということ。

窮鼠猫を噛む

弱いねずみでも…
ニャ〜〜〜
追《お》い詰《つ》められると…
ギャ!!
必死《ひっし》になって猫に噛み付《つ》く。
ガブッ!
私《わたし》も先生に噛み付いちゃおうかな♥
この前のテスト、0点だったし。
そんなことしても、どうにもなりません!

用例 そう怒《おこ》るなよ、謝《あやま》っているじゃないか。「窮鳥懐に入れば猟師も殺さず」っていうだろ。許《ゆる》してやれよ。

参考 「窮鳥」は、追《お》い詰《つ》められた鳥《とり》。中国《ちゅうごく》の『顔氏家訓《がんしかくん》』にある言葉《ことば》から。

★急転直下《きゅうてんちょっか》 四字熟語

意味 物事《ものごと》の成《な》り行《ゆ》きが急に変《か》わって、一気《いっき》に終《お》わりに近《ちか》づくこと。

用例 事件《じけん》の真相《しんそう》はわからず仕舞《じま》いかと思《おも》われたが、急転直下、解《かい》決《けつ》に向《む》かった。

窮余《きゅうよ》の一策《いっさく》 慣用句

意味 どうにも困《こま》り抜《ぬ》いた末《すえ》に、苦《くる》しまぎれに考《かんが》えついた方法《ほうほう》。

用例 監督《かんとく》が窮余の一策で代打《だいだ》に命《めい》じたバントが、相手《あいて》のミスを誘《さそ》って、逆転打《ぎゃくてんだ》となった。

灸《きゅう》を据《す》える 慣用句

意味 厳《きび》しく叱《しか》って、今後《こんご》の戒《いまし》めにする。

用例 このところ、いたずらが過《す》ぎるね。ちょっと灸を据えておこうか。

参考 「灸」は、もぐさを体《からだ》のつぼに当《あ》たる場所《ばしょ》に乗《の》せて火《ひ》をつけ、熱気《ねっき》で治療《ちりょう》する療法《りょうほう》。灸はとても熱《あつ》いが、病気《びょうき》に効《き》くことから。

行間《ぎょうかん》を読《よ》む 慣用句

意味 文字《もじ》には書《か》かれていない、筆者《ひっしゃ》の真意《しんい》を読み取《と》る。

用例 言葉《ことば》の表《あらわ》す微妙《びみょう》な意味《いみ》に注《ちゅう》意《い》することで、行間を読むことができるようになる。

兄弟《きょうだい》は他人《たにん》の始《はじ》まり ことわざ

意味 血《ち》のつながった兄弟でも、結婚《けっこん》などが原因《げんいん》で会《あ》う機会《きかい》が減《へ》ると、他人のようによそよそしくなるということ。

用例 子《こ》どもの頃《ころ》は仲《なか》が良《よ》かったのに、「兄弟は他人の始まり」というのか、最近《さいきん》は電話《でんわ》で話《はなし》をすることさえまれになった。

対照 血《ち》は水《みず》よりも濃《こ》し

京《きょう》の着倒《きだお》れ大阪《おおさか》の食《く》い倒れ ことわざ

意味 京都《きょうと》の人《ひと》は着《き》る物《もの》に金《かね》を惜《お》しまず、また大阪の人は食《た》べ物に金を惜しまず、そのために財産《ざいさん》をなくすほどであるということ。

用例 さすが「京の着倒れ大阪の食い倒れ」というだけあって、随《ずい》分《ぶん》と豪勢《ごうせい》な料理《りょうり》が並《なら》んだね。

器用貧乏《きようびんぼう》 四字熟語

意味 何《なに》をしても上手《じょうず》にできる人《ひと》は、一《ひと》つのことに集中《しゅうちゅう》しないため、

漁夫の利

あら、モンブラン一つしかないわ。
シャ！
じゃあ私《わたし》がいただきまーす！
あんたこの前も食べたでしょう？
いーじゃない、好《す》きなんだから！
今回ぐらいは譲《ゆず》りなさいよ！
やーだ！私これがいい！
モンブランひとつ…
はーい
あんたこそ譲りなさいよ！
キャー！モンブランないー!!
ケーキ
漁夫の利でいただきました！
プププ

かえって大成《たいせい》しないということ。

用例　君《きみ》は何《なん》でもできるけれど、器用貧乏にならないよう、何か一つのことに打《う》ち込《こ》んだほうがいい。

類似　多芸《たげい》は無芸《むげい》

興味津津《きょうみしんしん》　四字熟語

意味　興味が次々《つぎつぎ》わいてきて、尽《つ》きない様子《ようす》。

用例　日本初《にほんはつ》の人工衛星《じんこうえいせい》が今日《きょう》打《う》ち上《あ》げられると聞《き》き、興味津津でニュースから目《め》が離《はな》せない。

参考　「津津」は、たえずあふれ出《で》る様子。

玉石混淆《ぎょくせきこんこう》(交)　故事成語

意味　すばらしいものとつまらないもの、また、良《よ》いものと悪《わる》いものが混《ま》じっていること。

用例　今回《こんかい》の応募作品《おうぼさくひん》は、玉石混淆だ。

参考　「玉《ぎょく》」は宝石《ほうせき》、「石《せき》」はふつうの石《いし》。中国《ちゅうごく》の『抱朴子《ほうぼくし》』にある言葉《ことば》。

★漁夫《ぎょふ》(父)の利《り》　故事成語

意味　二人《ふたり》が争《あらそ》っているすきに、他《ほか》の人《ひと》が利益《りえき》を横取《よこど》りすること。

用例　運動会《うんどうかい》の騎馬戦《きばせん》で、二《ふた》つの騎馬が争っているすきに、他の騎馬が漁夫の利を得《え》て勝《か》ち残《のこ》った。

故事　昔《むかし》、中国《ちゅうごく》に、はまぐりとしぎがいた。はまぐりがひなたぼっこをしていると、しぎがはまぐりの肉《にく》をついばもうとしたので、はまぐりは慌《あわ》てて殻《から》を閉《と》じ、しぎのくちばしを挟《はさ》んだ。そのまましぎもはまぐりも相手《あいて》が弱《よわ》るのを待《ま》っている。すると、そこに通《とお》りかかった漁師《りょうし》が、あっさり両方《りょうほう》を捕《と》らえてしまった。戦国時代《せんごくじだい》に、趙《ちょう》という国《くに》が燕《えん》という国を攻撃《こうげき》しようとしたとき、蘇代《そだい》という人《ひと》がこの話《はなし》を引《ひ》き合《あ》いに出《だ》し、両国《りょうこく》が争《あらそ》っているすきに、大国《たいこく》の秦《しん》に攻《せ》められてしまうといって戦《たたか》いをやめさせた。（戦国策《せんごくさく》）

★清水《きよみず》の舞台《ぶたい》から飛《と》び降《お》りる　ことわざ

意味　うまくいくかどうかはわからないが、死《し》んだつもりになって思《おも》い切《き》ってやってみる。

用例　恥《は》ずかしがり屋《や》の僕《ぼく》だが、清水の舞台から飛び降りるつもりで、文化祭《ぶんかさい》の劇《げき》に出演《しゅつえん》した。

参考　昔《むかし》、病気《びょうき》を治《なお》すためや願《ねが》い事《ごと》がかなうように、高《たか》い所《ところ》から飛び降りる風習《ふうしゅう》があった。がけの上《うえ》に建《た》っている京都《きょうと》の清水寺《きよみずでら》の舞台は非常《ひじょう》に高いので、飛び降りるには相当《そうとう》の覚悟《かくご》が必要《ひつよう》だった。

綺羅星《きらぼし》のごとく　慣用句

意味　夜空《よぞら》の星のように、美《うつく》しい人《ひと》や立派《りっぱ》な人々《ひとびと》がずらっと並《なら》んで

清水の舞台から飛び降りる

生徒会長
はい、じゃあ生徒会長《せいとかいちょう》の立候補《りっこうほ》は手をあげてー。
えー
えー
はずかしいけど、はずかしいけど…
清水の舞台から飛び降りるつもりで、手をあげるんだ…!!
おお!!
シャキーン!!
スゴイ!!
立候補者《しゃ》がいたぞ!?
給食係《きゅうしょくがかり》に立候補します!
それは募集《ぼしゅう》していません!

いる様子《ようす》。

用例 授賞式《じゅしょうしき》には、スターが綺羅星のごとく並《なら》んでいた。

参考 「綺羅」は美しい衣服《いふく》で、それを着《き》た人々。本来《ほんらい》は、「綺羅、星のごとく」と読《よ》んだ。

気《き》を失《うしな》う 慣用句

意味 意識《いしき》がなくなる。失神《しっしん》する。

用例 あまりの激痛《げきつう》に、一瞬《いっしゅん》気を失ってしまった。

気《き》を落《お》とす 慣用句

意味 物事《ものごと》が思《おも》うようにいかないため、がっかりして元気《げんき》をなくす。

用例 一度《いちど》や二度《にど》の失敗《しっぱい》で、そんなに気を落とすなよ。

類似 肩《かた》を落とす・力《ちから》を落とす

★気《き》を配《くば》る 慣用句

意味 周囲《しゅうい》の人《ひと》たちや状況《じょうきょう》に注意《ちゅうい》して、あれこれと気を使《つか》う。

用例 全員《ぜんいん》が楽《たの》しめるように、いろいろと気を配る必要《ひつよう》がある。

類似 心《こころ》を配る

気《き》を取《と》られる 慣用句

意味 何《なに》かに気持《きも》ちが引《ひ》かれて、肝心《かんじん》な事《こと》から注意《ちゅうい》が奪《うば》われる。

用例 話《はなし》に気を取られていたら、運転《うんてん》がおろそかになるよ。

気《き》を取《と》り直《なお》す 慣用句

意味 物事《ものごと》がうまくいかず、がっかりしていた状態《じょうたい》から、気持《きも》ちを立《た》て直《なお》す。

用例 さっきのシュートは惜《お》しかったね。気を取り直して攻《せ》めていこう。

気《き》を吐《は》く 慣用句

意味 威勢《いせい》のいいことを言《い》ったり、やる気のあるところを見《み》せたりする。

用例 相手《あいて》チームに大差《たいさ》を付《つ》けられ、みんなが弱気《よわき》になった中《なか》で、キャプテンは一人《ひとり》気を吐いていた。

類似 気炎《きえん》を揚《あ》げる

気《き》を回《まわ》す 慣用句

意味 よけいなことまで考《かんが》える。

用例 あの子《こ》が君《きみ》のことを嫌《きら》っているなんて、気を回しすぎだよ。

義《ぎ》を見《み》てせざるは勇《ゆう》なきなり ことわざ

意味 人《ひと》として当然《とうぜん》なすべきことを、わかっていながら実行《じっこう》しないのは、勇気《ゆうき》がないからである。

用例 友人《ゆうじん》の不道徳《ふどうとく》な行《おこな》いをそばで見《み》ていて注意《ちゅうい》しないとしたら、「義を見てせざるは勇なきなり」と言《い》われても仕方《しかた》がない。

琴線に触れる

★木《き》を見《み》て森《もり》を見ず　ことわざ

意味 一本一本《いっぽんいっぽん》の木を見てばかりいると、森全体《ぜんたい》の様子《ようす》がわからないように、小《ちい》さいことばかり気《き》にしていては、全体を見失《みうしな》うこと。

用例 「木を見て森を見ず」ということにならないように、全体にも目《め》を向《む》けよう。

参考 元《もと》は西洋《せいよう》のことわざ。

類似 鹿《しか》を逐《お》う者《もの》は山《やま》を見ず

気《き》を持《も》たせる　慣用句

意味 それらしい態度《たいど》や言葉《ことば》によって、相手《あいて》に期待《きたい》を持たせる。

用例 実現《じつげん》する見込《みこ》みもないのに、気を持たせるようなことを言《い》うな。

気《き》を揉《も》む　慣用句

意味 あれこれと心配《しんぱい》する。

用例 あまりに帰《かえ》りが遅《おそ》いので、ずいぶん気を揉んだよ。

★気《き》を許《ゆる》す　慣用句

意味 相手《あいて》に対《たい》して警戒心《けいかいしん》を解《と》いたり、緊張《きんちょう》をゆるめたりする。また、油断《ゆだん》する。

用例 僕《ぼく》のチームがリードしていたが、気を許して点《てん》を取《と》られ、追《お》いつかれてしまった。

金科玉条《きんかぎょくじょう》　故事成語

意味 非常《ひじょう》にたいせつな法律《ほうりつ》や規則《きそく》。また、たいせつに思《おも》っている心構《こころがま》え。

用例 伝記《でんき》で読《よ》んだ偉人《いじん》の言葉《ことば》を、金科玉条にしている。

参考 「金」「玉」は、貴重《きちょう》なもの。「科」「条」は、守《まも》るべきたいせつな規則。中国《ちゅうごく》の揚雄《ようゆう》の言葉《ことば》から。

金言耳《きんげんみみ》に逆《さか》らう　ことわざ

→〈忠言耳《ちゅうげんみみ》に逆《さか》らう〉(150ページ)

琴線《きんせん》に触《ふ》れる　慣用句

意味 深《ふか》く感《かん》じ入《い》り、心《こころ》を動《うご》かされる。

用例 あの映画《えいが》は大《だい》ヒットした。出演《しゅつえん》している俳優《はいゆう》たちの熱演《ねつえん》が、人々《ひとびと》の琴線に触れたのだろう。

く

★苦《く》あれば楽《らく》あり、楽あれば苦あり　ことわざ

→〈楽《らく》あれば苦《く》あり〉(259ページ)

食《く》うか食われるか　慣用句

意味 こちらが相手《あいて》をやっつけるか、相手にこちらがやられるか。命《いのち》がけで争《あらそ》うことのたとえ。

用例 会社《かいしゃ》というものは、日々《ひび》互《たが》

臭い物に蓋をする

臭い物
（割《わ》った皿《さら》）
に蓋をした
（箱《はこ》の中）
臭い物
（10点のテスト）
に蓋をした
（引き出しの中）
臭い物
（最悪《さいあく》の通知表《つうちひょう》）
に蓋をした
（本の間）
…もう
隠《かく》すとこ
がない…。
どうしよう…

いに食うか食われるかの厳《きび》しい競《きょう》争《そう》を繰《く》り返《かえ》している。

★空前絶後《くうぜんぜつご》

四字熟語

意味　今《いま》までに例《れい》がなく、これから先《さき》にもないだろうと思《おも》われるような、めったにないこと。

用例　あれは、まさに空前絶後の大事故《だいじこ》だった。

ぐうの音《ね》も出《で》ない

慣用句

意味　相手《あいて》に問《と》い詰《つ》められても、一言《ひとこと》も言《い》い返《かえ》せない。言い訳《わけ》できない。

用例　明《あき》らかな自分《じぶん》の間違《まちが》いを指《し》摘《てき》されて、ぐうの音も出なかった。

参考　「ぐうの音」は、苦《くる》しい時《とき》に発《はっ》する声《こえ》。

釘付《くぎづ》けになる

慣用句

意味　身動《みうご》きが取《と》れなくなる。

用例　あまりに突然《とつぜん》の出来事《できごと》に、僕《ぼく》は驚《おどろ》いて、その場《ば》に釘付けになった。

★釘《くぎ》を刺《さ》す

慣用句

意味　あとで間違《まちが》いがないように、強《つよ》く言《い》い聞《き》かせておく。

用例　締《し》め切《き》りを必《かなら》ず守《まも》るように、釘を刺しておいてください。

参考　日本《にほん》の木造建築《もくぞうけんちく》は、木材《もくざい》に切《き》り込《こ》みを入《い》れて、それを頑丈《がんじょう》に組《く》み合《あ》わせる方法《ほうほう》を取《と》っていたが、それに加《くわ》え、念《ねん》のために釘も打《う》っておくようにしたことから。

臭《くさ》い物《もの》に蓋《ふた》をする

慣用句

意味　知《し》られたくないことを、一《いち》時的《じてき》に外《そと》から見《み》えないようにしてごまかす。略《りゃく》して「臭い物に蓋」ともいう。

用例　臭い物に蓋をするばかりで問題《もんだい》を隠《かく》していると、あとで取《と》り返《かえ》しのつかないことになるよ。

参考　臭い物に蓋をしても、見えないだけでにおいがするので、すぐに見つかってしまうことから。「江戸《えど》いろはかるた」にある。

★腐《くさ》っても鯛《たい》

ことわざ

意味　本当《ほんとう》に優《すぐ》れているものは、少《すこ》しばかり質《しつ》が落《お》ちても、それなりの値打《ねう》ちがあるものだというたとえ。

用例　さすが名選手《めいせんしゅ》、腐っても鯛だね。年《とし》を取《と》ってもすごいパワーだ。

参考　ほめ言葉《ことば》ではあるが、目《め》の前《まえ》の人《ひと》に「腐っても」と言《い》うのは失礼《しつれい》なので、使《つか》わないほうがよい。

草《くさ》の根《ね》を分《わ》けて捜《さが》す（探）す

慣用句

意味　可能《かのう》な限《かぎ》りの方法《ほうほう》を用《もち》いて、隅《すみ》から隅まで捜す。

口が堅い

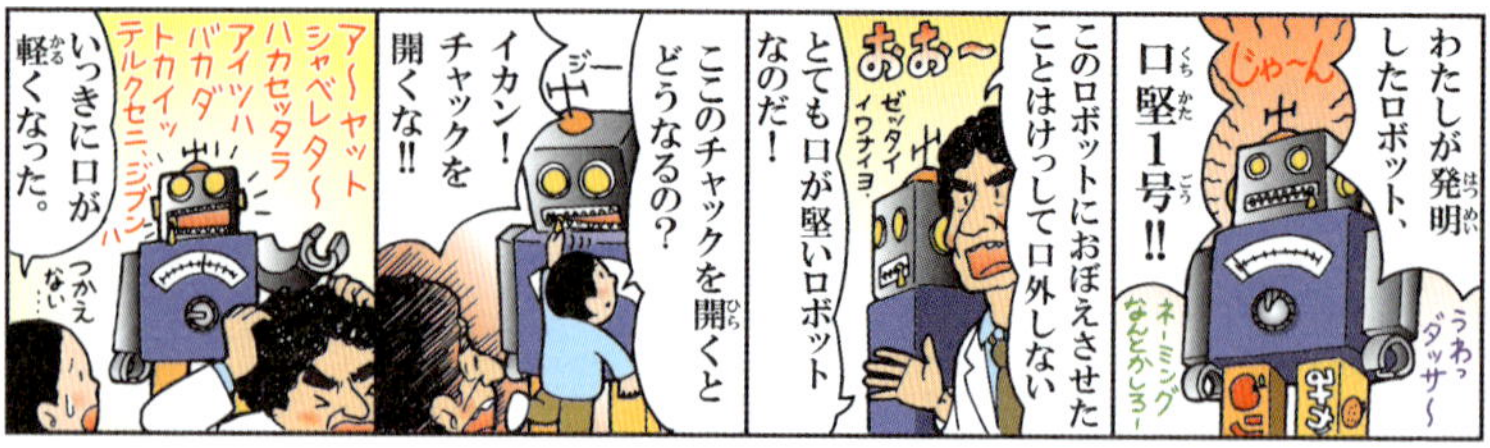

用例　犯人《はんにん》がどこまで逃《に》げようとも、草の根を分けて捜し出《だ》してみせる。

草葉《くさば》の陰《かげ》　慣用句

意味　墓《はか》の下《した》。死《し》んだ人《ひと》が行《い》くあの世《よ》。

用例　入学式《にゅうがくしき》だね。制服《せいふく》がよく似《に》合《あ》うよ。亡《な》くなったおじいちゃんも草葉の陰できっと喜《よろこ》んでいるよ。

管《くだ》を巻《ま》く　慣用句

意味　酒《さけ》に酔《よ》って、つまらないことをくどくど話《はな》す。しつこくからむ。

用例　父《ちち》は酒を飲《の》むと、いつも酔っぱらって管を巻く。

参考　「管」は、「くだくだしい」の略《りゃく》。糸車《いとぐるま》で糸を紡《つむ》ぐ時《とき》に用《もち》いる管に掛《か》けて「巻く」という言葉《ことば》を使《つか》う。その管に糸を巻く時、単調《たんちょう》な音《おと》しか鳴《な》らないところから。

口裏《くちうら》を合《あ》わせる　慣用句

意味　前《まえ》もって話《はなし》の内容《ないよう》を示《しめ》し合わせておいて、発言《はつげん》に食《く》い違《ちが》いがないようにする。「口を合わせる」ともいう。

用例　戸棚《とだな》のお菓子《かし》を全部《ぜんぶ》食《た》べてしまったので、弟《おとうと》と口裏を合わせて、友達《ともだち》がたくさん来《き》てみんなで食べたということにした。

口《くち》がうまい　慣用句

意味　相手《あいて》が好《この》むことを上手《じょうず》に話《はな》す。

用例　彼《かれ》は口がうまいので、誰《だれ》にも秘密《ひみつ》にしていたことを、つい話してしまった。

★口《くち》が重《おも》い　慣用句

意味　口数《くちかず》が少《すく》ない。また、言《い》いたくない様子《ようす》をいう。

用例　口が重い彼《かれ》は、今日《きょう》の会議《かいぎ》で一言《ひとこと》もしゃべらなかった。

★口《くち》が堅《かた》い　慣用句

意味　秘密《ひみつ》など、言《い》ってはいけないことを、軽々《かるがる》しく話《はな》さない。

用例　君《きみ》は口が堅いから、安心《あんしん》して悩《なや》み事《ごと》を相談《そうだん》できるよ。

対照　口が軽《かる》い

★口《くち》が軽《かる》い　慣用句

意味　言《い》ってはいけないことまで、簡単《かんたん》に話《はな》してしまう。おしゃべり。

用例　そんなに口が軽いと、誰《だれ》も信用《しんよう》してくれないよ。

対照　口が堅《かた》い

★口《くち》が滑《すべ》る　慣用句

意味　言《い》ってはいけないことを、うっかりしゃべってしまう。

用例　彼《かれ》にしつこく聞《き》かれ、つい口が滑《すべ》って、隠《かく》し事《ごと》をしゃべって

口が減らない

しまった。

★口《くち》が減《へ》らない　慣用句

意味　相手《あいて》が何《なん》と言《い》おうとお構《かま》いなしに、次《つぎ》から次へと、勝手《かって》なことやへ理屈《りくつ》などを言い返《かえ》す。

用例　よくもまあ、ああだこうだと口が減らない人《ひと》だ。

類似　減らず口を叩《たた》く

口《くち》から先《さき》に生《う》まれる　慣用句

意味　非常《ひじょう》におしゃべりな人《ひと》のことをからかっていう言葉《ことば》。

用例　彼女《かのじょ》は口から先に生まれたみたいによくしゃべる。

口《くち》が悪《わる》い　慣用句

意味　人《ひと》に対《たい》して遠慮《えんりょ》なく物《もの》を言《い》う。けなしたり、嫌《きら》われることを言う。

用例　彼女《かのじょ》は口が悪いので、いつも周囲《しゅうい》の人たちと口論《こうろん》になってしまう。

★口車《くちぐるま》に乗《の》る　慣用句

意味　相手《あいて》の巧《たく》みな話《はな》し方《かた》やおだてに乗って、だまされる。

用例　そんな口車に乗らないよ。

口《くち》に合《あ》う　慣用句

意味　食《た》べ物《もの》の味《あじ》が、人《ひと》の好《この》みに合う。

用例　あなたの口に合うかどうかわからないけど、どうぞ食べてみてください。

口《くち》にする

意味　①言葉《ことば》にして話《はな》す。②食《た》べ物《もの》を口に入《い》れる。

用例　①決意《けつい》を口にした以上《いじょう》、何《なん》とかやり遂《と》げたい。

くちばしが黄色《きいろ》い　慣用句

意味　鳥《とり》のひなのくちばしが黄色いように、まだ年《とし》が若《わか》く、未熟《みじゅく》である。

用例　くちばしが黄色いくせに、生意気《なまいき》を言《い》うな。

参考　年の若い人《ひと》の意見《いけん》などをあざけっていう場合《ばあい》に用《もち》いる。

くちばしを入《い》れる　慣用句

意味　人《ひと》のすること言《い》うことに、脇《わき》からあれこれと口出《くちだ》しをする。「くちばしを挟《はさ》む」ともいう。

用例　子《こ》ども同士《どうし》のけんかに親《おや》がくちばしを入れたのでは、かえって話《はなし》がややこしくなるよ。

類似　口を出す・口を挟む・横槍《よこやり》を入れる

★口《くち》は禍《わざわい》の元《もと》　ことわざ

意味　うっかり話《はな》したことで災難《さいなん》

口を尖らせる

口を尖らせてる
ツン
なんだたろう、何か不満《ふまん》があるのか？
別《べつ》に
そんなに口を尖らせて、文句《もんく》がある証拠《しょうこ》だろう。
とがってねーよ！
そんなに尖らせてたら、くちばしみたいになるぞ！
カガミ見てみろ！
とがってねーっていってんだろ!!

を招《まね》くこともあるから、よけいなことを言《い》わないように慎《つつし》みなさいということ。「口は禍の門《かど》」ともいう。

用例 よけいなことは言わなきゃよかったのに。君《きみ》の言葉《ことば》を人《ひと》づてに聞《き》いて、彼《かれ》、怒《おこ》っていたぞ。本《ほん》当《とう》に口は禍の元だね。

類似 雉《きじ》も鳴《な》かずば打《う》たれまい・物《もの》言えば唇《くちびる》寒《さむ》し秋《あき》の風《かぜ》・病《やまい》は口より入《い》り、禍は口より出《い》ず・禍は口から

★口火《くちび》を切《き》る 慣用句

意味 いちばん先《さき》に物事《ものごと》を始《はじ》める。また、最初《さいしょ》に話《はなし》を始める。「口を切る」ともいう。

用例 学級会《がっきゅうかい》では、口火を切って、彼《かれ》が意見《いけん》を述《の》べた。

参考 「口火」は、爆薬《ばくやく》やコンロなどの点火《てんか》に用《もち》いる火のことで、物事の起《お》こるきっかけのたとえ。

口《くち》も八丁《はっちょう》手《て》も八丁 慣用句

意味 言《い》うこともすることも、人《ひと》一倍《いちばい》手際《てぎわ》がよく、上手《じょうず》であること。「口八丁手八丁」「手八丁口八丁」ともいう。

用例 口も八丁手も八丁の彼《かれ》は、何《なん》でもやりこなせる。

参考 「八丁」は八《やっ》つの道具《どうぐ》で、たくさんの道具を使《つか》いこなせるということから。抜《ぬ》け目《め》がない感《かん》じがあるので、ほめ言葉《ことば》とはいいにくい。

★口《くち》を利《き》く 慣用句

意味 ①話《はなし》をする。②人《ひと》と人との間《あいだ》を取《と》り持《も》つ。

用例 ①妹《いもうと》とけんかをして、昨日《きのう》から口を利いていない。②この仕《し》事《ごと》に就《つ》けたのも、先輩《せんぱい》が今《いま》の会社《かいしゃ》に口を利いてくださったおかげです。

口《くち》を酸《す》っぱくする 慣用句

意味 忠告《ちゅうこく》や小言《こごと》など、同《おな》じ事《こと》を何度《なんど》も繰《く》り返《かえ》して言《い》う。

用例 口を酸っぱくして言っているのに、どうしてあなたは遅刻《ちこく》するのですか。

参考 いくら言ってもあまり効果《こうか》がない場合《ばあい》に使《つか》われることが多《おお》い。「口が酸っぱくなる程《ほど》…する」という形《かたち》でも用《もち》いられる。

口《くち》を揃《そろ》える 慣用句

意味 大勢《おおぜい》の人《ひと》が同《おな》じことを口に出《だ》して言《い》う。

用例 みんな口を揃えて、僕《ぼく》が描《か》いた漫画《まんが》を褒《ほ》めてくれた。

類似 異口同音《いくどうおん》

口《くち》を出《だ》す 慣用句

意味 人《ひと》の話《はなし》に割《わ》り込《こ》んで、意見《いけん》を言《い》う。

苦肉の策

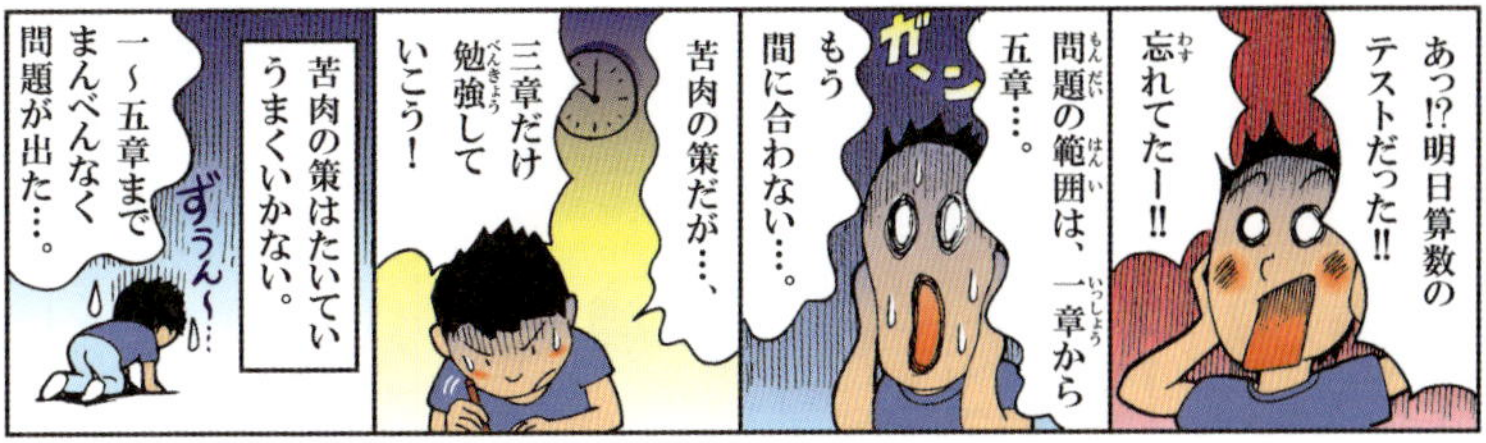

あっ!?明日算数のテストだった!!
忘《わす》れてたー!!
ガーン
問題《もんだい》の範囲《はんい》は、一章《いっしょう》から五章…。
もう間に合わない…。
苦肉の策だが…、
三章だけ勉強《べんきょう》していこう!
苦肉の策はたいていうまくいかない。
ずぅん～…
一～五章までまんべんなく問題が出た…。

用例 君《きみ》はこの件《けん》にまったく関係《かんけい》ないんだから、僕《ぼく》らの話に口を出すのはやめてくれ。

類似 くちばしを入《い》れる・口を挟《はさ》む・横槍《よこやり》を入れる

口《くち》を尖《とが》らせる 慣用句

意味 不満《ふまん》で、文句《もんく》を言《い》いたそうな顔《かお》をする。

用例 さっきから口を尖らせているけど、何《なに》か文句でもあるのか。言いたいことがあるなら、言ったらいいじゃないか。

口《くち》を濁《にご》す 慣用句

意味 はっきり言《い》わない。わからないようにごまかして言う。

用例 以前貸《いぜんか》したゲームのことを尋《たず》ねると、友人《ゆうじん》は口を濁してしまった。

参考 「濁す」は、ぼやかすこと。

類似 言葉《ことば》を濁す

口《くち》を拭《ぬぐ》う 慣用句

意味 悪《わる》いことやましいことをしたのに、していないふりをする。また、知《し》っているのに知らないふりをする。

用例 いざ証拠《しょうこ》を突《つ》き付《つ》けられると口を拭って、何《なに》もなかったような顔《かお》ですましている。

参考 盗《ぬす》み食《ぐ》いをしたあと、口の周《まわ》りをふいて、食《た》べなかったふりをすることから。

★口《くち》を挟《はさ》む 慣用句

意味 人《ひと》が話《はな》している途中《とちゅう》で、横《よこ》から言葉《ことば》を入《い》れたり、話《はなし》に割《わ》り込《こ》んだりする。

用例 人が話している最中《さいちゅう》に口を挟んではいけません。

類似 くちばしを入れる・口を出《だ》す・横槍《よこやり》を入れる

★口《くち》を割《わ》る 慣用句

意味 隠《かく》し事《ごと》を隠しきれなくなって白状《はくじょう》する。

用例 容疑者《ようぎしゃ》が口を割り、事件《じけん》は一気《いっき》に解決《かいけつ》に向《む》かった。

類似 泥《どろ》を吐《は》く

★苦肉《くにく》の策《さく》 慣用句

意味 追《お》い詰《つ》められてどうしようもなくなり、苦《くる》しまぎれに考《かんが》え出《だ》した作戦《さくせん》や方法《ほうほう》。

用例 急《きゅう》な大雨《おおあめ》で家《いえ》の中《なか》まで浸水《しんすい》しそうになり、苦肉の策で戸《と》のすき間《ま》にタオルを詰《つ》めた。

参考 元《もと》は、敵《てき》をあざむくために、自分《じぶん》の肉体《にくたい》を痛《いた》めつけてみせたことから。

国破《くにやぶ》れて山河《さんが》あり 故事成語

意味 戦争《せんそう》によって国《くに》は滅《ほろ》んでも、自然《しぜん》の山《やま》や川《かわ》は昔《むかし》のままの姿《すがた》を見《み》

首を傾げる

せている。

用例 内戦《ないせん》で荒《あ》れた国の風景《ふうけい》をテレビで見て、「国破れて山河あり」という言葉《ことば》を思《おも》い出《だ》した。

参考 中国《ちゅうごく》の杜甫《とほ》の詩《し》「春望《しゅんぼう》」の一節《いっせつ》。

苦杯《くはい》をなめる 慣用句

意味 思《おも》うような結果《けっか》が出《だ》せず、つらい経験《けいけん》をする。「苦杯を喫《きっ》する」「苦汁《くじゅう》をなめる」ともいう。

用例 ライバルチームに逆転《ぎゃくてん》負《ま》けし、苦杯をなめる結果となった。

参考 「苦杯」は、苦《にが》い酒《さけ》を入《い》れた杯《さかずき》のこと。

首《くび》が飛《と》ぶ 慣用句

意味 勤《つと》めや役目《やくめ》を辞《や》めさせられる。解雇《かいこ》される。

用例 自《みずか》らの失言《しつげん》（言《い》ってはいけない事《こと》を言ってしまうこと）が元《もと》で、大臣《だいじん》の首が飛んだ。

類似 首になる

対照 首がつながる

★首《くび》が回《まわ》らない 慣用句

意味 お金《かね》がなかったり、借金《しゃっきん》が多《おお》かったりして、どうにもならない。

用例 金遣《かねづか》いが荒《あら》いので、彼《かれ》はとうとう借金で首が回らなくなった。

首《くび》になる 慣用句

意味 勤《つと》め先《さき》を辞《や》めさせられる。

用例 会社《かいしゃ》を首にならないよう、まじめに働《はたら》きなさい。

類似 首が飛《と》ぶ

対照 首がつながる

★首《くび》を傾《かし》げる 慣用句

意味 不思議《ふしぎ》に思《おも》ったり、疑問《ぎもん》に思ったりして、首を傾《かたむ》けて考《かんが》え込《こ》む。「小首《こくび》を傾げる」ともいう。

用例 弱小《じゃくしょう》チームの快進撃《かいしんげき》に、最初《しょ》は誰《だれ》もが首を傾げた。

類似 首をひねる

首《くび》を切《き》る 慣用句

意味 勤《つと》めている人《ひと》を辞《や》めさせる。

用例 まじめに働《はたら》く気《き》がないなら、首を切るしかない。

類似 首にする

★首《くび》を突《つ》っ込《こ》む 慣用句

意味 興味《きょうみ》や関心《かんしん》があって、自分《じぶん》から関《かか》わる。

用例 あの二人《ふたり》の問題《もんだい》なんだから、あなたが首を突っ込むと、めんどうなことになるわよ。

★首《くび》を長《なが》くする 慣用句

意味 今《いま》か今かと待《ま》ち望《のぞ》んでいる。待ちこがれる。

用例 夏休《なつやす》みが近《ちか》づき、孫《まご》が来《く》る

ただいまー！
おなかすいたー!!
あれ!?
この前のテストが…？
15点だったヤツ…
かくしておいたのに…
ザー
カチャ
カチャ
ボッ
にげよ〜っと
メラ メラ
う〜
君子危うきに近寄らず！
今は声かけないほうがいいね…。
君子危うきに近寄らず

のを首を長くして待つ。

首《くび》をひねる　慣用句

意味　疑問《ぎもん》に思《おも》ったり、賛成《さんせい》できなかったりして、考《かんが》え込《こ》む。

用例　問題《もんだい》が難《むずか》しすぎて、首をひねるばかりだった。

類似　首を傾げる

九分九厘《くぶくりん》　慣用句

意味　ほとんど。大部分《だいぶぶん》。

用例　九分九厘、合格間違《ごうかくまちが》いなしだ。

参考　割合《わりあい》を表《あらわ》す言《い》い方《かた》で、十分《じゅうぶ》に、あと一厘足《いちりんた》りないだけという意味《いみ》。「分」は全体《ぜんたい》の十分《じゅうぶん》の一。「厘」はさらにその十分の一。

蜘蛛《くも》の子《こ》を散《ち》らす　慣用句

意味　大勢《おおぜい》の人《ひと》が、一度《いちど》に散らばる様子《ようす》。

用例　先生《せんせい》の姿《すがた》が見《み》えたとたん、蜘蛛の子を散らすように子どもたちは逃《に》げていった。

雲《くも》を霞《かすみ》と　慣用句

意味　見向《みむ》きもせず必死《ひっし》に逃《に》げて、姿《すがた》を隠《かく》す様子《ようす》。「雲霞と」ともいう。

用例　山里《やまざと》に下《お》りてきた熊《くま》の姿《すがた》を見《み》て、村人《むらびと》たちは雲を霞と逃げた。

雲《くも》をつかむよう　慣用句

意味　漠然《ばくぜん》としていてとらえどころがないたとえ。はっきりしない様子《ようす》。

用例　つちのこを探《さが》しに行《い》くなんて、まったく雲をつかむような話《はなし》じゃないか。

苦《くる》しい時《とき》の神頼《かみだの》み　ことわざ

意味　ふだんは神や仏《ほとけ》を信《しん》じない人《ひと》でも、苦しい時にはすがって助《たす》けてもらおうとすること。また、ふだんあまり付《つ》き合《あ》いもない人に、困《こま》った時だけ頼《たよ》ろうとすること。

用例　明日《あす》はテストなのに、勉強《べんきょう》が全然《ぜんぜん》できていない。苦しい時の神頼み、今日《きょう》勉強したところがテストに出《で》ますように。

車《くるま》の両輪《りょうりん》　慣用句

意味　二《ふた》つのものどちらが欠《か》けても用《よう》をなさなくなるほど、両者《りょうしゃ》が密接《みっせつ》な関係《かんけい》にあるたとえ。

用例　主人公《しゅじんこう》と相手役《あいてやく》の演技《えんぎ》のできでこの劇《げき》の評価《ひょうか》が決《き》まる。彼《かれ》らはこの劇における車の両輪だ。

君子危《くんしあや》うきに近寄《ちかよ》らず　ことわざ

意味　立派《りっぱ》な人《ひと》は、常《つね》に身《み》を慎《つつし》み、行《おこな》いに気《き》を付《つ》けるので、危険《きけん》なことには初《はじ》めから近寄らない。災《わざわ》い

群を抜く
50m走では、彼《かれ》は群を抜く速《はや》さだった。
この前の統一《とういつ》テストでも群を抜いた成績《せいせき》だった。
オメデトウ！
ありがとうございます
そんな彼には弱点はないのか？
ふうん…
弱点ではないですが、特筆《とくひつ》すべきことは…、
群を抜いた食欲《しょくよく》です！
モリモリ
なんだよいことじゃないか

に遭《あ》ってから後悔《こうかい》するようなことはしない。

用例 今日《きょう》の彼《かれ》は機嫌《きげん》が悪《わる》そうだ。君子危うきに近寄らずで、話《はな》し掛《か》けるのはやめておこう。

対照 虎穴《こけつ》に入《い》らずんば虎子《こじ》を得《え》ず

君子《くんし》は豹変《ひょうへん》す　故事成語

意味 立派《りっぱ》な人《ひと》は、自分《じぶん》の過《あやま》ちに気《き》が付《つ》けば、すぐに改《あらた》める。また、急《きゅう》に考《かんが》え方《かた》や態度《たいど》を変《か》える。

用例 あの人《ひと》をあまりあてにしてはいけないよ。前《まえ》にも君子は豹変す、だったことがあるから。

参考 豹《ひょう》は斑点《はんてん》がはっきりしている。それと同《おな》じように、君子（立派な人）は誰《だれ》にでもわかるように誤《あやま》りをきっぱりと改め、小人《しょうじん》（つまらない人）が表面《ひょうめん》しか改めないのとは違《ちが》うのだということ。中国《ちゅうごく》の『易経《えききょう》』にある言葉《ことば》。

軍配《ぐんばい》が上《あ》がる　慣用句

意味 勝負《しょうぶ》に勝《か》ったと決《き》まる。

用例 今年《ことし》の運動会《うんどうかい》の綱引《つなひ》きは、赤組《あかぐみ》に軍配が上がった。

参考 相撲《すもう》の勝ち負《ま》けを判定《はんてい》する行司《ぎょうじ》が、勝ったほうに軍配を上げることから。

軍門《ぐんもん》に降《くだ》る　慣用句

意味 相手《あいて》に負《ま》けを認《みと》める。降参《こうさん》する。

用例 挑戦者《ちょうせんしゃ》も善戦《ぜんせん》したが、チャンピオンのパンチがまともにあごをとらえ、ついに軍門に降った。

参考 「軍門」は、相手の陣営《じんえい》の門のこと。相手の陣地《じんち》に降ることから。

群雄割拠《ぐんゆうかっきょ》　四字熟語

意味 多《おお》くの英雄《えいゆう》が各地《かくち》に拠点《きょてん》を持《も》ち、勢力《せいりょく》を振《ふ》るって張《は》り合《あ》うこと。

用例 日本《にほん》の戦国時代《せんごくじだい》は、群雄割拠の世《よ》だった。

参考 「割拠」は、それぞれの地《ち》方《ほう》を根拠地《こんきょち》にすること。

★群《ぐん》を抜《ぬ》く　慣用句

意味 多《おお》くの中《なか》で飛《と》び抜けて優《すぐ》れている。「抜群《ばつぐん》」ともいう。

用例 受賞作《じゅしょうさく》は、やはり群を抜いてすばらしかった。

け

芸《げい》がない　慣用句

意味 ありきたりで、おもしろみがない。

用例 絵《え》を展示《てんじ》するだけでは芸がないので、その作者《さくしゃ》の生涯《しょうがい》について解説《かいせつ》したコーナーを設《もう》けた。

怪我の功名

気に入ってたのに、破《やぶ》れちゃったわ。
えーん このスカート
高かったのに〜〜〜。
何かに利用《りよう》できないかしら？
わぁ！バッグにしてみたらいいカンジ！
やったー、怪我の功名ね！
はかなくなったジーパンで何かできないかな？
あのTシャツも改造《かいぞう》しちゃお！
とうとうお店まで出してしまいました。
ファッション・ストア
ケガの功名

鶏口《けいこう》となるも牛後《ぎゅうご》となるなかれ

故事成語

意味　たとえ小《ちい》さなグループのリーダーでも、大《おお》きな集団《しゅうだん》の中《なか》の下《した》にいるよりはましである。「鶏口牛後」ともいう。

用例　「鶏口となるも牛後となるなかれ」という言葉《ことば》どおり、彼《かれ》はあえて小さな会社《かいしゃ》に入《はい》り、活躍《かつやく》する道《みち》を選《えら》んだ。

故事　中国《ちゅうごく》、戦国時代《せんごくじだい》に、蘇秦《そしん》という戦略家《せんりゃくか》が、魏《ぎ》や燕《えん》など六《むっ》つの国《くに》が同盟《どうめい》を結《むす》んで大国秦《たいこくしん》に対抗《たいこう》し、たとえ小国《しょうこく》であっても独立《どくりつ》を保《たも》つのがたいせつである、と説《と》いたたとえとして用《もち》いた。（史記《しき》）

対照　寄《よ》らば大樹《たいじゅ》の陰《かげ》

敬《けい》して遠《とお》ざける

故事成語

意味　うわべは尊敬《そんけい》しているように見《み》せているが、実際《じっさい》は関《かか》わりを持《も》たないように、近《ちか》づかない。「敬遠《けいえん》」ともいう。

用例　苦手《にがて》な先輩《せんぱい》に対《たい》しては、つい敬して遠ざけるという態度《たいど》を取《と》ってしまう。

参考　中国《ちゅうごく》の『論語《ろんご》』にある、人《にん》間《げん》の力《ちから》や理解《りかい》を超《こ》えた鬼《おに》や神《かみ》は敬《うやま》いはするが、近づかないのが賢明《けんめい》だという言葉《ことば》から。

蛍雪《けいせつ》の功《こう》

故事成語

意味　苦労《くろう》を重《かさ》ねて学問《がくもん》に励《はげ》み、成功《せいこう》を遂《と》げること。

用例　彼《かれ》が今《いま》の地位《ちい》にあるのは、まさしく蛍雪の功によるものだ。

故事　昔《むかし》、中国《ちゅうごく》で、貧乏《びんぼう》だった車《しゃ》胤《いん》は、明《あ》かりをともす油《あぶら》が買《か》えなかった。そこで、夏《なつ》の夜《よる》は蛍《ほたる》を集《あつ》めて薄《うす》い絹《きぬ》の袋《ふくろ》に入《い》れ、その光《ひかり》で勉強《べんきょう》をした。また、孫康《そんこう》も貧《まず》しかったので、冬《ふゆ》の夜、窓辺《まどべ》の雪明《ゆき》かりをたよりに勉強をした。そうした努力《どりょく》の結果《けっか》、二人《ふたり》とも出世《しゅっせ》したという。（晋書《しんじょ》）

参考　卒業式《そつぎょうしき》などで歌《うた》う『蛍の光、窓の雪』は、この話《はなし》から作《つく》られたもの。

芸《げい》は身《み》を助《たす》ける

ことわざ

意味　身につけた芸や技《わざ》は、いざ生活《せいかつ》に困《こま》ったときに役立《やくだ》つということ。

用例　せっかくずっとピアノを続《つづ》けてきたんだから、人《ひと》に教《おし》えられるぐらいまではやったほうがいい。「芸は身を助ける」っていうしね。

参考　「江戸《えど》いろはかるた」にある。

対照　芸は身の仇《あだ》

★怪我《けが》の功名《こうみょう》

慣用句

意味　失敗《しっぱい》したことや何気《なにげ》なくしたことが、思《おも》いがけずよい結果《けっか》になること。

用例　科学《かがく》の世界《せかい》では、完全《かんぜん》な失

犬猿の仲

ナマイキだぞ！
彼《かれ》らは本当に犬猿の仲だ。
おまえこそ！
ふうん
なんだと！
こうやって見てたら本当に…
やるか！コノヤロー！
ウ〜
犬《いぬ》と猿《さる》に見えてきたりして…
ギャ！
ウ〜ワンワン
まさしく犬猿の仲！
キ〜ギャ〜！

敗だと思《おも》っていた実験《じっけん》が、怪我の功名で思わぬ発見《はっけん》につながることもある。

逆鱗《げきりん》に触《ふ》れる　故事成語

意味　目上《めうえ》の人《ひと》をひどく怒《おこ》らせてしまう。

用例　授業中《じゅぎょうちゅう》になかなか私語《しご》をやめなかったので、先生《せんせい》の逆鱗に触れてしまった。

参考　竜《りゅう》ののどの下《した》に一枚《いちまい》だけ逆《さか》さに生《は》えた鱗《うろこ》があり、もしそれに触れると、必《かなら》ず殺《ころ》される。同《おな》じように、君主《くんしゅ》に意見《いけん》を言《い》うときには、用心《ようじん》すべきだということから。中《ちゅう》国《ごく》の『韓非子《かんぴし》』にある言葉《ことば》。

下駄《げた》を預《あず》ける　慣用句

意味　自分《じぶん》の問題《もんだい》の解決《かいけつ》を、他人《たにん》にすべて任《まか》せる。

用例　君《きみ》の問題なのに、彼《かれ》に下駄を預けるのは無責任《むせきにん》だよ。

月下氷人《げっかひょうじん》　故事成語

意味　男女《だんじょ》の縁《えん》を取《と》り持《も》つ人《ひと》。結《けっ》婚《こん》の仲人《なこうど》。

用例　僕《ぼく》の高校《こうこう》の先輩《せんぱい》が、私《わたし》たち夫婦《ふうふ》の月下氷人です。

故事　昔《むかし》、中国《ちゅうごく》の韋固《いこ》が月明《つきあ》かりの下《した》で、ある老人《ろうじん》(月下老)と出会《であ》った際《さい》に、自《みずか》らの結婚《けっこん》を占《うらな》ってもらった。すると、十数年後《じゅうすうねんご》、老人が予言《よげん》したとおりの女性《じょせい》を妻《つま》とすることができた。(続幽怪録《ぞくゆうかいろく》)

昔、中国の狐策《こさく》が、氷《こおり》の上《うえ》に立《た》って(氷人)氷の下にいる人《ひと》と話《はなし》をした夢《ゆめ》を見《み》た。この話を占《うらな》い師《し》にしたところ、その夢は結婚の仲人をする前兆《ぜんちょう》だと教《おし》えられた。その後《ご》、狐策は本当《ほんとう》に仲人を務《つと》めることになった。(晋書《しんじょ》)

煙《けむ》に巻《ま》く　慣用句

意味　理解《りかい》しにくいことを言《い》った

◆**間一髪《かんいっぱつ》**
髪《かみ》の毛一本《けいっぽん》のすき間《ま》ということから、転《てん》じて、非常《ひじょう》にきわどいこと。「猛《もう》スピードで坂《さか》を下《くだ》ってきた自転車《じてんしゃ》を間一髪で避《さ》けることができた。」

◆**麒麟児《きりんじ》**
将来優《しょうらいすぐ》れた人物《じんぶつ》になるだけの才能《さいのう》を持《も》った若者《わかもの》。「麒麟」は中国《ちゅうごく》で、聖人《せいじん》が世《よ》に出《で》る前《まえ》に現《あらわ》れるとされる想像上《そうぞうじょう》の動物《どうぶつ》。「あの若さであれだけ速《はや》い球《たま》が投《な》げられるのだから、彼《かれ》はまさしく野球界《やきゅうかい》の麒麟児だ。」

◆**金字塔《きんじとう》**
後《のち》の世《よ》まで伝《つた》えられるような優《すぐ》れた業績《ぎょうせき》。「彼《かれ》は長《なが》らく続《つづ》けてきた研究《けんきゅう》により、その分野《ぶんや》において金字塔を打《う》ち立《た》てた。」

◆**下馬評《げばひょう》**
世間《せけん》の勝手《かって》な評判《ひょうばん》やうわさ。「下馬評によると、次《つぎ》の生徒会《せいとかい》長《ちょう》は彼《かれ》に決《き》まりだそうだ。」

捲土重来
昨年《さくねん》の受験《じゅけん》の失敗《しっぱい》を生かして、この一年間対策《たいさく》をしてきたぞ。
大学合格
捲土重来だ！今年は絶対《ぜったい》に合格《ごうかく》する自信《じしん》があるぞ!!
うおー
盛《も》り上がってきたぜー!!
おまえの兄ちゃん、今年も同じこと言ってるな。何回目？
十回目。
ふう

り、自分《じぶん》のペースで話《はなし》を進《すす》めたりして、相手《あいて》をまどわせる。

用例　あの人《ひと》は都合《つごう》が悪《わる》くなると、いつも周《まわ》りを煙に巻くような話《はな》し方《かた》をする。

けりが付《つ》く　慣用句

意味　決着《けっちゃく》が付く。物事《ものごと》が終《お》わりになる。

用例　やっと仕事《しごと》のけりが付いたから、一休《ひとやす》みしよう。

参考　和歌《わか》や俳句《はいく》には、助動詞《じょどうし》「けり」で終わるものが多《おお》いことから。

類似　方《かた》が付く

★けりを付《つ》ける　慣用句

意味　決着《けっちゃく》を付ける。物事《ものごと》を終《お》わりにする。

用例　一時間《いちじかん》に及《およ》ぶ論戦《ろんせん》も、彼《かれ》の一言《ひとこと》がけりを付けた。

類似　方《かた》を付ける

★犬猿《けんえん》の仲《なか》　ことわざ

意味　とても仲が悪《わる》いたとえ。「犬《いぬ》と猿《さる》」ともいう。

用例　あの二人《ふたり》は犬猿の仲と言《い》われているが、実《じつ》はけっこう仲がいいんだよ。

参考　犬と猿は仲が悪いとされることから。

★喧嘩両成敗《けんかりょうせいばい》　ことわざ

意味　どちらがいいとか悪《わる》いとか決《き》めないで、喧嘩をした以上《いじょう》、どちらも悪いと罰《ばつ》を与《あた》えること。

用例　二人《ふたり》とも謝《あやま》りなさい。喧嘩両成敗ですよ。

言質《げんち》を取《と》る　慣用句

意味　あとで証拠《しょうこ》となるような言《こと》葉《ば》を言《い》わせておく。約束《やくそく》を取り付《つ》けておく。「言質《げんしつ》を取る」とも読《よ》む。

用例　あの人《ひと》は、言質を取られないように、慎重《しんちょう》に話《はなし》をする。

捲土重来《けんどちょうらい》　故事成語

意味　失敗《しっぱい》したものが、再《ふたた》び勢力《せいりょく》を盛《も》り返《かえ》すこと。「捲土重来《じゅうらい》」とも読《よ》む。

用例　決勝戦《けっしょうせん》で負《ま》けて優勝《ゆうしょう》を逃《のが》してしまった。捲土重来を誓《ちか》ってがんばろう。

参考　「捲土」は、土《つち》を巻《ま》き上《あ》げること。「重来」は、再び来《く》ること。土を巻き上げるほどの勢《いきお》いで、再起《さいき》するということ。昔《むかし》、中国《ちゅうごく》の詩人杜牧《しじんとぼく》が、楚漢《そかん》の戦《たたか》いに敗《やぶ》れ、自害《じがい》した項羽《こうう》のことを嘆《なげ》いて歌《うた》った詩の言葉《ことば》から。

けんもほろろ　慣用句

意味　人《ひと》の相談《そうだん》や頼《たの》みなどをまっ

後悔先に立たず

コラーー！
テストの
勉強《べんきょう》は!?
何とか
なるって。
うわ、ヒドイ点だ!?
ウッソ〜
後悔先に
立たず、よ。
これでわかったでしょ?
もう後悔したくなかっ
たら前もって勉強して…
ん?
あれ?
コラーー！
また後悔
したいの
かー!?
にげろー!!

たく受《う》け付《つ》けないで、冷《つめ》たく断《ことわ》る様子《ようす》。

用例 宿題《しゅくだい》を見《み》せてと友達《ともだち》に頼んだら、「自分《じぶん》でやらなきゃだめだ。」と、けんもほろろに断られた。

参考 きじは「けん」とか「ほろろ」とか鳴《な》くが、その声《こえ》はそっけなく聞《き》こえるということから。

類似 木《き》で鼻《はな》を括《くく》る・取《と》り付《つ》く島《しま》もない

鯉《こい》の滝登《たきのぼ》り 故事成語

意味 急激《きゅうげき》に出世《しゅっせ》すること。

用例 彼《かれ》は高《たか》い能力《のうりょく》を認《みと》められ、鯉の滝登りとばかりに、一気《いっき》に出世した。

参考 中国《ちゅうごく》の黄河《こうが》にある竜門《りゅうもん》という滝を登った鯉は、竜になるという言《い》い伝《つた》えから。

★紅一点《こういってん》 故事成語

意味 多《おお》くの男性《だんせい》の中《なか》で、ただ一人《ひとり》の女性《じょせい》がいること。

用例 彼女《かのじょ》は、男《おとこ》ばかりの野球部《やきゅうぶ》の紅一点だ。

参考 昔《むかし》、中国《ちゅうごく》の詩人王安石《しじんおうあんせき》が、一面《いちめん》の緑《みどり》の中《なか》に咲《さ》く、一輪《いちりん》の赤《あか》いざくろの花《はな》は心《こころ》を動《うご》かすと歌《うた》ったことから。

★光陰矢《こういんや》のごとし ことわざ

意味 月日《つきひ》がたつのが非常《ひじょう》に速《はや》いことのたとえ。

用例 光陰矢のごとし、またたくまに六年《ろくねん》がたち、もう卒業《そつぎょう》を迎《むか》えようとしています。

参考 「光陰」は太陽《たいよう》と月《つき》のことから、年月《としつき》、時間《じかん》のこと。

類似 歳月人《さいげつひと》を待《ま》たず

★甲乙《こうおつ》付け難《がた》し 慣用句

意味 二《ふた》つを比《くら》べるとき、どちらが優《すぐ》れているか、劣《おと》っているかを見極《みきわ》めるのが難《むずか》しい。

用例 二人《ふたり》の作品《さくひん》はどちらも立派《りっぱ》で、甲乙付け難しだ。

参考 昔《むかし》、成績《せいせき》の優れている順《じゅん》に、「甲・乙・丙《へい》…」と評価《ひょうか》を付けたことから。

★後悔先《こうかいさき》に立《た》たず ことわざ

意味 失敗《しっぱい》したあとでは、いくら悔《く》やんでも取《と》り返《かえ》しがつかない。そうならないように、最善《さいぜん》を尽《つ》くしなさいという教《おし》え。

用例 後悔先に立たずという言葉《ことば》もある。今《いま》から目標《もくひょう》に向《む》けて努力《どりょく》しなさい。

口角泡《こうかくあわ》を飛《と》ばす 慣用句

意味 口《くち》の端《はし》から泡のようなつば

孝行のしたい時分に親はなし

孝行のしたい時分に親はなしっていうだろう？
はーい
今のうちから、お父さんのこと大事《だいじ》にしてくれよ。
え～
というわけで、「親孝行チケット」を作ったので、孝行する時にご利用《りよう》ください。
孝行
あ～キモチイね～～。
しまった…先を越《こ》されてしまった…。
おてつだいチケット
手伝

きを飛ばさんばかりの勢《いきお》いで、激《はげ》しく議論《ぎろん》したり、しゃべり立《た》てたりする。

用例 児童会《じどうかい》の方針《ほうしん》をめぐって、口角泡を飛ばして議論した。

厚顔無恥《こうがんむち》 四字熟語

意味 恥知《はじし》らずで厚《あつ》かましいこと。

用例 あんな目《め》に遭《あ》わせておいて、今《いま》さら頼《たよ》ってくるとは、厚顔無恥もはなはだしい。

類似 面《つら》の皮《かわ》が厚い

★巧言令色《こうげんれいしょく》 故事成語

意味 相手《あいて》に気《き》に入《い》られようとして、口先《くちさき》だけの巧《たく》みな言葉《ことば》や表面《ひょうめん》だけのにこやかな表情《ひょうじょう》をすること。

用例 彼《かれ》のは巧言令色、愛想《あいそ》がいいのは選挙中《せんきょちゅう》だけだよ。

参考 中国《ちゅうごく》の古《ふる》い書物《しょもつ》である『論《ろん》語《ご》』にある「巧言令色すくなし仁《じん》」からきた言葉。言葉巧みで愛想のいい人《ひと》に立派《りっぱ》な人は少《すく》なく、仁（思《おも》いやりの心《こころ》）に欠《か》けた人が多《おお》いということ。

孝行《こうこう》のしたい時分《じぶん》に親《おや》はなし ことわざ

意味 親のありがたみがわかるような年齢《ねんれい》になって、親孝行をして恩返《おんがえ》しをしたいと思《おも》っても、そのときにはすでに親は亡《な》くなっているものだ。親が元気《げんき》なうちに孝行をしておくべきだということ。

用例 今《いま》のうちから親は大事《だいじ》にしたほうがいい。「孝行のしたい時分に親はなし」というからね。

類似 風樹《ふうじゅ》の嘆《たん》

好事魔多《こうじまおお》し 故事成語

意味 良《よ》いことが続《つづ》いているときや、事《こと》がうまく進《すす》んでいるときには、とかくじゃまが入《はい》りやすいものだ。

用例 試合《しあい》に勝《か》ったし、試験《しけん》にも合格《ごうかく》したし、念願《ねんがん》の海外旅行《かいがいりょこう》も近《ちか》いし、とうきうきしていたら、やっぱり好事魔多しかな、父《ちち》の仕事《しごと》が入《はい》って予定《よてい》が狂《くる》ってしまった。

参考 中国《ちゅうごく》の『琵琶記《びわき》』にある言《こと》葉《ば》。

類似 月《つき》に叢雲《むらくも》、花《はな》に風《かぜ》・花に嵐《あらし》

★広大無辺《こうだいむへん》 四字熟語

意味 広《ひろ》くて果《は》てしがないこと。

用例 広大無辺の宇宙《うちゅう》に浮《う》かぶ、美《うつく》しい地球《ちきゅう》の姿《すがた》をとらえた写真《しゃしん》だ。

荒唐無稽《こうとうむけい》 四字熟語

意味 現実離《げんじつばな》れした、でたらめなこと。言《い》うことに根拠《こんきょ》がなく、とりとめがないこと。

用例 君《きみ》の荒唐無稽な話《はなし》に付《つ》き合《あ》う暇《ひま》はないよ。

郷に入っては郷に従え

外国旅行《りょこう》ー!!
キャー
たのしー
あ、屋台《やたい》あるよー！
えー、大丈夫《だいじょうぶ》かなぁ、おなかこわさない？
郷に入っては郷に従え、っていうでしょう？
一つくださ〜い！
わぁ！スッゴイおいしい!!

郷《ごう》に入《い》っては郷に従《したが》え　ことわざ

意味　習慣《しゅうかん》は場所《ばしょ》によって異《こと》なるから、その土地《とち》に行《い》ったらその土地のやり方《かた》に合《あ》わせるのがよい。「郷に入れば郷に従え」ともいう。

用例　郷に入っては郷に従えで、留学先《りゅうがくさき》では、そこの習慣を理解《りかい》して従うようにしなさい。

参考　「郷」は田舎《いなか》・里《さと》。

★公平無私《こうへいむし》　四字熟語

意味　私的《してき》な感情《かんじょう》を交《まじ》えないで、公平に対応《たいおう》すること。

用例　審判《しんぱん》は、どのチームに対《たい》しても公平無私に接《せっ》するべきだ。

類似　公明正大《こうめいせいだい》

★弘法《こうぼう》にも筆《ふで》の誤《あやま》り　ことわざ

意味　その道《みち》でどんなに優《すぐ》れた達《たつ》人《じん》にも失敗《しっぱい》はあるというたとえ。

用例　優秀《ゆうしゅう》な彼女《かのじょ》があんな初歩的《しょほてき》な誤りをするなんて、弘法にも筆の誤りとはよく言《い》ったものだ。

参考　弘法大師《だいし》は、平安初期《へいあんしょき》の僧《そう》、空海《くうかい》のこと。嵯峨天皇《さがてんのう》、橘逸勢《たちばなのはやなり》とともに三筆《さんぴつ》(三人《さんにん》の書道《しょどう》の名人《めいじん》)の一人《ひとり》として有名《ゆうめい》。その弘法大師でさえも、ときには書《か》き損《そん》じることがあるという意味《いみ》から。

類似　河童《かっぱ》の川流《かわなが》れ・猿《さる》も木《き》から落《お》ちる・上手《じょうず》の手《て》から水《みず》が漏《も》れる・千慮《せんりょ》の一失《いっしつ》

★弘法筆《こうぼうふで》を選《えら》ばず　ことわざ

意味　優《すぐ》れた人《ひと》は、どんな道具《どうぐ》でも立派《りっぱ》な仕事《しごと》をするものだということ。

用例　これがだめ、あれがだめって道具に文句《もんく》ばっかり言《い》って、弘法筆を選ばずだよ。丁寧《ていねい》に掃《は》くのが先決《せんけつ》じゃないのかな。

参考　書道《しょどう》の名人《めいじん》の弘法大師《だいし》は、粗末《そまつ》な筆でも立派な字《じ》を書《か》いたという話《はなし》から。

★公明正大《こうめいせいだい》　四字熟語

意味　公平《こうへい》で隠《かく》し事《ごと》がなく、正《ただ》しくて堂々《どうどう》としていること。

用例　公明正大な選挙《せんきょ》の実現《じつげん》が求《もと》められる。

類似　公平無私《こうへいむし》

紺屋《こうや》の明後日《あさって》　ことわざ

意味　約束《やくそく》した期日《きじつ》が当《あ》てにならないこと。「紺屋《こんや》の明後日」とも読《よ》む。

用例　修理工場《しゅうりこうじょう》に送《おく》った僕《ぼく》のパソコンがいつ戻《もど》ってくるか、紺屋の明後日ではっきりわからない。

参考　「紺屋」は、染《そ》め物屋《ものや》のこと。染め物屋の仕事《しごと》は天気《てんき》しだいのため、期日を守《まも》れないことが多《おお》いことから。

弘法筆を選ばず

相手《あいて》チームの四番、すごい打《う》つなぁ。
ワーワー
カキーン
アイツの打撃《だげき》の秘密《ひみつ》はきっとバットにあります！
う～…ん
バットをすりかえてやりましょう！
すりかえ成功《せいこう》。
これでもう打てないはず。
……
カキーン
あれ～？打った～!?
弘法筆を選ばずだったか～!?

★紺屋《こうや》の白袴《しろばかま》 ことわざ

意味 他人《たにん》のことをするのに忙《いそが》しく、自分《じぶん》のことは後回《あとまわ》しだというたとえ。

用例 彼《かれ》の職業《しょくぎょう》は庭師《にわし》だと聞《き》いたけれど、紺屋の白袴で、自宅《じたく》の庭は荒《あ》れ放題《ほうだい》だ。

参考 「紺屋」は「こんや」とも読《よ》み、染《そ》め物屋《ものや》のこと。

類似 医者《いしゃ》の不養生《ふようじょう》

功《こう》を奏《そう》する 慣用句

意味 成功《せいこう》する。効《き》き目《め》がある。

用例 早《はや》めに手当《てあ》てしたことが功を奏して、大事《だいじ》には至《いた》らなかった。

参考 功績《こうせき》を天子《てんし》(天皇《てんのう》・君主《くんしゅ》)に奏《そう》する(申《もう》し上《あ》げる)の意味《いみ》から生《う》まれた言葉《ことば》。

業《ごう》を煮《に》やす 慣用句

意味 物事《ものごと》がなかなかうまくいかず、いらいらして腹《はら》を立《た》てる。

用例 電話《でんわ》でいくら話《はな》しても伝《つた》わらないので、彼《かれ》は業を煮やして相《あい》手《て》のところまで出向《でむ》いた。

参考 「業」は「業腹」の略《りゃく》で、非常《ひじょう》に腹立たしいこと。

★呉越同舟《ごえつどうしゅう》 故事成語

意味 仲《なか》の悪《わる》い者《もの》や敵同士《てきどうし》が同《おな》じ場所《ばしょ》に居《い》たり、力《ちから》を合《あ》わせたりすること。

用例 今回《こんかい》に限《かぎ》り、呉越同舟、ライバルと協力《きょうりょく》することになった。

故事 昔《むかし》、中国《ちゅうごく》に、呉《ご》と越《えつ》という仲の悪い国《くに》があった。しかし、そんな国の者同士でも、もし同《おな》じ舟《ふね》に乗《の》っていて激《はげ》しい風《かぜ》に吹《ふ》かれたら協力するだろう。(孫子《そんし》)

声《こえ》を呑《の》む 慣用句

意味 非常《ひじょう》に驚《おどろ》いたり感動《かんどう》したりして、声が出《で》なくなる。

用例 目《め》の前《まえ》で車同士《くるまどうし》が衝突《しょうとつ》するのを見《み》て、思《おも》わず声を呑んだ。

★故郷《こきょう》へ錦《にしき》を飾《かざ》る 故事成語

意味 故郷を離《はな》れていた者《もの》が、努《ど》力《りょく》を重《かさ》ねて出世《しゅっせ》し、有名《ゆうめい》になって故郷に帰《かえ》る。「錦を着《き》て故郷に帰る」ともいう。

用例 彼《かれ》は東京《とうきょう》でタレントとして活躍《かつやく》し、先頃《さきごろ》故郷へ錦を飾った。

参考 「錦」は、とても高価《こうか》な絹《きぬ》織物《おりもの》のこと。中国《ちゅうごく》の『南史《なんし》』にある言葉《ことば》。

黒白《こくびゃく》を付《つ》ける ことわざ

→〈白黒《しろくろ》を付《つ》ける〉(124ページ)

小首《こくび》を傾《かし》げる 慣用句

意味 疑問《ぎもん》を感《かん》じたりしたときに、首をちょっと傾《かたむ》けて考《かんが》える。「首を傾げる」ともいう。

心を奪われる

韓流《はんりゅう》スターに、
心を奪われる人たち
様親衛隊《さましんえいたい》
転校生《てんこうせい》のAくんに、
やあ、帰り道がいっしょだね
心を奪われたワタシ
はい
Aくんここよんで
あ〜ワタシ心奪われちやってるワ♥

用例 黒板《こくばん》に書《か》かれた解答《かいとう》が、間《ま》違《ちが》っているような気《き》がして、彼《かれ》は小首を傾げた。

孤軍奮闘《こぐんふんとう》 四字熟語

意味 味方《みかた》もなく、たった一人《ひとり》で懸命《けんめい》にがんばること。

用例 島《しま》で孤軍奮闘するお医者《いしゃ》さんは、島民《とうみん》の心《こころ》のよりどころだ。

★虎穴《こけつ》に入《い》らずんば虎子《こじ》を得《え》ず 故事成語

意味 危険《きけん》を冒《おか》さなければ、求《もと》めるものは手《て》に入《はい》らないというたとえ。

用例 「虎穴に入らずんば虎子を得ず」という言葉《ことば》を信《しん》じ、探検隊《たんけんたい》はジャングルの奥地《おくち》へ分《わ》け入《い》った。

故事 昔《むかし》、中国《ちゅうごく》で、敵地《てきち》において部隊《ぶたい》が危機《きき》に陥《おちい》ったとき、隊長《たいちょう》である班超《はんちょう》は、「虎《とら》がどれほど恐《おそ》ろしくても、その穴《あな》に入らなければ虎の子《こ》は手に入らない。」と述《の》べ、最善《さいぜん》の方法《ほうほう》として部下《ぶか》にこの方針《ほうしん》を示《しめ》した。（後漢書《ごかんじょ》）

対照 君子《くんし》危《あや》うきに近寄《ちかよ》らず

柿《こけら》落《お》とし 慣用句

意味 新築《しんちく》された劇場《げきじょう》などで、初《はじ》めて行《おこな》われる劇や芝居《しばい》やコンサートなどのこと。

用例 新《あたら》しい劇場の柿落としに、有名《ゆうめい》なミュージカルが上演《じょうえん》されるそうだ。

参考 「柿」は、材木《ざいもく》を削《けず》ったくずのこと。建築工事《けんちくこうじ》の最後《さいご》に、屋《や》根《ね》の柿を払《はら》い落とすことから。「柿《こけら》」は「柿《かき》」とは別《べつ》の字《じ》。

心《こころ》が重《おも》い 慣用句

意味 嫌《いや》なことがあり、気持《きも》ちが晴《は》れない。

用例 引《ひ》っ越《こ》しで転校《てんこう》してしまう友人《ゆうじん》のことを考《かんが》えると、心が重い。

類似 気が重い

心《こころ》が通《かよ》う 慣用句

意味 互《たが》いの気持《きも》ちを理解《りかい》し合《あ》う。

用例 心が通う相手《あいて》との旅行《りょこう》は楽《たの》しいものだ。

★心《こころ》が弾《はず》む 慣用句

意味 うれしくてうきうきする。「心が躍《おど》る」ともいう。

用例 明日《あす》の遠足《えんそく》の準備《じゅんび》をしていると、心が弾む。

類似 胸《むね》が躍る

心《こころ》に刻《きざ》む 慣用句

意味 忘《わす》れないようにしっかりと覚《おぼ》えておく。

用例 この日《ひ》の出来事《できごと》を心に刻み、今後《こんご》の戒《いまし》めとしよう。

類似 肝《きも》に銘《めい》じる・胸《むね》に刻む

古今東西

明治時代《めいじじだい》
遠くの人と目の前にいるかのようにしゃべれるんだって⁉
「電話」というそうだ。
こんなものは古今東西見たことも聞いたこともない！
ううーん
すげえな
オレも
あーあー
あぶねぇぞ、どけどけ‼
何だ、この鉄《てつ》の馬は⁉
ギャ！
「機関車《きかんしゃ》」というそうだ！
こんな馬は古今東西見たことも聞いたこともない！
ドドドドド

心許《こころもと》ない 慣用句

意味 頼《たよ》りない。心配《しんぱい》になる。

用例 僕《ぼく》の記憶《きおく》だけでは心許ないので、他《ほか》の人《ひと》にも確認《かくにん》を取《と》ってください。

心《こころ》を痛《いた》める 慣用句

意味 非常《ひじょう》に心配《しんぱい》する。悩《なや》む。

用例 飼《か》い主《ぬし》に捨《す》てられたペットのことを聞《き》いて、子《こ》どもたちは心を痛めていた。

心《こころ》を打《う》つ 慣用句

意味 深《ふか》く感動《かんどう》させる。

用例 この映画《えいが》で描《えが》かれる、親子《おやこ》の愛情《あいじょう》が、人々《ひとびと》の心を打った。

類似 胸《むね》に迫《せま》る・胸を打つ

★心《こころ》を奪《うば》われる 慣用句

意味 あることに強《つよ》く注意《ちゅうい》を引《ひ》き付《つ》けられる。夢中《むちゅう》になる。

用例 夜空《よぞら》に揺《ゆ》れるオーロラのカーテンに、彼《かれ》はすっかり心を奪われてしまった。

心《こころ》を鬼《おに》にする 慣用句

意味 相手《あいて》のためを思《おも》って、わざと厳《きび》しい態度《たいど》を取《と》る。

用例 心を鬼にして、子《こ》どもを叱《しか》る。

心《こころ》を砕《くだ》く 慣用句

意味 あれこれと考《かんが》える。心配《しんぱい》する。

用例 初《はじ》めて家《いえ》で犬《いぬ》を飼《か》うことになり、準備《じゅんび》に心を砕いた。

心《こころ》を込《こ》める 慣用句

意味 真心《まごころ》や思《おも》いやりの気持《きも》ちを含《ふく》める。

用例 卒業式《そつぎょうしき》の日《ひ》の前日《ぜんじつ》、いつもより心を込めて、みんなで教室《きょうしつ》を掃除《そうじ》した。

心《こころ》を引《ひ》かれる 慣用句

意味 興味《きょうみ》・関心《かんしん》を持《も》ち、気持《きも》ちが引《ひ》き付《つ》けられる。

用例 山《やま》で見《み》かけた珍《めずら》しいちょうに心を引かれた。

心《こころ》を許《ゆる》す 慣用句

意味 相手《あいて》を受《う》け入《い》れる。信頼《しんらい》する。

用例 彼《かれ》は同《おな》じ趣味《しゅみ》を持《も》つ友人《ゆうじん》にだけは、心を許しているようだ。

★古今東西《ここんとうざい》 四字熟語

意味 昔《むかし》も今《いま》も、東《ひがし》も西《にし》も。いつの時代《じだい》でも、どこの場所《ばしょ》でも。

用例 こんな話《はなし》は、古今東西、聞《き》いたことがない。

五十歩百歩

オレの字のほうがうまい！
オレの字のほうがうまい！
五十歩百歩だねえ。
う〜ん
オレの笛《ふえ》のほうがうまい！
オレの笛のほうがうまい！
ピー
ピー
五十歩百歩だねえ。
オレの絵のほうがうまい！
オレの絵のほうがうまい！
五十歩百歩だねえ。
オレなんか五点だぞ！
オレなんか七点だぞ！
勉強《べんきょう》しなさい。

★腰《こし》が強《つよ》い 慣用句

意味 ①ねばり強い。物事《ものごと》をあきらめずにやり通《とお》す力《ちから》がある。②弾《だん》力性《りょくせい》に富《と》んでいる。

用例 ①腰が強い彼《かれ》のことだから、最後《さいご》までやり切《き》ってくれるだろう。②このうどんは、腰が強い。

参考 ①では「ねばり腰《ごし》」の形《かたち》でも用《もち》いる。

類似 腰がある

対照 腰が弱《よわ》い・腰がない

腰《こし》が抜《ぬ》ける 慣用句

意味 非常《ひじょう》に驚《おどろ》いて、立《た》ち上《あ》がることができない。

用例 地震《じしん》で家《いえ》が大《おお》きく揺《ゆ》れ、腰が抜けた。

類似 腰を抜かす

★腰《こし》が低《ひく》い 慣用句

意味 人《ひと》に対《たい》して丁寧《ていねい》で、控《ひか》え目《め》な態度《たいど》や行動《こうどう》を取《と》る。

用例 あの人は日頃《ひごろ》から腰が低い。

腰《こし》が弱《よわ》い 慣用句

意味 ①持続《じぞく》させる力《ちから》がない。②ねばり気《け》が弱《よわ》い。

用例 ②このラーメンは、めんの腰が弱いので、あまりおいしいと感《かん》じられない。

類似 腰がない

対照 腰が強《つよ》い・腰がある

腰巾着《こしぎんちゃく》 慣用句

意味 目上《めうえ》の人《ひと》などについて回《まわ》って、そばを離《はな》れない人。

用例 彼《かれ》はいつも上級生《じょうきゅうせい》のけんじ君《くん》のそばで機嫌《きげん》を取《と》っている、ただの腰巾着だよ。

参考 「巾着」は、中《なか》にお金《かね》などを入《い》れ、口《くち》をひもでしばって携帯《けいたい》する袋《ふくろ》。

虎視眈眈《こしたんたん》 故事成語

意味 チャンスをねらって、じっと様子《ようす》をうかがっている様子。

用例 相手《あいて》チームは逆転《ぎゃくてん》のチャンスを虎視眈眈とねらっている。

参考 虎《とら》が鋭《するど》い目《め》つきでじっと獲《え》物《もの》をねらっている様子から。中国の『易経《えききょう》』という本《ほん》で、力《ちから》の上《うえ》の者《もの》が下《した》の者を監視《かんし》する様子をこう表現《ひょうげん》したところから。

★五十歩百歩《ごじっぽひゃっぽ》 故事成語

意味 大差《たいさ》がないこと。

用例 彼女《かのじょ》より君《きみ》のほうが惜《お》しかったけれど、結局失敗《けっきょくしっぱい》したんだから、君も彼女《かのじょ》と五十歩百歩だよ。

故事 昔《むかし》、中国《ちゅうごく》で富国強兵《ふこくきょうへい》を目指《めざ》した王《おう》が、自分《じぶん》は政治《せいじ》に力《ちから》を注《そそ》いでいるのに、隣国《りんごく》より民《たみ》が増《ふ》えない、どうしたらよいか、と孟子《もうし》に尋《たず》ねた。すると孟子は、戦《たたか》いのと

腰を抜かす

こ

き五十歩逃《に》げた者《もの》が百歩逃げた者を「臆病者《おくびょうもの》」と言《い》ったが、どう思《おも》うか、と王に聞《き》き返《かえ》した。王は「どちらもだめだ。逃げたことに変《か》わりはない。」と答《こた》えた。そこで孟子は、「人《ひと》をたいせつにしない王の政治は、隣国と五十歩百歩だ。」と答えた。（孟子）

類似 大同小異《だいどうしょうい》・同工異曲《どうこういきょく》・どんぐりの背比《せいくら》べ・似《に》たり寄《よ》ったり・目《め》くそ鼻《はな》くそを笑《わら》う

腰《こし》を上《あ》げる 慣用句

意味 何《なに》かをする決心《けっしん》が固《かた》まって、動《うご》き出《だ》す。

用例 災害対策《さいがいたいさく》に、政府《せいふ》はやっと重《おも》い腰を上げた。

腰《こし》を折《お》る 慣用句

意味 途中《とちゅう》でじゃまをする。

用例 相手《あいて》の話《はなし》の腰を折るのは、やめなさい。

腰《こし》を据《す》える 慣用句

意味 他《ほか》のことに気《き》を取《と》られずに、落《お》ち着《つ》いて物事《ものごと》をする。また、ある場所《ばしょ》に落ち着く。

用例 じっくりと腰を据えて考《かんが》えてみると、案外《あんがい》いい案を思《おも》い付《つ》くかもしれない。

★腰《こし》を抜《ぬ》かす 慣用句

意味 とても驚《おどろ》く。また、びっくりして立《た》てなくなる。

用例 夜道《よみち》で急《きゅう》に後《うし》ろから肩《かた》を叩《たた》かれて、腰を抜かしてしまった。

類似 腰が抜ける

小手調《こてしら》べ 慣用句

意味 本格的《ほんかくてき》に取《と》り掛《か》かる前《まえ》に、ちょっと試《ため》してみること。

用例 フルマラソンに挑戦《ちょうせん》する前《まえ》に、小手調べとして五キロマラソンに出場《しゅつじょう》することにした。

言葉《ことば》を濁《にご》す 慣用句

意味 尋《たず》ねられた事《こと》に対《たい》して、はっきり返事《へんじ》をしない。都合《つごう》の悪《わる》い事などをごまかそうとして、あいまいに言《い》う。

用例 なぜうそを付《つ》いたのか彼女《かのじょ》を問《と》い詰《つ》めたが、彼女は言葉を濁しただけだった。

類似 口《くち》を濁す

子《こ》どもの喧嘩《けんか》に親《おや》が出《で》る ことわざ

意味 ささいな事《こと》に横《よこ》から口《くち》を出《だ》して、騒《さわ》ぎを大《おお》きくするたとえ。

用例 ようやく口論《こうろん》が収《おさ》まりかけていたのに、君《きみ》が子どもの喧嘩に親が出るような真似《まね》をするから、一段《いちだん》と言《い》い合《あ》いが激《はげ》しくなってしまったじゃないか。

参考 子ども同士《どうし》の喧嘩に親が口出しすると、よけいに騒ぎが大き

胡麻を擂る
お母さんは今日もキレイだね〜!
!?
気持《きも》ち悪《わる》いわね〜何かほしいものでもあるの?
お小遣《こづか》いを前借《まえが》りしたいな〜って…。
そんなゴマすって〜
前借りは禁止《きんし》って決めてるでしょ!?
だいいちそんな胡麻擂りどこで覚《おぼ》えたの!?
ピュー
いや〜、お母さん今日もキレイだね〜。
オコヅカイヲ…
ココで覚えました。

くなることから。

子《こ》はかすがい　ことわざ

意味　夫婦仲《ふうふなか》が悪《わる》くなっても、子どもへの愛情《あいじょう》のおかげで、夫婦は仲直《なかなお》りするものだということ。

用例　「子はかすがい」っていうのは本当《ほんとう》だね。あの子のおかげで、また仲のいい夫婦に戻《もど》れたようだ。

参考　「かすがい」は、材木《ざいもく》と材木をつなぎとめるために打《う》ち込《こ》む大釘《おおくぎ》。

子《こ》は三界《さんがい》の首枷《くびかせ》　ことわざ

意味　親《おや》というのは、子を思《おも》う心《こころ》に縛《しば》られ、一生《いっしょう》を過《す》ごすものだということ。

用例　「子は三界の首枷」というが、娘《むすめ》が将来幸《しょうらいしあわ》せな家庭《かてい》を持《も》てるかどうか、今《いま》から心配《しんぱい》してしまう。

参考　「三界」は、仏教《ぶっきょう》の言葉《ことば》で、過去《かこ》・現在《げんざい》・未来《みらい》を意味《いみ》する。「首枷」は、罪人《ざいにん》の首《くび》にはめて、自由《じゆう》に動《うご》けないようにする刑罰《けいばつ》の道具《どうぐ》。「江戸《えど》いろはかるた」にある。

ごまめの歯軋《はぎし》り　ことわざ

意味　もともと実力《じつりょく》のない者《もの》が、いくら悔《くや》しがっても無駄《むだ》というたとえ。

用例　相手《あいて》が君《きみ》より強《つよ》いことは明《あき》らかなのに、負《ま》けてそんなにくやしがるのは、ごまめの歯軋りというもんだよ。

参考　「ごまめ」は、かたくちいわしを干《ほ》したもの。

類似　蟷螂《とうろう》の斧《おの》

★胡麻《ごま》を擂《す》る　慣用句

意味　人《ひと》にお世辞《せじ》を言《い》ったり、機嫌《きげん》を取《と》ったりする。

用例　社長《しゃちょう》に気《き》に入《い》られようと、彼《かれ》は何《なに》かと胡麻を擂る。

参考　擂鉢《すりばち》で胡麻を擂ると、擂鉢の溝《みぞ》にまんべんなく入《はい》り込《こ》むことから、周《まわ》りにこびへつらう意味《いみ》が生《う》まれたという。

小耳《こみみ》に挟《はさ》む　慣用句

意味　聞《き》くつもりはなくて、ちらっと聞く。

用例　あの二人《ふたり》が近々結婚《ちかぢかけっこん》とのうわさを小耳に挟んだ。

孤立無援《こりつむえん》　四字熟語

意味　周囲《しゅうい》からの助《たす》けがなく、ひとりぼっちであること。

用例　正《ただ》しいと信《しん》じて自分《じぶん》の考《かんが》えを譲《ゆず》らなかったが、最後《さいご》まで孤立無援のままだった。

類似　四面楚歌《しめんそか》

★五里霧中《ごりむちゅう》　故事成語

意味　周囲《しゅうい》の状況《じょうきょう》がつかめず、何《なに》が何やらまったくわからないこと。

どうしたらいいか、見当《けんとう》が付《つ》かないこと。

用例 事件《じけん》は五里霧中のまま、解《かい》決《けつ》の手《て》掛《が》かりさえつかめない。

故事 昔《むかし》、中国《ちゅうごく》の後漢《ごかん》の張楷《ちょうかい》は、術《じゅつ》を使《つか》って五里四方《ごりしほう》に霧《きり》を立《た》ちこめさせ、その「五里霧」の中《なか》に姿《すがた》を隠《かく》すことができた。(後漢書《ごかんじょ》)

参考 「夢中」と書《か》くのは誤《あやま》り。

★転《ころ》ばぬ先《さき》の杖《つえ》 ことわざ

意味 失敗《しっぱい》をしないよう、何《なに》かを始《はじ》める前《まえ》には十分注意《じゅうぶんちゅうい》を払《はら》うことがたいせつだという教《おし》え。

用例 転ばぬ先の杖で、保険《ほけん》に入《はい》っておこうよ。

転《ころ》んでもただでは起《お》きない 慣用句

意味 失敗《しっぱい》しても、そこから何《なに》かを必《かなら》ず手《て》に入《い》れようとする。欲《よく》がそれほど深《ふか》いことのたとえ。

用例 今回《こんかい》はうまくいかなかったが、彼《かれ》はしたたかな男《おとこ》だから、転んでもただでは起きないだろう。

参考 本来《ほんらい》は欲の深い者《もの》をあざけった言《い》い方《かた》だが、失敗してもくじけない人《ひと》を褒《ほ》める意味《いみ》でいうこともある。

コロンブスの卵《たまご》 ことわざ

意味 後《あと》から聞《き》くと簡単《かんたん》に思《おも》えることも、最初《さいしょ》に思いついたり、実《じっ》行《こう》したりするのは、難《むずか》しいということのたとえ。

用例 僕《ぼく》にはどうやって解《と》いたらいいかわからない問題《もんだい》だったが、正解《せいかい》した人《ひと》にやり方《かた》を教《おし》えてもらうと、コロンブスの卵だった。

参考 新大陸《しんたいりく》を発見《はっけん》したコロンブスは、誰《だれ》にだって発見できると周《しゅう》囲《い》から言《い》われた時《とき》、それならテーブルの上《うえ》にゆで卵《たまご》を立《た》てられるかと尋《たず》ねた。誰一人《ひとり》としてできないのを見《み》て、コロンブスは卵の底《そこ》をつぶして立ててみせた。そして、「これと同《おな》じで、人がやったあとは何《なん》でも簡単に見えるものだ。」と言ったという。

怖《こわ》い物《もの》見《み》たさ 慣用句

意味 怖いとされる物に恐《おそ》れを感《かん》じながらも、かえって見たくなること。

用例 怖がりのくせに、妹《いもうと》は怖いもの見たさで、ホラー映画《えいが》を見たがる。

子《こ》を持《も》って知《し》る親《おや》の恩《おん》 ことわざ

意味 親となり、自分《じぶん》が子育《こそだ》ての苦労《くろう》をしてみて、初《はじ》めて親のありがたさや、親が注《そそ》いでくれた愛情《あいじょう》の深《ふか》さがわかるものだということ。

用例 「子を持って知る親の恩」というのだろうか、今《いま》になって親

言語道断

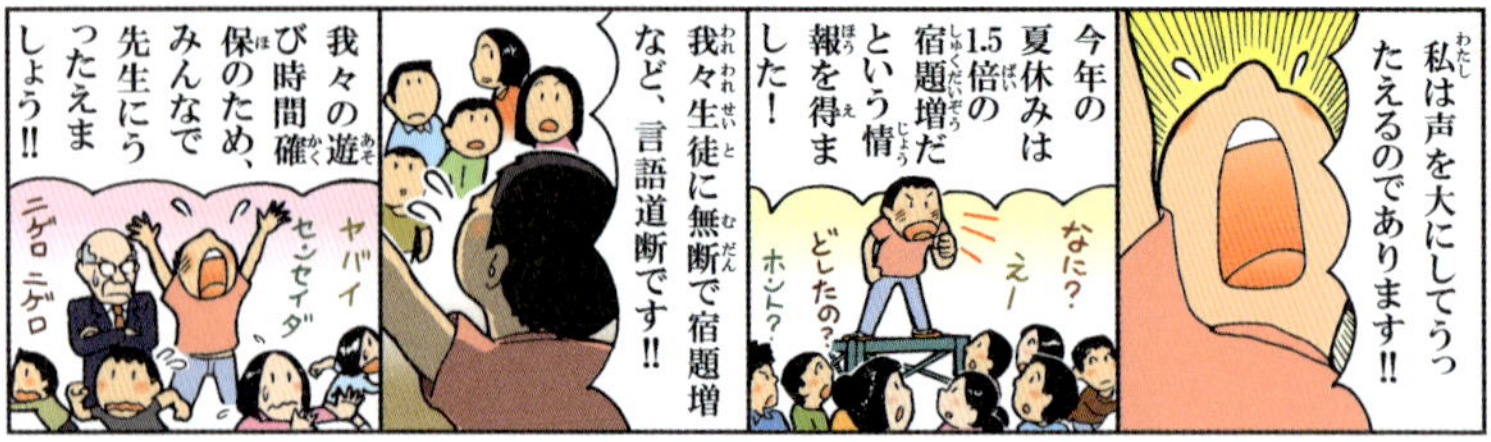

への感謝《かんしゃ》の気持《きも》ちがわいてきた。

★言語道断《ごんごどうだん》 四字熟語

意味 口《くち》にできないほど、あまりにもひどいこと。

用例 自分《じぶん》の失敗《しっぱい》を人《ひと》になすりつけるなんて、言語道断だ。

参考 元《もと》は仏教《ぶっきょう》の言葉《ことば》。「道断」は、言《い》う方法《ほうほう》が断《た》たれるという意味《いみ》。

類似 もっての外《ほか》

今昔《こんじゃく》の感《かん》 慣用句

意味 昔《むかし》に比《くら》べて、今《いま》がすっかり変《か》わってしまったとしみじみ思《おも》う気持《きも》ち。

用例 戦時中《せんじちゅう》の暮《く》らしを思うと、今昔の感にたえない。

権兵衛《ごんべえ》が種《たね》まきゃ烏《からす》がほじくる ことわざ

意味 苦労《くろう》してやったことを、すぐそばから別《べつ》の者《もの》がぶちこわしにすること。

用例 苦労して完成《かんせい》させた電車《でんしゃ》の模型《もけい》を、弟《おとうと》に壊《こわ》されてしまった。まさに権兵衛が種まきゃ烏がほじくるだ。

類似 骨折《ほねお》り損《ぞん》のくたびれ儲《もう》け・労多《ろうおお》くして功少《こうすく》なし

塞翁《さいおう》が馬《うま》 故事成語

意味 人生《じんせい》の幸不幸《こうふこう》は、予測《よそく》できないというたとえ。「人間万事《にんげんばんじ》塞翁が馬」ともいう。

用例 彼《かれ》は病気《びょうき》がちで何度《なんど》も入院《にゅういん》し、学校《がっこう》の勉強《べんきょう》についていけないこともあったが、その間読書《かんどくしょ》に目覚《めざ》め、後《のち》に作家《さっか》になった。本当《ほんとう》に人生は塞翁が馬だ。

故事 昔《むかし》、中国《ちゅうごく》で、老人《ろうじん》（塞翁）の馬が逃《に》げたが、その後《ご》、もっと足《あし》の速《はや》い馬を引《ひ》き連《つ》れて帰《かえ》ってきた。息子《むすこ》がその馬に乗《の》ったところ、落馬《らくば》し、足の骨《ほね》を折《お》ってしまった。しかしそのおかげで、息子は戦争《せんそう》に行《い》かずにすんだ。（淮南子《えなんじ》）

類似 禍福《かふく》はあざなえる縄《なわ》のごとし・沈《しず》む瀬《せ》あれば浮《う》かぶ瀬あり

★歳月人《さいげつひと》を待《ま》たず 故事成語

意味 年月《としつき》というものは、人の都合《つごう》に構《かま》わず、早《はや》くたつものだ。

用例 歳月人を待たずだから、やろうと決《き》めたことはすぐにしないと、何一《なにひと》つやり遂《と》げられないよ。

参考 中国《ちゅうごく》の陶淵明《とうえんめい》の詩《し》の一節《いっせつ》から。

類似 光陰矢《こういんや》のごとし

★再三再四《さいさんさいし》 四字熟語

意味 繰《く》り返《かえ》して何度《なんど》も。たびた

才色兼備

彼女《かのじょ》って・・・
頭もいいし――
テスト 100
テスト 100
顔だって美人《びじん》だもん
そんな・・・ハズカシイわ
私《わたし》だって三食兼備よ！
ちがう ちがう
才色兼備だよ
才能《さいのう》と知恵《ちえ》があって…容姿《ようし》たんれいってこと！
私のこと？

び。

用例 彼《かれ》に対《たい》しては再三再四行動《こうどう》を注意《ちゅうい》してきたけど、まったく効《き》き目《め》がない。

才子《さいし》才に倒《たお》れる　ことわざ

意味 才能《さいのう》のある優秀《ゆうしゅう》な人《ひと》は、つい自分《じぶん》の才能に頼《たよ》りすぎて、失敗《しっぱい》することがある。

用例 確《たし》かに彼《かれ》の絵《え》の才能は抜群《ばつぐん》だが、今回《こんかい》の個展《こてん》は才子才に倒れるで、失敗だったな。

類似 策士《さくし》策に溺《おぼ》れる

★才色兼備《さいしょくけんび》　四字熟語

意味 女性《じょせい》が、物事《ものごと》をうまく運《はこ》ぶ知恵《ちえ》と外見《がいけん》の美《うつく》しさの両方《りょうほう》を持《も》っていること。

用例 彼女《かのじょ》って、頭《あたま》もいいし、顔《かお》もきれいだし、これこそ「才色兼備」といえるね。

参考 「才」は、才知《さいち》（才能《さいのう》と知恵）、「色」は、容色《ようしょく》（容貌《ようぼう》、容姿《ようし》）のこと。

細大漏《さいだいも》らさず　慣用句

意味 全部《ぜんぶ》。小《ちい》さなことから大《おお》きなことまですべて。

用例 今日《きょう》の会議《かいぎ》の内容《ないよう》は、細大漏らさず報告《ほうこく》しなさい。

類似 一部始終《いちぶしじゅう》

賽《さい》は投《な》げられた　ことわざ

意味 一度《いちど》乗《の》り出《だ》したことは、最《さい》後《ご》までやり遂《と》げる他《ほか》はない。もう後戻《あともど》りはできない。

用例 賽は投げられたんだよ。受験《じゅけん》に向《む》けてがんばっていくのみだ。

参考 ローマで、武将《ぶしょう》カエサルが政府《せいふ》に反発《はんぱつ》し、軍《ぐん》を連《つ》れてルビコン川《がわ》を渡《わた》る時《とき》に言《い》った言葉《ことば》。「賽」は、さいころのこと。

鷺《さぎ》を烏《からす》と言《い》いくるめる　ことわざ

意味 白《しろ》のものを黒《くろ》だと言い張《は》るように、無理《むり》に反対《はんたい》にねじ曲《ま》げて言いくるめること。「鷺を烏」ともいう。

用例 彼《かれ》の言い分《ぶん》は、まるで鷺を烏と言いくるめるものだ。

参考 鷺は鶴《つる》に似《に》た鳥《とり》で白い。烏は黒いので、そこからきた言葉《ことば》。

類似 石《いし》に漱《くちすす》ぎ流《なが》れに枕《まくら》す・這《は》っても黒豆《くろまめ》

★先《さき》んずれば人《ひと》を制《せい》す　ことわざ

意味 人より先に行動《こうどう》すれば、相手《あいて》を抑《おさ》えつけられる。早《はや》い者勝《ものが》ち。「先手必勝《せんてひっしょう》」ともいう。

用例 先んずれば人を制すで、一番乗《いちばんの》りで試合会場《しあいかいじょう》に入《はい》ろうよ。

類似 思《おも》い立《た》ったが吉日《きちじつ》・善《ぜん》は急《いそ》げ

さじを投げる

さぁー
ノーアウト満塁《まんるい》だ！
ピッチャーどうする？
ストレートかカーブか？
投《な》げました！
えっ？
さじを投げました…
試合終了《しあいしゅうりょう》！

対照 急がば回《まわ》れ・急《せ》いては事《こと》を仕損《しそん》じる

策士《さくし》策に溺《おぼ》れる　ことわざ

意味 作戦《さくせん》を立《た》てるのが上手《じょうず》な人《ひと》は、自分《じぶん》の作戦に頼《たよ》りすぎて、かえって失敗《しっぱい》する。

用例 就職活動《しゅうしょくかつどう》をするのに、策士策に溺れるで、いろいろ作戦を立てすぎて失敗してしまったよ。

類似 才子《さいし》才に倒《たお》れる

酒《さけ》は百薬《ひゃくやく》の長《ちょう》　故事成語

意味 少《すこ》しのお酒は、どんな薬《くすり》よりも効果《こうか》があること。

用例 酒は百薬の長だといっても、そんなに飲《の》み過《す》ぎたら元《もと》も子《こ》もないよ。

参考 お酒を適度《てきど》に飲むと血行《けっこう》がよくなり、気分《きぶん》もゆったりして、深《ふか》く寝《ね》られるからともいわれる。中国《ちゅうごく》の『漢書《かんじょ》』にある言葉《ことば》。

座《ざ》して食《く》らえば山《やま》も空《むな》し　ことわざ

意味 働《はたら》かないでただ食《た》べているばかりでは、どれだけたくさんの財産《ざいさん》があっても、やがては使《つか》い果《は》たしてしまう。

用例 「座して食らえば山も空し」というように、地道《じみち》にこつこつ働くことがたいせつだ。

砂上《さじょう》の楼閣《ろうかく》　慣用句

意味 外《そと》から見《み》たらとても立派《りっぱ》なのに、砂《すな》の上《うえ》に建《た》てた建物《たてもの》のように、すぐに壊《こわ》れてしまう物事《ものごと》。また、実現《じつげん》できない計画《けいかく》のこと。

用例 立派で大《おお》きな計画を立《た》てても、それは砂上の楼閣にすぎない。

参考 「楼閣」は、高《たか》い建物。

★さじを投《な》げる　慣用句

意味 医者《いしゃ》が病人《びょうにん》のことを、もうどうしようもないと見放《みはな》す。物事《ものごと》がどうにかなる見込《みこ》みがないとあきらめる。

用例 自分《じぶん》で計画《けいかく》した催《もよお》し物を、うまくいきそうにないからといって、さじを投げてはだめだよ。

参考 「さじ」はスプーンのことで、医者が薬《くすり》の調合《ちょうごう》のために使《つか》うことから。

左《さ》遷《せん》　故事成語

意味 地位《ちい》や官職《かんしょく》が下《さ》がること。地位を低《ひく》くして、遠《とお》くの勤務先《きんむさき》に行《い》かされること。

用例 会社《かいしゃ》での大失敗《だいしっぱい》から、彼《かれ》は地方《ちほう》に左遷されてしまった。

参考 昔中国《むかしちゅうごく》では、右《みぎ》を良《よ》いもの、左《ひだり》を悪《わる》いものとする習慣《しゅうかん》があったことから。

察《さっ》しが付《つ》く　慣用句

意味 相手《あいて》の表情《ひょうじょう》・態度《たいど》、その場《ば》

猿も木から落ちる

さすが 運動神経《うんどうしんけい》
バツグンだね
えっ
あっ
猿も木から落ちた！
誰《だれ》が サル やねん
!
キーッ！
ことわざ じゃないか

の状況《じょうきょう》から、おしはかってそれとわかる。

用例　弟《おとうと》の様子《ようす》から、何《なに》かを頼《たの》みに来《き》たことは、すぐに察しが付いた。

里心《さとごころ》が付《つ》く　慣用句

意味　遠《とお》く離《はな》れた実家《じっか》や故郷《こきょう》を懐《なつか》しく思《おも》う気持《きも》ちが起《お》こる。

用例　母《はは》から野菜《やさい》や果物《くだもの》などの荷《に》物《もつ》が届《とど》き、急《きゅう》に里心が付いた。

鯖《さば》を読《よ》む　慣用句

意味　自分《じぶん》にとって都合《つごう》がよいように数《かず》をごまかす。

用例　母《はは》は鯖を読んで、自分の年《ねん》齢《れい》を二《に》、三歳若《さんさいわか》く言《い》っている。

参考　昔《むかし》、鯖を釣《つ》って数《かぞ》えるとき、傷《いた》みやすく数も多《おお》かったため、急《いそ》いで数を読んでよくごまかしたことから。

座右《ざゆう》の銘《めい》　慣用句

意味　いつも心《こころ》にとどめておいて、自分《じぶん》の励《はげ》ましや戒《いまし》めとする言葉《ことば》。

用例　私《わたし》の座右の銘は、「成《な》せば成る」だ。

参考　「座右」は、自分のそばという意味《いみ》。

★猿《さる》も木《き》から落《お》ちる　ことわざ

意味　どんなに上手《じょうず》な人《ひと》でも、ときには失敗《しっぱい》することがある。

用例　あんなに体操《たいそう》のうまい彼《かれ》が、簡単《かんたん》な跳《と》び箱《ばこ》を失敗するなんて、猿も木から落ちるだね。

類似　河童《かっぱ》の川流《かわなが》れ・弘法《こうぼう》にも筆《ふで》の誤《あやま》り・上手の手《て》から水《みず》が漏《も》れる・千慮《せんりょ》の一失《いっしつ》

去《さ》る者《もの》は追《お》わず　故事成語

意味　自分《じぶん》から去っていく者は、あえて引《ひ》き止《と》めない。

◆猿芝居《さるしばい》
①猿に衣装《いしょう》やかつらなどをつけて、芸《げい》をさせる見世物《みせもの》。②すぐに見透《みす》かされてしまうような、浅《あさ》はかなたくらみ。「もう君《きみ》の猿芝居はばれてるよ。」

◆猿知恵《さるぢえ》
一見利口《いっけんりこう》そうに見《み》えるが、実《じつ》は浅《あさ》はかな考《かんが》え。「私《わたし》の弟《おとうと》は、猿知恵がよく働《はたら》く。」

◆猿真似《さるまね》
猿が人間《にんげん》の動作《どうさ》を見《み》てそのとおりに真似るように、何《なに》も考《かんが》えずに他人《たにん》のうわべだけを真似る様子《ようす》。軽蔑《けいべつ》していう言葉《ことば》。「猿の人真似《ひとまね》」ともいう。「彼《かれ》の絵《え》を猿真似して賞《しょう》を取《と》っても、意《い》味《み》がない。」

三寒四温
昨日《きのう》は半そででよかったのに
今日《きょう》は寒《さむ》いや〜
そうなの？
春が近いのよ
三時には寒くても
四時になるとあたたかくなるんだ
ちがう
じょーだんだよ…

用例　彼《かれ》はこの野球《やきゅう》チームをやめて違《ちが》うチームに行《い》くけれど、去る者は追わずでいこう。

参考　中国《ちゅうごく》の『孟子《もうし》』にある言葉《ことば》で、「来《きた》る者は拒《こば》まず。……」と続《つづ》く。

去《さ》る者《もの》は日々《ひび》に疎《うと》し　故事成語

意味　死《し》んだ人《ひと》は、月日《つきひ》がたつにつれてみんなに忘《わす》れられていく。また、親《した》しかった人でも、別《わか》れて離《はな》れ離れになったら、日に日に忘れられてしまうものである。

用例　死んだおじいちゃんのことは、去る者は日々に疎しにはならないよ。僕《ぼく》の心《こころ》の支《ささ》えだから。

参考　「疎い」は、人との関係《かんけい》が薄《うす》いこと。中国《ちゅうごく》の『文選《もんぜん》』にある言葉《ことば》。

★触《さわ》らぬ神《かみ》に祟《たた》りなし　ことわざ

意味　よけいなことはしないほうがよい。

用例　今《いま》、兄《あに》はたいへん怒《おこ》っているようだ。「触らぬ神に祟りなし」というから、近寄《ちかよ》らないようにしよう。

参考　「祟り」は、神様《かみさま》に対《たい》して悪《わる》いことをしてしまったときに受《う》ける災《わざわ》いのこと。

対照　寝《ね》た子を起《お》こす・藪《やぶ》をつついて蛇《へび》を出《だ》す

★三寒四温《さんかんしおん》　四字熟語

意味　冬《ふゆ》、三日《みっか》ぐらい寒《さむ》い日《ひ》が続《つづ》いた後《あと》、四日《よっか》ほど暖《あたた》かい日が続き、これが繰《く》り返《かえ》されること。

用例　このところの三寒四温の気《き》候《こう》で、春《はる》が近《ちか》づいているのだと感《かん》じる。

参考　中国《ちゅうごく》の北東部《ほくとうぶ》や朝鮮半島《ちょうせんはんとう》で見《み》られる気候《きこう》。俳句《はいく》の冬の季語《きご》で、日本《にほん》でもこの現象《げんしょう》が現《あらわ》れることがある。

三顧《さんこ》の礼《れい》　故事成語

意味　礼儀《れいぎ》を尽《つ》くして、賢《かしこ》い人《ひと》を部下《ぶか》に迎《むか》えること。

用例　社長《しゃちょう》は、三顧の礼で、優秀《ゆうしゅう》な彼《かれ》を会社《かいしゃ》に迎えた。

故事　三国時代《さんごくじだい》（昔《むかし》の中国《ちゅうごく》で、魏《ぎ》、呉《ご》、蜀《しょく》の三《みっ》つの国《くに》があった頃《ころ》）に、蜀の劉備玄徳《りゅうびげんとく》が諸葛孔明《しょかつこうめい》を三度《さんど》も訪《たず》ねてやっと迎え入れることができ、軍《ぐん》の頭脳《ずのう》として重《おも》く用《もち》いた。（前出師表《ぜんすいしのひょう》）

三三五五《さんさんごご》　四字熟語

意味　あちらに三人《さんにん》、こちらに五《ご》人《にん》と、人々《ひとびと》が散《ち》らばって行《い》ったり集《あつ》まったりする様子《ようす》。また、家《いえ》や建物《たてもの》があちらこちらに散在《さんざい》している様子。

用例　駅前《えきまえ》の広場《ひろば》が集合場所《しゅうごうばしょ》になっていたが、三三五五みんなが集まってきた。

山椒は小粒でもぴりりと辛い

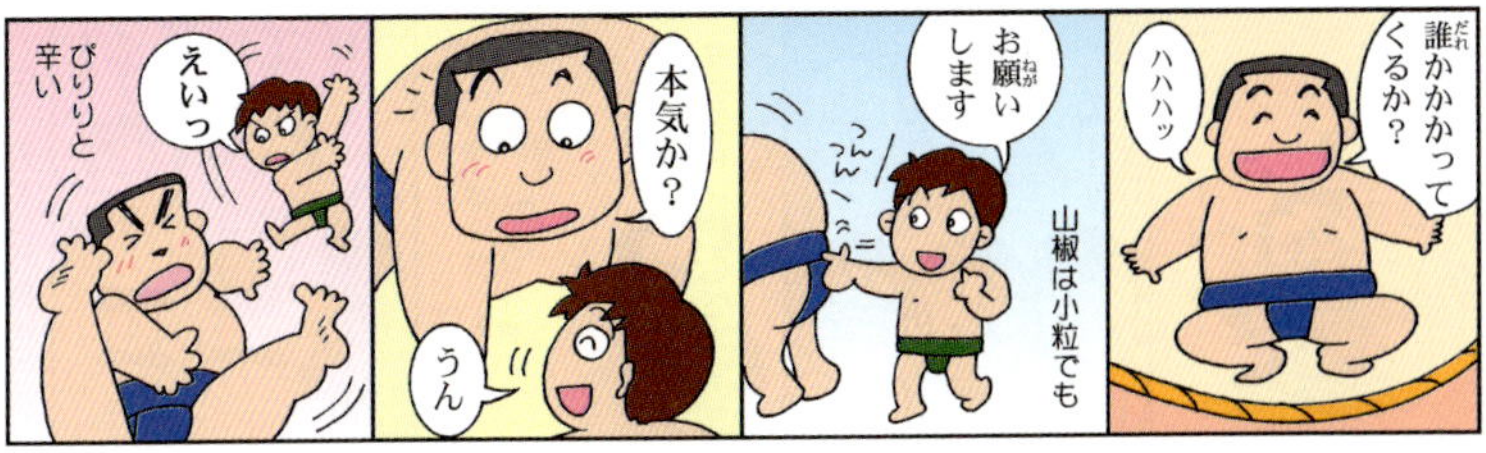

山紫水明《さんしすいめい》

四字熟語

意味　日《ひ》に照《て》って山《やま》が紫《むらさき》に見《み》えて、川《かわ》が清《きよ》らかに流《なが》れる美《うつく》しい様子《ようす》。山や川の景色《けしき》がとても美しくて、人《ひと》の心《こころ》を引《ひ》く場所《ばしょ》のこと。

用例　ここは、山紫水明の地《ち》だ。

参考　中国《ちゅうごく》から来《き》た言葉《ことば》ではなく、幕末《ばくまつ》の儒学者《じゅがくしゃ》である頼山陽《らいさんよう》の造語《ぞうご》ともいわれる。自分《じぶん》の書斎《しょさい》の名《な》として付《つ》けていた。

三尺下《さんじゃくさ》がって師《し》の影《かげ》を踏《ふ》まず

ことわざ

意味　先生《せんせい》についていくときは、弟子《でし》は三尺後《うし》ろに離《はな》れて、先生の影さえも踏んではならない。先生には尊敬《そんけい》の思《おも》いを忘《わす》れず、礼儀《れいぎ》を失《うしな》わないようにしなさいという戒《いまし》め。「七尺去《しちじゃくさ》って師の影を踏まず」ともいう。

用例　先生に対《たい》してそんな友達《ともだち》のような言葉《ことば》を使《つか》うなんて。三尺下がって師の影を踏まずだよ。気《き》を付《つ》けなくちゃ。

参考　「一尺」は、約《やく》三〇・三センチ。三尺はおよそ九〇センチ。

三十六計逃《さんじゅうろっけいに》げるに如《し》かず

故事成語

意味　逃げることが最《もっと》も良《よ》い作戦《さくせん》のときもある。めんどうなことからは、早《はや》く手《て》を引《ひ》くのがよいということ。「三十六計逃げるに手《て》なし」ともいう。

用例　雲行《くもゆ》きが怪《あや》しくなってきたから、山《やま》を下《お》りようよ。こんなときは、三十六計逃げるに如かずだよ。

参考　「三十六計」は、中国《ちゅうごく》の昔《むかし》の戦《たたか》いの方法《ほうほう》で、三十六種類《しゅるい》ある。中国《ちゅうごく》の『南斉書《なんせいじょ》』にある言葉《ことば》。

類似　逃げるが勝《か》ち・負《ま》けるが勝ち

山椒《さんしょう》は小粒《こつぶ》でもぴりりと辛《から》い

ことわざ

意味　体《からだ》が小《ちい》さくても、意志《いし》が強《つよ》く、能力《のうりょく》や体力《たいりょく》なども優《すぐ》れているので、侮《あなど》ることができない。

用例　彼《かれ》は小柄《こがら》だが、野球《やきゅう》をやらせたらすごい活躍《かつやく》をするんだよ。山椒は小粒でもぴりりと辛いだね。

参考　「山椒」は香辛料《こうしんりょう》の一種《いっしゅ》で、とても小さい粒なのに、食《た》べるとぴりっと舌《した》に残《のこ》る辛さがあるから。

対照　独活《うど》の大木《たいぼく》・大男総身《おおおとこそうみ》に知《ち》恵《え》が回《まわ》りかね

三度目《さんどめ》の正直《しょうじき》

ことわざ

意味　二度失敗《にどしっぱい》が続《つづ》いても、三度目にはうまくいくこと。「三度目は定《じょう》の目」ともいう。

用例　兄《あに》は大学受験《だいがくじゅけん》に二回《にかい》失敗したが、今年《ことし》は三度目の正直で合格《ごうかく》することができた。

三人寄れば文殊の知恵

★三人寄《さんにんよ》れば文殊《もんじゅ》の知恵《ちえ》 ことわざ

意味 一人《ひとり》ではよい考《かんが》えが浮《う》かばなくても、三人集《あつ》まって相談《そうだん》し合《あ》えば優《すぐ》れた考えが出《で》てくること。

用例 「三人寄れば文殊の知恵」というじゃないか。みんなで意見《いけん》を出《だ》し合えば、何《なん》とかこの危機《きき》を切《き》り抜《ぬ》けられるよ。

参考 「文殊」は、知恵を与《あた》えてくれると信《しん》じられている仏様《ほとけさま》・菩《ぼ》薩《さつ》のこと。

三年《さんねん》飛《と》ばず鳴《な》かず 故事成語

→〈鳴《な》かず飛《と》ばず〉(174ページ)

三拝九拝《さんぱいきゅうはい》 四字熟語

意味 何度《なんど》も頭《あたま》を下《さ》げて、人《ひと》に物《もの》事《こと》を頼《たの》むこと。

用例 私《わたし》は三拝九拝して、姉《あね》にお金《かね》を借《か》りた。

類似 平身低頭《へいしんていとう》

三拍子《さんびょうし》揃《そろ》う 慣用句

意味 必要《ひつよう》な三《みっ》つの条件《じょうけん》、要素《ようそ》が揃っている。

用例 彼《かれ》は走《そう》・攻《こう》・守《しゅ》の三拍子揃ったすばらしい野球選手《やきゅうせんしゅ》だ。

賛否両論《さんぴりょうろん》 四字熟語

意味 賛成《さんせい》と反対《はんたい》の両方《りょうほう》の意見《いけん》があること。

用例 臓器移植《ぞうきいしょく》については賛否両論があり、難《むずか》しい問題《もんだい》だ。

し

思案《しあん》投《な》げ首《くび》 慣用句

意味 良《よ》い考《かんが》えが浮《う》かばず、困《こま》っている様子《ようす》。

用例 この件《けん》については問題《もんだい》が多《おお》すぎて、思案投げ首といったところだ。

思案《しあん》に暮《く》れる 慣用句

意味 いくら考《かんが》えても良《よ》い案《あん》が浮《う》かばず、思《おも》い悩《なや》む。

用例 次《つぎ》の文化祭《ぶんかさい》の出《だ》し物《もの》がなかなか決《き》まらず、思案に暮れている。

参考 この場合《ばあい》の「暮れる」は、心《こころ》が迷《まよ》うという意味《いみ》。

★自画自賛《じがじさん》 四字熟語

意味 自分《じぶん》で自分のことを褒《ほ》めること。

用例 母《はは》は「今日《きょう》の料理《りょうり》の出来《でき》は最高《さいこう》だわ。」と自画自賛していた。

参考 自分の描《か》いた絵《え》(自画)に、「賛」(絵に書《か》き添《そ》える詩《し》や文章《ぶんしょう》)を自分で書くことから。

類似 手前味噌《てまえみそ》

自画自賛

うん！
お部屋《へや》ピッカピカ！
うん！
お料理《りょうり》バツグン
おそうじも
料理もボクなんですけど
そんなお父さんを選《えら》んだ・・・
自画自賛
私《わたし》がエライ！

歯牙《しが》にも掛《か》けない 慣用句

意味 問題《もんだい》にしない。無視《むし》して相手《あいて》にしない。

用例 僕《ぼく》たちのサッカーチームは、隣町《となりまち》のチームから歯牙にも掛けられていないほど弱《よわ》い。

参考 「歯牙」は、歯《は》と牙《きば》のこと。言葉《ことば》という意味《いみ》もある。

鹿《しか》を逐《お》う者《もの》は山《やま》を見《み》ず 故事成語

意味 利益《りえき》を得《え》ようとして一《ひと》つのことに集中《しゅうちゅう》してしまうと、他《ほか》のことにはまったく気《き》を付《つ》けなくなること。目先《めさき》のことに夢中《むちゅう》になっていると、周《まわ》りの事情《じじょう》にはまったく気が付かないこと。

用例 恒例《こうれい》の祭《まつ》りがお寺《てら》で行《おこな》われたけれど、みんな鹿を逐う者は山を見ずで、もちまきのときはすごい取《と》り合《あ》いだったよ。

参考 中国《ちゅうごく》の『虚堂録《きょどうろく》』にある言葉《ことば》。

類似 木《き》を見《み》て森《もり》を見ず

★敷居《しきい》が高《たか》い 慣用句

意味 相手《あいて》に対《たい》して顔向《かおむ》けができないようなことをして、その人《ひと》の家《いえ》に行《い》きにくい。

用例 おじさんにとても世話《せわ》になっておきながら、長《なが》い間《あいだ》会《あ》っていないので、敷居が高い。

参考 「敷居」は、部屋《へや》の境《さかい》の戸《と》や障子《しょうじ》、ふすまなどの下《した》にあって、開《あ》け閉《し》めするための溝《みぞ》のついた横《よこ》木《ぎ》のこと。

★自給自足《じきゅうじそく》 四字熟語

意味 自分《じぶん》が必要《ひつよう》なものを、自分で作《つく》って満《み》たすこと。

用例 会社《かいしゃ》を定年退職《ていねんたいしょく》してから村《むら》里《ざと》に移《うつ》り住《す》み、自給自足の生活《せいかつ》をしている。

★四苦八苦《しくはっく》 四字熟語

意味 ひどく苦《くる》しむこと。

用例 初《はじ》めての野球《やきゅう》の公式戦《こうしきせん》では、みんな緊張《きんちょう》してしまって、四苦八苦したよ。

参考 仏教《ぶっきょう》で、「生《い》きる」「老《お》いる」「病気《びょうき》になる」「死《し》ぬ」という四苦と、愛別離苦《あいべつりく》などの八苦を合《あ》わせた苦しみの総称《そうしょう》。「四九八九」と書《か》いて、4×9+8×9=108となり、煩悩《ぼんのう》（人《ひと》を悩《なや》ませる欲《よく》望《ぼう》）を表《あらわ》しているともいわれる。

類似 艱難辛苦《かんなんしんく》・粒粒辛苦《りゅうりゅうしんく》

★試行錯誤《しこうさくご》 四字熟語

意味 困難《こんなん》な状態《じょうたい》にあるとき、いろいろなことを試《ため》して失敗《しっぱい》を繰《く》り返《かえ》しながら、解決《かいけつ》に向《む》かっていくこと。

用例 荒《あ》れ地《ち》だった土地《とち》に一《いち》から畑《はたけ》を作《つく》るのは、試行錯誤の連続《れんぞく》だ

った。

参考　「錯誤」は、今起《いまお》こっていることと考《かんが》えがぴったり一致《いっち》しないこと。「時代《じだい》錯誤」などと使《つか》う。

★自業自得《じごうじとく》　四字熟語

意味　自分《じぶん》がした悪《わる》いことの報《むく》いを、自分で受《う》けること。

用例　昨日《きのう》夜遅《よるおそ》くまで起《お》きていたんだから、今朝《けさ》朝寝坊《あさねぼう》したのは自業自得だよ。

類似　身《み》から出《で》た錆《さび》

地獄《じごく》で仏《ほとけ》に会《あ》ったよう　慣用句

意味　困《こま》っているときや、危《あぶ》ない目《め》に遭《あ》っているときに、思《おも》いがけずに助《たす》けを見《み》つけて喜《よろこ》ぶこと。

用例　塾《じゅく》からの帰《かえ》り道《みち》、とても暗《くら》くてびくびくして帰っていたら、ちょうど友達《ともだち》のお母《かあ》さんが車《くるま》で通《とお》りかかり、乗《の》せてもらったよ。地獄で仏に会ったようだったよ。

類似　闇夜《やみよ》に提灯《ちょうちん》・渡《わた》りに船《ふね》

地獄《じごく》の沙汰《さた》も金《かね》次第《しだい》　ことわざ

意味　この世《よ》の中《なか》は、お金の力《ちから》がいちばんだということ。

用例　近所《きんじょ》の人《ひと》はお隣《となり》さんともめていたけど、お金で解決《かいけつ》することにしたら、何《なに》も言《い》わなくなったらしいよ。地獄の沙汰も金次第だね。

参考　「沙汰」は、裁判《さいばん》の意味《いみ》。地獄の閻魔大王《えんまだいおう》の裁判でも、お金を出《だ》せば有利《ゆうり》になるとされることから。「上方《かみがた》いろはかるた」にある。

類似　金が物《もの》を言う

獅子身中《しししんちゅう》の虫《むし》　故事成語

意味　味方《みかた》であるはずの内部《ないぶ》の者《もの》が、裏切《うらぎ》ったり被害《ひがい》を与《あた》えたりすること。

用例　あれだけ信頼《しんらい》していた部下《ぶか》が、会社《かいしゃ》の金《かね》を横領《おうりょう》するなんて、獅子身中の虫だ。

参考　「獅子」は、ライオンのこと。獅子の体内《たいない》にいる虫で、そのおかげで生《い》きているのに、最後《さいご》には獅子を死《し》なせてしまう虫という意味《いみ》。中国《ちゅうごく》の『梵網経《ぼんもうきょう》』にある言葉《ことば》。

事実《じじつ》は小説《しょうせつ》よりも奇《き》なり　ことわざ

意味　現実《げんじつ》にこの世《よ》の中《なか》で起《お》こることは、作《つく》った話《はなし》よりも不思議《ふしぎ》なことや奇妙《きみょう》なことでいっぱいだ。

用例　双子《ふたご》の姉妹《しまい》が、なんと双子の兄弟《きょうだい》と結婚《けっこん》したらしい。そんなことってあるんだね。事実は小説よりも奇なりだよ。

参考　イギリスのバイロンの詩《し》『ドン・ジュアン』の中《なか》の言葉《ことば》。

事実無根《じじつむこん》　四字熟語

意味　事実に反《はん》していること。事

親しき仲にも礼儀あり

実に基《もと》づいていないこと。

用例　彼《かれ》の逮捕《たいほ》は事実無根だから、しっかり裁判《さいばん》で主張《しゅちょう》していこう。

類似　根《ね》も葉《は》もない

獅子奮迅《ししふんじん》
四字熟語

意味　獅子（ライオン）が奮《ふる》い立《た》つように、勢《いきお》いが非常《ひじょう》に盛《さか》んなこと。

用例　彼《かれ》はクラス対抗《たいこう》ドッジボール大会《たいかい》で、獅子奮迅の活躍《かつやく》をした。

地震雷火事親父《じしんかみなりかじおやじ》
ことわざ

意味　この世《よ》の恐《おそ》ろしいものを、恐ろしい順《じゅん》に並《なら》べたもの。

用例　天災《てんさい》はどうしようもないけど、今《いま》はもう、地震雷火事親父の親父は、影《かげ》が薄《うす》くなったかもね。

沈《しず》む瀬《せ》あれば浮《う》かぶ瀬あり
ことわざ

意味　人《ひと》は成功《せいこう》して豊《ゆた》かな生活《せいかつ》になるときや、落《お》ちぶれてしまうときもある。人生《じんせい》は浮き沈みがある。悪《わる》いことばかりは続《つづ》かないものだ。

用例　この世《よ》の中《なか》は、沈む瀬あれば浮かぶ瀬ありだから、少《すこ》しの失敗《しっぱい》でくよくよすることはないよ。

類似　禍福《かふく》はあざなえる縄《なわ》のごとし・塞翁《さいおう》が馬《うま》・人間万事《にんげんばんじ》塞翁が馬

時代錯誤《じだいさくご》
四字熟語

意味　時代《だい》を取《と》り違《ちが》えること。現《げん》代《だい》の世《よ》の中《なか》には合《あ》わないこと。

用例　今時《いまどき》、女性《じょせい》は働《はたら》かずに家《いえ》にいるべきだという意見《いけん》は、時代錯誤も甚《はなは》だしい。

舌《した》が回《まわ》る
慣用句

意味　よくしゃべる。つまることなく、うまく話《はな》す。

用例　彼《かれ》の舌が回ることといったら、あまりのスピードに、聞《き》いているほうが疲《つか》れたよ。

舌先三寸《したさきさんずん》
四字熟語

意味　口先《くちさき》だけで心《こころ》がこもってないこと。「舌三寸」ともいう。

用例　店員《てんいん》の舌先三寸にだまされ、高額《こうがく》なふとんを買《か》ってしまった。

★親《した》しき仲《なか》にも礼儀《れいぎ》あり
ことわざ

意味　どんなに親しい間柄《あいだがら》でも、ずうずうしくしてはけんかになってしまうから、きちんと節度《せつど》を持《も》って付《つ》き合《あ》わないといけない。

用例　先生《せんせい》と仲がいいのはいいけれど、なれなれしいのはいけないよ。親しき仲にも礼儀ありだよ。

参考　「礼儀」は、相手《あいて》に対《たい》してきちんと挨拶《あいさつ》をしたり、感謝《かんしゃ》の気《き》持《も》ちを行動《こうどう》に表《あらわ》したりすること。

舌足《したた》らず
慣用句

意味　①舌がよく動《うご》かないために、

舌の根の乾かぬうち

バカァ～
そんな言葉《ことば》使《つか》っちゃいけません！
ごめんなさい…
もういいません…
もー舌の根の乾かないうちに・・・
バカァ～
ちがうよ！九ちゃんだよ！
バカァ～

言葉《ことば》がはっきりしない。②言葉が不十分《ふじゅうぶん》で、意味《いみ》が通《つう》じない。

用例 ②舌足らずの説明《せつめい》では、みんなに理解《りかい》してもらえないよ。

舌鼓《したつづみ》を打《う》つ 慣用句

意味 食《た》べ物《もの》を、とてもおいしく食べる様子《ようす》。

用例 最近評判《さいきんひょうばん》のドーナツに、舌鼓を打つ。

下《した》にも置《お》かない 慣用句

意味 客《きゃく》などを非常《ひじょう》に丁寧《ていねい》にもてなす様子《ようす》。「下へも置かない」ともいう。

用例 父《ちち》の友人《ゆうじん》の家《いえ》に招《まね》かれ、下にも置かないもてなしを受《う》けた。

参考 下座《しもざ》(目下《めした》の人《ひと》が座《すわ》る席《せき》)には置かないという意味《いみ》。

舌《した》の根《ね》の乾《かわ》かぬうち 慣用句

意味 言《い》い終《お》わってすぐに。言ったばかりなのに。

用例 「気《き》を付《つ》けるよ。」と言った舌の根の乾かぬうちに、また同《おな》じ失敗《しっぱい》を繰《く》り返《かえ》すなんて。

舌《した》を出《だ》す 慣用句

意味 ①裏《うら》で人《ひと》のことをばかにする。②自分《じぶん》のした失敗《しっぱい》に照《て》れる。

用例 ①表面《ひょうめん》では君《きみ》の成功《せいこう》を祝《いわ》ってくれているようだが、きっと陰《かげ》では舌を出しているよ。

★舌《した》を巻《ま》く 故事成語

意味 何《なに》も言《い》えなくなるほど、とても驚《おどろ》いたり、感心《かんしん》したりする。

用例 子役《こやく》のすばらしい演技《えんぎ》に、観衆《かんしゅう》は舌を巻いた。

参考 中国《ちゅうごく》の『漢書《かんじょ》』にある言葉《ことば》。

地団駄(太)《じだんだ》を踏《ふ》む 慣用句

意味 地面《じめん》を何度《なんど》も踏み鳴《な》らすよ

◆孔子《こうし》の言葉《ことば》

中国《ちゅうごく》の思想家《しそうか》である孔子は、自分《じぶん》の人生《じんせい》を振《ふ》り返《かえ》って、『論語《ろんご》』の中《なか》で次《つぎ》のようなことを述《の》べている。

・吾十有五《われじゅうゆうご》にして学《がく》に志《こころざ》す。三十《さんじゅう》にして立《た》つ。四十《しじゅう》にして惑《まど》わず。五十《ごじゅう》にして天命《てんめい》を知《し》る。六十《ろくじゅう》にして耳従《みみしたが》う。七十《しちじゅう》にして心《こころ》の欲《ほっ》する所《ところ》に従《したが》えども、矩《のり》を踰《こ》えず。

〔訳《やく》〕 私《わたし》は十五歳《さい》のとき学問《がくもん》を志した(志学《しがく》)。三十歳で自立《じりつ》ができるようになった(而立《じりつ》)。四十歳で迷《まよ》いがなくなった(不惑《ふわく》)。五十歳で天《てん》が自分《じぶん》に与《あた》えた使命《しめい》を知《し》った(知命《ちめい》)。六十歳で人《ひと》の言葉《ことば》を素直《すなお》に聞《き》けるようになった(耳順《じじゅん》)。七十歳で自分の思《おも》うように行動《こうどう》しても、人の道《みち》を踏《ふ》み外《はず》すことはなくなった(従心《じゅうしん》)。

＊( )内《ない》は、それぞれの年齢《ねんれい》を指《さ》す言葉。

失敗は成功の基

うに、非常《ひじょう》に悔《くや》しがる。

用例 先着順《せんちゃくじゅん》の20個《こ》100円《えん》の卵《たまご》が、自分《じぶん》の前《まえ》の人《ひと》でなくなったので、母《はは》は地団駄を踏んで悔しがった。

四《し》知《ち》 故事成語

→〈天知《てんち》る地知《ち》る我知《われ》る人《ひと》知る〉（164ページ）

★七転八起《しちてんはっき》 四字熟語

→〈七転《ななころ》び八起《やお》き〉（176ページ）

★七転八倒《しちてんばっとう》 故事成語

意味 苦《くる》しみのあまり転《ころ》げ回《まわ》ること。

用例 虫垂炎《ちゅうすいえん》になり、七転八倒の苦しみを味《あじ》わった。

参考 中国《ちゅうごく》の『朱子語類《しゅしごるい》』にある言葉《ことば》。

★質実剛健《しつじつごうけん》 四字熟語

意味 飾《かざ》り気《け》がなく真面目《まじめ》で、心《こころ》も体《からだ》も強《つよ》くしっかりしていること。

用例 彼《かれ》は学生《がくせい》の頃《ころ》からまったく遊《あそ》びもせず、勉学《べんがく》に励《はげ》んでいた。その生《い》き方《かた》は質実剛健といえる。

十指《じっし》に余《あま》る 慣用句

意味 十本《じっぽん》の指《ゆび》では数《かぞ》え切《き》れない数《かず》である。

用例 彼《かれ》は絵《え》がうまく、この一年《いちねん》で十指に余る賞《しょう》を取《と》っている。

叱咤激励《しったげきれい》 四字熟語

意味 大声《おおごえ》で叱《しか》りつけたり、励《はげ》ましたりして、意気《いき》を奮《ふる》い立《た》たせること。

用例 試合《しあい》に行《い》く生徒《せいと》たちを、叱咤激励した。

参考 「叱咤」は、大声で叱りつけること。「激励」は、励まして気を立たせること。

★失敗《しっぱい》は成功《せいこう》の基《もと》 ことわざ

意味 失敗しても、その原因《げんいん》を考《かんが》えて次《つぎ》に注意《ちゅうい》して行《おこな》えば、成功へとつながること。「失敗は成功の母《はは》」ともいう。

用例 エジソンは発明王《はつめいおう》と呼《よ》ばれるが、失敗の連続《れんぞく》だった。しかし、失敗は成功の基で、ずっと辛抱《しんぼう》して考え続《つづ》けたから、あれだけの発明ができたのだろう。

類似 禍《わざわい》を転《てん》じて福《ふく》となす

★尻尾《しっぽ》を出《だ》す 慣用句

意味 隠《かく》していたことなどが、ばれてしまう。

用例 まもなく事件《じけん》の犯人《はんにん》が尻尾を出すだろう。

参考 人《ひと》に化《ば》けたきつねやたぬきが尻尾を出して、正体《しょうたい》を見破《みやぶ》られることから。

← 四面楚歌

すごい特等席《とくとうせき》じゃないか！
苦労《くろう》したんだぜ！
いったぁ～ホームラン！
あ
！
ジローッ
お、おい…
…
相手《あいて》チームの応援団《おうえんだん》のまんなかだよ

類似 馬脚《ばきゃく》を露《あらわ》す・化《ば》けの皮《かわ》がはがれる・ぼろが出《で》る・めっきがはげる

尻尾《しっぽ》をつかむ 慣用句

意味 悪事《あくじ》やごまかしの証拠《しょうこ》をつかむ。

用例 一年《いちねん》がかりの捜査《そうさ》の末《すえ》、やっと犯人《はんにん》の尻尾をつかんだ。

死人《しにん》に口《くち》なし 慣用句

意味 死んでしまった人《ひと》は、言《い》い訳《わけ》することも、証言《しょうげん》することもできない。

用例 死人に口なしで、事故《じこ》の原《げん》因《いん》は結局《けっきょく》わからないままだ。

参考 死者《ししゃ》に無実《むじつ》の罪《つみ》が着《き》せられる場合《ばあい》に使《つか》う。

しのぎを削《けず》る 慣用句

意味 同《おな》じくらいの力《ちから》の者《もの》が、激《はげ》しく争《あらそ》う。

用例 昨日《きのう》行《おこな》われたバスケットの試合《しあい》は、しのぎを削る熱戦《ねっせん》だった。

参考 「しのぎ」は、刀《かたな》の刃《は》と峰《みね》(背《せ》の部分《ぶぶん》)の間《あいだ》の盛《も》り上《あ》がった所《ところ》。そのしのぎが削れるほど激しく刀で戦《たたか》う様子《ようす》から。

類似 火花《ひばな》を散《ち》らす

自腹《じばら》を切《き》る 慣用句

意味 自分《じぶん》でお金《かね》を払《はら》う必要《ひつよう》がないのに、自分のお金を出《だ》す。

用例 大会《たいかい》で優勝《ゆうしょう》したので、先輩《せんぱい》が自腹を切ってごちそうしてくれた。

類似 身銭《みぜに》を切る・懐《ふところ》を痛《いた》める

★しびれを切《き》らす 慣用句

意味 待《ま》ちくたびれて、もう我慢《がまん》ができなくなる。

用例 彼《かれ》が来《く》るのを待っていたが、三十分《さんじっぷん》待っても来《こ》ないので、しびれを切らして、先《さき》に出《で》かけることにした。

私腹《しふく》を肥《こ》やす 慣用句

意味 地位《ちい》や立場《たちば》を利用《りよう》して、自《じ》分《ぶん》のお金《かね》を殖《ふ》やす。

用例 彼《かれ》は会計《かいけい》(お金の出《だ》し入《い》れや計算《けいさん》をすること)という立場を利用して、私腹を肥やしていたそうだ。

参考 「私腹」は、自分の利益《りえき》や財産《ざいさん》。

★自暴自棄《じぼうじき》 故事成語

意味 自分《じぶん》の未来《みらい》がうまくいかないと思《おも》い、やけになること。

用例 兄《あに》は就職活動《しゅうしょくかつどう》にすべて失敗《しっぱい》して、自暴自棄になっていた。

参考 「自暴」は、自分で自分の身《み》を痛《いた》めること。「自棄」は、自分の身を捨《す》てること。中国《ちゅうごく》の『孟《もう》子《し》』にある言葉《ことば》。

弱肉強食
あっ
おやつ？
サーッ
いただき！
ドン
弱肉強食
だもんなぁ
・・・
強くなって
やる！

四方八方《しほうはっぽう》
四字熟語

意味　あちらこちら。いたるところ。

用例　愛犬《あいけん》がいなくなり、四方八方捜《さが》しているが、見《み》つからない。

参考　「四方」は、東《とう》・西《ざい》・南《なん》・北《ぼく》。これに北東・北西《ほくせい》・南東・南西を加《くわ》えた方角《ほうがく》が「八方」。

始末《しまつ》に負《お》えない
慣用句

意味　どうしようもない。処理《しょり》できない。

用例　我《わ》が家《や》の三男坊《さんなんぼう》は、やんちゃすぎて始末に負えない。

類似　手《て》に負えない・力《ちから》に余《あま》る・手に余る

★四面楚歌《しめんそか》
故事成語

意味　助《たす》けがいなくて、自分《じぶん》の周《まわ》りがすべて敵《てき》ばかりであること。

用例　五人家族《ごにんかぞく》の中《なか》で男性《だんせい》は父《ちち》一人《ひとり》なので、何《なに》かにつけ四面楚歌の状態《じょうたい》になる。

故事　昔《むかし》、中国《ちゅうごく》の楚《そ》の項羽《こうう》が漢《かん》の軍《ぐん》に取《と》り囲《かこ》まれたとき、自分のふるさとである楚の歌《うた》が歌われたのを聞《き》いて、楚の国《くに》の人《ひと》がすべて漢に降参《こうさん》したと思《おも》って落胆《らくたん》したという話《はなし》から。実《じつ》はこれは心理作戦《しんりさくせん》で、項羽を弱気《よわき》にさせるためのものだった。（史記《しき》）

類似　孤立無援《こりつむえん》

釈迦《しゃか》に説法《せっぽう》
ことわざ

意味　よく知《し》っている専門《せんもん》の人《ひと》に対《たい》して教《おし》えること。愚《おろ》かであることのたとえ。「釈迦に説法、孔子《こうし》に悟道《ごどう》」ともいう。

用例　お坊《ぼう》さんに人生《じんせい》なんたるかを説《と》くなんて、それこそ釈迦に説法だよ。

参考　「説法」は、仏教《ぶっきょう》の教えを説き聞《き》かせること。

杓子定規《しゃくしじょうぎ》
四字熟語

意味　すべてのことを、一《ひと》つの形式《けいしき》、考《かんが》え、基準《きじゅん》に当《あ》てはめようとして、融通《ゆうずう》がきかないこと。

用例　あなたのように杓子定規な考えでは、困《こま》っている人《ひと》を助《たす》けることはできないですよ。何《なん》とかなるよう取《と》り計《はか》らってください。

参考　曲《ま》がっている杓子（みそ汁《しる》などをすくう道具《どうぐ》）を、定規の代《か》わりにするということから。

対照　当意即妙《とういそくみょう》・臨機応変《りんきおうへん》

★弱肉強食《じゃくにくきょうしょく》
四字熟語

意味　常《つね》に強《つよ》いものが勝《か》ち、栄《さか》えること。

用例　野生動物《やせいどうぶつ》の世界《せかい》は、まさに弱肉強食だ。

参考　弱《よわ》いものの肉を強いものが食《た》べるということから。

類似　優勝劣敗《ゆうしょうれっぱい》

終始一貫

癪《しゃく》に障《さわ》る　慣用句

意味　腹《はら》が立《た》って、不愉快《ふゆかい》になる。

用例　人《ひと》を見下《みくだ》すような態度《たいど》を取《と》るなんて、癪に障るやつだ。

類似　癇《かん》に障る・気《き》に障る

しゃちほこ張《ば》る　慣用句

意味　①しゃちほこ（頭《あたま》はとら、体《からだ》は魚《さかな》に似《に》た想像上《そうぞうじょう》の動物《どうぶつ》）のようにいかめしく構《かま》える。②緊張《きんちょう》してかたくなる。「しゃちこ張る」「しゃっちょこ張る」ともいう。

用例　妹《いもうと》は初《はじ》めてのピアノの発表会《はっぴょうかい》で、しゃちほこ張っていた。

蛇《じゃ》の道《みち》は蛇《へび》　ことわざ

意味　仲間《なかま》のことは他《ほか》の人《ひと》にはわからなくても、同《おな》じ仲間の人間《にんげん》にはすぐわかること。

用例　「息子《むすこ》が夜十時《よるじゅうじ》になっても帰《かえ》ってこないのよ。」「蛇の道は蛇だから、遊《あそ》び友達《ともだち》に聞《き》いてみたらどう?」

参考　「蛇《じゃ》」は、蛇《へび》より大《おお》きいおろちや大蛇《だいじゃ》などをいう。小《ちい》さな蛇でも、同類《どうるい》の大蛇の通《とお》る道はよく知《し》っていることから。

類似　餅《もち》は餅屋《もちや》

縦横無尽《じゅうおうむじん》　四字熟語

意味　自由自在《じゆうじざい》に動《うご》き回《まわ》ること。思《おも》う存分《ぞんぶん》に振《ふ》る舞《ま》うこと。

用例　彼《かれ》の縦横無尽の活躍《かつやく》が、優勝《ゆうしょう》につながった。

参考　「無尽」は、限《かぎ》りがないこと。

類似　自由自在

★終始一貫《しゅうしいっかん》　四字熟語

意味　最初《さいしょ》から最後《さいご》まで、考《かんが》えや態度《たいど》が変《か》わらないこと。

用例　彼《かれ》は周《まわ》りからどんなに反対《はんたい》されても、終始一貫して主張《しゅちょう》を曲《ま》げなかった。

参考　「一貫」は、一《ひと》つのやり方《かた》、考え方を貫《つらぬ》き通《とお》すこと。

類似　首尾一貫《しゅびいっかん》

自由自在《じゆうじざい》　四字熟語

意味　自分《じぶん》の思《おも》うままにできる様子《ようす》。

用例　自由自在にあの広《ひろ》い空《そら》を飛《と》べたら気持《きも》ちがいいだろうなあ。

類似　縦横無尽《じゅうおうむじん》

終止符《しゅうしふ》を打《う》つ　慣用句

意味　決着《けっちゃく》をつける。終《お》わりにする。

用例　彼《かれ》が15回裏《かいうら》でホームランを打ち、長《なが》かった試合《しあい》に終止符を打った。

参考　「終止符」は、英文《えいぶん》などで文の終わりにつける「．」の符号《ふごう》。

類似　ピリオドを打つ

柔よく剛を制す

周章狼狽《しゅうしょうろうばい》 四字熟語

意味 慌《あわ》てふためくこと。

用例 学校《がっこう》からの突然《とつぜん》の呼《よ》び出《だ》しに、母《はは》は周章狼狽して出《で》かけた。

秋霜烈日《しゅうそうれつじつ》 四字熟語

意味 刑罰《けいばつ》や権力《けんりょく》などがとても厳《きび》しいこと。

用例 あの裁判官《さいばんかん》は、秋霜烈日だと有名《ゆうめい》だ。

参考 秋《あき》の冷《つめ》たい霜《しも》と、夏《なつ》の激《はげ》しい日差《ひざ》しのこと。

★十人十色《じゅうにんといろ》 四字熟語

意味 考《かんが》えや好《この》みは人《ひと》それぞれであること。

用例 何《なに》をたいせつに思《おも》うかは、十人十色だ。

参考 十人いれば、みな顔形《かおかたち》が違《ちが》うことから。

類似 蓼食《たでく》う虫《むし》も好《す》き好き

十年一日《じゅうねんいちじつ》 四字熟語

意味 長《なが》い年月《ねんげつ》がたっても変《か》わらないこと。「十年一日《いちにち》」とも読《よ》む。

用例 父《ちち》は十年一日のごとく、毎《まい》朝七時《あさしちじ》に家《いえ》を出《で》ている。

参考 長期間《ちょうきかん》、たゆまず努力《どりょく》を続《つづ》けている場合《ばあい》にも使《つか》う。

類似 旧態依然《きゅうたいいぜん》

対照 日進月歩《にっしんげっぽ》

十年一昔《じゅうねんひとむかし》 四字熟語

意味 世《よ》の中《なか》の移《うつ》り変《か》わりが激《はげ》しく、十年の月日《つきひ》でさえ昔《むかし》のことだと感《かん》じられること。

用例 十年一昔で、畑《はたけ》が広《ひろ》がっていたこの町《まち》も、マンションが立《た》ち並《なら》ぶ住宅地《じゅうたくち》になった。

重箱《じゅうばこ》の隅《すみ》をつつく 慣用句

意味 たいしたことではない、ちょっとしたことまで、あれこれとうるさく言《い》う。「重箱の隅を楊枝《ようじ》でほじくる」ともいう。

用例 計画書《けいかくしょ》を上司《じょうし》に提出《ていしゅつ》したら、重箱の隅をつつくようにいろいろと注意《ちゅうい》を受《う》けた。

★柔《じゅう》よく剛《ごう》を制《せい》す 故事成語

意味 弱《よわ》い者《もの》が、かえって強《つよ》い者を負《ま》かしてしまう。

用例 まさに柔よく剛を制すだね。あんな小《ちい》さな体《からだ》で、体の大《おお》きな外《がい》国人《こくじん》に柔道《じゅうどう》で勝《か》つとはね。

参考 中国《ちゅうごく》の『三略《さんりゃく》』にある言葉《ことば》。

類似 柳《やなぎ》に雪《ゆき》折《お》れなし

雌雄《しゆう》を決《けっ》する 故事成語

意味 勝《か》ち負《ま》けを決《き》める。戦《たたか》って、勝負《しょうぶ》をはっきりつける。

用例 さあ、いよいよ雌雄を決する機会《きかい》がやってきた。

取捨選択

参考　「雌雄」は、雄《おす》と雌《めす》のことで、ここでは優劣《ゆうれつ》を指《さ》す。中国《ちゅうごく》の『史記《しき》』にある言葉《ことば》。

主客転倒《しゅかくてんとう》　四字熟語

意味　物事《ものごと》の順序《じゅんじょ》や立場《たちば》などが逆《ぎゃく》になること。

用例　友達《ともだち》と遊《あそ》びすぎて疲《つか》れたから勉強《べんきょう》ができないなんて、主客転倒だよ。

参考　主人《しゅじん》とお客《きゃく》の立場が逆（転倒）になることから。

類似　本末転倒《ほんまつてんとう》

★取捨選択《しゅしゃせんたく》　四字熟語

意味　いくつかの中《なか》から不必要《ふひつよう》なものを捨《す》てて、必要なものだけを選《えら》び取《と》ること。

用例　今《いま》の時代《じだい》は、多《おお》くの情報《じょうほう》を取捨選択して利用《りよう》することがたいせつだ。

守株《しゅしゅ》　故事成語

意味　今《いま》までのやり方《かた》や古《ふる》い慣習《かんしゅう》を守《まも》るだけで、新《あたら》しい対応《たいおう》ができないこと。たまたまうまくいった方法《ほうほう》にこだわって、他《ほか》の方法を試《ため》さないこと。「株《かぶ》を守りて兎《うさぎ》を待《ま》つ」ともいう。

用例　今までのやり方を守株していては、やる気《き》のある若手社員《わかてしゃいん》が離《はな》れていってしまうよ。

故事　昔中国《むかしちゅうごく》で、ある男《おとこ》が兎がたまたま畑《はたけ》の中《なか》の切《き》り株にぶつかり死《し》んだのを見《み》て、また何《なに》もせずに兎が捕《と》れることを期待《きたい》して待《ま》ち続《つづ》けたが、その後《あと》はまったく捕れなかったという。（韓非子《かんぴし》）

類似　舟《ふね》に刻《きざ》みて剣《けん》を求《もと》む・柳《やなぎ》の下《した》にいつもどじょうはいない

出藍《しゅつらん》の誉《ほま》れ　故事成語

意味　教《おし》えを受《う》けた弟子《でし》が、その師《し》の力《ちから》を超《こ》えて優《すぐ》れているという世《よ》の中《なか》の評判《ひょうばん》。

用例　あの先生《せんせい》のところには、出藍の誉れ高《たか》い弟子が数多《かずおお》くいるらしい。

参考　中国《ちゅうごく》の『荀子《じゅんし》』にある言葉《ことば》。

類似　青《あお》は藍《あい》より出《い》でて藍より青し

★朱《しゅ》に交《まじ》われば赤《あか》くなる　ことわざ

意味　付《つ》き合《あ》う人《ひと》や周《まわ》りの環境《かんきょう》によって、人は良《よ》くも悪《わる》くもなるものだということ。友達《ともだち》を選《えら》ぶことが大切《たいせつ》だという教《おし》え。

用例　妹《いもうと》はおとなしい子《こ》だったのに、乱暴《らんぼう》な友達と付き合い始《はじ》めて、言葉遣《ことばづか》いが荒《あら》くなった。まさに朱に交われば赤くなるだ。

参考　ふつう、悪い意味《いみ》に使《つか》う。「朱色《しゅいろ》」は、はんこの印肉《いんにく》の色。

類似　水《みず》は方円《ほうえん》の器《うつわ》に従《したが》う

順風満帆

★首尾一貫《しゅびいっかん》 四字熟語

意味 始《はじ》めから終《お》わりまで、考《かんが》えや行動《こうどう》の筋《すじ》が通《とお》っていること。

用例 会社全体《かいしゃぜんたい》の指揮《しき》は、社長《しゃちょう》が首尾一貫した姿勢《しせい》で臨《のぞ》む必要《ひつよう》がある。

参考 「首尾」は、首《くび》と尾《お》。「一貫」は、一《ひと》つのやり方《かた》で貫《つらぬ》き通すこと。

類似 終始一貫《しゅうしいっかん》

春夏秋冬《しゅんかしゅうとう》 四字熟語

意味 春《はる》、夏《なつ》、秋《あき》、冬《ふゆ》の四《よっ》つの季節《きせつ》。一年中《いちねんじゅう》。

用例 春夏秋冬、いつ見《み》てもここからの眺《なが》めはすばらしい。

春宵一刻値千金《しゅんしょういっこくあたいせんきん》 故事成語

意味 春《はる》の夜《よ》のすばらしさは、一瞬《いっしゅん》の短《みじか》い間《あいだ》でも、千金(きわめて高《たか》いこと)ほどの価値《かち》があるということ。「一刻千金」ともいう。

用例 この夜景《やけい》こそ、「春宵一刻値千金」というんだね。すばらしい眺《なが》めだよ。

参考 この後《あと》「花《はな》に清香《せいこう》有《あ》り月《つき》に陰《かげ》有り」(花の香《かお》りがただよい月がおぼろの)と続《つづ》く。そのような春の夜。「一刻」はわずかな時間《じかん》。中国《ちゅうごく》の蘇軾《そしょく》の詩《し》『春夜《しゅんや》』の一節《いっせつ》。

★順風満帆《じゅんぷうまんぱん》 四字熟語

意味 船《ふね》が帆《ほ》に追《お》い風《かぜ》を受《う》けて軽《かろ》やかに進《すす》んでいくように、物事《ものごと》が非常《ひじょう》にうまく運《はこ》んでいく様子《ようす》。

用例 今《いま》まで一度《いちど》の失敗《しっぱい》もないなんて、彼《かれ》の人生《じんせい》は、順風満帆そのものだ。

参考 「順風」は、追い風のこと。「満帆」を「まんぽ」と読《よ》むのは誤《あやま》り。

類似 得手《えて》に帆を揚《あ》げる・流《なが》れに棹《さお》さす

◆**試金石《しきんせき》**
物《もの》の価値《かち》や人《ひと》の能力《のうりょく》などを計《はか》る基準《きじゅん》となるもの。元《もと》は、金属《きんぞく》の品質《ひんしつ》などを判定《はんてい》する石《いし》のこと。「次《つぎ》の大会《たいかい》がこのチームにとっての試金石となるだろう。」

◆**地獄耳《じごくみみ》**
①一度《いちど》聞《き》いたらいつまでも忘《わす》れないこと。②秘密《ひみつ》などをすばやく聞き込《こ》むこと。

◆**雌《し》伏《ふく》**
今《いま》しばらくは力《ちから》を養《やしな》って、他《ほか》の人《ひと》の支配《しはい》に耐《た》えること。「雌」はメスで、オスの鳥《とり》に従《したが》うという意味《いみ》から。対照《たいしょう》は「雄飛《ゆうひ》」。

◆**弱《じゃっ》冠《かん》**
男子《だんし》の二十歳《はたち》のこと。また、年《とし》が若《わか》いこと。昔中国《むかしちゅうごく》で、男は二十歳を「弱」といい、元服《げんぷく》して冠《かんむり》をかぶったことから。

◆**修羅場《しゅらば》**
血《ち》みどろの激《はげ》しい戦《たたか》いや争《あらそ》いの行《おこな》われる場所《ばしょ》。

春眠暁を覚えず

春眠《しゅんみん》暁《あかつき》を覚《おぼ》えず　故事成語

意味　春《はる》の夜《よ》は暖《あたた》かくて気持《きも》ちがよく、また夜明《よあ》けも早《はや》いので、朝《あさ》が来《き》たのも知《し》らずなかなか目《め》が覚《さ》めないこと。

用例　まさに春眠暁を覚えずで、朝もなかなか起《お》きられない毎日《まいにち》だ。

参考　「暁」は、夜《よる》が明けかかった頃《ころ》を指《さ》す。元《もと》は、「宵《よい》」「夜中《よなか》」「暁」と、夜を三《みっ》つに分《わ》けた呼《よ》び名《な》の一《ひと》つ。中国《ちゅうごく》の孟浩然《もうこうねん》の詩《し》『春《しゅん》暁《ぎょう》』の一節《いっせつ》。

将棋倒《しょうぎだお》し　慣用句

意味　一《ひと》つ倒れると、それにつれて人《ひと》や物《もの》が次々《つぎつぎ》と折《お》り重《かさ》なって倒れること。

用例　急《きゅう》に電車《でんしゃ》が止《と》まり、乗客《じょうきゃく》が将棋倒しになった。

参考　一列《いちれつ》に立《た》てて並《なら》べた将棋の駒《こま》が、一つ倒れると次々と倒れていくことから。

正直《しょうじき》の頭《こうべ》に神宿《かみやど》る　ことわざ

意味　正直な人《ひと》は、いつも神様《かみさま》や仏様《ほとけさま》が助《たす》けてくれる。「正直者《しょうじきもの》に神宿る」「神は正直の頭に宿る」ともいう。

用例　正直の頭に神宿るで、いつも正直に生《い》きている彼《かれ》には、困難《こんなん》のほうが逃《に》げていくようだ。

対照　正直者が馬鹿《ばか》を見《み》る

正直者《しょうじきもの》が馬鹿《ばか》を見《み》る　ことわざ

意味　ずる賢《がしこ》い者が得《とく》をし、正直に生《い》きている者が、報《むく》われなかったり、損《そん》をしたりする。

用例　多額《たがく》の脱税《だつぜい》を許《ゆる》しては、国民《こくみん》が納得《なっとく》しない。それでは、正直者が馬鹿を見ることになる。

対照　正直の頭《こうべ》に神宿《かみやど》る

正真正銘《しょうしんしょうめい》　四字熟語

意味　うそがまったくなく、本物《ほんもの》であること。

用例　これは、正真正銘の金《きん》だ。

参考　「正真」は、真実《しんじつ》であること。「正銘」は、本物であり、由緒正《ゆいしょただ》しい銘(製作者《せいさくしゃ》の名前《なまえ》)があること。

上手《じょうず》の手《て》から水《みず》が漏《も》れる　ことわざ

意味　上手な人《ひと》でも、たまには失《しっ》敗《ぱい》することがある。

用例　彼《かれ》が鉄棒《てつぼう》から落《お》ちるなんて、上手の手から水が漏れるだね。

類似　河童《かっぱ》の川流《かわなが》れ・弘法《こうぼう》にも筆《ふで》の誤《あやま》り・猿《さる》も木《き》から落《お》ちる・千慮《せんりょ》の一失《いっしつ》

少年《しょうねん》老《お》い易《やす》く学《がく》成《な》り難《がた》し　故事成語

意味　月日《つきひ》がたつのは本当《ほんとう》にあっ

少年老い易く学成り難し

え～っと
どんな漢字《かんじ》だっけ
ギクッ
辞《じ》書《しょ》…
どーしたの？
お父さんも年いったもんだ
ちゃんと勉強《べんきょう》しなきゃ月日のたつのは早いんだから・・・
はいけいでしょ
拝啓

という間《ま》で、若《わか》いと思《おも》っていてもすぐ年《とし》老《お》いてしまって、学問《がくもん》を成し得《え》ることは難《むずか》しいので、しっかり励《はげ》みなさいということ。

用例 少年老い易く学成り難しなんだから、寝《ね》る間も惜《お》しんで勉強《べんきょう》しないとだめだよ。

参考 この後《あと》に、「一寸《いっすん》の光陰《こういん》軽《かろ》んずべからず」（わずかな時間《じかん》も無駄《むだ》に過《す》ごしてはいけない）と続《つづ》く。中国《ちゅうごく》の朱子《しゅし》の詩《し》『偶成《ぐうせい》』の一節《いっせつ》。

小《しょう》の虫《むし》を殺《ころ》して大《だい》の虫を助《たす》ける　ことわざ

意味 大《おお》きい物事《ものごと》を成《な》し遂《と》げるためには、小《ちい》さい物事が犠牲《ぎせい》になってもやむを得《え》ない。「大の虫を生《い》かして小の虫を殺す」ともいう。

用例 小の虫を殺して大の虫を助けるで、駅前《えきまえ》の再開発《さいかいはつ》を進《すす》めてきたが、古《ふる》くからの地元《じもと》の商店街《しょうてんがい》の人《ひと》たちの反発《はんぱつ》の声《こえ》が上《あ》がってきた。

類似 大事《だいじ》の前《まえ》の小事

★枝葉末節《しようまっせつ》　四字熟語

意味 物事《ものごと》のたいせつな部分《ぶぶん》から外《はず》れた、ささいなどうでもいい部分のこと。

用例 枝葉末節にこだわらず、まずは重要《じゅうよう》なことを先《さき》に決《き》めよう。

参考 「枝葉」は、枝《えだ》と葉《は》。幹《みき》に対《たい》して、重要ではない部分のたとえ。「末節」は木《き》の末《すえ》のほうの節《ふし》の意味《いみ》で、重要ではない、ささいな部分のたとえ。

将《しょう》を射《い》んと欲《ほっ》すればまず馬《うま》を射よ　故事成語

意味 大《おお》きいものを手《て》に入《い》れようと思《おも》うのなら、まず周《まわ》りにあるものから手に入れるのがよいということ。「人《ひと》を射んとせばまず馬を射よ」ともいう。

用例 彼女《かのじょ》と結婚《けっこん》したいなら、将を射んと欲すればまず馬を射よで、まずは彼女の両親《りょうしん》に気《き》に入《い》られなくてはだめだよ。

参考 「将」は、敵《てき》の大将《たいしょう》のこと。中国《ちゅうごく》の詩人《しじん》、杜《と》甫《ほ》の詩の一節《いっせつ》。

諸行無常《しょぎょうむじょう》　四字熟語

意味 この世《よ》のあらゆるものは、そのままのものは一切《いっさい》なく、すべて移《うつ》り変《か》わっていくものだ。

用例 あれほどにぎわっていた町《まち》も、すっかりさびれてしまった。諸行無常の世の中《なか》だ。

参考 『平家物語《へいけものがたり》』の冒頭《ぼうとう》にもある言葉《ことば》。仏教語《ぶっきょうご》で、「諸行」は因《いん》縁《ねん》によって生《しょう》じた、この世のすべてのことがらを指《さ》す。

食指《しょくし》が動《うご》く　故事成語

意味 食欲《しょくよく》が起《お》こる。何《なに》かを欲《ほ》しがる。興味《きょうみ》がわく。

用例 友達《ともだち》が持《も》っていた新製品《しんせいひん》の

初心忘るべからず

あっ
あっ
サッカーのほうがむいているのかも
コンッ
初心忘るべからず
いくぞ甲子園《こうしえん》!!
ワールドカップにするよ

ゲームを見《み》て、食指が動いた。

故事　昔《むかし》、中国《ちゅうごく》の鄭《てい》の子公《しこう》が自分《じぶん》の人差し指が動いたのを見て、ごちそうにありつける前兆《ぜんちょう》であると言《い》ったという。（春秋左氏伝《しゅんじゅうさしでん》）

参考　「食指」は、人差《ひとさ》し指《ゆび》のこと。

触手《しょくしゅ》を伸《の》ばす　慣用句

意味　欲《ほ》しいものを手《て》に入《い》れようとして働《はたら》きかける。

用例　世界《せかい》の有名企業《ゆうめいきぎょう》は、中国《ちゅうごく》などのアジア市場《しじょう》に触手を伸ばしている。

参考　「触手」は、くらげやいそぎんちゃくなどにある、ひげのようなもの。これを伸ばしてえさを取《と》ったりする。

★初心忘《しょしんわす》るべからず　ことわざ

意味　物事《ものごと》を始《はじ》めたときの最初《さいしょ》の決心《けっしん》を忘れてはいけないということ。

用例　ついいい加減《かげん》に練習《れんしゅう》するようになってしまっている。初心忘るべからずだな。

参考　室町時代《むろまちじだい》の世阿弥《ぜあみ》が、能楽《のうがく》を習《なら》うときの心構《こころがま》えを言《い》った言葉《ことば》。

助長《じょちょう》　故事成語

意味　①成長《せいちょう》・発達《はったつ》などを助《たす》けること。②いらない手助《てだす》けをして、かえって状態《じょうたい》を悪《わる》くしてしまうこと。

用例　①果実《かじつ》の生育《せいいく》を助長する。②親《おや》が甘《あま》やかしたので、彼女《かのじょ》のわがままな性格《せいかく》を、さらに助長してしまった。

故事　昔《むかし》、中国《ちゅうごく》の宋《そう》の国《くに》の人《ひと》が、稲《いね》の苗《なえ》の生長《せいちょう》を早《はや》くしようと、それを引《ひ》っ張《ぱ》って、かえって枯《か》らしてしまったという。（孟子《もうし》）

白河《しらかわ》(川)夜船《よふね》　四字熟語

意味　ぐっすり寝《ね》てしまっていて、その間《あいだ》に起《お》きたことはまったく知《し》らないこと。また、知ったかぶりをすること。

用例　これほどすばらしい景色《けしき》なのに、白河夜船だったらもったいないからね。しっかり起きてたよ。

参考　京都《きょうと》に行《い》ってきたふりをしていた人《ひと》が、白河（京都の地名《ちめい》）のことを聞《き》かれて、川《かわ》の名《な》だと勝手《かって》に思《おも》って、夜《よる》、船《ふね》で通《とお》ったから知らないと答《こた》えたという話《はなし》による。

知《し》らぬ顔《かお》の半兵衛《はんべえ》　ことわざ

意味　知っているのに、知らないふりをすること。また、そのようなふりをする人《ひと》。

用例　知らぬ顔の半兵衛を決《き》め込《こ》むとは、あまりにひどいよ。言《い》ってくれればよかったのに。

参考　「半兵衛」は、昔実際《むかしじっさい》にいた人で、人の頼《たの》みを聞《き》かなかったといわれる。

白羽の矢が立つ

★知《し》らぬが仏《ほとけ》 ことわざ

意味 知らないでいれば、平気《へいき》でいられて幸《しあわ》せなこと。また、本人《ほんにん》だけが知らないものを、あざける場合《ばあい》にも使《つか》う。

用例 テストの順位《じゅんい》なんて聞《き》くんじゃなかったな。知らぬが仏だったよ。

参考 「仏」は、穏《おだ》やかで心《こころ》を動《うご》かさないでいられることのたとえ。「江戸《えど》いろはかるた」にある。

白羽《しらは》の矢《や》が立《た》つ 慣用句

意味 特《とく》に見込《みこ》まれて、たくさんの中《なか》から選《えら》び出《だ》される。

用例 合唱《がっしょう》コンクールのピアノ伴《ばん》奏者《そうしゃ》として、彼女《かのじょ》に白羽の矢が立った。

参考 人身御供《ひとみごくう》（人をいけにえとすること）を求《もと》める神《かみ》が、選ばれた少女《しょうじょ》の家《いえ》の屋根《やね》に印《しるし》の白羽の矢を立てたという話《はなし》からできた言葉《ことば》。今ではよい意味《いみ》に使《つか》われることが多《おお》い。

白《しら》を切《き》る 慣用句

意味 知《し》っているのに知らないふりをする。

用例 白を切っても、君《きみ》がやったという証拠《しょうこ》は挙《あ》がっているんだ。

尻馬《しりうま》に乗《の》る 慣用句

意味 人《ひと》の言《い》うことやすることにつられて、考《かんが》えなしに行動《こうどう》する。

用例 尻馬に乗ってそんな行動を取《と》るなんて、君《きみ》はあまりに軽率《けいそつ》だ。

参考 「尻馬」は、人が乗っている馬の尻のこと。

類似 不和雷同《ふわらいどう》

尻《しり》が重《おも》い 慣用句

意味 めんどうくさがって、すぐに物事《ものごと》に取《と》り掛《か》からない。

用例 頼《たの》まれたことをいつも先延《さきの》ばしにする父《ちち》は、母《はは》に尻が重いと言《い》われている。

類似 腰《こし》が重い

対照 尻が軽《かる》い・腰が軽い

尻《しり》が軽《かる》い 慣用句

意味 ①すぐに物事《ものごと》に取《と》り掛《か》かる。②軽はずみな行動《こうどう》を取る。

用例 知《し》らない人《ひと》の車《くるま》に乗《の》るなんて、あまりに尻が軽い行動よ。

類似 腰《こし》が軽い

対照 尻が重《おも》い・腰が重い

尻切《しりき》れとんぼ 慣用句

意味 物事《ものごと》が途中《とちゅう》で終《お》わってしまうこと。

用例 おもしろくて毎週《まいしゅう》見《み》ていた連続《れんぞく》ドラマだったが、最終回《さいしゅうかい》の話《はなし》は尻切れとんぼでつまらなかった。

白い目で見る

私利私欲《しりしよく》 四字熟語

意味 自分《じぶん》の利益《りえき》や欲望《よくぼう》だけを考《かんが》えて行動《こうどう》しようとする心《こころ》。

用例 この世《よ》の中《なか》は私利私欲に走《はし》る人《ひと》がなくならないから、犯罪者《はんざいしゃ》も減《へ》らないのだろう。

尻《しり》に火《ひ》がつく 慣用句

意味 物事《ものごと》が差《さ》し迫《せま》っていて、じっとしていられなくなる。

用例 いつも尻に火がつくまで何《なに》もしないのは、僕《ぼく》の悪《わる》い癖《くせ》だ。何《なん》とか直《なお》さなくてはいけない。

類似 足元《あしもと》に火がつく

支離滅裂《しりめつれつ》 四字熟語

意味 ばらばらでまとまりがなく、話《はなし》などの筋《すじ》が通《とお》っていないこと。

用例 彼女《かのじょ》の話は支離滅裂で、言《い》いたいことがまったくわからない。

対照 理路整然《りろせいぜん》

尻目《しりめ》に掛《か》ける 慣用句

意味 人《ひと》を軽《かる》く見《み》て相手《あいて》にしない。

用例 他《ほか》の選手《せんしゅ》を尻目に掛けて、余裕《よゆう》で一着《いっちゃく》でゴールした。

参考 「尻目」は、目玉《めだま》だけを動《うご》かして横《よこ》や後《うし》ろのほうを見ること。

尻《しり》を叩《たた》く 慣用句

意味 相手《あいて》に何《なに》かをさせるために、せかしたり、励《はげ》ましたりする。

用例 弟《おとうと》は尻を叩かれないと宿題《しゅくだい》をやろうとしない。

尻《しり》を拭《ぬぐ》う 慣用句

意味 他《ほか》の人《ひと》の失敗《しっぱい》などの後始末《あとしまつ》をする。「尻拭いをする」ともいう。

用例 妹《いもうと》の私《わたし》が、いたずらをした兄《あに》の尻を拭うなんて、立場《たちば》が逆《ぎゃく》じゃないの。

白《しろ》い目《め》で見《み》る 慣用句

意味 冷《つめ》たい目つきで相手《あいて》を見る。憎《にく》しみの目つきで見る。

用例 クラスで起《お》こったいたずらのことで疑《うたが》われて、僕《ぼく》はみんなから白い目で見られた。

類似 白眼視《はくがんし》

四六時中《しろくじちゅう》 四字熟語

意味 一日中《いちにちじゅう》。いつも。

用例 家《いえ》の前《まえ》の道路《どうろ》は、四六時中、車《くるま》の行《い》き来《き》が絶《た》えない。

参考 4×6＝24（時間《じかん》）、つまり、一日中ということ。

白黒《しろくろ》を付《つ》ける 慣用句

意味 正《ただ》しいか正しくないかをはっきりさせる。「黒白《こくびゃく》を争《あらそ》う」「黒白を付ける」「黒白を明《あき》らかにする」ともいう。

用例 話《はな》し合《あ》う気《き》がないなら、裁《さい》

心機一転

判《ばん》で白黒を付けるしかない。

参考 「白」は、正しいこと、「黒」は、間違《まちが》っていることや罪《つみ》を犯《おか》していることを意味《いみ》する。

★心機一転《しんきいってん》 四字熟語

意味 あることをきっかけに、気《き》持《も》ちがすっかり変《か》わること。

用例 新《あたら》しい職場《しょくば》で、心機一転がんばっていこうと思《おも》います。

参考 「心機」は、心《こころ》の働《はたら》き、動《うご》き、「一転」は、まったく変わる、がらっと変わること。

心血《しんけつ》を注《そそ》ぐ 慣用句

意味 精神《せいしん》と肉体《にくたい》のすべての力《ちから》を使《つか》って取《と》り組《く》む。

用例 彼《かれ》は、遺伝子《いでんし》の研究《けんきゅう》に心血を注いだ。

参考 「心血」は、精神と肉体のこと。

神出鬼没《しんしゅつきぼつ》 故事成語

意味 勝手気《かってき》ままに素早《すばや》く現《あらわ》れたり隠《かく》れたりして、居所《いどころ》がわからないこと。

用例 この一《いっ》か月《げつ》、警察《けいさつ》は、神出鬼没の放火魔《ほうかま》に振《ふ》り回《まわ》されている。

参考 神《かみ》のように現れて、鬼《おに》(死人《しにん》の霊《れい》)のように消《き》えてしまうことから。中国《ちゅうごく》の『通俗編《つうぞくへん》』にある言葉《ことば》。

信賞必罰《しんしょうひつばつ》 故事成語

意味 功績《こうせき》のあった者《もの》には必《かなら》ず賞を与《あた》え、罪《つみ》を犯《おか》した者には必ず罰を与えること。賞罰を正《ただ》しく行《おこな》うこと。

用例 最後《さいご》まで信賞必罰の方針《ほうしん》を貫《つらぬ》く。

参考 中国《ちゅうごく》の『韓非子《かんぴし》』にある言葉《ことば》。

★針小棒大《しんしょうぼうだい》 四字熟語

意味 ちょっとしたことをおおげさに言《い》うこと。

用例 あの人《ひと》は、ちょっと聞《き》いたことを針小棒大に言《い》いふらすから気《き》を付《つ》けなさいよ。

参考 針《はり》のような小《ちい》さいものを、棒のように大《おお》きいもののように言うことから。

人事《じんじ》を尽《つ》くして天命《てんめい》を待《ま》つ 故事成語

意味 できるだけのことをやった後《あと》は、結果《けっか》は運命《うんめい》に任《まか》せるしかないこと。

用例 中学入試《ちゅうがくにゅうし》に向《む》けて、がんばって勉強《べんきょう》してきたのだから、後は人事を尽くして天命を待つだけだ。

参考 中国《ちゅうごく》の『読史管見《どくしかんけん》』にある言葉《ことば》。

新進気鋭《しんしんきえい》 四字熟語

意味 新《あたら》しくその分野《ぶんや》に出《で》てきて、意気込《いきご》みが盛《さか》んで、将来有望《しょうらいゆうぼう》であ

水魚の交わり

ること。また、そういう人《ひと》のこと。
用例 彼女《かのじょ》は、新進気鋭の女優《じょゆう》だそうだよ。
参考 「新進」は、新しくその場《ば》に出る、新しく仲間入《なかまい》りすること。「気鋭」は、意気込みが鋭《するど》くて、盛んな様子《ようす》。

死《し》んだ子《こ》の年《とし》を数《かぞ》える　ことわざ

意味 言《い》っても仕方《しかた》のない昔《むかし》のことをいろいろと言うこと。
用例 いつまでも昔の失敗《しっぱい》にこだわってぐちばかりをこぼしているのは、死んだ子の年を数えるようなものだよ。何《なに》も始《はじ》まらない。

新陳代謝《しんちんたいしゃ》　四字熟語

意味 新《あたら》しいものが古《ふる》いものに取《と》って代《か》わること。
用例 年《とし》を取ってから体重《たいじゅう》が増《ふ》えたのは、新陳代謝が悪《わる》くなったからかもしれないよ。
参考 「陳」は、古い、「代謝」は、入《い》れ替《か》わるという意味《いみ》。

心頭《しんとう》を滅却《めっきゃく》すれば火《ひ》もまた涼《すず》し　故事成語

意味 心《こころ》の持《も》ち方《かた》や考《かんが》え方次第《しだい》で、苦《くる》しいことも乗《の》り越《こ》えられるということ。
用例 心頭を滅却すれば火もまた涼しで、修行僧《しゅぎょうそう》ははだしで燃《も》える木《き》の上《うえ》を歩《ある》いているよ。
参考 「心頭」は、心の中《なか》という意味《いみ》。中国《ちゅうごく》の杜荀鶴《とじゅんかく》の詩《し》の一節《いっせつ》。織田信長《おだのぶなが》が、甲州《こうしゅう》(山梨県《やまなしけん》)の恵林《えりん》寺《じ》を攻《せ》めて火《ひ》を付《つ》けたとき、僧の快川《かいせん》がこの言葉《ことば》を唱《とな》えながら焼死《しょうし》したという。

真《しん》に迫《せま》る　慣用句

意味 表現《ひょうげん》されたものが、現実《げんじつ》そのものである。
用例 あの女優《じょゆう》は、新人《しんじん》ながら真に迫る名演技《めいえんぎ》を見《み》せた。

森羅万象《しんらばんしょう》　四字熟語

意味 この宇宙《うちゅう》に存在《そんざい》するあらゆるものすべて。「新羅万象《ばんぞう》」とも読《よ》む。
用例 この世界《せかい》の山《やま》や川《かわ》、森羅万象はいつも変化《へんか》していて、同《おな》じ姿《すがた》のものはない。
参考 「森羅」は、ずっと並《なら》び連《つら》なること。「象」は、形《かたち》あるものという意味《いみ》。仏教《ぶっきょう》の言葉《ことば》。

す

水魚《すいぎょ》の交《まじ》わり　故事成語

意味 とても親《した》しい結《むす》び付《つ》きのこと。

好きこそ物の上手なれ

用例 彼《かれ》と僕《ぼく》は水魚の交わりで、高校生《こうこうせい》の頃《ころ》から、もう二十年《にじゅうねん》の付き合《あ》いだ。

故事 昔中国《むかしちゅうごく》で、諸葛孔明《しょかつこうめい》を軍師《ぐんし》として迎《むか》えた劉備《りゅうび》に対《たい》して、以前《いぜん》から劉備に仕《つか》えていた者《もの》がぐちを言《い》ったところ、答《こた》えた言葉《ことば》から。（三国志《さんごくし》）

類似 刎頸《ふんけい》の交わり

★推敲《すいこう》 故事成語

意味 文章《ぶんしょう》や詩《し》などの言葉《ことば》を、何度《なんど》も直《なお》して練《ね》り上《あ》げること。

用例 書《か》いた文章をしっかり推敲しないと、いい文章にはならないよ。

故事 中国《ちゅうごく》の唐《とう》の時代《じだい》、賈島《かとう》という男《おとこ》が馬《うま》に乗《の》って詩《し》の創作《そうさく》にふけっていて、「僧《そう》は推《お》す月下《げっか》の門《もん》」か、「僧は敲《たた》く…」がいいかを迷《まよ》っていたところ、韓愈《かんゆ》という都《みやこ》の長官《ちょうかん》の行列《ぎょうれつ》に行《い》き当《あ》たってしまった。ところが韓愈は怒《おこ》るどころか、「それは君《きみ》、『敲く』のほうが良《よ》いな。」と言《い》ったという。（唐詩紀事《とうしきじ》）

水泡《すいほう》に帰《き》する 慣用句

意味 今《いま》までの努力《どりょく》が、すべて無駄《むだ》になる。

用例 新商品発売《しんしょうひんはつばい》の計画《けいかく》が突然中止《とつぜんちゅうし》され、今までの苦労《くろう》が水泡に帰した。

参考 「帰する」は、結果《けっか》として終《お》わるという意味《いみ》。

類似 水《みず》の泡《あわ》・棒《ぼう》に振《ふ》る

対照 実《み》を結《むす》ぶ

酸《す》いも甘《あま》いも嚙《か》み分《わ》ける 慣用句

意味 経験《けいけん》が豊《ゆた》かで、人《ひと》の気持《きも》ちや世《よ》の中《なか》のことをよく知《し》っている。

用例 悩《なや》み事《ごと》があるのなら、酸いも甘いも嚙み分けたおじいちゃんに相談《そうだん》してみたら。

頭寒足熱《ずかんそくねつ》 四字熟語

意味 頭《あたま》を冷《ひ》やして、足元《あしもと》を温《あたた》めること。

用例 健康《けんこう》のため、頭寒足熱を心《こころ》掛《が》ける。

★好《す》きこそ物《もの》の上手《じょうず》なれ ことわざ

意味 どんなことでも好きなことは熱心《ねっしん》にやるから、上手になるものだ。

用例 好きこそ物の上手なれで、いつも絵《え》を描《か》いている妹《いもうと》は、絵がうまい。コンクールにも入賞《にゅうしょう》するほどなんだ。

対照 下手《へた》の横好《よこず》き

過《す》ぎたるはなお及《およ》ばざるがごとし 故事成語

意味 物事《ものごと》のやりすぎは、足《た》りないのと同《おな》じくらいよくない。ちょ

雀の涙

うどよい程度《ていど》というものがある。

用例 大会前《たいかいまえ》で不安《ふあん》なのはわかるけど、過ぎたるはなお及ばざるがごとしで、いつもどおりの練習《れんしゅう》でいいんじゃないの。

参考 中国《ちゅうごく》の『論語《ろんご》』にある言葉《ことば》。

杜撰《ずさん》 故事成語

意味 詩《し》や文章《ぶんしょう》などに間違《まちが》いが多《おお》く、取《と》り扱《あつか》いがいい加減《かげん》なこと。

用例 開催日時《かいさいにちじ》を間違うなんて、あまりに杜撰なパンフレットの出来《で》にびっくりした。

故事 「杜」は、中国《ちゅうごく》の宋《そう》の詩人《しじん》杜黙《ともく》のこと。「撰」は、詩文《しぶん》を作《つく》ること。杜黙の作る詩文は、ほとんど規則《きそく》に合《あ》わなかったことから。（野客叢書《やかくそうしょ》）

涼《すず》しい顔《かお》 慣用句

意味 自分《じぶん》が関係《かんけい》しているのに、無関係《むかんけい》だと澄《す》ましている様子《ようす》。

用例 僕《ぼく》が貸《か》した漫画《まんが》を破《やぶ》っておきながら、弟《おとうと》は涼しい顔でご飯《はん》を食《た》べていた。

類似 何食《なにく》わぬ顔

雀《すずめ》の涙《なみだ》 慣用句

意味 ごくわずかなこと。

用例 アルバイトをして、雀の涙ほどのお金《かね》をもらった。

参考 小さな雀の涙は、とてもわずかであること。

★雀百《すずめひゃく》まで踊《おど》り忘《わす》れず ことわざ

意味 小《ちい》さい頃《ころ》に身《み》につけた習慣《しゅうかん》は、年《とし》を取《と》っても変《か》わらないものであるということ。

用例 雀百まで踊り忘れずで、彼《かれ》のおしゃれなところは年を取ってもまったく変わらないね。

参考 「上方《かみがた》いろはかるた」にある。

類似 三《み》つ子《ご》の魂百《たましいひゃく》まで

捨《す》てる神《かみ》あれば拾《ひろ》う神あり ことわざ

意味 世《よ》の中《なか》、悪《わる》いことがあっても、そのうちいいこともあるので、くよくよすることはない。

用例 兄《あに》は就職活動《しゅうしょくかつどう》ですべての会《かい》社《しゃ》に失敗《しっぱい》していらいらしていたが、やっと一《ひと》つの会社に決《き》まった。捨てる神あれば拾う神ありだ。

類似 渡《わた》る世間《せけん》に鬼《おに》はない

砂《すな》を噛《か》むよう 慣用句

意味 味《あじ》わいやおもしろみがまったくない様子《ようす》。

用例 父《ちち》が怒《おこ》っている中《なか》で、砂を噛むような味気《あじけ》ない食事《しょくじ》を取《と》った。

★図《ず》に当《あ》たる 慣用句

意味 計画《けいかく》や予想《よそう》のとおりに物事《ものごと》が進《すす》んでいく。

用例 計画どおりとんとん拍子《びょうし》に

住めば都

すっごいいなかだなぁ
子どもたちの教育《きょういく》にはいいかも
でもね
住めば都なんだよ

図に当たっていくので、かえって気味《きみ》が悪《わる》いくらいだった。

★図《ず》に乗《の》る 慣用句

意味　いい気《き》になって、つけ上《あ》がる。

用例　彼《かれ》に「手品《てじな》がうまいね。」と褒《ほ》めたら、図に乗って毎日相手《まいにちあいて》をさせられてたいへんだよ。

参考　「図」は、仏教《ぶっきょう》の会合《かいごう》のときに僧《そう》が唱《とな》える声楽《せいがく》、声明《しょうみょう》の転調《てんちょう》のこと。この転調はとても難《むずか》しく、うまくいくと「図に乗る」といわれるようになり、そこから現在《げんざい》の意味《いみ》となった。

脛《すね》に疵《きず》（傷）持《も》つ 慣用句

意味　昔《むかし》、悪《わる》い事《こと》をしたことがある。過去《かこ》に悪い事をしていて、心《こころ》の中《なか》で後《うし》ろめたさを感《かん》じている。

用例　脛に疵持つ身《み》なので、どこへ行《い》ってもそのことが知《し》られないようにと願《ねが》っている。

参考　人《ひと》の目《め》が届《とど》かない向《む》こう脛に、傷を隠《かく》し持《も》っていることから。

脛《すね》をかじる 慣用句

↓
〈親《おや》の脛《すね》をかじる〉（49ページ）

すべての道《みち》はローマに通《つう》ず ことわざ

意味　多《おお》くのものが中心《ちゅうしん》に向《む》かって集中《しゅうちゅう》していること。また、あらゆることは一《ひと》つの真理《しんり》から出《で》ていること。手段《しゅだん》は違《ちが》っていても、目的《もくてき》は同《おな》じであること。

用例　すべての道はローマに通ずだよ。君《きみ》と僕《ぼく》とは方法《ほうほう》は違うけれど、学問《がくもん》の世界《せかい》で有名《ゆうめい》になるということでは同じだね。

参考　ローマ帝国《ていこく》の栄《さか》えていた時代《じだい》に、世界のいたるところからの道がローマに通じていたことから。フランスの詩人《しじん》ラ・フォンテーヌの『寓話《ぐうわ》』にある言葉《ことば》。

隅《すみ》に置《お》けない 慣用句

意味　思《おも》っていた以上《いじょう》に知識《ちしき》や能力《のうりょく》があって、油断《ゆだん》できない。

用例　あのおとなしそうな彼女《かのじょ》が、空手《からて》二段《にだん》なんだって。まったく隅に置けないなあ。

★住《す》めば都《みやこ》 ことわざ

意味　長《なが》く住むと、どんな所《ところ》でも良《よ》く思《おも》えてくること。

用例　こんな小《ちい》さな我《わ》が家《や》でも、住めば都で、いいもんだよね。

寸暇《すんか》を惜《お》しむ 慣用句

意味　わずかな暇《ひま》もたいせつに使《つか》う。

用例　受験目前《じゅけんもくぜん》の兄《あに》は、寸暇を惜しんで勉強《べんきょう》している。

急いては事を仕損じる

寸鉄人《すんてつひと》を刺《さ》す
慣用句

意味　短《みじか》い言葉《ことば》で、相手《あいて》の欠点《けってん》や急所《きゅうしょ》などをつく。「寸鉄人を殺《ころ》す」ともいう。

用例　いつも物静《ものしず》かな彼《かれ》だが、時折《ときおり》寸鉄人を刺す発言《はつげん》をするので、ドキッとさせられる。

参考　「寸鉄」は、短く小《ちい》さな刃《は》物《もの》。

せ

★晴耕雨読《せいこううどく》
四字熟語

意味　晴《は》れた日《ひ》には外《そと》で田畑《たはた》を耕《たがや》し、雨《あめ》の日には家《いえ》の中《なか》で読書《どくしょ》をするというように、思《おも》いのままのんびりと生活《せいかつ》すること。

用例　会社《かいしゃ》を辞《や》めたら、晴耕雨読の生活を送《おく》ることが、今《いま》のところの夢《ゆめ》だ。

精神一到何事《せいしんいっとうなにごと》か成《な》らざらん
故事成語

意味　精神を集中《しゅうちゅう》して全力《ぜんりょく》を尽《つ》くせば、どんな難《むずか》しいことでもできないことはない。

用例　精神一到何事か成らざらんだ。簡単《かんたん》にあきらめてはいけない。

参考　中国《ちゅうごく》の『朱子語類《しゅしごるい》』にある言葉《ことば》。

誠心誠意《せいしんせいい》
四字熟語

意味　真心《まごころ》のこもる様子《ようす》。損得《そんとく》を考《かんが》えず、真心込《こ》めて相手《あいて》に接《せっ》すること。

用例　誠心誠意尽《つ》くせば、思《おも》いは必《かなら》ず相手に届《とど》くはずです。

★正正堂堂《せいせいどうどう》
四字熟語

意味　態度《たいど》や行動《こうどう》が、正《ただ》しく立派《りっぱ》であること。

用例　スポーツ精神《せいしん》にのっとり、正正堂堂と戦《たたか》うことを誓《ちか》います。

参考　『孫子《そんし》の兵法《へいほう》』（中国《ちゅうごく》の戦国《せんごく》時代《じだい》の兵法書《しょ》）にある「正正の旗《はた》、堂堂の陣《じん》」から。

★急《せ》いては事《こと》を仕損《しそん》じる
ことわざ

意味　物事《ものごと》をあまり急《いそ》いでやると、失敗《しっぱい》しやすい。

用例　急いては事を仕損じるから、慎重《しんちょう》に準備《じゅんび》してから進《すす》めようよ。

類似　急がば回《まわ》れ

対照　思《おも》い立《た》ったが吉日《きちじつ》・先《さき》んずれば人《ひと》を制《せい》す・先手必勝《せんてひっしょう》・善《ぜん》は急げ

青天《せいてん》の霹靂《へきれき》
故事成語

意味　予想《よそう》していなかった事件《じけん》。突然《とつぜん》の出来事《できごと》。

用例　いちばん仲《なか》のいい彼《かれ》の転校《てんこう》は、青天の霹靂だった。

参考　「青天」は、青《あお》く澄《す》んだ空《そら》。

切磋琢磨

「霹靂」は、突然雷《かみなり》が鳴《な》ること。中国《ちゅうごく》の陸游《りくゆう》の詩《し》の一節《いっせつ》。
類似 寝耳《ねみみ》に水《みず》・藪《やぶ》から棒《ぼう》

★青天白日《せいてんはくじつ》 四字熟語

意味 ①心《こころ》にやましいことがまったくないこと。②無罪《むざい》であることが明《あき》らかになること。
用例 ②長《なが》かった裁判《さいばん》が終《お》わり、青天白日の身《み》となった。

席《せき》の暖《あたた》まる暇《いとま》もない 故事成語

意味 落《お》ち着いて一《ひと》つの所《ところ》に座《すわ》っている暇《ひま》がないほど、忙《いそが》しく走《はし》り回《まわ》っている様子《ようす》。
用例 先生《せんせい》にとって四月《しがつ》の初《はじ》めは、新学期《しんがっき》の準備《じゅんび》で、席の暖まる暇もないよ。
参考 中国《ちゅうごく》の韓愈《かんゆ》の『争臣論《そうしんろん》』にある言葉《ことば》。

関《せき》の山《やま》 慣用句

意味 努力《どりょく》してもこれ以上《いじょう》はできないという限度《げんど》。せいいっぱい。
用例 彼《かれ》があまりに速《はや》いボールを投《な》げるので、みんなバットに当《あ》てるのが関の山だ。

赤貧洗《せきひんあら》うがごとし 慣用句

意味 たいへん貧《まず》しくて、何《なに》も持《も》っていない様子《ようす》。
用例 売《う》れない漫画家《まんがか》の彼《かれ》は、赤貧洗うがごとき生活《せいかつ》をしている。
参考 「赤」には、裸《はだか》、何もない、という意味《いみ》がある。

堰《せき》を切《き》る 慣用句

意味 抑《おさ》えられていたものが、こらえきれずにあふれ出《で》る。
用例 一人《ひとり》になると、堰を切ったように涙《なみだ》があふれてきた。
参考 「堰」は、川《かわ》の水《みず》などをせき止《と》めるための仕切《しき》り。

世間《せけん》の口《くち》には戸《と》は立《た》てられない ことわざ

→〈人《ひと》の口《くち》には戸《と》は立《た》てられない〉（201ページ）

是是非非《ぜぜひひ》 故事成語

意味 良《よ》い事《こと》は良い、悪《わる》い事は悪いと、公平《こうへい》な立場《たちば》から言《い》うこと。
用例 私《わたし》たちは、是是非非の議論《ぎろん》を望《のぞ》んでいる。
参考 中国《ちゅうごく》の『荀子《じゅんし》』修身《しゅうしん》の、「是を是とし非を非とする、これを知《ち》といい、是を非とし非を是とする、これを愚《ぐ》という」の言葉《ことば》から。

★切磋琢磨《せっさたくま》 故事成語

意味 学問《がくもん》・技術《ぎじゅつ》を向上《こうじょう》させ、徳《とく》を身《み》につけるために努力《どりょく》を重《かさ》ねること。また、友人同士《ゆうじんどうし》が互《たが》いに励《はげ》

背に腹は代えられない

まし競《きそ》い合《あ》って、向上を図《はか》ること。

用例 選手《せんしゅ》同士が切磋琢磨することで、強《つよ》いチームができる。

参考 「切磋」は、骨《ほね》や角《つの》を切《き》って磨《みが》くこと。「琢磨」は、玉《たま》(めのうなどの宝石《ほうせき》)や石《いし》などを磨くこと。中国《ちゅうごく》の『詩経《しきょう》』にある言葉《ことば》。

★絶体絶命《ぜったいぜつめい》 四字熟語

意味 逃《のが》れようのない、非常《ひじょう》に困《こん》難《なん》な場面《ばめん》・立場《たちば》に追《お》い詰《つ》められた状態《じょうたい》。

用例 ノーアウト満塁《まんるい》の絶体絶命のピンチを、三者三振《さんしゃさんしん》で抑《おさ》えた。

参考 「絶」は「た(つ)」と読《よ》み、退《たい》路《ろ》がなくなり、逃《に》げ道《みち》がないこと。

類似 風前《ふうぜん》の灯《ともしび》

切羽詰《せっぱつ》まる 慣用句

意味 追《お》い詰められて、どうすることもできなくなる。

用例 小遣《こづか》いがなくなり、切羽詰まって姉《あね》にお金《かね》を借《か》りた。

参考 「切羽」は、刀《かたな》のつば(手《て》を守《まも》るための丸《まる》や四角《しかく》の形《かたち》の金具)とさや(刀を入《い》れる筒《つつ》)が接《せっ》する部分《ぶぶん》につける薄《うす》い金具。これがさやに詰まると刀が抜《ぬ》けないことから。

★背《せ》に腹《はら》は代《か》えられない 慣用句

意味 大《おお》きなことをするためには、小《ちい》さなことには構《かま》っていられない。少《すこ》しのことならどうでもいいということ。

用例 君《きみ》に助《たす》けてもらうなんて嫌《いや》だけど、今《いま》は背に腹は代えられないから、この際《さい》助けてもらおう。

参考 たいせつな内臓《ないぞう》がある腹を、背中《せなか》の代わりにはできないことから。「江戸《えど》いろはかるた」にある。

狭《せま》き門《もん》 慣用句

意味 競争相手《きょうそうあいて》が多《おお》く、入学《にゅうがく》や就《しゅう》職《しょく》が難《むずか》しいこと。

用例 兄《あに》は狭き門を突破《とっぱ》して、大《だい》学《がく》の医学部《いがくぶ》に入学した。

参考 キリスト教《きょう》で、天国《てんごく》に行《い》く道《みち》は険《けわ》しいことから。『新約聖書《しんやくせいしょ》』にある言葉《ことば》。

世話《せわ》を焼《や》く 慣用句

意味 進《すす》んで他《ほか》の人《ひと》のめんどうを見《み》る。

用例 十歳年上《じっさいとしうえ》の姉《あね》は、いろいろと私《わたし》の世話を焼いてくれる。

千客万来《せんきゃくばんらい》 四字熟語

意味 たくさんの客が、次々《つぎつぎ》にやってくること。

用例 店《みせ》が雑誌《ざっし》に紹介《しょうかい》されてからは、連日《れんじつ》千客万来のにぎわいだ。

前後不覚《ぜんごふかく》 四字熟語

意味 前《まえ》の事《こと》か後《あと》の事かもわから

千載一遇

なくなり、正常《せいじょう》な判断《はんだん》ができなくなること。

用例　父《ちち》はお酒《さけ》の飲《の》み過《す》ぎで前後不覚になり、帰《かえ》る家《いえ》を間違《まちが》えてしまったそうだ。

★千載一遇《せんざいいちぐう》　故事成語

意味　ほとんど訪《おとず》れそうもないくらい、良《よ》い機会《きかい》。

用例　千載一遇のチャンスを逃《のが》してはいけない。

参考　「載」は、年《ねん》のこと。「遇」は、思《おも》いがけず出《で》くわす意味《いみ》があり、千年に一度偶然《いちどぐうぜん》訪れるくらいの機会という意味。中国《ちゅうごく》の『文選《もんぜん》』にある言葉《ことば》。

★千差万別《せんさばんべつ》　四字熟語

意味　物事《ものごと》の種類《しゅるい》や様子《ようす》に多《おお》くの差があること。

用例　人《ひと》はみな、顔《かお》も考《かんが》え方《かた》も好《この》みも千差万別だ。

参考　「千」「万」は、非常《ひじょう》に数《かず》が多いことを表《あらわ》す。

前車《ぜんしゃ》の轍《てつ》を踏《ふ》む　慣用句

意味　前《まえ》の車《くるま》の通《とお》った跡《あと》(わだち)を、後《あと》の車が踏んでいく。つまり、前の人《ひと》と同《おな》じような失敗《しっぱい》を後の人が繰《く》り返《かえ》すこと。「前轍を踏む」「轍を踏む」ともいう。

用例　僕《ぼく》が失敗したから、気《き》をつけろと言《い》ったのに、やっぱり前車の轍を踏むだったね。

参考　「前車」を「前者」と間違《まちが》う場合《ばあい》が多《おお》い。

千秋楽《せんしゅうらく》　慣用句

意味　相撲《すもう》や芝居《しばい》などの最終日《さいしゅうび》。「楽日《らくび》」ともいう。

用例　全勝同士《ぜんしょうどうし》の横綱《よこづな》の対決《たいけつ》で、千秋楽最後《さいご》の一番《いちばん》を迎《むか》えた。

参考　雅楽《ががく》の曲名《きょくめい》で、能《のう》や法要《ほうよう》などで最後《さいご》に演奏《えんそう》することから。

★前人未到《ぜんじんみとう》(踏)　四字熟語

意味　それまで誰《だれ》もそこに行《い》ったことがないこと。まだ、誰も成《な》し遂《と》げたことがないこと。

用例　彼《かれ》は陸上競技《りくじょうきょうぎ》の世界《せかい》で、前人未到の記録《きろく》を打《う》ち立《た》てた。

★前代未聞《ぜんだいみもん》　四字熟語

意味　これまでに聞《き》いたこともないような、非常《ひじょう》に変《か》わったこと。また、たいへんな出来事《できごと》。

用例　三打席連続満塁《さんだせきれんぞくまんるい》ホームランとは、前代未聞の快挙《かいきょ》だ。

参考　「前代」は、現在《げんざい》よりも前《まえ》の時代《じだい》、過去《かこ》。「未聞」は、まだ聞いたことがないという意味《いみ》。

類似　破天荒《はてんこう》

栴檀《せんだん》は双《ふた》(二)葉《ば》より芳《かんば》し　ことわざ

意味　大人《おとな》になって立派《りっぱ》になる人《ひと》

は、幼《おさな》い頃《ころ》から優《すぐ》れたところが見《み》える。

用例 モーツァルトは、幼い頃からいろいろな国《くに》で演奏会《えんそうかい》をしていて有名《ゆうめい》だったらしい。まさに栴檀は双葉より芳しだね。

参考 「栴檀」は、「白檀《びゃくだん》」の別名《べつめい》。双葉のときからすでに良《よ》い香《かお》りがすることから。

対照 大器晩成《たいきばんせい》

全知全能《ぜんちぜんのう》 四字熟語

意味 すべてを知《し》っていて、どんなことでもできること。

用例 僕《ぼく》は全知全能の神《かみ》ではないんだから、完璧《かんぺき》を求《もと》められても困《こま》るよ。

★先手必勝《せんてひっしょう》 四字熟語

→〈先《さき》んずれば人《ひと》を制《せい》す〉(103ページ)

★船頭多《せんどうおお》くして船山《ふねやま》に上《のぼ》る ことわざ

意味 指図《さしず》する人《ひと》が多すぎて、物事《ものごと》が目指《めざ》すべき所《ところ》と違《ちが》う所へ進《すす》んでしまう。

用例 みんな勝手《かって》なことを言《い》っているけど、誰《だれ》の指示《しじ》に従《したが》ったらいいんだい。これでは、船頭多くして船山に上るで、文化祭《ぶんかさい》の準備《じゅんび》が進《すす》まないよ。

参考 船に船頭（船長《せんちょう》のこと）がたくさんいると、それぞれが勝手に指図をするので、船が川《かわ》ではなく、山に上るという、とんでもないことも起《お》こるということから。

★善《ぜん》は急《いそ》げ ことわざ

意味 善《よ》いと思《おも》ったことは、気持《きも》ちが変《か》わらないうちにすぐに取《と》り掛《か》かるほうがいい。

用例 テストの点数《てんすう》が悪《わる》かった。善は急げだ。すぐ先生《せんせい》のところに行《い》って、勉強《べんきょう》の仕方《しかた》を相談《そうだん》しよう。

類似 思《おも》い立《た》ったが吉日《きちじつ》・先《さき》んずれば人《ひと》を制《せい》す・先手必勝《せんてひっしょう》

対照 急《せ》がば回《まわ》れ・急いては事《こと》を仕損《しそん》じる

★千変万化《せんぺんばんか》 四字熟語

意味 状況《じょうきょう》や状態《じょうたい》などがいろいろと変化《へんか》して、少《すこ》しもとどまっていないこと。

用例 赤《あか》ちゃんの表情《ひょうじょう》は千変万化で、見《み》ていて飽《あ》きることがない。

参考 「千」「万」は、数《かず》や量《りょう》の多《おお》いことを表《あらわ》す。つまり、「変化」が千も万《まん》も起《お》こるという意味《いみ》。

類似 変幻自在《へんげんじざい》

前門《ぜんもん》の虎《とら》、後門《こうもん》の狼《おおかみ》 故事成語

意味 困《こま》ったことから逃《のが》れたと思《おも》ったら、すぐまた次《つぎ》の困ったこと

千里の道も一歩から

今日はここの草むしりをする
うわ〜ぁ!
一本一本ぬいていけばいいんだ
ブチッ
こりゃたいへんだよ
一本ね・・・
まさに千里の道も一歩からだね
ホント…

に出会《であ》うこと。

用例　犬《いぬ》にほえられたと思ったら、今度《こんど》は怖《こわ》そうな人《ひと》たちがいる。まさに前門の虎、後門の狼だ。

参考　中国《ちゅうごく》の『評史《ひょうし》』にある言葉《ことば》。

類似　一難《いちなん》去《さ》ってまた一難

千里眼《せんりがん》

故事成語

意味　遠《とお》い場所《ばしょ》での出来事《できごと》や将来《しょうらい》のこと、また人《ひと》の心《こころ》などを見通《みとお》すことができる力《ちから》。

用例　まるで千里眼を持《も》っているのかと思《おも》われるほど、いろいろなことを彼《かれ》は知《し》っている。

参考　一里《いちり》は、約《やく》三・九キロ。千里は約四千キロ。実際《じっさい》の距離《きょり》ではなく、とても長《なが》い距離を表《あらわ》す。中《ちゅう》国《ごく》の『後魏書《こうぎしょ》』にある言葉《ことば》。

★千里《せんり》の道《みち》も一歩《いっぽ》から

故事成語

意味　どんなに大《おお》きな計画《けいかく》でも、まず手近《てぢか》で小《ちい》さなことから一《ひと》つ一つ始《はじ》めなさいということ。「千里の行《こう》も足下《そっか》より始まる」ともいう。

用例　君《きみ》はすぐに結果《けっか》を求《もと》めたがるけど、こつこつ練習《れんしゅう》しないと結果は出《で》ないよ。千里の道も一歩からさ。

参考　「千里」は、とても長《なが》い道のりのこと。中国《ちゅうごく》の『老子《ろうし》』にある言葉《ことば》。

類似　ローマは一日《いちにち》にして成《な》らず

千慮《せんりょ》の一失《いっしつ》

故事成語

意味　思《おも》いがけない失敗《しっぱい》のこと。いくら賢《かしこ》い人《ひと》だといっても、多《おお》くの考《かんが》えの中《なか》には、ときには一《ひと》つくらいの失敗はあるということ。

用例　彼《かれ》にも、千慮の一失はあるよ。あのしっかり者《もの》がそんな間違《まちが》いをするなんて、信《しん》じられないけどね。

参考　中国《ちゅうごく》の『史記《しき》』にある、「智《ち》者《しゃ》も千慮に必《かなら》ず一失有《あ》り、愚者《ぐしゃ》も千慮に必ず一得《いっとく》有り」から。「千慮」は多《おお》くの考え、「一失」は一つの失敗。

類似　河童《かっぱ》の川流《かわなが》れ・弘法《こうぼう》にも筆《ふで》の誤《あやま》り・猿《さる》も木《き》から落《お》ちる・上手《じょうず》の手《て》から水《みず》が漏《も》れる

★創意工夫《そういくふう》

四字熟語

意味　今《いま》まで誰《だれ》も考《かんが》え付《つ》かなかったことを編《あ》み出《だ》し、それを行《おこな》うための良《よ》い方法《ほうほう》をいろいろと考えること。

用例　今年《ことし》の自由研究《じゆうけんきゅう》は、創意工夫の多《おお》く見《み》られる作品《さくひん》が集《あつ》まった。

参考　「創意」は、新《あたら》しい思《おも》い付き、今まで考え出されたことのない考え。

袖振り合うも多生の縁

あ
おまえワザとぶつかったな！
六年生…
そういうのを袖振り合うも多生の縁っていうんだよ
そで…
君《きみ》たちの出会いも決《き》まっていためぐり合わせ…
よ、よろしく
こ…こちらこそ
友達《ともだち》になるってね！

相好《そうごう》を崩《くず》す　慣用句

意味　にっこりと笑《わら》う。

用例　いつも怖《こわ》そうな顔《かお》をしているお隣《となり》のおじいさんは、お孫《まご》さんのことになると、相好を崩して話《はな》している。

参考　「相好」は、顔つき、表情《ひょうじょう》。

相思相愛《そうしそうあい》　四字熟語

意味　お互《たが》いに恋《こい》しく思《おも》い合《あ》っていること。

用例　あの二人《ふたり》は相思相愛の仲《なか》だそうだ。

そうは問屋《とんや》が卸《おろ》さない　慣用句

意味　物事《ものごと》はそううまくいくものではない。

用例　少《すこ》しお手伝《てつだ》いをしてお小遣《こづか》いを上《あ》げてほしいなんて、そうは問屋が卸さないわよ。

参考　問屋で安《やす》く仕入《しい》れてもうけようとしても、問屋はそう簡単《かんたん》には安く卸してくれないことから。

総領《そうりょう》の甚六《じんろく》　ことわざ

意味　長男《ちょうなん》または長女《ちょうじょ》は甘《あま》やかされ大事《だいじ》に育《そだ》てられるので、弟《おとうと》や妹《いもうと》と比《くら》べると、おっとりとしていて世間《せけん》知らずが多《おお》い。

用例　彼《かれ》は典型的《てんけいてき》な総領の甚六で、性格《せいかく》はいいのだが、いまいち頼《たよ》りがいがない。

参考　「総領」は、長男や長女。「甚六」は、のんびりしていて、お人好《ひとよ》しのこと。「江戸《えど》いろはかるた」にある。

速戦即決《そくせんそっけつ》　四字熟語

意味　短時間《たんじかん》で物事《ものごと》を決《き》めること。

用例　長引《ながび》いたらこちらが不利《ふり》になるから、ここは速戦即決で勝負《しょうぶ》に出《で》るぞ。

底《そこ》を突《つ》く　慣用句

意味　①蓄《たくわ》えていたものがなくなる。②物《もの》の値段《ねだん》などが最低《さいてい》になる。

用例　①急《きゅう》に注文《ちゅうもん》が殺到《さっとう》し、在庫《ざいこ》が底を突いた。②今年《ことし》の夏《なつ》は野菜《やさい》ができすぎて、値段が底を突いた。

俎上《そじょう》に載《の》せる　慣用句

意味　ある物事《ものごと》や人《ひと》を取《と》り上《あ》げて、いろいろな点《てん》から議論《ぎろん》したり批評《ひひょう》したりする。「俎板《まないた》に載せる」ともいう。

用例　最近《さいきん》話題《わだい》の漫画《まんが》を俎上に載せて、自由《じゆう》に語《かた》り合《あ》う。

参考　「俎上」は、俎板の上《うえ》。

俎上《そじょう》の魚《うお》　慣用句

意味　相手《あいて》にされるがままになるより仕方《しかた》のない状態《じょうたい》。

用例　失敗《しっぱい》してしまった私《わたし》は、文句《もん》を言《い》う人《ひと》たちの前《まえ》ですっかり俎

備えあれば憂いなし

備えあれば
ちがうなぁ〜
じゃ これは?
何書いてんのよ?
将来《しょうらい》僕《ぼく》がスターになったときのためにサインの練習《れんしゅう》してるんだ!
憂いなし

上の魚だった。

参考 俎板《まないた》の上《うえ》に置《お》かれて、料理《りょうり》されるのを待《ま》つばかりの魚《さかな》という意味《いみ》。何《なに》もできない状態のこと。

類似 俎板の鯉《こい》

そつがない 慣用句

意味 手《て》抜《ぬ》かりがない。無《む》駄《だ》がない。

用例 彼《かれ》は何《なに》をやってもそつがない。

参考 「そつ」は、手落《てお》ち、無駄。

袖《そで》にする 慣用句

意味 人《ひと》をじゃま者扱《ものあつか》いする。冷《つめ》たくあしらう。

用例 お隣《となり》のだんなさんは、連日《れんじつ》のように酔《よ》っぱらって帰《かえ》ってくるので、とうとう奥《おく》さんに袖にされたらしい。

参考 手《て》を袖に入《い》れたまま出《だ》さないで、何《なに》もしないことから。

★袖《そで》振《ふ》り合《あ》うも多《た》(他)生《しょう》の縁《えん》 ことわざ

意味 ちょっとした出来事《できごと》も、実《じつ》はみな関連《かんれん》があって起《お》きているということ。人《ひと》との出会《であ》いはたいせつにしなければいけないということ。「袖すり合うも多生の縁」ともいう。

用例 「袖振り合うも多生の縁」というでしょ。せっかく同《おな》じグループになったのだから、仲良《なかよ》くしていきましょうね。

参考 「多生」は、何度《なんど》も生《う》まれ変《か》わる意味《いみ》の仏教用語《ぶっきょうようご》。着物《きもの》の袖が振れ合うちょっとしたことも、偶然《ぐうぜん》のことではないということから。「上方《かみがた》いろはかるた」にある。

★備《そな》えあれば憂《うれ》(患)いなし 故事成語

意味 日頃《ひごろ》からしっかりと準備《じゅんび》をしておけば、いざ何《なに》かが起《お》こってもじたばたしないですむ。

用例 災害《さいがい》に備えて非常用袋《ひじょうようぶくろ》を用《よう》意《い》しておいたが、あの地震《じしん》の時《とき》は本当《ほんとう》に助《たす》かったよ。備えあれば憂いなしだ。

参考 中国《ちゅうごく》の『書経《しょきょう》』にある言葉《ことば》。

側《そば》(傍)杖《づえ》を食《く》う 慣用句

意味 自分《じぶん》には直接関係《ちょくせつかんけい》ないことに巻《ま》き込《こ》まれて、とんでもない災《さい》難《なん》に遭《あ》う。

用例 追突事故《ついとつじこ》の側杖を食ってけがをした。

参考 けんかを近《ちか》くで見《み》ていて、振《ふ》り回《まわ》している杖に当《あ》たることから。

類似 巻き添《ぞ》えを食う

反《そ》りが合《あ》わない 慣用句

意味 気《き》が合わない。考《かんが》え方《かた》が合わない。

大器晩成
おじいちゃんは？
ご近所《きんじょ》走ってるわ
目指《めざ》せ！オリンピック
えーっ
オリンピック出るの！
わしゃ
大器晩成だからのー

用例 彼《かれ》とはずっと反りが合わないので、ほとんど話《はな》すことがない。

参考 「反り」は、刀《かたな》の曲《ま》がり具《ぐ》合《あい》のこと。刀の反りとさや（刀を入《い》れる筒《つつ》）が合っていないと、刀はさやに収《おさ》まらない。また無理《むり》に収めると、さやが壊《こわ》れたり、刀が抜《ぬ》けなくなってしまう。そのことを人間関係《にんげんかんけい》に当《あ》てはめたもの。

類似 馬《うま》が合わない

対照 馬が合う

算盤《そろばん》を弾《はじ》く　慣用句

意味 前《まえ》もって損得《そんとく》を計算《けいさん》する。

用例 新《あたら》しいアルバイトを探《さが》してきた兄《あに》は、どれくらいお金《かね》をもらえるかと算盤を弾いていた。

損《そん》して得取《とくと》れ　ことわざ

意味 一時的《いちじてき》には損をしても、先《さき》にある大《おお》きな利益《りえき》を得《え》ることを考《かんが》えなさい。目先《めさき》の小《ちい》さい損をいやがり、こせこせしていると、結局《けっきょく》大きい利益を逃《のが》すことになる。

用例 「損して得取れ」というじゃないか。手間《てま》もお金《かね》もかかったが、きっとこの商品《しょうひん》を気《き》に入《い》って買《か》ってくれるお客《きゃく》さんは増《ふ》えてくるよ。

た

対岸《たいがん》の火事《かじ》　慣用句

意味 関係《かんけい》のある人《ひと》にとってはたいへんな出来事《できごと》でも、自分《じぶん》には関係がないため、何《なん》の痛《いた》みや苦《くる》しみも感《かん》じないこと。

用例 弟《おとうと》が宿題《しゅくだい》をしていなかったので、母《はは》に怒《おこ》られたが、僕《ぼく》にとっては対岸の火事だ。

参考 「対岸」は、川《かわ》の向《む》こう岸《ぎし》。向こう岸で起《お》きた火事なら、自分に被害《ひがい》が及《およ》ぶ心配《しんぱい》はないことから。

類似 高見《たかみ》の見物《けんぶつ》

★大器晩成《たいきばんせい》　故事成語

意味 大《おお》きく立派《りっぱ》な器《うつわ》は、簡単《かんたん》にはできあがらない。それと同《おな》じように、大人物《だいじんぶつ》というのは、幼《おさな》い頃《ころ》は目立《めだ》たないが、少《すこ》しずつ成長《せいちょう》していって、後《のち》にはたいへん立派な人物になるということ。

用例 四十歳《よんじっさい》でホームラン王《おう》のタイトルを取《と》るなんて、彼《かれ》はまさしく大器晩成の選手《せんしゅ》だ。

参考 中国《ちゅうごく》の『老子《ろうし》』にある言葉《ことば》。

対照 栴檀《せんだん》は双葉《ふたば》より芳《かんば》し

大義名分《たいぎめいぶん》　四字熟語

意味 何《なに》か行動《こうどう》を起《お》こすとき、確《たし》かに正《ただ》しいと誰《だれ》もが納得《なっとく》できる理由《りゆう》。

用例 母《はは》に掃除《そうじ》を手伝《てつだ》うように言《い》

われたが、宿題《しゅくだい》という大義名分があるので、断《ことわ》ることができた。
参考　元《もと》は儒教《じゅきょう》の教《おし》えからきた言葉《ことば》。「大義」は、人《ひと》として守《まも》るべき道《みち》をいう。「名分」は、自《みずか》らの身分《みぶん》に従《したが》って、その人が本来《ほんらい》なすべき務《つと》め。

大言壮語《たいげんそうご》　四字熟語

意味　おおげさに言《い》うこと。できそうにもないことや威勢《いせい》のいいことを言うこと。
用例　母《はは》に算数《さんすう》のテストで百点《ひゃくてん》が取《と》れると、大言壮語してしまった。
類似　大《おお》きな口《くち》をきく・大口を叩《たた》く・大風呂敷《おおぶろしき》を広《ひろ》げる・ほらを吹《ふ》く・らっぱを吹く

太公望《たいこうぼう》　故事成語

意味　釣《つ》りをする人《ひと》。釣りが好《す》きな人。
用例　あゆ釣りの解禁日《かいきんび》を迎《むか》え、川《かわ》は多《おお》くの太公望であふれた。
故事　中国《ちゅうごく》の周《しゅう》という国《くに》の文王《ぶんおう》が、川《かわ》のほとりで毎日《まいにち》釣りをしていた呂尚《りょしょう》に出会《であ》った。話《はなし》をしてみて、「この人がまさしく父《ちち》の太公が待《ま》ち望《のぞ》んでいた人だ。」と思《おも》って、家臣《かしん》として迎《むか》え入《い》れた。（史記《しき》）

★太鼓判《たいこばん》を捺《お》す　慣用句

意味　大丈夫《だいじょうぶ》だ、確実《かくじつ》だと自信《じしん》を持《も》って保証《ほしょう》する。
用例　店員《てんいん》は、「この掃除機《そうじき》はどの掃除機よりごみを吸《す》い取《と》る力《ちから》が強《つよ》いですよ。」と太鼓判を捺した。

大山《たいざん》（泰山）鳴動《めいどう》して鼠一匹《ねずみいっぴき》　ことわざ

意味　事前《じぜん》に大騒《おおさわ》ぎしたわりに、たいしたことのない結果《けっか》に終《お》わること。
用例　お祭《まつ》りに有名《ゆうめい》なタレントが来《く》るから、道路《どうろ》は大渋滞《だいじゅうたい》になると大騒ぎしていたが、いつもと変《か》わらなかった。大山鳴動して鼠一匹。
参考　大きな山《やま》が音《おと》を立《た》てて揺《ゆ》れたので、何《なに》が起《お》きるのかと見《み》ていると、ねずみが一匹《いっぴき》出《で》てきただけだったという話《はなし》から。元《もと》は西洋《せいよう》のことわざ。

大事《だいじ》の前《まえ》の小事《しょうじ》　ことわざ

意味　①大《おお》きなことを行《おこな》うときには、小《ちい》さなことにも気《き》を付《つ》けないと失敗《しっぱい》をする場合《ばあい》があるということ。②大きなことを行うためには、小さなことを犠牲《ぎせい》にしても仕方《しかた》がないということ。
用例　①大事の前の小事、少《すこ》しでも気になることがあれば、徹底的《てっていてき》にチェックするようにしなさい。
類似　②小《こ》の虫《むし》を殺《ころ》して大の虫を助《たす》ける・大の虫を生《い》かして小の虫を殺す

大同小異

仲良《なかよ》く食べなさいよ
は〜い
サクッ
はい！半分づつねー
ちっちゃ…
大同小異 気にしない気にしない
お母さーん

★泰然自若《たいぜんじじゃく》 四字熟語

意味 落《お》ち着《つ》き払《はら》って、慌《あわ》てることもなく、物事《ものごと》に動《どう》じない様子《ようす》。

用例 この武将《ぶしょう》は、敵《てき》が来《き》ても泰然自若として構《かま》えていたということだ。

参考 「泰然」も「自若」も、落ち着いて、物事に動じないこと。

★大胆不敵《だいたんふてき》 四字熟語

意味 恐《おそ》れることなく、思《おも》い切《き》ったことをする度胸《どきょう》があること。

用例 かくれんぼで、彼《かれ》は大胆不敵にも鬼《おに》の後《うし》ろの木《き》に隠《かく》れて、様《よう》子《す》をうかがっていた。

参考 「大胆」は、何事《なにごと》も恐れないこと。「不敵」は、敵を敵とも思わない態度《たいど》。

★大同小異《だいどうしょうい》 四字熟語

意味 細《こま》かいところは違《ちが》っているが、大《おお》まかなところでは同《おな》じだということ。

用例 今回絵画《こんかいかいが》コンクールに出品《しゅっぴん》された作品《さくひん》は、どれも大同小異だ。

類似 五十歩百歩《ごじっぽひゃっぽ》・同工異曲《どうこういきょく》・どんぐりの背比《せいくら》べ・似《に》たり寄《よ》ったり・目《め》くそ鼻《はな》くそを笑《わら》う

大《だい》なり小《しょう》なり 慣用句

意味 大小の程度《ていど》の差《さ》はあっても。いずれにしても。

用例 大なり小なり人《ひと》には短所《たんしょ》があるものだ。

大《だい》の虫《むし》を生《い》かして小《しょう》の虫を殺《ころ》す ことわざ

→〈小《しょう》の虫《むし》を殺《ころ》して大《だい》の虫を助《たす》ける〉（121ページ）

★大《だい》は小《しょう》を兼《か》ねる 故事成語

意味 大《おお》きいものは小《ちい》さいものの

◆大黒柱《だいこくばしら》
家《いえ》を建《た》てるときに家の真《ま》ん中《なか》に最初《さいしょ》に立《た》てる柱のことで、一《いっ》家《か》やある集団《しゅうだん》の中心《ちゅうしん》となって、支《ささ》えたりまとめたりする人《ひと》。「彼《かれ》はクラスの大黒柱のような存在《そんざい》で、とても頼《たよ》りになる。」

◆醍醐味《だいごみ》
物事《ものごと》の本当《ほんとう》のおもしろさ、楽《たの》しさ。「高《たか》い山《やま》の頂上《ちょうじょう》からすばらしい眺《なが》めを見《み》るのは、登山《とざん》の醍醐味だ。」

◆大根役者《だいこんやくしゃ》
芝居《しばい》や芸《げい》が下手《へた》な役者をからかい、見下《みくだ》していう言葉《ことば》。「あの俳優《はいゆう》は顔《かお》はいいけど、大根役者だね。」

◆大団円《だいだんえん》
小説《しょうせつ》、芝居《しばい》、事件《じけん》などがめでたく収《おさ》まる終《お》わりの場面《ばめん》。「今日《きょう》のテレビ放映《ほうえい》で、あのドラマも大団円を迎《むか》える。」

高を括る

会社休んだら？
だいじょうぶゼ
コン
いってきまーす
コン
コン
たかがカゼじゃないか・・・
コン
コン
三日間の入院《にゅういん》です
えーっ！
カゼじゃないんですか？
〇〇病院《びょういん》

代《か》わりとして使《つか》うこともできる。大きいものは小さいものよりも使い道《みち》が広《ひろ》い。

用例　今度《こんど》の旅行《りょこう》にはこのかばんはちょっと大きすぎるけど、大は小を兼ねるで、これにしておこう。

参考　中国《ちゅうごく》の『春秋繁露《しゅんじゅうはんろ》』にある言葉《ことば》。

対照　杓子《しゃくし》は耳《みみ》かきにならず

★たがが緩《ゆる》む　慣用句

意味　緊張感《きんちょうかん》がなくなって、やる気《き》がなくなったり、集団《しゅうだん》のまとまりが弱《よわ》くなったりする。

用例　テストの最終日《さいしゅうび》、たがが緩んでミスばかりした。

参考　「たが」は、桶《おけ》や樽《たる》の周《まわ》りを締《し》め付《つ》ける輪《わ》のこと。

高嶺《たかね》（根）の花《はな》　慣用句

意味　手《て》に入《い》れることができず、ただ見《み》ているだけに終《お》わってしまうこと。あこがれるだけで、自分《じぶん》には遠《とお》い存在《そんざい》のもの。

用例　クラスの人気者《にんきもの》の彼女《かのじょ》は、僕《ぼく》にとっては高嶺の花だ。

参考　「高嶺」は、高い山《やま》の頂上《ちょうじょう》のこと。

★高飛車《たかびしゃ》に出《で》る　慣用句

意味　相手《あいて》を威力《いりょく》で一方的《いっぽうてき》に抑《おさ》え付《つ》けるような態度《たいど》を取《と》る。

用例　兄《あに》は「おやつをよこせ。」と、妹《いもうと》の私《わたし》に対《たい》して高飛車に出た。

参考　将棋《しょうぎ》の駒《こま》の「飛車」を自分《じぶん》の陣《じん》の前《まえ》に出《だ》し、強気《つよき》で進《すす》めていく戦《たたか》い方《かた》からきた言葉《ことば》。

高《たか》みの見物《けんぶつ》　慣用句

意味　遠《とお》く離《はな》れたところや、関《かか》わりのないところから、事件《じけん》や騒《さわ》ぎを気楽《きらく》に眺《なが》めること。

用例　先生《せんせい》たちがグラウンドに迷《まよ》い込《こ》んだ犬《いぬ》を捕《つか》まえようと走《はし》り回《まわ》っているのを、教室《きょうしつ》から高みの見物をしていた。

類似　対岸《たいがん》の火事《かじ》

★宝《たから》の持《も》ち腐《ぐさ》れ　慣用句

意味　せっかくの才能《さいのう》や役《やく》に立《た》つ貴重《きちょう》なものを、すっかりしまいこんで活用《かつよう》していないこと。

用例　いいシューズを買《か》ってもらったのに、練習《れんしゅう》に出《で》ないんじゃ、宝の持ち腐れだよ。

★高《たか》を括《くく》る　慣用句

意味　たいしたことがないと軽《かる》く見《み》る。

用例　相手《あいて》チームの戦力《せんりょく》はたいしたことがないと高を括っていたよ。

参考　「高」は、程度《ていど》。「括る」は、まとめる、区切《くぎ》りを付《つ》けるという意味《いみ》。

叩けばほこりが出る

多芸《たげい》は無芸《むげい》 ことわざ

意味 さまざまな才能《さいのう》や能力《のうりょく》を持《も》っていても、一《ひと》つのことを極《きわ》めきれず、結局《けっきょく》は芸がないのと一緒《いっしょ》だということ。

用例 あれこれ習《なら》い事《ごと》に取《と》り組《く》んでも「多芸は無芸」といわれるように、一つのことも身《み》につかずに終《お》わるかもしれないよ。

類似 器用貧乏《きようびんぼう》

竹《たけ》を割《わ》ったよう 慣用句

意味 物事《ものごと》にこだわらず、さっぱりとした性質《せいしつ》のたとえ。

用例 僕《ぼく》の母《はは》は竹を割ったような性格《せいかく》の人《ひと》で、思《おも》ったことは言《い》わずにいられない。

★他山《たざん》の石《いし》 故事成語

意味 他人《たにん》の誤《あやま》った言動《げんどう》も、自分《じぶん》の戒《いまし》めとして役立《やくだ》てること。

用例 兄《あに》の失敗《しっぱい》を他山の石として、自分の今後《こんご》の行動《こうどう》に役立てたい。

参考 「よその山《やま》から出《で》た粗悪《そあく》な石でも、自分の宝石《ほうせき》を磨《みが》くのに役に立つ」という中国《ちゅうごく》の『詩経《しきょう》』にある言葉《ことば》から。目上《めうえ》の人《ひと》の言動について用《もち》いるのは間違《まちが》い。

類似 人こそ人の鏡《かがみ》・人のふり見《み》て我《わ》がふり直《なお》せ

出《だ》しに使《つか》う 慣用句

意味 自分《じぶん》の利益《りえき》のために、何《なに》かをうまく利用《りよう》する。「出しにする」ともいう。

用例 弟《おとうと》を出しに使っておやつをもらう。

参考 ここでの「出し」は、方便《ほうべん》や口実《こうじつ》のこと。

多勢《たぜい》に無勢《ぶぜい》 慣用句

意味 大人数《おおにんずう》に少数《しょうすう》で立《た》ち向《む》かっても、とても対抗《たいこう》できないということ。

用例 学級会《がっきゅうかい》で出《だ》した僕《ぼく》の意見《いけん》は多勢に無勢で、結局採用《けっきょくさいよう》されなかった。

★蛇《だ》足《そく》 故事成語

意味 あっても意味《いみ》のない無用《むよう》なもの。無駄《むだ》な付《つ》け足《た》し。

用例 すばらしい絵《え》は、見《み》ただけでそれとわかる。くどくどした解《かい》説《せつ》は蛇足だよ。

故事 昔《むかし》、中国で、酒《さけ》を賭《か》けて男《おとこ》達《たち》が蛇《へび》の絵を描《か》く競争《きょうそう》をした。最《さい》初《しょ》に描き上げた男が余裕《よゆう》を見せて蛇に足《あし》を描き足したところ、蛇ではないとして、二番目《にばんめ》に描き上げた男に酒を飲《の》み干《ほ》されてしまった。(戦国策《せんごくさく》)

叩《たた》けばほこりが出《で》る 慣用句

意味 あれこれ調《しら》べていくと、どんな人《ひと》でも表《おもて》には現《あらわ》れていない弱《じゃく》

ただより高いものはない

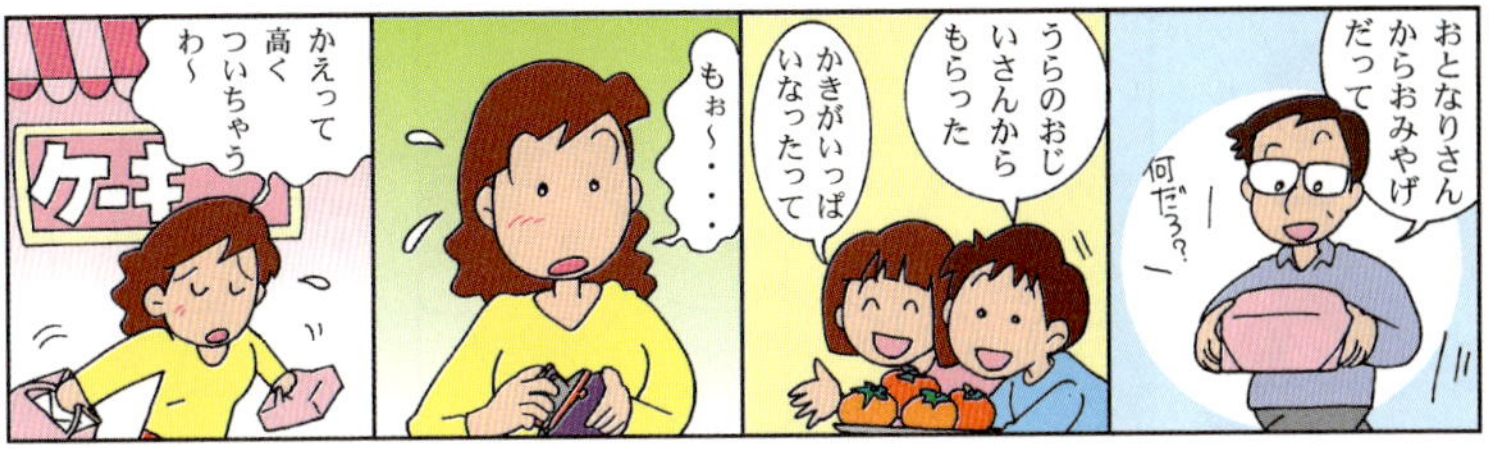

た

点《てん》や後《うし》ろめたいところが見《み》つかる。「叩けばほこりが立《た》つ」ともいう。

用例 彼《かれ》は一見《いっけん》いい人のように見えるけれど、叩けばほこりが出るもんだね。

畳《たたみ》の上《うえ》の水練《すいれん》 慣用句

意味 理論《りろん》だけでは役《やく》に立《た》たないというたとえ。「畳水練」「畑《はたけ》水練」ともいう。

用例 英会話《えいかいわ》を身《み》につけたいなら、実際《じっさい》に英語《えいご》で会話をしなきゃだめさ。本《ほん》ばかりで勉強《べんきょう》していたって、畳の上の水練でものにならないよ。

参考 畳の上でいくら泳《およ》ぎ方《かた》を練《れん》習《しゅう》しても、実際に泳げるようにはならないところから。

類似 絵《え》に描《か》いた餅《もち》・机上《きじょう》の空論《くうろん》

ただより高《たか》いものはない ことわざ

意味 無料《むりょう》で物《もの》をもらったり、訳《わけ》もなく親切《しんせつ》にされたりすると、あとになって頼《たの》まれ事《ごと》をさせられたり、お礼《れい》をしたりすることになり、かえって高くついてしまうということ。

用例 人気《にんき》グループのチケットを友達《ともだち》からもらったけど、あとでただより高いものはないということにならなければいいけどね。

駄々《だだ》をこねる 慣用句

意味 子《こ》どもが自分勝手《じぶんかって》なわがままを言《い》う。

用例 妹《いもうと》はおもちゃが欲《ほ》しいと駄々をこねて、デパートの売《う》り場《ば》に座《すわ》り込《こ》んで動《うご》こうとしなかった。

★太刀打《たちう》ちできない 慣用句

意味 相手《あいて》の力《ちから》がはるかに上《うえ》であるため、対等《たいとう》に勝負《しょうぶ》ができない。

用例 兄《あに》の投《な》げるボールには、とても太刀打ちできない。

類似 歯《は》が立《た》たない。

立《た》つ瀬《せ》がない 慣用句

意味 立場《たちば》がなくなって、周囲《しゅうい》に合《あ》わせる顔《かお》がない。

用例 あとからピアノを習《なら》い始《はじ》めた妹《いもうと》のほうがうまくなっちゃって、姉《あね》の私《わたし》としては立つ瀬がないわ。

立《た》っている者《もの》は親《おや》でも使《つか》え ことわざ

意味 急《いそ》いでいるときや、やむを得《え》ないときは、そばにいる人《ひと》は誰《だれ》であろうと、用《よう》を頼《たの》めばよい。

用例 立っている者は親でも使えで、悪《わる》いけど郵便《ゆうびん》受《う》けを見《み》てきてよ。

★立《た》つ鳥跡《とりあと》を濁《にご》さず ことわざ

意味 立ち去《さ》るときは、きれいに

蓼食う虫も好き好き

ようこちゃん
ミミズ平気《へいき》なの？
かわいいじゃない
嫌《きら》いなの？
バッタは
ダメなの？
ピョ〜ン
キャーーッ

後始末《あとしまつ》をしておくべきである。「飛《と》ぶ鳥跡を濁さず」ともいう。

用例　一年間使《いちねんかんつか》った教室《きょうしつ》は、「立つ鳥跡を濁さず」というように、きれいにしておこう。

対照　後は野《の》となれ山《やま》となれ

手綱《たづな》を締《し》める　慣用句

意味　行《い》き過《す》ぎたり、勝手気《かってき》ままなことをしないように、気を付《つ》けるように言《い》ったり、行動《こうどう》を制限《せいげん》したりする。「手綱を引《ひ》き締める」ともいう。

用例　僕《ぼく》が遊《あそ》んでばかりで勉強《べんきょう》をしないので、父《ちち》が手綱を締めにかかった。

参考　「手綱」は、馬《うま》を操《あやつ》るために馬のくつわに付けた綱。

★立《た》て板《いた》に水《みず》　慣用句

意味　話《はな》し方《かた》によどみがなく、続《つづ》けてどんどん言葉《ことば》が出《で》る様子《ようす》。

用例　彼女《かのじょ》はふだんあまりしゃべらないが、ゲームの話《はなし》をするときは立て板に水だ。

参考　「上方《かみがた》いろはかるた」にある。

類似　一瀉千里《いっしゃせんり》

★蓼食《たでく》う虫《むし》も好《す》き好き　ことわざ

意味　好き嫌《きら》いは人《ひと》それぞれ、いろいろである。

用例　蓼食う虫も好き好きで、優《ゆう》子《こ》さんはみみずの観察《かんさつ》が趣味《しゅみ》だそうだ。

参考　「蓼」は葉《は》が辛《から》く、これを好《この》んで食《た》べる虫がいることから。

類似　十人十色《じゅうにんといろ》

盾《たて》（楯）に取《と》る　慣用句

意味　ある事《こと》を言《い》い訳《わけ》の材料《ざいりょう》に使《つか》ったり、自分《じぶん》の立場《たちば》を守《まも》るための手段《しゅだん》にしたりする。

用例　宿題《しゅくだい》を盾に取って、母《はは》に頼《たの》まれた庭掃除《にわそうじ》を断《ことわ》ろうとしたが、無理《むり》だった。

参考　「盾」は、戦《いくさ》で敵《てき》の矢《や》やりなどを防《ふせ》ぐための武具《ぶぐ》。

伊達《だて》の薄着《うすぎ》　慣用句

意味　重《かさ》ね着をして見《み》た目《め》が見苦《みぐる》しくなることを嫌《いや》がって、寒《さむ》くても我慢《がまん》して薄着をすること。

用例　伊達の薄着で、姉《あね》はおしゃれのために真冬《まふゆ》でもミニスカートで外出《がいしゅつ》する。

参考　「伊達」は、派手《はで》に外見《がいけん》を飾《かざ》ること。一説《いっせつ》には、戦国《せんごく》の武将《ぶしょう》、伊達政宗《まさむね》の家来《けらい》が、派手な服装《ふくそう》で目立《めだ》ったことからともいわれる。

縦《たて》の物《もの》を横《よこ》にもしない　慣用句

意味　向《む》きを変《か》えることさえしないということから、めんどうくさがって何《なに》もしないこと。「横の物

他人の空似

あら？
帰ってたの
今帰ったとこ
さっき本屋《ほんや》さんにいなかった？
他人の空似じゃない
あれ？
パパ・・・
さっきビデオ屋さんに―
他人の空似
だって
ドキッ

を縦にもしない」ともいう。

用例　父《ちち》は家《いえ》に帰《かえ》ったら縦の物を横にもしないので、母《はは》にしょっちゅう文句《もんく》を言《い》われている。

立《た》てば芍薬《しゃくやく》座《すわ》れば牡丹《ぼたん》歩《ある》く姿《すがた》は百合《ゆり》の花《はな》　ことわざ

意味　美《うつく》しい女性《じょせい》の姿形《すがたかたち》、しぐさ、振《ふ》る舞《ま》いをたとえた言葉《ことば》。

用例　若《わか》い頃《ころ》の母《はは》は、「立てば芍薬座れば牡丹歩く姿は百合の花」といわれるほど美しかったそうだ。

盾《たて》(楯)を突《つ》く　慣用句

意味　反抗《はんこう》する。「盾突く」ともいう。

用例　弟《おとうと》のくせに兄《あに》に盾を突くとは、生意気《なまいき》だ。

★棚《たな》からぼた餅《もち》　ことわざ

意味　何《なに》もしていないのに、予想《よそう》もしていなかった幸運《こううん》が巡《めぐ》ってくること。短《みじか》く「棚ぼた」ともいう。

用例　家《いえ》で留守番《るすばん》をしていると、棚からぼた餅で、おばあさんがお菓子《かし》を持《も》って訪《たず》ねてきた。

棚《たな》に上《あ》げる　慣用句

意味　都合《つごう》の悪《わる》い事《こと》は先《さき》に延《の》ばして後回《あとまわ》しにする、または触《ふ》れないでおく。「棚上げにする」ともいう。

用例　兄《あに》は自分《じぶん》のことは棚に上げて、僕《ぼく》に家《いえ》の手伝《てつだ》いをしろと言《い》う。

他人行儀《たにんぎょうぎ》　四字熟語

意味　親《した》しい間柄《あいだがら》なのに、よそよそしく振《ふ》る舞《ま》う様子《ようす》。

用例　他人行儀な挨拶《あいさつ》は省《はぶ》いて、早速《さっそく》話《はな》し合《あ》いを始《はじ》めようよ。

他人《たにん》の空似《そらに》　慣用句

意味　血《ち》のつながりのない他人なのに、偶然《ぐうぜん》にも顔《かお》つきがよく似ていること。

用例　今日《きょう》来《き》た転校生《てんこうせい》の彼《かれ》は、「他人の空似」というべきか、僕《ぼく》の兄《あに》とそっくりだ。

他人《たにん》の飯《めし》を食《く》う　慣用句

意味　親元《おやもと》を離《はな》れて、社会《しゃかい》に出《で》て世間《せけん》にもまれ、さまざまな経験《けいけん》を積《つ》む。

用例　わがままだった息子《むすこ》も、高《こう》校《こう》を卒業《そつぎょう》して他人の飯を食うようになって、精神的《せいしんてき》に成長《せいちょう》したなあ。

狸《たぬき》寝《ね》入《い》り　慣用句

意味　寝ているふりをすること。

用例　母《はは》にお使《つか》いを頼《たの》まれそうだったので、狸寝入りをしてやり過《す》ごした。

参考　狸は、驚《おどろ》くと気絶《きぜつ》する習性《しゅうせい》があり、それが人間《にんげん》をだますために寝たふりをしていると取《と》られた

旅は道連れ世は情け

ことから。

頼《たの》みの綱《つな》 慣用句

意味 当《あ》てにしているものや頼《たよ》りにしている人《ひと》。

用例 新《あたら》しいゲームを買《か》うには、母《はは》のお年玉《としだま》が頼みの綱だ。

旅《たび》の恥《はじ》はかき捨《す》て ことわざ

意味 旅に出《で》た先《さき》では、自分《じぶん》のことを知《し》っている人《ひと》はいないし、やがて立《た》ち去《さ》ってしまう場所《ばしょ》なので、ふだんは決《けっ》してしない行動《こうどう》でも、平気《へいき》でやってしまうこと。

用例 旅の恥はかき捨てとばかり、ごみを投《な》げ捨てて帰《かえ》る人がいるので、地元《じもと》の住民《じゅうみん》は困《こま》っている。

旅《たび》は道連《みちづ》れ世《よ》は情《なさ》け ことわざ

意味 見知《みし》らぬ土地《とち》を旅するときには、同行者《どうこうしゃ》がいると心強《こころづよ》い。それと同《おな》じように、世《よ》の中《なか》も思《おも》いやりを持《も》って互《たが》いに助《たす》け合《あ》って生《い》きていくのがよいということ。単《たん》に「旅は道連れ」ともいう。

用例 君《きみ》と同《おな》じクラスになったのも何《なに》かの縁《えん》、旅は道連れ世は情け、助け合っていこうね。

参考 「江戸《えど》いろはかるた」にある。

★玉《たま》に瑕《きず》 故事成語

意味 立派《りっぱ》なもの、優《すぐ》れたものにあるわずかな欠点《けってん》。

用例 彼《かれ》は勉強《べんきょう》もスポーツもできるが、忘《わす》れ物《もの》が多《おお》いのが玉に瑕だ。

参考 「玉」は宝石《ほうせき》のことで、美《うつく》しいもの、すばらしいものを表《あらわ》す。中国《ちゅうごく》の『論衡《ろんこう》』にある言葉《ことば》。

玉磨《たまみが》かざれば光《ひかり》なし ことわざ

意味 どんなすばらしい宝石《ほうせき》も磨かなければ美《うつく》しく光《ひか》り輝《かがや》かないように、どんなすばらしい素質《そしつ》、才《さい》能《のう》も、勉強《べんきょう》を積《つ》み重《かさ》ね、自分《じぶん》を鍛《きた》えなければ、すばらしいものにはならない。

用例 彼《かれ》は足《あし》も速《はや》いし、動《うご》きも素《す》早《ばや》いけれど、玉磨かざれば光りなしで、練習《れんしゅう》に出《で》てこないから上達《じょうたつ》しない。

★駄目《だめ》を押《お》す 慣用句

意味 今後《こんご》の行方《ゆくえ》がわかりきったことでも、念《ねん》のため確認《かくにん》する。

用例 出《で》かける母《はは》に「ゲームをしないでちゃんとテスト勉強《べんきょう》をするのよ。」と駄目を押された。

参考 「駄目」は、囲碁《いご》で両者《りょうしゃ》の境界《きょうかい》にあるどちらのものでもない空所《くうしょ》。優勢《ゆうせい》な方《ほう》がそこに石《いし》を置《お》いて、勝利《しょうり》を確実《かくじつ》なものにすることから。

類似 念《ねん》を押す

袂《たもと》を分《わ》かつ

慣用句

意味　今《いま》まで行動《こうどう》を共《とも》にしてきた人《ひと》と別《わか》れる。それまでの関係を絶《た》つ。

用例　二人《ふたり》はテニスのダブルスでペアを組《く》んでいたが、今度《こんど》の大会《たいかい》を前《まえ》に、袂を分かつことになった。

参考　「袂」は、着物《きもの》の袖《そで》の下《した》の部分《ぶぶん》。

便《たよ》りのないのは良《よ》い便り

慣用句

意味　何《なん》の連絡《れんらく》もないのは、何事《なにごと》もなく元気《げんき》にやっているという証《しょう》拠《こ》だから心配《しんぱい》しなくてもいいということ。

用例　転校《てんこう》していった彼女《かのじょ》からその後《ご》何の連絡もないけれど、便りのないのは良い便りということでしょうね。

参考　元《もと》は西洋《せいよう》のことわざ。

★他力本願《たりきほんがん》

四字熟語

意味　自分《じぶん》でどうにかしようとしないで、他人《たにん》の力《ちから》を当《あ》てにすること。

用例　僕《ぼく》はドッジボールは苦手《にがて》なので、他力本願、隅《すみ》っこで目立《めだ》たないようにしているつもりだ。

参考　元《もと》は仏教《ぶっきょう》の言葉《ことば》。「他力」は、自力《じりき》（自分の力）に対《たい》して阿弥《あみ》陀如来《だにょらい》の力を意味《いみ》する。その力にすがれば、人々《ひとびと》は極楽《ごくらく》に行《い》けるという考《かんが》えから。

★短気《たんき》は損気《そんき》

ことわざ

意味　短気を起《お》こすと、結局《けっきょく》は自《じ》分《ぶん》のためにはならず、かえって損をするということ。

用例　弟《おとうと》がうるさくて腹《はら》が立《た》ち、勉強《べんきょう》を投《な》げ出《だ》してしまった。テストの結果《けっか》はさんざんで、短気は損気と反省《はんせい》した。

断腸《だんちょう》の思《おも》い

故事成語

意味　腸《はらわた》（内臓《ないぞう》）がちぎれるほどのつらく悲《かな》しい思い。

用例　引《ひ》っ越《こ》していく友達《ともだち》を、断腸の思いで見送《みおく》った。

故事　昔《むかし》、中国《ちゅうごく》の晋《しん》の武将《ぶしょう》桓温《かんおん》が、部下《ぶか》を率《ひき》いて船《ふね》で蜀《しょく》を目指《めざ》していた。途中《とちゅう》、部下《ぶか》が猿《さる》の子《こ》を捕《つか》まえた。すると、その母猿《ははざる》が悲しげに鳴《な》いてどこまでも追《お》ってきた。母猿はやっと船に飛《と》び込《こ》むことができたが、すぐに死《し》んでしまった。その母猿の腹《はら》を裂《さ》いてみると、腸がずたずたにちぎれていた。
（世説新語《せせつしんご》）

類似　腸がちぎれる

★単刀直入《たんとうちょくにゅう》

故事成語

意味　前置《まえお》きなしにいきなり本題《ほんだい》に入《はい》ること。

用例　家《いえ》に帰《かえ》るなり、母《はは》に誕生日《たんじょうび》

竹馬の友

おっ
いつも一緒《いっしょ》だったよなぁ
小学生のころな
よく遊《あそ》んだよなぁ・・
ははは楽しかったね
今も乗《の》れるかなぁ
オレはムリだ

プレゼントは何《なに》かと単刀直入に聞《き》いた。

参考 一人《ひとり》で刀《かたな》を持《も》って、敵《てき》の中《なか》へ切《き》り込《こ》むことから。「短刀直入」と書《か》くのは誤《あやま》り。中国《ちゅうごく》の『景徳伝灯録《けいとくでんとうろく》』にある言葉《ことば》。

ち

血《ち》が通《かよ》う　慣用句

意味 思《おも》いやりや気遣《きづか》いなど、人間《にんげん》らしい温《あたた》かさが感《かん》じられる。

用例 今《いま》こそ血が通った政治《せいじ》が求《もと》められている。

血《ち》が騒《さわ》ぐ　慣用句

意味 興奮《こうふん》して心《こころ》が高《たか》まり、じっとしていられなくなる。

用例 昔野球選手《むかしやきゅうせんしゅ》だった父《ちち》は、僕《ぼく》たちの草《くさ》野球を見《み》ると、血が騒いでしょうがないようだ。

血《ち》が上《のぼ》る　慣用句

意味 興奮《こうふん》してかっとなる。逆上《ぎゃくじょう》する。

用例 彼《かれ》のあまりに失礼《しつれい》な物言《ものい》いに、血が上った。

★竹馬《ちくば》の友《とも》　故事成語

意味 幼《おさな》なじみ。

用例 隣《となり》のおじさんは、父《ちち》の竹馬の友だそうだ。

参考 幼い頃《ころ》、竹馬《たけうま》に乗《の》って一緒《いっしょ》に遊《あそ》び育《そだ》った友達《ともだち》。中国《ちゅうごく》の『晋書《しんじょ》』にある言葉《ことば》。

父《ちち》の恩《おん》は山《やま》よりも高《たか》く、母《はは》の恩は海《うみ》よりも深《ふか》し　故事成語

意味 愛情深《あいじょうぶか》い父母《ちちはは》の恩は、これ以上《いじょう》のものはないほど深い。「父母の恩は山よりも高く海よりも深し」ともいう。

用例 「父の恩は山よりも高く、母の恩は海よりも深し」という言葉《ことば》もあるが、両親《りょうしん》にはとても感謝《かんしゃ》している。

参考 中国《ちゅうごく》の『童子教《どうじきょう》』にある言葉。

血《ち》で血を洗《あら》う　故事成語

意味 ①悪事《あくじ》に対《たい》して悪事をもって対《たい》処《しょ》する。暴力《ぼうりょく》に対して暴力をもって対処する。②親兄弟《おやきょうだい》など、血のつながった者同士《ものどうし》が激《はげ》しく争《あらそ》う。「血を血で洗う」ともいう。

用例 ②織田信長《おだのぶなが》は、一族内《いちぞくない》の血で血を洗う戦《たたか》いの末《すえ》、権力《けんりょく》を握《にぎ》った。

参考 血で汚《よご》れた体《からだ》を洗うのに、血を用《もち》いれば、ますます汚れることから。中国《ちゅうごく》の『旧唐書《くとうじょ》』にある言葉《ことば》。

血も涙もない

地《ち》に落《お》ちる　慣用句

意味　名誉《めいよ》や権力《けんりょく》があっという間《ま》に衰《おとろ》える。

用例　今回《こんかい》の不祥事《ふしょうじ》(好《この》ましくない事件《じけん》)が元《もと》で、有名料理店《ゆうめいりょうりてん》の名《な》も地に落ちてしまった。

血《ち》の雨《あめ》を降《ふ》らす　慣用句

意味　多《おお》くの人《ひと》が殺《ころ》し合《あ》ったり傷《きず》つけ合ったりする。

用例　世界《せかい》には、人々が争《あらそ》い、血の雨を降らしている地域《ちいき》がある。

血《ち》の気《け》が失《う》せる　慣用句

意味　顔《かお》が青《あお》くなる。血色《けっしょく》がなくなる。ぞっとする。「血の気が引《ひ》く」ともいう。

用例　自転車《じてんしゃ》に乗《の》っていて、危《あや》うく車《くるま》と衝突《しょうとつ》しそうになり、一瞬《いっしゅん》血の気が失せた。

類似　色《いろ》を失《うしな》う

血《ち》の気《け》が多《おお》い　慣用句

意味　気持《きも》ちが高《たか》ぶり、興奮《こうふん》しやすい。ちょっとしたことでも感情《かんじょう》にまかせて行動《こうどう》しそうになる。

用例　おじいちゃんは血の気が多いので、いつもちょっとしたことでかんかんに怒《おこ》る。

血《ち》のにじむよう　慣用句

意味　とてもつらくて苦《くる》しい努力《どりょく》を続《つづ》ける様子《ようす》。「血の出《で》るよう」ともいう。

用例　血のにじむような練習《れんしゅう》を重《かさ》ねて、難《むずか》しいピアノの曲《きょく》を弾《ひ》けるようになった。

地《ち》の利《り》を得《え》る　慣用句

意味　その場所《ばしょ》の位置《いち》や地形《ちけい》が、ある事《こと》をするのに有利《ゆうり》である。

用例　店《みせ》を繁盛《はんじょう》させるには、まず地の利を得ることが第一《だいいち》だ。

参考　「地の利」は、地理的《ちりてき》に有利なこと。

血《ち》は水《みず》よりも濃《こ》い　ことわざ

意味　血のつながりがある関係《かんけい》のほうが、他人同士《たにんどうし》の関係よりも、何《なに》かのときには頼《たよ》りになる。

用例　社長《しゃちょう》は血は水よりも濃いという考《かんが》えの人《ひと》で、結局後継者《けっきょくこうけいしゃ》は息子《むすこ》となった。

対照　兄弟《きょうだい》は他人の始《はじ》まり

血眼《ちまなこ》になる　慣用句

意味　目《め》を血走《ちばし》らせて、必死《ひっし》になる。

用例　大事《だいじ》なプラモデルの部品《ぶひん》がなくなり、血眼になって探《さが》した。

★血《ち》も涙《なみだ》もない　慣用句

意味　優《やさ》しさや思《おも》いやりがない。冷酷《れいこく》で人間的《にんげんてき》な感情《かんじょう》がない。

茶々を入れる

用例 お年寄《としよ》りをだましてお金《かね》を奪《うば》い取《と》るなんて、血も涙もないやつだ。

茶々《ちゃちゃ》を入《い》れる　慣用句

意味 人《ひと》の話《はなし》の途中《とちゅう》で冷《ひ》やかしてじゃまをする。

用例 せっかく仲直《なかなお》りしかけていたのに、私《わたし》が茶々を入れたせいで台《だい》なしにしてしまった。

忠言耳《ちゅうげんみみ》に逆《さか》らう　故事成語

意味 ためになる忠告《ちゅうこく》は、自分《じぶん》の弱点《じゃくてん》をずばりと突《つ》いてくるので、気持《きも》ちを害《がい》され、素直《すなお》には聞《き》き入《い》れにくいものだ。「金言耳《きんげんみみ》に逆らう」ともいう。

用例 宿題《しゅくだい》を丁寧《ていねい》にやらないから、テストの点数《てんすう》が低《ひく》いのだと兄《あに》に言《い》われた。「忠言耳に逆らう」というとおり、本当《ほんとう》のことを言われると、素直に聞けなかった。

参考 中国《ちゅうごく》の『孔子家語《こうしけご》』にある言葉《ことば》。

類似 良薬《りょうやく》は口《くち》に苦《にが》し

昼夜兼行《ちゅうやけんこう》　故事成語

意味 昼《ひる》と夜《よる》の区別《くべつ》なく物事《ものごと》をすること。

用例 期日《きじつ》に間《ま》に合《あ》わせるため、道路工事《どうろこうじ》が昼夜兼行で進《すす》められている。

参考 「兼行」は、二《ふた》つの事を兼《か》ねて行《おこな》うこと。中国《ちゅうごく》の『三国志《さんごくし》』にある言葉《ことば》。

類似 不眠不休《ふみんふきゅう》・夜《よ》を日《ひ》に継《つ》ぐ

★朝三暮四《ちょうさんぼし》　故事成語

意味 目先《めさき》の違《ちが》いにだまされて、結局《けっきょく》は同《おな》じであることに気《き》が付《つ》かないこと。また、うまい話《はなし》で人《ひと》をだますこと。

用例 そうそううまい話ってない

◆**第六感《だいろっかん》**
視《し》、聴《ちょう》、嗅《きゅう》、味《み》、触《しょく》の五《いつ》つの感覚以外《かんかくいがい》の第六番目《ばんめ》の感覚という意味《いみ》から、鋭《するど》く物事《ものごと》を見抜《みぬ》く心《こころ》の働《はたら》き。直感《ちょっかん》。「君《きみ》が今日《きょう》やってくるというのは、第六感でぴんときたよ。」

◆**断末魔《だんまつま》**
死《し》ぬ間際《まぎわ》、また、その時《とき》の苦痛《くつう》。「アクションゲームの敵《てき》のボスは、僕《ぼく》の攻撃《こうげき》に断末魔の叫《さけ》びを上《あ》げた。」

◆**茶番《ちゃばん》**
ばからしく、底《そこ》の見《み》え透《す》いた行為《こうい》や出来事《できごと》。江戸時代《えどじだい》の歌舞伎《かぶき》で、下手《へた》な役者《やくしゃ》が身近《みぢか》な小道具《こどうぐ》を使《つか》って演《えん》じたおもしろい寸劇《すんげき》のことを茶番狂言《きょうげん》といったことから生《う》まれた言葉《ことば》。「テレビタレントがおおげさに泣《な》いてみせてるけど、あんなのは茶番だよ。」

長蛇の列
どうしたの?
アイス落《お》としちゃった——
ドジだな〜 二回目だろ
違《ちが》うよ! はじめてだよ!
あっ
アリだ!
すご〜い
ゾロゾロ
長蛇の列

もんだよ。よく注意《ちゅうい》してみれば、朝三暮四で自分《じぶん》がだまされていたことに気が付くから。

故事　中国《ちゅうごく》の宋《そう》の狙公《そこう》という人物《じんぶつ》は猿《さる》を飼《か》っていたが、貧《まず》しくなったので、餌《えさ》を減《へ》らさなければならなくなった。猿たちに「とちの実《み》を朝三《みっ》つ晩四《ばんよっ》つでどうか。」と言《い》うと、いっせいに怒《おこ》り出《だ》した。そこで、「朝四つ晩三つでどうか。」と言い直《なお》すと、猿たちは今度《こんど》は喜《よろこ》んだ。（列子《れっし》）

長所《ちょうしょ》は短所《たんしょ》　ことわざ

意味　長所も別《べつ》の見方《みかた》をすれば短所になることもある。

用例　弟《おとうと》の几帳面《きちょうめん》なところは長所は短所で、何《なに》をやっても時間《じかん》がかかる。

参考　「長所」は、優《すぐ》れているところ。「短所」は、劣《おと》っているところ。

帳尻《ちょうじり》を合《あ》わせる　慣用句

意味　①収入《しゅうにゅう》と支出《ししゅつ》を正確《せいかく》に計算《けいさん》し、数字《すうじ》を合《あ》わせる。②物事《ものごと》の始《はじ》めと終《お》わりの筋道《すじみち》を合わせる。

用例　②うそをごまかすために、何《なん》とか作《つく》り話《ばなし》の帳尻を合わせた。

参考　「帳尻」は、会計帳簿《かいけいちょうぼ》の最後《さいご》のところ、または収支計算の結果《けっか》のこと。

類似　辻褄《つじつま》を合わせる

長蛇《ちょうだ》の列《れつ》　慣用句

意味　蛇《へび》のように細長《ほそなが》く続《つづ》いている行列《ぎょうれつ》。

用例　夏物《なつもの》のバーゲンセールに、長蛇の列ができていた。

★提灯《ちょうちん》に釣《つ》り鐘《がね》　ことわざ

意味　両者《りょうしゃ》の違《ちが》いが大《おお》きすぎて、まったく比較《ひかく》にならなかったり、釣り合《あ》わなかったりすること。

用例　アマチュアの中《なか》では彼《かれ》が最強《さいきょう》だが、プロに比《くら》べれば、しょせん提灯に釣り鐘だよ。

類似　雲泥《うんでい》の差《さ》・月《つき》とすっぽん

提灯《ちょうちん》を持《も》つ　慣用句

意味　ある人《ひと》の手下《てした》となって動《うご》き回《まわ》る。そのような人を「提灯持ち」という。

用例　上司《じょうし》の提灯を持ってばかりいる彼《かれ》は、同僚《どうりょう》から嫌《きら》われている。

類似　お先棒《さきぼう》を担《かつ》ぐ

蝶《ちょう》よ花《はな》よ　慣用句

意味　子《こ》どもをとてもかわいがってたいせつにする様子《ようす》。

用例　お隣《となり》のご両親《りょうしん》は、一人《ひとり》っ子の娘《むすめ》さんを、蝶よ花よと大事《だいじ》に育《そだ》てている。

参考　ふつう、女《おんな》の子の場合《ばあい》に使《つか》う。

塵も積もれば山となる

チャリーン
どうして一円玉ばかり入れるの？
おつりよ
一円でもねたまれば一万円になるんだから…
そうしたら焼肉《やきにく》ね
今日焼肉なの？
ちりが山になったらねー
1万円

★朝令暮改《ちょうれいぼかい》 故事成語

意味 規則《きそく》や命令《めいれい》がすぐにころころと変《か》わって定《さだ》まらないこと。

用例 私《わたし》の上司《じょうし》は、言《い》うことが朝令暮改でころころ変わるので困《こま》る。

参考 朝《あさ》に出《だ》した命令が、その日《ひ》の夕方《ゆうがた》には変わるということから。中国《ちゅうごく》の『漢書《かんじょ》』にある言葉《ことば》。

★猪突猛進《ちょとつもうしん》 四字熟語

意味 猪《いのしし》が走《はし》るときはひたすらまっすぐ突《つ》き進《すす》むように、あと先《さき》のことを考《かんが》えずに、猛烈《もうれつ》な勢《いきお》いでがむしゃらに行動《こうどう》すること。

用例 君《きみ》は行動力《りょく》はあるが、猪突猛進だから、もう少《すこ》し考えないと大《おお》きな失敗《しっぱい》をするよ。

★塵《ちり》も積《つ》もれば山《やま》となる ことわざ

意味 ほんの小《ちい》さなことでも継続《けいぞく》して積み重《かさ》ねていけば、大《おお》きなものが身《み》についたり、できあがったりする。

用例 一円《いちえん》ずつ貯金《ちょきん》していたが、塵も積もれば山となるで、一万円《いちまんえん》にもなった。

参考 「江戸《えど》いろはかるた」にある。

血湧《ちわ》き肉躍《にくおど》る 慣用句

意味 興奮《こうふん》して気持《きも》ちが高《たか》まったり、体《からだ》に力《ちから》がみなぎったりする。

用例 この冒険小説《ぼうけんしょうせつ》は、少年《しょうねん》たちが悪《あく》の組織《そしき》を懲《こ》らしめる内容《ないよう》で、血湧き肉躍る展開《てんかい》だった。

沈黙《ちんもく》は金《きん》、雄弁《ゆうべん》は銀《ぎん》 ことわざ

意味 うまく話《はな》すよりも、黙《だま》っているほうがよい場合《ばあい》があること。「雄弁は銀、沈黙は金」ともいう。

用例 「沈黙は金、雄弁は銀」というが、父《ちち》はあまりしゃべらない分《ぶん》、とても存在感《そんざいかん》がある。

参考 元《もと》は西洋《せいよう》のことわざ。

つ

★月《つき》とすっぽん ことわざ

意味 二《ふた》つのものが、似《に》ているようでいて非常《ひじょう》に違《ちが》っていること。

用例 この店《みせ》の高級《こうきゅう》ステーキの味《あじ》は、家《いえ》で食《た》べるステーキとは月とすっぽんだ。

参考 「すっぽん」は亀《かめ》の一種《いっしゅ》で、甲羅《こうら》は柔《やわ》らかく、円形《えんけい》をしている。

類似 雲泥《うんでい》の差《さ》・提灯《ちょうちん》に釣《つ》り鐘《がね》

月《つき》に叢雲《むらくも》、花《はな》に風《かぜ》 ことわざ

意味 よいことには妨《さまた》げが起《お》きやすいことのたとえ。「花に嵐《あらし》」ともいう。

角を矯めて牛を殺す

用例 「月に叢雲、花に風」とはいうが、富士山《ふじさん》の頂上《ちょうじょう》から御来光《ごらいこう》(日《ひ》の出《で》)を拝《おが》もうとしたのに、悪《あく》天候《てんこう》でまったく見《み》えなかった。

参考 せっかくの美《うつく》しい月も雲が出《で》れば隠《かく》され、きれいに咲《さ》いていた桜《さくら》も風《ふ》に吹《ふ》かれれば散《ち》らされることから。

類似 好事魔多《こうじまおお》し

月夜《つきよ》に釜《かま》を抜《ぬ》かれる　ことわざ

意味 非常《ひじょう》に油断《ゆだん》しているたとえ。

用例 窓《まど》を閉《し》め忘《わす》れて外出《がいしゅつ》するなんて、月夜に釜を抜かれるよ。

参考 「抜かれる」は盗《ぬす》まれるで、明《あか》るい月夜なのに釜を盗まれるという意味《いみ》。「江戸《えど》・上方《かみがた》いろはかるた」にある。

月夜《つきよ》に提灯《ちょうちん》　慣用句

意味 役《やく》に立《た》たないもの、無駄《むだ》なもののこと。

用例 曇《くも》りの日《ひ》に日傘《ひがさ》なんて月夜に提灯だと思《おも》うかもしれないけど、曇っていても紫外線《しがいせん》は差《さ》しているから、気《き》を付《つ》けたほうがいいよ。

付《つ》け焼《や》き刃《ば》　慣用句

意味 その場限《ばかぎ》りの間《ま》に合《あ》わせに知識《ちしき》を覚《おぼ》えたり、芸《げい》を習《なら》ったりすること。

用例 クリスマスコンサートで合《がっ》唱《しょう》をすることになったが、みんな忙《いそが》しくて、付け焼き刃の出《だ》し物《もの》になってしまった。

参考 「付け焼き刃」は、切《き》れのよくない刃物《はもの》に鋼《はがね》の焼き刃を付け足《た》したもの。一時《いっとき》切れるが、少《すこ》し使《つか》い込《こ》むと切れ味《あじ》が悪《わる》くなってしまう。

津津浦浦《つつうらうら》　四字熟語

意味 あちこちの港《みなと》や海岸《かいがん》。転《てん》じて、ありとあらゆる場所《ばしょ》。「津津《つづ》浦浦」とも読《よ》む。

用例 全国《ぜんこく》津津浦浦旅《たび》をして回《まわ》り、各地方《かくちほう》の方言《ほうげん》について研究《けんきゅう》をした。

角《つの》を矯《た》めて牛《うし》を殺《ころ》す　ことわざ

意味 少《すこ》しの欠点《けってん》を直《なお》そうとして、かえって物事全体《ものごとぜんたい》をだめにしてしまう。

用例 やんちゃなところのある男《おとこ》の子《こ》にあれこれ注意《ちゅうい》しすぎると、角を矯めて牛を殺すということにもなるので、のびのびと育《そだ》てよう。

参考 曲《ま》がっている牛の角をまっすぐに直そうとして、牛を殺してしまうということから。

粒《つぶ》が揃《そろ》う　慣用句

意味 集《あつ》まった人《ひと》や物《もの》の質《しつ》が、どれも等《ひと》しく優《すぐ》れている。

用例 今年《ことし》の新入部員《しんにゅうぶいん》は粒が揃っ

爪の垢を煎じて飲む

何見てんの？
宿題《しゅくだい》忘《わす》れたって言ったら先生が・・
学級委員《がっきゅういいん》
ようこちゃんの爪の垢でも煎じて飲んだらって言われた
それより・・・
ちゃんと宿題やりなさい！

ている。次回《じかい》のコンクールは期待《きたい》できるんじゃないか。

つぶしがきく 慣用句

意味 今《いま》までとは別《べつ》の仕事《しごと》をしても、うまくやりこなす能力《のうりょく》がある。

用例 英語《えいご》ができると、何《なに》かとつぶしがきく。

罪《つみ》がない 慣用句

意味 無邪気《むじゃき》で憎《にく》めない。

用例 小《ちい》さい子《こ》のいたずらは、罪がない。

罪《つみ》を着《き》せる 慣用句

意味 自分《じぶん》の失敗《しっぱい》の責任《せきにん》や犯《おか》した罪を、他人《たにん》に押《お》し付《つ》ける。「罪を被《かぶ》せる」ともいう。

用例 部下《ぶか》に罪を着せて責任逃《のが》れをするなんて、最低《さいてい》な上司《じょうし》だ。

罪《つみ》を憎《にく》んで人《ひと》を憎まず 故事成語

意味 犯《おか》した罪そのものは憎むべきものであるが、その罪を犯した人までは憎んではならない。

用例 罪を憎んで人を憎まずの言《こと》葉《ば》に免《めん》じて、ここは彼《かれ》を許《ゆる》してやってくれ。

参考 中国《ちゅうごく》の『孔叢子《くぞうし》』にある孔《こう》子《し》の言葉《ことば》。

★旋毛《つむじ》を曲《ま》げる 慣用句

意味 気分《きぶん》を損《そこ》ね、ひねくれた態《たい》度《ど》を取《と》る。

用例 僕《ぼく》のよけいな一言《ひとこと》で彼女《かのじょ》は旋毛を曲げてしまい、口《くち》を利《き》いてくれなくなった。

参考 「旋毛」は、頭《あたま》のてっぺんにある、髪《かみ》の毛《け》が渦巻《うずま》き状《じょう》に生《は》えている所《ところ》。

類似 へそを曲げる

★爪《つめ》に火《ひ》をともす 慣用句

意味 非常《ひじょう》に貧《まず》しい。また、非常にけちである。

用例 今月《こんげつ》も赤字《あかじ》で、給料日《きゅうりょうび》までは爪に火をともすような生活《せいかつ》をしなくてはならない。

爪《つめ》の垢《あか》ほど 慣用句

意味 ごくわずか。非常《ひじょう》に少《すく》ない。

用例 爪の垢ほどのささいなことにも注意《ちゅうい》を怠《おこた》らないようにする。

★爪《つめ》の垢《あか》を煎《せん》じて飲《の》む 慣用句

意味 優《すぐ》れた人《ひと》に少《すこ》しでもあやかりたいと思《おも》うたとえ。

用例 僕《ぼく》は整理整頓《せいりせいとん》が大《だい》の苦手《にがて》なので、母《はは》に「お姉《ねえ》ちゃんの爪の垢を煎じて飲んだら？」と言《い》われた。

参考 「煎じる」は、お茶《ちゃ》や薬《くすり》などを煮《に》て、その成分《せいぶん》を十分《じゅうぶん》に出《だ》すこと。優れた人のものなら、ごく

鶴の一声

わずかな爪の垢でも薬になるだろうということから。

爪《つめ》を研《と》ぐ　慣用句

意味　目的《もくてき》を成《な》し遂《と》げようと、準《じゅん》備《び》を整《ととの》えてその機《き》会《かい》をねらう。

用例　魔《ま》女《じょ》はヘンゼルとグレーテルを捕《つか》まえようと、お菓《か》子《し》の家《いえ》で爪を研いで待《ま》っていた。

類似　牙《きば》を研ぐ

面《つら》の皮《かわ》が厚《あつ》い　慣用句

意味　ずうずうしく、厚《あつ》かましい態《たい》度《ど》で、恥《は》じるところがない。

用例　忘《わす》れ物《もの》をしても、遅《ち》刻《こく》をしても平《へい》気《き》な顔《かお》をしているとは、なんて面の皮が厚いんだ。

類似　厚《こう》顔《がん》無《む》恥《ち》・心《しん》臓《ぞう》が強《つよ》い

★鶴《つる》の一《ひと》声《こえ》　慣用句

意味　多《おお》くの人《ひと》があれこれと意《い》見《けん》を出《だ》し合《あ》ってもなかなか決《き》まらないとき、力《ちから》のある人がたった一《ひと》言《こと》発《はっ》言《げん》して物《もの》事《ごと》が決まること。

用例　文《ぶん》化《か》祭《さい》の出《だ》し物《もの》についてなかなかまとまらなかったが、クラス委《い》員《いん》の鶴の一声で、ミュージカルに決まった。

★鶴《つる》は千《せん》年《ねん》、亀《かめ》は万《まん》年《ねん》　ことわざ

意味　長《なが》生《い》きでめでたいこと。

用例　「鶴は千年、亀は万年」というように、祖《そ》母《ぼ》には長生きしてほしい。

て

手《て》足《あし》を伸《の》ばす　慣用句

意味　ゆっくりと休《やす》む。気《き》分《ぶん》をゆったりとさせてくつろぐ。

用例　実《じっ》家《か》に帰《かえ》ったら、思《おも》い切《き》り手足を伸ばすつもりだ。

手《て》が上《あ》がる　慣用句

意味　技《わざ》が上《じょう》達《たつ》する。また、字《じ》が上《じょう》手《ず》になる。

用例　書《しょ》道《どう》を習《なら》っているせいか、この頃《ごろ》とても手が上がったように感《かん》じる。

類似　腕《うで》が上がる

対照　腕が落《お》ちる

手《て》が空《あ》く　慣用句

意味　抱《かか》えていた仕《し》事《ごと》などが終《お》わり、暇《ひま》になる。

用例　こっちは手が空いたから、君《きみ》の仕事を手《て》伝《つだ》おうか。

対照　手が塞《ふさ》がる

手《て》が掛《か》かる　慣用句

意味　いろいろと世《せ》話《わ》が掛かる。

手が足りない

用例 母《はは》は二歳《にさい》になる弟《おとうと》に手が掛かるようだ。

手《て》が込《こ》む　慣用句

意味 細工《さいく》の技術《ぎじゅつ》が優《すぐ》れていて、丁寧《ていねい》できめ細《こま》かい。また、物事《ものごと》が複雑《ふくざつ》である。

用例 手が込んだいたずらに、すっかりだまされてしまった。

手《て》が足《た》りない　慣用句

意味 働《はたら》く人《ひと》の数《かず》が足りない。

用例 年末《ねんまつ》の大掃除《おおそうじ》では、手が足りなかったので、祖母《そぼ》が手伝《てつだ》いに来《き》てくれた。

参考 「手」は、人手、働き手の意味《いみ》。

手《て》が付《つ》けられない　慣用句

意味 ひどすぎて、どうすることもできない。

用例 スーパーで弟《おとうと》がおやつを欲《ほ》しがって泣《な》き出《だ》し、手が付けられない状態《じょうたい》だった。

手《て》が出《で》ない　慣用句

意味 自分《じぶん》の力《ちから》では、どうすることもできない。

用例 その腕時計《うでどけい》は、値段《ねだん》が高《たか》すぎて僕《ぼく》には手が出ないよ。

★手《て》が届《とど》く　慣用句

意味 ①注意《ちゅうい》や世話《せわ》が十分《じゅうぶん》にできている。②自分《じぶん》の能力《のうりょく》の範囲内《はんいない》である。③ある段階《だんかい》にまもなく到達《とうたつ》する。

用例 ③あともう少《すこ》しで、優勝《ゆうしょう》に手が届きそうだった。

類似 ①手が回《まわ》る

手《て》が離《はな》せない　慣用句

意味 作業《さぎょう》をしている最中《さいちゅう》で、他《ほか》のことをすることができない。

用例 天《てん》ぷらを揚《あ》げていて、今《いま》は手が離せない。

手《て》が早《はや》い　慣用句

意味 ①物事《ものごと》を素早《すばや》く的確《てきかく》に処理《しょり》する。②すぐに暴力《ぼうりょく》を振《ふ》るう。

用例 ①彼女《かのじょ》は手が早く、お客《きゃく》からの問《と》い合《あ》わせを次々《つぎつぎ》と処理《しょり》した。

手《て》が回《まわ》る　慣用句

意味 ①細《こま》かい点《てん》まで十分《じゅうぶん》に心配《こころくば》りが行《い》き届《とど》く。②犯人逮捕《はんにんたいほ》の手配《てはい》がなされる。

用例 ①中学生《ちゅうがくせい》になり、クラブで忙《いそ》しくなり、勉強《べんきょう》まで手が回らない。

類似 ①手が届《とど》く

★適材適所《てきざいてきしょ》　四字熟語

意味 その人《ひと》の性格《せいかく》や能力《のうりょく》に応《おう》じ

→適材適所

て、地位《ちい》や仕事《しごと》を与《あた》えること。

用例 文化祭《ぶんかさい》の劇《げき》では、出演者《しゅつえんしゃ》は元気《げんき》のいい明《あか》るい人《ひと》、大道具《おおどうぐ》は工作《こうさく》が得意《とくい》な人というように、適材適所の役割分担《やくわりぶんたん》ができた。

敵《てき》に塩《しお》を送《おく》る　慣用句

意味 敵が苦《くる》しい立場《たちば》にあるとき、弱《よわ》みにつけ込《こ》むのではなく、救《すく》いの手《て》を差《さ》し延《の》べる。

用例 試合中《しあいちゅう》にテニスのラケットが折《お》れてしまったが、「敵に塩を送る」というように、対戦相手《たいせんあいて》がラケットを貸《か》してくれた。

参考 戦国時代《せんごくじだい》、今川氏《いまがわし》が北条氏《ほうじょうし》と手《て》を結《むす》んで、同盟《どうめい》を裏切《うらぎ》った武《たけ》田信玄《だしんげん》の領地《りょうち》に対して、塩の輸送《ゆそう》路《ろ》を絶《た》ち、苦《くる》しめる作戦《さくせん》に出《で》た。ところがそのとき、武田信玄と敵対していた上杉謙信《うえすぎけんしん》が信玄に塩を送り、その領民《りょうみん》を救《すく》ったという話《はなし》から。

敵《てき》は本能寺《ほんのうじ》にあり　ことわざ

意味 本当《ほんとう》の目的《もくてき》は別《べつ》にあるということ。

用例 彼《かれ》の言動《げんどう》を見《み》ていると、敵は本能寺にありで、何《なに》か別のたくらみを持《も》っているような気《き》がしてならない。

参考 一五八二年《ねん》、織田信長《おだのぶなが》の家《か》臣《しん》明智光秀《あけちみつひで》が、毛利氏《もうりし》攻略《こうりゃく》に向《む》かう最中《さいちゅう》、「敵は本能寺にあり」と宣言《せんげん》し、進路《しんろ》を変《か》えて主君《しゅくん》の信長を襲撃《しゅうげき》したという話《はなし》から。

手《て》ぐすねを引《ひ》く　慣用句

意味 十分《じゅうぶん》に準備《じゅんび》をして、いつ相《あい》手《て》が来《き》てもいいように待《ま》ち構《かま》える。

用例 僕《ぼく》のおやつまでこっそり食《た》べてしまった弟《おとうと》の帰《かえ》りを、手ぐすねを引いて待っていた。

参考 「くすね」とは、松《まつ》やに（松の樹液《じゅえき》）に油《あぶら》を混《ま》ぜて練《ね》ったもので、糸《いと》や弓《ゆみ》の弦《げん》に塗《ぬ》り込《こ》んで強《つよ》くするもの。

手心《てごころ》を加《くわ》える　慣用句

意味 さまざまな事情《じじょう》を考《かんが》えて、評価《ひょうか》や処罰《しょばつ》を加減《かげん》する。

用例 日頃《ひごろ》の彼《かれ》の真面目《まじめ》な態度《たいど》を認《みと》めて、今回《こんかい》の罰についてはは手心を加えることにしよう。

梃子《てこ》でも動《うご》かない　慣用句

意味 どういう手段《しゅだん》を使《つか》っても、その場《ば》から動かない。また、決心《けっしん》や信念《しんねん》が固《かた》く、絶対《ぜったい》に変《か》えようとしない。

用例 彼《かれ》がいったんこうと決《き》めたら梃子でも動かないから、説得《せっとく》しようとしても無理《むり》だ。

参考 「梃子」は、重《おも》い物《もの》を動かすのに、物の下《した》に差《さ》し入《い》れて使《つか》う棒《ぼう》のこと。

手に汗を握る

がんばれ〜三組
三組優勝《ゆうしょう》！
ふ〜
汗《あせ》びっしょりだよ
両手《りょうて》がびしょぬれだよ・・・
ギュッ
ホント汗でぬれてる

手塩《てしお》に掛《か》ける　慣用句

意味　自分《じぶん》でめんどうを見《み》て、たいせつに育《そだ》てる。

用例　この朝顔《あさがお》は、私《わたし》が夏《なつ》の暑《あつ》い日《ひ》でも水《みず》をやって、手塩に掛けて育てたものだ。

参考　「手塩」は食卓《しょくたく》に置《お》く塩のこと。

手玉《てだま》に取《と》る　慣用句

意味　自分《じぶん》の思《おも》いどおりに人《ひと》を操《あやつ》る。

用例　クラス委員《いいん》の京子《きょうこ》さんは、いたずら好《ず》きの男子《だんし》を手玉に取ってしまう。

参考　「手玉」は、お手玉のこと。

★徹頭徹尾《てっとうてつび》　故事成語

意味　最初《さいしょ》から最後《さいご》まで。どこまでも。

用例　彼《かれ》は徹頭徹尾、志望校《しぼうこう》を変《か》えず、自分《じぶん》の信念《しんねん》を貫《つらぬ》いた。

参考　中国《ちゅうごく》の『朱子語類《しゅしごるい》』にある言葉《ことば》。

★鉄《てつ》は熱《あつ》いうちに打《う》て　ことわざ

意味　①若《わか》くてまだ飲《の》み込《こ》みが早《はや》い時期《じき》にいろいろなものを吸収《きゅうしゅう》しておいたほうがいい。②物事《ものごと》を行《おこな》うのに適切《てきせつ》な時機《じき》を逃《のが》してはいけない。

用例　①「鉄は熱いうちに打て」というわけで、我《わ》が社《しゃ》では若手《わかて》の教育《きょういく》を重視《じゅうし》してきた。②鉄は熱いうちに打てで、興味《きょうみ》のあるうちに、勉強《べんきょう》しておくといい。

轍《てつ》を踏《ふ》む　慣用句

→〈前車《ぜんしゃ》の轍《てつ》を踏《ふ》む〉（133ページ）

手取《てと》り足取《あし》り　慣用句

意味　細《こま》かいところまで丁寧《ていねい》に親《しん》切《せつ》に教《おし》える様子《ようす》。

用例　職場《しょくば》の先輩《せんぱい》は、入社一年目《にゅうしゃいちねんめ》の私《わたし》を、手取り足取り指導《しどう》してくれる。

★手《て》に汗《あせ》を握《にぎ》る　慣用句

意味　物事《ものごと》の成《な》り行《ゆ》きがどうなるかと、はらはらする。

用例　甲子園《こうしえん》の決勝戦《けっしょうせん》では、九回《きゅうかい》裏《うら》で一対《いちたい》一ノーアウト満塁《まんるい》という、手に汗を握る場面《ばめん》を迎《むか》えた。

類似　固唾《かたず》を呑《の》む

★手《て》に余《あま》る　慣用句

意味　自分《じぶん》の能力《のうりょく》ではどうにもならない、どうしていいかわからない。

用例　赤《あか》ちゃんが泣《な》き出《だ》すと自分の手に余ってしまうので、すぐに

手に取るように

母《はは》を呼《よ》んだ。

類似 始末《しまつ》に負《お》えない・力《ちから》に余る・手に負えない

手《て》に負《お》えない 慣用句

意味 自分《じぶん》の力《ちから》ではどうすることもできない。

用例 この問題《もんだい》は難《むずか》しすぎて、私《わたし》には**手に負えない**。

類似 始末《しまつ》に負えない・力に余《あま》る・手に余る

手《て》に掛《か》ける 慣用句

意味 ①自分《じぶん》の手で思《おも》いどおりに物事《ものごと》を行《おこな》う。②自力《じりき》で世話《せわ》をする。③自分の手で殺《ころ》す。

用例 ①私《わたし》が**手に掛け**てきた仕事《しごと》なので、最後《さいご》までやらせてください。②長年《ながねん》**手に掛け**てきた愛犬《あいけん》に死《し》なれ、悲《かな》しくて仕方《しかた》がない。③どんな理由《りゆう》があったにしても、人《ひと》を**手に掛ける**行為《こうい》は許《ゆる》されない。

★手《て》に付《つ》かない 慣用句

意味 他《ほか》のことが気《き》になって、目《め》の前《まえ》のことに集中《しゅうちゅう》して取《と》り組《く》めない。

用例 明日《あす》の遠足《えんそく》のことが気になって、宿題《しゅくだい》が**手に付かない**。

手《て》に手を取《と》る 慣用句

意味 互《たが》いに手を握《にぎ》り合《あ》う。互いに仲良《なかよ》く行動《こうどう》を共《とも》にする。

用例 二人《ふたり》は**手に手を取っ**て新婚《しんこん》旅行《りょこう》に出掛《でか》けた。

★手《て》に取《と》るように 慣用句

意味 まるで間近《まぢか》で見《み》たり聞《き》いたりしているように物事《ものごと》を経験《けいけん》する様子《ようす》。

用例 顕微鏡《けんびきょう》をのぞいてみると、あさがおの葉《は》のつくりが**手に取るように**わかった。

手《て》の内《うち》を見《み》せる 慣用句

意味 自分《じぶん》の心《こころ》の中《なか》で思《おも》っている考《かんが》えや計画《けいかく》などを、相手《あいて》に漏《も》らしてしまう。

用例 ばば抜《ぬ》きで相手がジョーカーを抜きそうになったら顔色《かおいろ》を変《か》えるなんて、**手の内を見せる**ようなものだ。

手《て》の平《ひら》(掌《てのひら》)を返《かえ》す 慣用句

意味 人《ひと》に対《たい》する言葉遣《ことばづか》いや態度《たいど》を変《か》える。「手の裏《うら》を返《かえ》す」ともいう。

用例 挨拶《あいさつ》をしなかったというだけで、彼《かれ》は**手の平を返す**ように態度が変わった。

手八丁口八丁《てはっちょうくちはっちょう》 慣用句

→〈口《くち》も八丁《はっちょう》手《て》も八丁〉（84ページ）

← 出る杭は打たれる

出端《でばな》（鼻）をくじく　慣用句

意味 相手《あいて》が何《なに》かを始《はじ》めようとするところを妨《さまた》げて、意欲《いよく》をなくさせる。「出端を折《お》る」ともいう。

用例 開始直後《かいしちょくご》にゴールを決《き》められ、出端をくじかれた。

参考 「出端」は、出始め、やり始め。

手前味噌《てまえみそ》　四字熟語

意味 自慢《じまん》すること。

用例 「手前味噌ですが、皆《みな》さんで召《め》し上《あ》がってください。」と、隣《となり》のおばさんが自家製《じかせい》の漬《つ》け物《もの》を持《も》ってきた。

参考 「手前」は自分《じぶん》のことを指《さ》し、自家製の味噌を自慢することから。

類似 自画自賛《じがじさん》

★手《て》も足《あし》も出《で》ない　慣用句

意味 自分《じぶん》の力《ちから》ではどうすることもできない。

用例 父《ちち》と将棋《しょうぎ》をしたが、手も足も出ないまま負《ま》けてしまった。

出物腫《でものは》れ物所嫌《ところきら》わず　ことわざ

意味 おならやおできなどは、場《ば》所《しょ》に関係《かんけい》なく出るものである。

用例 出物腫れ物所嫌わずで、すみません。

参考 「出物」は、おならやげっぷなど、体《からだ》から出《で》るもの。「腫れ物」は、おできやにきびなど、皮《ひ》膚《ふ》にできる吹《ふ》き出物。人前《ひとまえ》でうっかりおならなどが出てしまったときの言《い》い訳《わけ》の言葉《ことば》として使《つか》う。

★出《で》る杭《くい》は打《う》たれる　ことわざ

意味 他《ほか》の人《ひと》よりも才能《さいのう》があって優《すぐ》れている人は、とにかく目立《めだ》ってしまい、周囲《しゅうい》から嫉妬《しっと》され、憎《にく》まれる。また、出しゃばりすぎると、周《まわ》りから非難《ひなん》される。「出る釘《くぎ》は打たれる」ともいう。

用例 ピアノが上手《じょうず》で勉強《べんきょう》もできる彼女《かのじょ》は、出る杭は打たれるということを心配《しんぱい》して、とてもおとなしくしている。

出《で》る幕《まく》がない　慣用句

意味 自分《じぶん》の能力《のうりょく》を発揮《はっき》するところがない。

用例 先日《せんじつ》、私《わたし》のチームはバレーボールの大会《たいかい》に出場《しゅつじょう》したが、補欠《ほけつ》の私《わたし》には出る幕がなかった。

手《て》を上《あ》げる　慣用句

意味 ①降参《こうさん》する。どうにもできなくなって投《な》げ出《だ》す。②殴《なぐ》ろうとして手を振《ふ》り上げる。

用例 ①ここまで点差《てんさ》がついたら、もう手を上げるよりない。②弟《おとうと》の言葉《ことば》にかっとして、思《おも》わず手を上げてしまった。

手を替え品を替え

手《て》を入《い》れる　慣用句

意味 出来上《できあ》がったものをさらによりよく仕上《しあ》げるために、足《た》りないところを補《おぎな》ったり、よくないところを修正《しゅうせい》する。

用例 この文章《ぶんしょう》に手を入れて、作《さく》文《ぶん》の宿題《しゅくだい》として提出《ていしゅつ》しよう。

類似 手を加《くわ》える

★手《て》を打《う》つ　慣用句

意味 ①話《はな》し合《あ》いなどをまとめる。②物事《ものごと》がうまくいくように手立《てだ》てを講《こう》じる。

用例 ①骨董品《こっとうひん》の値段《ねだん》を交渉《こうしょう》していたが、百万円《ひゃくまんえん》で手を打つことにした。

★手《て》を替《か》え品《しな》を替え　慣用句

意味 いろいろな手段《しゅだん》、方法《ほうほう》を試《ため》してみること。

用例 手を替え品を替えて、怒《おこ》らせてしまった兄《あに》の機嫌《きげん》を直《なお》そうとした。

手《て》を貸《か》す　慣用句

意味 手伝《てつだ》う。

用例 テーブルを運《はこ》ぶのに、手を貸してくれないか。

対照 手を借《か》りる

手《て》を借《か》りる　慣用句

意味 手伝《てつだ》ってもらう。

用例 運動会《うんどうかい》の用具運《ようぐはこ》びがたいへんだったので、上級生《じょうきゅうせい》の手を借りた。

対照 手を貸《か》す

手《て》を切《き》る　慣用句

意味 今《いま》まで続《つづ》けてきた関係《かんけい》を断《た》ち切る。

用例 悪《わる》いグループとは手を切って、出直《でなお》すことにした。

対照 手を組《く》む・手を握《にぎ》る・手を結《むす》ぶ

手《て》を下《くだ》す　慣用句

意味 自分《じぶん》で直接物事《ちょくせつものごと》を行《おこな》う。

用例 兄《あに》は自分に被害《ひがい》が及《およ》びそうになると、自分からは手を下さず、僕《ぼく》にやらせようとする。

手《て》を拱《こまぬ》く　故事成語

意味 何《なに》もしないでただ見《み》ている。「手を拱《こまね》く」ともいう。

用例 この機械《きかい》の仕組《しく》みはあまりにも複雑《ふくざつ》なので、修理《しゅうり》は父《ちち》に任《まか》せて僕《ぼく》はただ手を拱いていた。

参考 「拱く」は、腕組《うでく》みをすること。中国《ちゅうごく》の『礼記《らいき》』にある言葉《ことば》。

手《て》を染《そ》める　慣用句

意味 あることを新《あら》たに始《はじ》める。

用例 彼《かれ》は生活《せいかつ》の苦《くる》しさから、と

辞典《じてん》にも
載《の》ってない
インターネットにも—
出ていない
家族《かぞく》に聞いてもわからない…
総理大臣《そうりだいじん》に聞いてみよう
カチャ

手を尽くす

うとう悪事《あくじ》に手を染めてしまった。

★手《て》を出《だ》す 慣用句

意味 ①自分《じぶん》から進《すす》んで関《かか》わる。②暴力《ぼうりょく》を振《ふ》るう。③他人《たにん》の物《もの》を盗《ぬす》む。

用例 ①ボール球《だま》に手を出しては、相手《あいて》ピッチャーを助《たす》けることになってしまう。

★手《て》を尽《つ》くす 慣用句

意味 いろいろな方法《ほうほう》、手段《しゅだん》を使《つか》って努力《どりょく》する。

用例 問題《もんだい》を解《と》こうとして手を尽くして調《しら》べたが、ヒントになるようなものは見《み》つからなかった。

手《て》を付《つ》ける 慣用句

意味 ①何《なに》かをし始《はじ》める。②使《つか》い始める。③はしを付ける。食《た》べる。

用例 ①テストでは、まず簡単《かんたん》な問題《もんだい》から手を付けよう。②このままでは、せっかくためておいた貯金《ちょきん》に手を付けないといけない。③手を付けたおかずは、残《のこ》さず食べなさいよ。

手《て》を握《にぎ》る 慣用句

意味 仲直《なかなお》りをする。同《おな》じ目的《もくてき》のために協力《きょうりょく》する。

用例 いつも仲が悪《わる》い二人《ふたり》だが、この件《けん》では手を握った。

類似 手を組《く》む・手を結《むす》ぶ

対照 手を切《き》る

★手《て》を抜《ぬ》く 慣用句

意味 作業《さぎょう》の手間《てま》を省《はぶ》き、いい加減《かげん》にやる。

用例 卵《たまご》を泡立《あわだ》てる段階《だんかい》で手を抜いてしまい、スポンジケーキが膨《ふく》らまなかった。

手《て》を引《ひ》く 慣用句

意味 ①今《いま》まで取《と》り組《く》んでいたことをやめる。関係《かんけい》を絶《た》つ。②手を取って導《みちび》く。

用例 ①娘《むすめ》が高校《こうこう》に入《はい》って忙《いそが》しくなり、子《こ》ども会《かい》の仕事《しごと》から手を引いた。

手《て》を広《ひろ》げる 慣用句

意味 自分《じぶん》が関《かか》わっている範囲《はんい》を広くする。以前《いぜん》より仕事《しごと》の規模《きぼ》を広げる。

用例 趣味《しゅみ》だった料理《りょうり》をきっかけに料理教室《きょうしつ》を開《ひら》いたが、その後《ご》、レストランの経営《けいえい》に手を広げた。

★手《て》を回《まわ》す 慣用句

意味 物事《ものごと》がうまくいくよう、前《まえ》もってひそかに手段《しゅだん》を巡《めぐ》らせておく。

用例 家族旅行《かぞくりょこう》がスムーズに進《すす》む

手を抜く

よう、父《ちち》はあちこちに手を回したようだ。

★手《て》を焼《や》く 慣用句

意味 扱《あつか》いに困《こま》る。なかなかうまくいかず困り果《は》てる。

用例 弟《おとうと》のいたずらには手を焼いている。

天衣無縫《てんいむほう》 故事成語

意味 ①文章《ぶんしょう》などに技巧《ぎこう》を凝《こ》らした跡《あと》がなく、ごく自然《しぜん》で整《ととの》っており、美《うつく》しいこと。②人柄《ひとがら》に飾《かざ》り気《け》がなく、素直《すなお》で無邪気《むじゃき》な様子《ようす》。

用例 ②私《わたし》の親友《しんゆう》は本当《ほんとう》に天衣無縫の性格《せいかく》で、こちらまで心《こころ》が澄《す》んでいくようだ。

参考 天女《てんにょ》の衣《ころも》には縫《ぬ》い目《め》がないことから。中国《ちゅうごく》の『霊怪録《れいかいろく》』にある言葉《ことば》。

類似 ②天真爛漫《てんしんらんまん》

天下太《てんかたい》(泰)平《へい》 故事成語

意味 世《よ》の中《なか》が平和《へいわ》で、穏《おだ》やかなこと。また、穏やかでのんびりしている様子《ようす》。

用例 天下太平の世が続《つづ》くことを願《ねが》う。

参考 「太平」は、世の中がよく治《おさ》まっていて平和なこと。中国《ちゅうごく》の『礼記《らいき》』にある言葉《ことば》。

伝家《でんか》の宝刀《ほうとう》 慣用句

意味 いざというときのために取《と》っておく、最終的《さいしゅうてき》な手段《しゅだん》。

用例 柔道《じゅうどう》の大会《たいかい》でライバルと当《あ》たり、とうとう伝家の宝刀の技《わざ》を使《つか》うときが来《き》た。

参考 その家《いえ》に代々《だいだい》伝《つた》わっているすばらしい刀《かたな》という意味《いみ》から。

★天狗《てんぐ》になる 慣用句

意味 得意《とくい》になってうぬぼれる。

用例 たまたま算数《さんすう》のテストで百《ひゃく》点《てん》を取《と》ったからといって、天狗になってはいけない。

参考 「天狗」は、鼻《はな》が高《たか》く翼《つばさ》がある妖怪《ようかい》のこと。

★電光石火《でんこうせっか》 故事成語

意味 非常《ひじょう》に短《みじか》い時間《じかん》。また、行《こう》動《どう》がとても素早《すばや》いこと。

用例 漫画雑誌《まんがざっし》の発売日《はつばいび》になると、彼《かれ》は電光石火の早《はや》さで下校《げこう》し、本《ほん》屋《や》に駆《か》け付《つ》ける。

参考 「電光」は、稲妻《いなずま》。「石火」は、石《いし》と石を打《う》つときに出《で》る火花《ひばな》。中国《ちゅうごく》の『五灯会元《ごとうえげん》』にある言葉《ことば》。

天災《てんさい》は忘《わす》れた頃《ころ》にやってくる ことわざ

意味 地震《じしん》や台風《たいふう》などの自然《しぜん》の災《さい》害《がい》は、人々《ひとびと》がその恐《おそ》ろしさを忘れた頃に起《お》こるものだ。油断《ゆだん》せず、日頃《ひごろ》から災害に備《そな》えておかなければ

秋は空気も澄《す》んで気持《きも》ちいいね
空が高く見える
食欲《しょくよく》もあるし
おかわり
読書もいいね
そりゃ馬だって肥えるよ

天高く馬肥ゆる秋

ばならないという教《おし》え。

用例 「天災は忘れた頃にやってくる」というから、さっそく我《わ》が家《や》でも防災用品《ぼうさいようひん》の確認《かくにん》をしよう。

参考 明治時代《めいじじだい》の物理学者《ぶつりがくしゃ》、寺田《てらだ》寅彦《とらひこ》の言葉《ことば》とされる。

天井知《てんじょうし》らず 慣用句

意味 物《もの》の値段《ねだん》が上《あ》がり、どこまで上がるのかわからない。

用例 オークションに出《だ》した古《ふる》いつぼが、実《じつ》は有名《ゆうめい》な陶芸家《とうげいか》の作品《さくひん》だとわかり、値段が天井知らずに上がっていった。

類似 鰻登《うなぎのぼ》り

天知《てんし》る地知《ち》る我《われ》知る人《ひと》知る 故事成語

意味 内緒《ないしょ》で悪《わる》いことをしても、天と地と自分《じぶん》と相手《あいて》はそれを知っている。いつかはばれてしまうということ。「天知る神《かみ》知る我知る子《し》知る」ともいう。また、四《よっ》つの「知る」で、「四知《しち》」ともいう。

用例 政治家《せいじか》の汚職事件《おしょくじけん》も天知る地知る我知る人知るで、いずれ知れ渡《わた》ることになるだろう。

参考 中国《ちゅうごく》の『後漢書《ごかんじょ》』にある言葉《ことば》。

★天真爛漫《てんしんらんまん》 四字熟語

意味 飾《かざ》り気《け》がなく無邪気《むじゃき》な様子《ようす》。

用例 彼女《かのじょ》の天真爛漫な性格《せいかく》のおかげで、暗《くら》い雰囲気《ふんいき》も一気《いっき》に吹《ふ》き飛《と》んだ。

参考 「天真」は、天から授《さず》けられたままの純粋《じゅんすい》な心《こころ》、「爛漫」は、明《あき》らかに輝《かがや》き現《あらわ》れる様子《ようす》。

類似 天衣無縫《てんいむほう》

★天高《てんたか》く馬肥《うまこ》ゆる秋《あき》 故事成語

意味 気候《きこう》のよい秋を表《あらわ》す言葉《ことば》。

用例 天高く馬肥ゆる秋になり、読書《どくしょ》にもスポーツにも最適《さいてき》な時期《じき》になった。

参考 中国の『漢書《かんじょ》』にある言葉。

天《てん》に唾《つば》する 慣用句

意味 天に向《む》かって唾を吐《は》くと、そのまま自分《じぶん》に返《かえ》ってくるように、人《ひと》を非難《ひなん》したり害《がい》を与《あた》えようとすると、必《かなら》ず自分に返ってくる。「天に向かって唾を吐く」ともいう。

用例 自分の思《おも》いどおりにならないからといって、悪口《わるぐち》を言《い》っていると、必ず天に唾するということになるよ。

天《てん》は二物《にぶつ》を与《あた》えず ことわざ

意味 たくさんの才能《さいのう》や長所《ちょうしょ》を持《も》っている人《ひと》はいないものだということ。

用例 「天は二物を与えず」というように、容姿《ようし》がいい彼《かれ》も、歌《うた》はへたくそで聞《き》けたものではない。

天秤に掛ける

天《てん》は人《ひと》の上《うえ》に人《ひと》を造《つく》らず、人《ひと》の下《した》に人《ひと》を造《つく》らず

ことわざ

意味 人間《にんげん》は生《う》まれながらにして平等《びょうどう》で、身分《みぶん》、職業《しょくぎょう》、財産《ざいさん》などによる差別《さべつ》はない。

用例 「天は人の上に人を造らず、人の下に人を造らず」という言葉《ことば》のとおり、人間に上下《じょうげ》の区別《くべつ》はない。

参考 福沢諭吉《ふくざわゆきち》の『学問《がくもん》のすすめ』にある言葉。

天《てん》は自《みずか》ら助《たす》くる者《もの》を助《たす》く

ことわざ

意味 人《ひと》に頼《たよ》ることなく自分《じぶん》の力《ちから》で努力《どりょく》する人を、天は助けて幸福《こうふく》を与《あた》えるものだ。

用例 彼《かれ》は一人《ひとり》で地道《じみち》なトレーニングを積《つ》み重《かさ》ね、マラソン大会《たいかい》で一位《いちい》になった。まさに天は自ら助くる者を助くだ。

参考 元《もと》は西洋《せいよう》のことわざ。

★天秤《てんびん》に掛《か》ける

慣用句

意味 ①二《ふた》つのものを比《くら》べてどちらがいいか悪《わる》いか判断《はんだん》する。「秤《はかり》に掛ける」ともいう。②どういう方向《ほうこう》に転《ころ》んでも困《こま》らないように、争《あらそ》っている両者《りょうしゃ》にうまく取《と》り入《い》っておく。「両天秤に掛ける」ともいう。

用例 ①A《エー》社《しゃ》とB《ビー》社の二《ふた》つから入社《にゅうしゃ》を許可《きょか》する知《し》らせが来《き》たが、しばらく天秤に掛けて考《かんが》えてみることにしよう。

★天変地異《てんぺんちい》

四字熟語

意味 天と地に起《お》こる災《わざわ》いや異常《いじょう》な出来事《できごと》。自然界《しぜんかい》の異変《いへん》。

用例 ここのところ、台風《たいふう》、地震《じしん》と天変地異が続《つづ》いて、農作物《のうさくぶつ》の不作《ふさく》が問題《もんだい》になっている。

と

★当意即妙《とういそくみょう》

四字熟語

意味 その場《ば》に合《あ》わせてすばやく機転《きてん》を利《き》かせること。

用例 アイドル歌手《かしゅ》が舞台《ぶたい》で歌《うた》っている最中《さいちゅう》に突然《とつぜん》歌詞《かし》を忘《わす》れてしまったが、スタッフの当意即妙の対応《たいおう》で助《たす》けられた。

参考 元《もと》は仏教《ぶっきょう》の言葉《ことば》。

類似 臨機応変《りんきおうへん》

対照 杓子定規《しゃくしじょうぎ》

★頭角《とうかく》を現《あらわ》す

故事成語

意味 多《おお》くの人《ひと》の中《なか》にいながら優《すぐ》れた才能《さいのう》を発揮《はっき》する。

用例 あの生徒《せいと》は最近《さいきん》校内《こうない》の試験《しけん》で上位《じょうい》を取《と》り、頭角を現した。

参考 「頭角」は、頭《あたま》のてっぺん

灯台下暗し

おーい
メガネ知らない？
さー
知らないわよ
おかしいなー
ズルッ
さっきまで・・・
あった！
ストン
なーんだー

を指《さ》す。中国《ちゅうごく》の『柳氏厚墓誌銘《りゅうしこうぼしめい》』にある言葉《ことば》。

灯火親《とうかした》しむべし　故事成語

意味 秋《あき》になると涼《すず》しくなって過《す》ごしやすくなり、夜《よる》も長《なが》くなるので、明《あ》かりの下《した》で大《おお》いに読書《どくしょ》をしなさい。

用例 秋になって日《ひ》が落《お》ちるのが早《はや》くなってきたので、灯火親しむべしで、たくさん本《ほん》を読《よ》んでみようと思《おも》う。

参考 中国《ちゅうごく》の韓愈《かんゆ》の詩《し》の一節《いっせつ》。

薹《とう》が立《た》つ　慣用句

意味 ちょうどいい年頃《としごろ》を過《す》ぎる。また、野菜《やさい》などが育《そだ》ちすぎて固《かた》くなり、食《た》べられなくなる。

用例 彼女《かのじょ》はアイドルというには薹が立った年齢《ねんれい》になってしまった。

参考 「薹」は、菜《な》の花《はな》やふきのとうの茎《くき》を指《さ》す。

★峠《とうげ》を越《こ》す　慣用句

意味 最《もっと》も勢《いきお》いの盛《さか》んな時期《じき》や最も危険《きけん》な状況《じょうきょう》を過《す》ぎる。

用例 妹《いもうと》は高熱《こうねつ》を出《だ》して寝込《ねこ》んだが、ようやく峠を越し、熱も下《さ》がったので安心《あんしん》した。

類似 山《やま》を越す

桃源郷《とうげんきょう》　故事成語

意味 俗世間《ぞくせけん》から離《はな》れた理想《りそう》の場所《ばしょ》。「武陵桃源《ぶりょうとうげん》」ともいう。

用例 緑《みどり》が豊《ゆた》かで食《た》べ物《もの》もおいしく、気候《きこう》も温暖《おんだん》な桃源郷はどこにあるのだろう。

参考 中国《ちゅうごく》の陶淵明《とうえんめい》の『桃花源記《とうかげんき》』に出《で》てくる、桃《もも》の林《はやし》に囲《かこ》まれた、川《かわ》の水源《すいげん》の平和《へいわ》で豊かな別天地《べってんち》を指《さ》す。

同工異曲《どうこういきょく》　故事成語

意味 同《おな》じような手法《しゅほう》ではあるが、作品《さくひん》の味《あじ》わいや雰囲気《ふんいき》は違《ちが》っていること。それほど違《ちが》いがないという意味《いみ》にも使《つか》われる。

用例 最近《さいきん》の服《ふく》のデザインはどれも同工異曲で、特《とく》に目新《めあたら》しいものはない。

参考 「同工」は、演奏《えんそう》の技量《ぎりょう》や方法《ほうほう》が同じこと。音楽《おんがく》を演奏する技巧《ぎこう》が同じでも、曲の味わいが異《こと》なることから。

類似 五十歩百歩《ごじっぽひゃっぽ》・大同小異《だいどうしょうい》・どんぐりの背比《せいくら》べ・似《に》たり寄《よ》ったり・目くそ鼻《はな》くそを笑《わら》う

同床異夢《どうしょういむ》　故事成語

意味 生活《せいかつ》や仕事《しごと》を共《とも》にしていながら、考《かんが》え方《かた》や意見《いけん》が異《こと》なり、心《こころ》も離《はな》れていること。

用例 彼《かれ》らは長年《ながねん》共に仕事をしているが、今《いま》では同床異夢の間柄《あいだがら》となってしまった。

参考 中国《ちゅうごく》の陳亮《ちんりょう》の言葉《ことば》。

同病相憐れむ

★灯台下暗《とうだいもとくら》し　ことわざ

意味　身近《みぢか》なことはかえってわかりにくいというたとえ。

用例　なくしたと騒《さわ》いでいた祖母《そぼ》の眼鏡《めがね》が頭《あたま》に乗《の》っていて、まさに灯台下暗しだとみんなで笑《わら》った。

参考　「灯台」は昔使《むかしつか》われていた、明《あ》かりをともす台。

堂《どう》に入《い》る　故事成語

意味　学問《がくもん》や技術《ぎじゅつ》などをよく習得《しゅうとく》して身《み》につけている。

用例　書道歴三十年《しょどうれきさんじゅうねん》の父《ちち》の筆遣《ふでづか》いは、さすがに堂に入っている。

参考　中国《ちゅうごく》の『論語《ろんご》』にある「堂に升《のぼ》りて室《しつ》に入らず（客間《きゃくま》に入《はい》っているが、まだ奥《おく》の間には入っていない）」の言葉《ことば》からできた。

同病相憐《どうびょうあいあわ》れむ　故事成語

意味　同《おな》じ苦《くる》しみを味《あじ》わっている者同士《ものどうし》は、お互《たが》いのつらさを理解《りかい》し、慰《なぐさ》め合《あ》うものだ。

用例　算数《さんすう》のテストで二十点《にじってん》を取《と》ってしまったが、友達《ともだち》も同じ点数《てんすう》だったので、同病相憐れむように、お互いに励《はげ》まし合った。

参考　同じ病気《びょうき》にかかっている者同士は、相手《あいて》の苦しさが他《ほか》の人《ひと》よりよくわかることから。中国《ちゅうごく》の『呉越春秋《ごえつしゅんじゅう》』にある言葉《ことば》。

豆腐《とうふ》にかすがい　ことわざ

意味　何《なん》の反応《はんのう》も効《き》き目《め》もないことのたとえ。

用例　弟《おとうと》は寝坊《ねぼう》して毎日《まいにち》のように母《はは》に叱《しか》られているが、豆腐にかすがい、何の効果《こうか》もない。

参考　「かすがい」は、材木《ざいもく》と材木をつなぐ、コの字形《じがた》の大《おお》きな釘《くぎ》のこと。「上方《かみがた》いろはかるた」にある。

類似　糠《ぬか》に釘・暖簾《のれん》に腕押《うでお》し

★東奔西走《とうほんせいそう》　四字熟語

意味　ある目的《もくてき》のためにあちこち忙《いそが》しく駆《か》け回《まわ》ること。

用例　東奔西走して、被害状況《ひがいじょうきょう》の情報収集《じょうほうしゅうしゅう》に努《つと》めた。

参考　「奔」は、走《はし》ること。

類似　南船北馬《なんせんほくば》

★登竜門《とうりゅうもん》　故事成語

意味　厳《きび》しくはあるが、そこを乗《の》り越《こ》えたら出世《しゅっせ》への道《みち》が開《ひら》けるというような、大事《だいじ》な関門《かんもん》。

用例　この試合《しあい》に勝《か》つことが、プロのプレーヤーになる登竜門だ。

参考　「竜門」は中国《ちゅうごく》の黄河《こうが》にある流《なが》れの速《はや》い場所《ばしょ》で、ここを登《のぼ》り切《き》った鯉《こい》は竜になるといわれたことから。中国の『後漢書《ごかんじょ》』にある言葉《ことば》。

蟷螂《とうろう》の斧《おの》　故事成語

意味　弱《よわ》い者《もの》が自分《じぶん》の力量《りきりょう》を考《かんが》え

度肝を抜く

ガラッ
おなかすい……
なに？
わっ
びっくりしたぁ～
おふろ上がりよ～

ずに、強《つよ》い者に立《た》ち向《む》かっていくこと。身《み》の程《ほど》を知《し》らないこと。

用例 子犬《こいぬ》が大型犬《おおがたけん》に向かってほえる様子《ようす》は、蟷螂の斧だね。

参考 「蟷螂」はかまきりのこと。「蟷螂が斧を以《もっ》て隆車《りゅうしゃ》に向かう」の略《りゃく》。中国《ちゅうごく》の陳琳《ちんりん》の文書《ぶんしょ》にある言葉《ことば》。

類似 ごまめの歯軋《はぎし》り

遠《とお》い親戚《しんせき》より近《ちか》くの他人《たにん》 ことわざ

意味 何《なに》か困《こま》ったことがあったときには、遠くにいる親戚よりも、日頃交流《ひごろこうりゅう》がある近所《きんじょ》の人《ひと》のほうが頼《たよ》りになるということ。

用例 病気《びょうき》で寝込《ねこ》んだとき、近所の人にお世話《せわ》になった。遠い親戚より近くの他人とはこれをいうのだと思《おも》った。

★時《とき》は金《かね》なり ことわざ

意味 時間《じかん》は貴重《きちょう》なものなので、無駄《むだ》にしてはいけない。

用例 「時は金なり」という言葉《ことば》を常《つね》に意識《いしき》して勉強《べんきょう》をしよう。

参考 元《もと》は西洋《せいよう》のことわざ。

★度肝《どぎも》(胆)を抜《ぬ》く 慣用句

意味 とても驚《おどろ》かせる。

用例 彼女《かのじょ》の奇抜《きばつ》な服装《ふくそう》、立《た》ち居《い》振《ふ》る舞《ま》いに、度肝を抜かれた。

時《とき》を稼《かせ》ぐ 慣用句

意味 準備《じゅんび》が整《ととの》うまで、また、物事《ものごと》を有利《ゆうり》に進《すす》めるために、別《べつ》のことで時間《じかん》を引《ひ》き延《の》ばす。「時間を稼ぐ」ともいう。

用例 別の議題《ぎだい》で時を稼ぐ間《あいだ》に、会議資料《かいぎしりょう》をコピーしてください。

読書百遍《どくしょひゃっぺん》意《い》自《おの》ずから通《つう》ず 故事成語

意味 一読《いちどく》してもわからない難《むずか》しい本《ほん》でも、何度《なんど》も繰《く》り返《かえ》して読《よ》めば、自然《しぜん》と内容《ないよう》も理解《りかい》できるようになる。「読書百遍義《ぎ》自ずから見《あらわ》る」ともいう。

用例 本当《ほんとう》に教養《きょうよう》を身《み》に付《つ》けたいと思《おも》ったら、すぐに人《ひと》に教《おし》えてもらうのではなく、「読書百遍意自ずから通ず」というように、何度も繰り返し本を読むことだ。

参考 中国《ちゅうごく》の『三国志《さんごくし》』にある言葉《ことば》。

★独壇場《どくだんじょう》 慣用句

意味 その人一人《ひとひとり》が思《おも》ったように活躍《かつやく》できる場面《ばめん》。独《ひと》り舞台《ぶたい》。

用例 今日《きょう》のボウリングは、僕《ぼく》の独壇場だった。

参考 本来《ほんらい》は「独擅場《どくせんじょう》」といい、「擅」を「壇」と書《か》き間違《まちが》ったところから定着《ていちゃく》した言葉《ことば》。

独断専行《どくだんせんこう》 四字熟語

意味 自分《じぶん》だけの勝手《かって》な判断《はんだん》で行《こう》

動《どう》すること。

用例　このプロジェクトはみんなの協力《きょうりょく》が必要《ひつよう》なので、個人《こじん》の独断専行は控《ひか》えていただきたい。

毒《どく》にも薬《くすり》にもならない　慣用句

意味　害《がい》を及《およ》ぼすこともないが、役《やく》に立《た》つこともない。あってもなくてもどうでもよいものや人《ひと》のたとえ。

用例　このテレビ番組《ばんぐみ》は、毒にも薬にもならない。

類似　可《か》もなく不可《ふか》もなし

★独立独歩《どくりつどっぽ》　四字熟語

意味　他人《たにん》に頼《たよ》らず、自分《じぶん》の力《ちから》で生《い》きていくこと。自分の信《しん》じる方《ほう》向《こう》を独《ひと》りで進《すす》むこと。

用例　あの子《こ》は独立独歩の精神《せいしん》が強《つよ》く、東京《とうきょう》で下宿《げしゅく》するときも、生《せい》活費《かつひ》は自分で稼《かせ》ぐと言《い》い張《は》った。

毒《どく》を食《く》らわば皿《さら》まで　慣用句

意味　いったん悪《わる》いことをやってしまったら、とことん悪いことをやってやろう。

用例　お客様《きゃくさま》用のお菓子《かし》をつまみ食いしてしまったが、毒を食らわば皿までで、どうせばれるならと、全部《ぜんぶ》食《た》べてしまった。

★毒《どく》を以《もっ》て毒を制《せい》す　慣用句

意味　悪《わる》いものを始末《しまつ》するのに、別《べつ》の悪いものを用《もち》いる。

用例　まさしく毒を以て毒を制すで、肩凝《かたこ》りの治療《ちりょう》に蜂《はち》の毒針《どくばり》を用いる方法《ほうほう》があるそうだ。

どこ吹《ふ》く風《かぜ》　慣用句

意味　自分《じぶん》には関係《かんけい》ないと、知《し》らないふりをすること。

用例　弟《おとうと》は母《はは》に叱《しか》られても、どこ吹く風といった態度《たいど》だった。

所変《ところか》われば品《しな》変わる　ことわざ

意味　場所《ばしょ》が変わると、言葉《ことば》や習《しゅう》慣《かん》なども違《ちが》うものだ。

用例　「所変われば品変わる」というが、引《ひ》っ越《こ》してきたこの地《ち》では、お正月《しょうがつ》のお雑煮《ぞうに》のもちにあんこが入《はい》っていて驚《おどろ》いた。

年甲斐《としがい》もなく　慣用句

意味　年齢《ねんれい》にふさわしくない様子《ようす》。

用例　母《はは》は年甲斐もなく姉《あね》のミニスカートやワンピースを着《き》て外出《がいしゅつ》する。

★年寄《としよ》りの冷《ひ》や水《みず》　ことわざ

意味　年《とし》を取《と》った人《ひと》が、年齢《ねんれい》を考《かんが》えないで無理《むり》なことをするたとえ。

用例　高齢《こうれい》での冬山《ふゆやま》登山《とざん》は、年寄りの冷や水どころか、危険《きけん》だ。

参考　「江戸《えど》いろはかるた」にある。

取らぬ狸の皮算用

★土壇場《どたんば》 慣用句

意味 最後《さいご》の決断《けつだん》をしなければならない場面《ばめん》。

用例 九回裏《きゅうかいうら》ノーアウト満塁《まんるい》という土壇場を、何《なん》とか守《まも》り切《き》った。

参考 「土壇場」は、元《もと》は首《くび》を切る刑罰《けいばつ》を行《おこな》う場所《ばしょ》。

★とどのつまり 慣用句

意味 結局《けっきょく》のところ。

用例 クラス委員《いいん》がなかなか決《き》まらず、とどのつまり、僕《ぼく》が引《ひ》き受《う》けることになった。

参考 ぼらという魚《さかな》は、生《う》まれてから成長《せいちょう》していくにつれてさまざまに名前《なまえ》を変《か》え、最終的《さいしゅうてき》には「とど」と呼《よ》ばれることから。

隣《となり》の花《はな》は赤《あか》い ことわざ

意味 他人《たにん》のものは何《なん》でもよく見《み》えて、うらやましくなる。

用例 友人《ゆうじん》の注文《ちゅうもん》した料理《りょうり》が運《はこ》ばれてくると、隣の花は赤いで、そちらのほうがおいしそうに見えてきた。

★飛《と》ぶ鳥《とり》を落《お》とす勢《いきお》い 慣用句

意味 勢いが盛《さか》んな様子《ようす》。

用例 彼《かれ》の最近《さいきん》の仕事《しごと》ぶりは、飛ぶ鳥を落とす勢いだった。

参考 飛んでいる鳥でさえ、勢いにおされて空《そら》から落ちてしまうほどだということ。

★途方《とほう》に暮《く》れる 慣用句

意味 どうしてよいかわからなくなり、困《こま》り果《は》てる。

用例 初《はじ》めて訪《おとず》れた土地《とち》で、帰《かえ》り道《みち》がわからなくなり、途方に暮れてしまった。

参考 「途方」は、方法《ほうほう》、手段《しゅだん》のこと。「暮れる」は、ここでは困って気持《きも》ちが暗《くら》くなること。

朋《とも》有《あ》り遠方《えんぽう》より来《き》たる 故事成語

意味 志《こころざし》を同《おな》じくする仲間《なかま》が遠《とお》くからやってきて、共《とも》に語《かた》り合《あ》うことの喜《よろこ》びを表現《ひょうげん》した言葉《ことば》。

用例 遠くから来《き》た友人《ゆうじん》と山荘《さんそう》で一泊《いっぱく》して、天体観測《てんたいかんそく》をした。その夜《よ》は星《ほし》のことを語り合い、朋有り遠方より来たるを実感《じっかん》した。

参考 中国《ちゅうごく》の『論語《ろんご》』にある「学《まな》びて時《とき》に之《これ》を習《なら》う、また説《よろこ》ばしからずや」に続《つづ》く言葉。その後《あと》に「また楽《たの》しからずや（何《なん》と楽しいことではないか）」と続く。

★取《と》らぬ狸《たぬき》の皮算用《かわざんよう》 ことわざ

意味 まだ決《き》まっていない物事《ものごと》に対《たい》して、あれこれと計画《けいかく》を立《た》てたり、当《あ》てにしたりすること。

用例 宝《たから》くじを買《か》った父《ちち》は、取らぬ狸の皮算用とばかりに、一億円《いちおくえん》

当たったときの使《つか》い道《みち》をあれこれ考《かんが》えている。

参考 「算用」は、計算《けいさん》すること。

★虎《とら》の威《い》を借《か》る狐《きつね》 故事成語

意味 権力《けんりょく》のある人物《じんぶつ》の威力《いりょく》を借りていばる者《もの》のたとえ。

用例 彼《かれ》は親《おや》が政治家《せいじか》なのをいいことに、虎の威を借る狐で、いつも偉《えら》そうにしている。

故事 虎に捕《つか》まった狐が、「自分《じぶん》は天帝《てんてい》（天の神《かみ》）によって百獣《ひゃくじゅう》の長《ちょう》に任《にん》ぜられているから、自分を食《た》べれば天命《てんめい》に逆《さか》らうことになる。うそだと思《おも》うなら、自分のあとについて来《き》なさい。どんな獣《けもの》も私《わたし》を見《み》て逃《に》げ出《だ》すから。」と言《い》った。虎が狐のあとについていくと、獣たちはみな逃げていった。虎は獣たちが自分を恐《おそ》れているとは気《き》づかず、狐を恐れたのだと信《しん》じた。（戦国策《せんごくさく》）

虎《とら》の尾《お》を踏《ふ》む 故事成語

意味 非常《ひじょう》に危険《きけん》なことをする。

用例 今《いま》にも戦争《せんそう》が起《お》きそうな国《くに》へ旅行《りょこう》に行《い》くなんて、そんな虎の尾を踏むようなまねはやめなさい。

参考 中国《ちゅうごく》の『易経《えききょう》』にある言葉《ことば》。

類似 薄氷《はくひょう》を踏む

虎《とら》の子《こ》 慣用句

意味 とてもたいせつにしているもの。大事《だいじ》に持《も》ち続《つづ》けている金品《きんぴん》。

用例 母《はは》は虎の子のへそくりをはたいて美顔器《びがんき》を買《か》った。

虎《とら》の巻《まき》 故事成語

意味 ①兵法《へいほう》の秘密《ひみつ》にしておくべき貴重《きちょう》な事柄《ことがら》を書《か》いた本《ほん》。②教科書《きょうかしょ》の簡単《かんたん》な解説書《かいせつしょ》。ガイド。

用例 ②虎の巻を持《も》っているだけでは、テストの点《てん》は上《あ》がらないよ。

参考 中国《ちゅうごく》の兵法書《へいほうしょ》『六韜《りくとう》』の「虎《こ》韜巻《とうまき》」に由来《ゆらい》する言葉《ことば》。

虎《とら》は死《し》して皮《かわ》を留《とど》め、人《ひと》は死して名《な》を残《のこ》す 故事成語

意味 虎が死んで美《うつく》しい毛皮《けがわ》を残すように、人は優《すぐ》れた業績《ぎょうせき》によって死後《しご》もその名を残すよう心掛《こころが》けるべきである。

用例 「虎は死して皮を留め、人は死して名を残す」といわれるように、君《きみ》も努力《どりょく》して後《のち》の世《よ》に名前《なまえ》が残るような立派《りっぱ》な仕事《しごと》をしなさい。

参考 中国《ちゅうごく》の『五代史《ごだいし》』にある言葉《ことば》で、元《もと》は「虎」でなく「豹《ひょう》」であった。

類似 人は一代《いちだい》、名は末代《まつだい》

★取《と》り付《つ》く島《しま》もない 慣用句

意味 頼《たよ》りにしてもまったく相手《あいて》にしてもらえない。

用例 借金《しゃっきん》の返済期限《へんさいきげん》の延期《えんき》を頼《たの》んだが、相手はだめだと言《い》うばかり

➜どんぐりの背比べ

りで、取り付く島もなかった。

参考　「島」は、頼りになるもの。

類似　木《き》で鼻《はな》を括《くく》る・けんもほろろ

鳥《とり》なき里《さと》のこうもり　ことわざ

意味　強《つよ》い者《もの》がいないところで、つまらない、弱《よわ》い者が我《わ》が物顔《ものがお》にいばっていること。「鳥なき島《しま》のこうもり」ともいう。

用例　先生《せんせい》が去《さ》ったあとで、クラスのお調子者《ちょうしもの》が騒《さわ》いでいる。鳥なき里のこうもりだ。

鳥肌《とりはだ》が立《た》つ　慣用句

意味　寒《さむ》さ、恐怖《きょうふ》、気味悪《きみわる》さにぞっとする。また、そのために肌の毛穴《けあな》が縮《ちぢ》まり、鳥の皮《かわ》のようにぶつぶつができること。

用例　お化《ば》け屋敷《やしき》に入《はい》ったとたん、怖《こわ》さで鳥肌が立った。

類似　身《み》の毛がよだつ

取《と》るに足《た》りない　慣用句

意味　問題《もんだい》としてわざわざ取り上《あ》げる価値《かち》もない。問題にならない。「取るに足らない」ともいう。

用例　弟《おとうと》と妹《いもうと》のけんかは、いつも取るに足りないことが原因《げんいん》だ。

取《と》るものも取り敢《あ》えず　慣用句

意味　急《きゅう》な出来事《できごと》に対《たい》して、大急《おおいそ》ぎで対応《たいおう》する様子《ようす》。

用例　祖父《そふ》が急病《きゅうびょう》で入院《にゅういん》したという電話《でんわ》があって、取るものも取り敢えず家《いえ》を出た。

参考　「敢えず」は、完全《かんぜん》にはし終《お》わらないということ。

泥棒《どろぼう》に追《お》い銭《せん》　ことわざ

↓〈盗人《ぬすびと》に追《お》い銭《せん》〉（182ページ）

◆**亭主関白《ていしゅかんぱく》**
「関白」が昔《むかし》、天皇《てんのう》の補佐《ほさ》として政治《せいじ》を取《と》り仕切《しき》った最高《さいこう》の職《しょく》であったことから、家族《かぞく》の中《なか》で亭主《ていしゅ》(夫《おっと》)が偉《えら》そうにしていること。反対《はんたい》の言葉《ことば》として「かかあ天下《でんか》」がある。「父《ちち》は亭主関白で、いつも母《はは》を困《こま》らせている。」

◆**鉄面皮《てつめんぴ》**
恥《はじ》を恥とも思《おも》わないこと。厚《あつ》かましいこと。「先生《せんせい》に叱《しか》られても平気《へいき》な彼《かれ》の鉄面皮には、あきれてしまう。」

◆**天王山《てんのうざん》**
勝敗《しょうはい》の決《けっ》する大事《だいじ》な分《わ》かれ目《め》。「次《つぎ》の回《かい》がこの試合《しあい》の天王山。心《こころ》して臨《のぞ》むべし。」

◆**泥仕《どろじ》(試)合《あい》**
相手《あいて》の弱点《じゃくてん》や失敗《しっぱい》を暴《あば》いて、醜《みにく》い争《あらそ》いをすること。「自社《じしゃ》の商品《しょうひん》を売《う》り込《こ》もうと、二《ふた》つの会《かい》社《しゃ》が泥仕合を展開《てんかい》している。」

泥棒《どろぼう》にも三分《さんぶ》の理《り》 ことわざ

→〈盗人《ぬすびと》にも三分《さんぶ》の理《り》〉（182ページ）

泥棒《どろぼう》を捕《と》らえて縄《なわ》をなう ことわざ

意味 事前《じぜん》に準備《じゅんび》しないで、事《こと》が起《お》きてから慌《あわ》てて対応《たいおう》する。略《りゃく》して「泥縄」ともいう。また、「盗人《ぬすびと》を見《み》て縄をなう」ともいう。

用例 仕入《しい》れた品物《しなもの》の置《お》く場所《ばしょ》がなく、慌てて倉庫《そうこ》を借《か》りるなんて、まさに泥棒を捕らえて縄をなうだよ。

泥《どろ》を吐《は》く 慣用句

意味 問《と》い詰《つ》められて、隠《かく》していた悪事《あくじ》を白状《はくじょう》する。

用例 犯人《はんにん》は、母親《ははおや》からの差《さ》し入《い》れを受《う》け取《と》って心《こころ》が動《うご》き、とうとう泥を吐いた。

類似 口《くち》を割《わ》る

★どんぐりの背比《せいくら》べ ことわざ

意味 同《おな》じようなものばかりで、たいした違《ちが》いのないこと。

用例 今回《こんかい》の算数《さんすう》のテストの結果《けっか》は、どんぐりの背比べであまり違いがなかった。

類似 五十歩百歩《ごじっぽひゃっぽ》・大同小異《だいどうしょうい》・同《どう》工異曲《こういきょく》・似《に》たり寄《よ》ったり・目《め》くそ鼻《はな》くそを笑《わら》う

★飛《と》んで火《ひ》に入《い》る夏《なつ》の虫《むし》 ことわざ

意味 夏の夜《よ》、虫が光《ひかり》に誘《さそ》われて火の中《なか》に飛び込《こ》むように、自分《じぶん》から進《すす》んで災難《さいなん》や危険《きけん》の中に飛び込んでいくこと。

用例 向《む》こうから試合《しあい》を申《もう》し込んでくるとは、飛んで火に入る夏の虫だ。大差《たいさ》で勝《か》って、相手《あいて》チームに力《ちから》の違《ちが》いを思《おも》い知《し》らせてやろう。

★鳶《とんび》が鷹《たか》を生《う》む ことわざ

意味 平凡《へいぼん》な親《おや》から優《すぐ》れた才能《さいのう》を持《も》つ子《こ》どもが生まれる。「鳶《とんび》」は「鳶《とび》」とも読《よ》む。「鳶が孔雀《くじゃく》を生む」ともいう。

用例 両親《りょうしん》は音楽《おんがく》と無縁《むえん》だが、彼《かれ》は立派《りっぱ》なピアニストになった。鳶が鷹を生むとはこのことか。

対照 瓜《うり》の蔓《つる》に茄子《なすび》はならぬ・蛙《かえる》の子は蛙

★鳶《とんび》に油揚《あぶらあ》げをさらわれる ことわざ

意味 自分《じぶん》のもの、またはたいせつなものを、突然横取《とつぜんよこど》りされる。

用例 私《わたし》が学級農園《がっきゅうのうえん》で大事《だいじ》に育《そだ》てていたさつまいもを、ある日《ひ》突然隣《となり》のクラスに掘《ほ》り返《かえ》され、鳶に油揚げをさらわれた気分《きぶん》だった。

ない袖は振れない

1000円
ゲーム
百円足りないや・・・・
ど〜したの？
お小遣《こづか》いの前借《まえが》り・・・・
百円足りないんだよ
この間あげたじゃないの
もうムリよ
ない袖は振れない

内助《ないじょ》の功《こう》　慣用句

意味　夫《おっと》が外《そと》に出《で》て十分《じゅうぶん》働《はたら》けるように、家庭内《かていない》のことをよく世話《せわ》する妻《つま》の働き。

用例　私《わたし》が今《いま》までやってこられたのも、内助の功があればこそだ。

ない袖《そで》は振《ふ》れない　慣用句

意味　何《なん》とかしてやりたくても実際《じっさい》にないものはどうしようもない。特《とく》に金《かね》がなければ、出《だ》したくても出せないことをいう。

用例　今《いま》すぐそんな大金《たいきん》を出せと言《い》われても、ない袖は振れないよ。

内憂外患《ないゆうがいかん》　四字熟語

意味　国内《こくない》や団体内部《だんたいないぶ》の問題《もんだい》と、外国《がいこく》や他《ほか》の団体との問題。

用例　外国と領土《りょうど》問題を抱《かか》えているのに、国内は不景気《ふけいき》に見舞《みま》われ、内憂外患の状況《じょうきょう》だ。

参考　「内憂」は、内部にある憂《うれ》い（心配《しんぱい》）。「外患」は外部《がいぶ》から受《う》ける患《わずら》い（病気《びょうき》）。

長《なが》い目《め》で見《み》る　慣用句

意味　現在《げんざい》の状態《じょうたい》だけで判断《はんだん》せず、将来《しょうらい》を考《かんが》え、ゆっくりと温《あたた》かい目で見守《みまも》る。

用例　新入社員《しんにゅうしゃいん》の彼《かれ》は失敗《しっぱい》が多《おお》いが、長い目で見ることにしよう。

長《なが》い物《もの》には巻《ま》かれろ　ことわざ

意味　権力《けんりょく》や勢力《せいりょく》のある者《もの》には、逆《さか》らわずに従《したが》うほうが得《とく》である。

用例　社長《しゃちょう》の言葉《ことば》に疑問《ぎもん》を持《も》ったが、長い物には巻かれろで、言《い》われたとおりに行動《こうどう》することにした。

参考　「長い物」は、権力や勢力のある者のこと。

鳴《な》かず飛《と》ばず　故事成語

意味　長《なが》い間《あいだ》、特《とく》に目立《めだ》つような活躍《かつやく》もしないでいる。また、将来《しょうらい》の活躍の機会《きかい》を待《ま》っている。「三《さん》年《ねん》飛ばず鳴かず」ともいう。

用例　期待《きたい》されてプロ野球《やきゅう》のある球団《きゅうだん》に入《はい》ったが、鳴かず飛ばずで三年が過《す》ぎてしまった。

故事　中国《ちゅうごく》の楚《そ》の荘王《そうおう》は、王になって三年の間遊《あいだあそ》び暮《く》らしていた。部下《ぶか》の伍挙《ごきょ》がいさめようと、「丘《おか》の上《うえ》にいる鳥《とり》は三年間飛びも鳴きもしません。何《なん》という鳥でしょうか。」と王になぞらえて言《い》った。荘王は、「（いざ機会を得《え》て）飛べば天《てん》にまで昇《のぼ》るであろう。鳴けば人々《ひとびと》を驚《おどろ》かすであろう。」と答《こた》え、自分《じぶん》は活躍の機会を待っているのだという考《かんが》えを示《しめ》した。（史記《しき》）

危《あぶ》ないよ〜っ
ゴッツン
コツン
いてててて
すみませ〜ん
ペチャッ
ハトのフンまで・・・

泣きっ面に蜂

名《な》が通《とお》る
慣用句

意味 世間《せけん》に広《ひろ》く知《し》られている。有名《ゆうめい》である。

用例 兄《あに》は全国的《ぜんこくてき》に名が通った企《き》業《ぎょう》に就職《しゅうしょく》が決《き》まり、とても喜《よろこ》んでいた。

流《なが》れに棹《さお》さす
慣用句

意味 流れに乗《の》った船《ふね》に、さらに棹で勢《いきお》いをつけるように、好都合《こうつごう》なことが重《かさ》なり、物事《ものごと》がうまく進《すす》む。勢いに乗る。

用例 たまたま代役《だいやく》で演《えん》じた舞台《ぶたい》が有名《ゆうめい》な演出家《えんしゅつか》の目《め》にとまって、高《たか》い評価《ひょうか》を受《う》けたばかりか、次《つぎ》の舞台の主役《しゅやく》に決《き》まり、流れに棹さすことになった。

参考 「流れに逆《さか》らう」という意《い》味《み》に捉《とら》えるのは誤《あやま》り。

類似 得手《えて》に帆《ほ》を揚《あ》げる・順風満《じゅんぷうまん》帆《ぱん》

★泣《な》きっ面《つら》に蜂《はち》
ことわざ

意味 悪《わる》いことの上《うえ》にさらに悪いことが重《かさ》なって起《お》こること。「泣き面に蜂」ともいう。

用例 花粉症《かふんしょう》で苦《くる》しんでいるときに風邪《かぜ》を引《ひ》いてしまうとは、泣きっ面に蜂だ。

参考 「江戸《えど》いろはかるた」にある。

類似 踏《ふ》んだり蹴《け》ったり・弱《よわ》り目《め》に祟《たた》り目

泣《な》く子《こ》と地頭《じとう》には勝《か》てぬ
ことわざ

意味 いくらこちらが正《ただ》しくても相手《あいて》の言《い》うとおりに従《したが》わざるを得《え》ないというたとえ。

用例 社長《しゃちょう》の思《おも》い付《つ》きで仕事《しごと》をさせられるが、泣く子と地頭には勝てぬで、従うよりない。

参考 「地頭」は、平安《へいあん》・鎌倉時《かまくらじ》代《だい》に荘園《しょうえん》の管理《かんり》をした者《もの》。いくら言っても聞《き》き分《わ》けなく泣く子と、無理《むり》やり税《ぜい》を取《と》り立《た》てる横暴《おうぼう》な地頭には勝てないということから。

泣《な》く子《こ》も黙《だま》る
慣用句

意味 強《つよ》さや恐《おそ》ろしさが並外《なみはず》れている。

用例 合宿《がっしゅく》に顔《かお》を出《だ》すのは、泣く子も黙るこわもての卒業生《そつぎょうせい》たちだ。

なくて七癖《ななくせ》
ことわざ

意味 癖がないように見《み》える人《ひと》でも、何《なに》か癖を持《も》っているということ。

用例 なくて七癖、彼《かれ》は焦《あせ》ると耳《みみ》を引《ひ》っ張《ぱ》る癖があることに、最近《さいきん》気《き》付《づ》いた。

★情《なさ》けは人《ひと》のためならず
ことわざ

意味 人に親切《しんせつ》にすれば、巡《めぐ》り巡

生兵法は大怪我の元

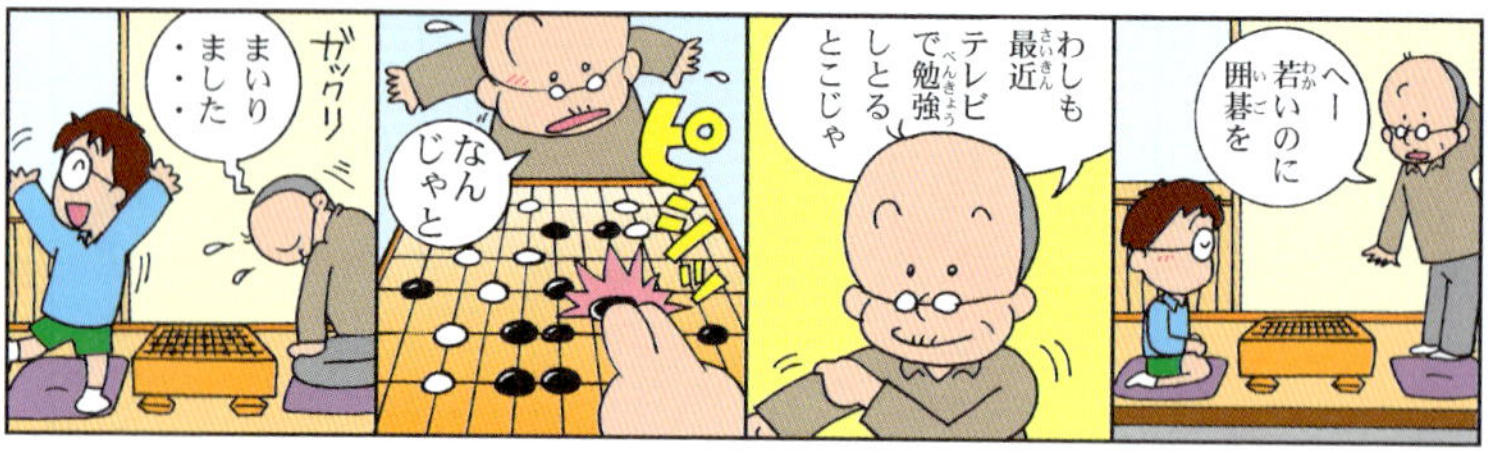

って自分《じぶん》によい報《むく》いがある。

用例　「情けは人のためならず」というから、ここは私《わたし》が彼《かれ》を助《たす》けてやろう。

参考　「情けはその人のためにならない」と解釈《かいしゃく》するのは誤《あやま》り。

梨《なし》のつぶて

慣用句

意味　便《たよ》りをしても、相手《あいて》から返《へん》事《じ》がないこと。

用例　東京《とうきょう》で一人《ひとり》暮《ぐ》らしをしている息子《むすこ》に何度《なんど》手紙《てがみ》を出《だ》しても、梨のつぶてだ。

参考　「つぶて」は、投《な》げた小石《こいし》。投げた小石は返《かえ》ってこないことから。「梨」は「無《な》し」にかけたもの。

★七転《ななころ》び八起《やお》き

ことわざ

意味　何度失敗《なんどしっぱい》しても、勇気《ゆうき》を出《だ》して奮《ふる》い立《た》つこと。「七転八起《しちてんはっき》」ともいう。

用例　七転び八起きの精神《せいしん》で、最《さい》後《ご》までがんばり抜《ぬ》きます。

名《な》は体《たい》を表《あらわ》す

慣用句

意味　名前《なまえ》は、中身《なかみ》・実質《じっしつ》をよく表す。

用例　「名は体を表す」というから、「一徹《いってつ》」という名を持《も》つ彼《かれ》は、きっと頑固《がんこ》に違《ちが》いない。

怠《なま》け者《もの》の節句《せっく》働《ばたら》き

ことわざ

意味　ふだん怠けている者に限《かぎ》って、他《ほか》の人《ひと》が休《やす》んでいるときに、わざと忙《いそが》しそうに働くものだ。

用例　毎週休日出勤《まいしゅうきゅうじつしゅっきん》している彼《かれ》だが、ふだんのだらだらした仕事《しごと》ぶりを知《し》っている周《まわ》りからは、「怠け者の節句働き」と笑《わら》われている。

参考　「節句」は、季節《きせつ》の変《か》わり目《め》を祝《いわ》う日《ひ》で、ここでは休日の意《い》味《み》で使《つか》っている。

生兵法《なまびょうほう》は大怪我《おおけが》の元《もと》

ことわざ

意味　中途半端《ちゅうとはんぱ》な知識《ちしき》や技術《ぎじゅつ》に頼《たよ》ると、かえって失敗《しっぱい》の原因《げんいん》になるということ。「生兵法は大疵《おおきず》の元」ともいう。

用例　体《からだ》の具合《ぐあい》が悪《わる》いときは、早《はや》く医者《いしゃ》に見《み》てもらったほうがいい。生兵法は大怪我の元だぞ。

参考　「生兵法」は、不十分《ふじゅうぶん》な武《ぶ》術《じゅつ》の知識。

涙《なみだ》に暮《く》れる

慣用句

意味　悲《かな》しみのため泣《な》いて暮らす。

用例　母親《ははおや》が亡《な》くなり、それ以来《いらい》彼女《かのじょ》は涙に暮れている。

★涙《なみだ》を呑《の》む

慣用句

意味　悲《かな》しさや悔《くや》しさを我慢《がまん》する。

用例　勝利《しょうり》まであと一歩《いっぽ》のところで逆転《ぎゃくてん》され、涙を呑んだ。

これでいいの？
うん
ストーン
どうやるの？
ほらね
ここを曲《ま》げてみよう
折《お》り方を自分で工夫《くふう》してごらん
習うより慣れろだ
習うより慣れろ

なめくじに塩《しお》 慣用句

意味 すっかり元気《げんき》をなくすこと。苦手《にがて》なものなどに出会《であ》って、縮《ちぢ》み上《あ》がってしまうこと。

用例 外国人《がいこくじん》に道《みち》を尋《たず》ねられたときの彼《かれ》は、なめくじに塩だった。

類似 青菜《あおな》に塩

★習《なら》うより慣《な》れろ ことわざ

意味 物事《ものごと》は、人《ひと》に教《おし》えられるより自分《じぶん》で経験《けいけん》したほうが早《はや》く身《み》につく。「習うより慣れよ」ともいう。

用例 「習うより慣れろ」が、親《おや》方《かた》の口癖《くちぐせ》だ。

ならぬ堪忍《かんにん》するが堪忍 ことわざ

意味 我慢《がまん》できないことをじっと耐《た》え忍《しの》ぶのが、本当《ほんとう》の我慢というものである。

用例 上司《じょうし》の小言《こごと》を、ならぬ堪忍するが堪忍の姿勢《しせい》で聞《き》き続《つづ》けた。

鳴《な》り物入《ものい》り 慣用句

意味 物事《ものごと》を大《おお》げさに宣伝《せんでん》すること。

用例 鳴り物入りで入団《にゅうだん》した新人《しんじん》選手《せんしゅ》の会見《かいけん》の様子《ようす》を、ファンは熱《ねっ》心《しん》に見入《みい》っていた。

参考 「鳴り物」は、楽器《がっき》のこと。

鳴《な》りを潜《ひそ》める 慣用句

意味 ①物音《ものおと》を立《た》てないで静《しず》かにしている。②表立《おもてだ》った活動《かつどう》をやめている。

用例 ②取《と》り締《しま》りが厳《きび》しくなり、暴走行為《ぼうそうこうい》をする者《もの》はすっかり鳴りを潜めている。

名《な》を揚《あ》げる 故事成語

意味 有名《ゆうめい》になる。名誉《めいよ》を得《え》る。

用例 この前《まえ》の全国大会《ぜんこくたいかい》で活躍《かつやく》し、彼《かれ》は一気《いっき》に名を揚げた。

参考 「名」は、評判《ひょうばん》や名声《めいせい》の意《い》味《み》。中国《ちゅうごく》の『考経《こうきょう》』にある言葉《ことば》。

類似 名を成《な》す

名《な》を売《う》る 故事成語

意味 自分《じぶん》の名前《なまえ》が世《よ》の中《なか》に広《ひろ》く知《し》れ渡《わた》るようにする。

用例 デビューして一年《いちねん》もたたないのに、彼女《かのじょ》はコンサートで武道《ぶどう》館《かん》を満員《まんいん》にし、名を売った。

参考 中国《ちゅうごく》の『後漢書《ごかんじょ》』にある言葉《ことば》。

名《な》を汚《けが》す 慣用句

意味 名誉《めいよ》を傷《きず》つける。評判《ひょうばん》を悪《わる》くする。

用例 学校《がっこう》の名を汚さぬよう、行《こう》動《どう》には注意《ちゅうい》しなさい。

名《な》を成《な》す 故事成語

意味 有名《ゆうめい》になる。名声《めいせい》を得《え》る。

フゥーッ
だって犬こわいんだもん
それじゃ二階から目薬だよ

二階から目薬

用例 父《ちち》は恵《めぐ》まれない時期《じき》が長《なが》かったが、ついには作家《さっか》として名を成した。

参考 中国《ちゅうごく》の『易経《えききょう》』にある言葉《ことば》。

類似 名を揚《あ》げる

名《な》を残《のこ》す　慣用句

意味 立派《りっぱ》な活躍《かつやく》などによって、後《のち》の世《よ》まで名声《めいせい》が伝《つた》えられる。

用例 数々《かずかず》の記録《きろく》を達成《たっせい》し、球界《きゅうかい》に名を残した投手《とうしゅ》。

難攻不落《なんこうふらく》　四字熟語

意味 ①守《まも》りが堅《かた》くて攻《せ》めるのが難《むずか》しく、容易《ようい》に攻め落《お》とせないこと。②なかなかこちらの思《おも》いどおりにならないこと。

用例 ①「難攻不落」といわれた城《しろ》が、攻め落とされた。②欲《ほ》しくてたまらないゲームがあるけど、母《はは》は難攻不落で買《か》うことを許《ゆる》してくれそうにない。

南船北馬《なんせんほくば》　故事成語

意味 あちこちせわしく旅《たび》をすること。

用例 彼《かれ》は仕事《しごと》のため、南船北馬の生活《せいかつ》を強《し》いられている。

参考 中国《ちゅうごく》では、南部《なんぶ》の人々《ひとびと》は川《かわ》や運河《うんが》が多《おお》いので船《ふね》を、北部《ほくぶ》の人々は山《やま》や平原《へいげん》が多いので馬《うま》を乗《の》り物《もの》に用《もち》いたことから。中国の『淮南子《えなんじ》』にある言葉。

類似 東奔西走《とうほんせいそう》

に

煮《に》え湯《ゆ》を飲《の》まされる　慣用句

意味 信頼《しんらい》していた人《ひと》に裏切《うらぎ》られて、ひどい目《め》に遭《あ》わされる。

用例 あんなに協力《きょうりょく》をしたのに、結局《けっきょく》煮え湯を飲まされた。

参考 「煮え湯」は、沸騰《ふっとう》した湯。

★二階《にかい》から目薬《めぐすり》　ことわざ

意味 思《おも》うようにならないこと。効《き》き目《め》がなく、もどかしいこと。

用例 大《おお》きな事故《じこ》だったが、その対処《たいしょ》を見《み》ていると、二階から目薬の感《かん》がある。

参考 「上方《かみがた》いろはかるた」にある。

荷《に》が重《おも》い　慣用句

意味 責任《せきにん》や負担《ふたん》が大《おお》きい。

用例 町内会《ちょうないかい》の役員《やくいん》を引《ひ》き受《う》けたが、私《わたし》には少《すこ》し荷が重いようだ。

参考 「荷」は、責任や負担のこと。

逃《に》がした魚《さかな》は大《おお》きい　ことわざ

意味 手《て》に入《い》れかけて逃がしてしまったものは、実際《じっさい》より損《そん》をしたように惜《お》しまれるものだ。「釣《つ》り

逃げるが勝ち

落《お》とした魚は大きい」ともいう。

用例 逃がした魚は大きいで、買《か》わなかった記念《きねん》コインが、今《いま》になって欲《ほ》しくなってきた。

苦虫《にがむし》を噛《か》みつぶしたよう 慣用句

意味 苦々しい表情《ひょうじょう》。不愉快《ふゆかい》な様子《ようす》。

用例 いつも苦虫を噛みつぶしたような表情の先生《せんせい》は、生徒《せいと》から恐《おそ》れられている。

参考 「苦虫」は、もし噛めば苦いだろうと想像《そうぞう》されるような虫。

憎《にく》まれっ子世《こよ》にはばかる ことわざ

意味 人《ひと》から憎まれるような人に限《かぎ》って、世間《せけん》に出《で》て勢《いきお》いを振《ふ》るうものだ。

用例 部下《ぶか》には嫌《きら》われている上司《じょうし》だが、憎まれっ子世にはばかるの

言葉《ことば》どおり、順調《じゅんちょう》に出世《しゅっせ》している。

参考 「江戸《えど》いろはかるた」にある。

★逃《に》げるが勝《か》ち ことわざ

意味 戦《たたか》わずに相手《あいて》に勝ちを譲《ゆず》ったほうが、得《とく》になる。

用例 どうせ勝ち目《め》のない勝負《しょうぶ》だから、今回《こんかい》に限《かぎ》っては逃げるが勝ちだ。

類似 負《ま》けるが勝ち・三十六計《さんじゅうろっけい》逃げるに如《し》かず

西《にし》も東《ひがし》もわからない 慣用句

意味 ①その土地《とち》の事情《じじょう》がまったくわからない。②わからない分野《ぶんや》のことなので、まったく判断《はんだん》がつかない。

用例 ②この仕事《しごと》は初《はじ》めてで西も東もわからないものですから、どうかよろしくお願《ねが》いします。

★二束三文《にそくさんもん》 四字熟語

意味 値段《ねだん》が極《きわ》めて安《やす》いこと。品《しな》物《もの》をまとめて、安《やす》く投《な》げ売《う》りにするときなどにいう。

用例 長《なが》い年月《ねんげつ》をかけて集《あつ》めてきたたいせつな切手《きって》コレクションも、いざ売ろうとしたら、二束三文の値《ね》しかつかなかった。

参考 わら草履《ぞうり》の一種《いっしゅ》である金剛《こんごう》草履が二足《にそく》で三文の値であったことから。「二足」に「二束」の字《じ》を当《あ》てた。

二足《にそく》の草鞋《わらじ》を履《は》く 慣用句

意味 同《おな》じ人《ひと》が種類《しゅるい》の違《ちが》う二《ふた》つの職業《しょくぎょう》を同時《どうじ》に兼《か》ねる。

用例 弁護士《べんごし》とタレントの二足の草鞋を履く。

似《に》たり寄《よ》ったり 慣用句

意味 どれも同《おな》じ程度《ていど》で、大《おお》きな

二兎を追う者は一兎をも得ず

違《ちが》いのないこと。

用例　似たり寄ったりのお菓子《かし》の中《なか》から、どれか一《ひと》つを選《えら》ぶのは難《むずか》しい。

類似　五十歩百歩《ごじっぽひゃっぽ》・大同小異《だいどうしょうい》・同《どう》工異曲《こういきょく》・どんぐりの背比《せいくら》べ・目《め》くそ鼻《はな》くそを笑《わら》う

★日進月歩《にっしんげっぽ》　四字熟語

意味　日《ひ》ごと月《つき》ごとに、絶《た》え間《ま》なく進歩《しんぽ》すること。

用例　現代《げんだい》の科学技術《かがくぎじゅつ》は、日進月歩だ。

対照　旧態依然《きゅうたいいぜん》・十年一日《じゅうねんいちじつ》

煮《に》ても焼《や》いても食《く》えない　慣用句

意味　相手《あいて》が非常《ひじょう》に悪賢《わるがしこ》くて、こちらの思《おも》いどおりにならない。

用例　一見愛想《いっけんあいそう》はいいけれど、あの人《ひと》は煮ても焼いても食えないよ。

類似　一筋縄《ひとすじなわ》ではいかない

二転三転《にてんさんてん》　四字熟語

意味　情勢《じょうせい》・態度《たいど》・発言《はつげん》などが次《つぎ》から次へと変《か》わること。

用例　総理大臣《そうりだいじん》の答弁《とうべん》が二転三転し、野党《やとう》の議員《ぎいん》から盛《さか》んにやじが飛《と》んだ。

二度《にど》あることは三度《さんど》ある　ことわざ

意味　同《おな》じようなことが二度起《お》これば、続《つづ》いてもう一度《いちど》起こる可能《かのう》性《せい》が高《たか》い。物事《ものごと》は繰《く》り返《かえ》し起きるものである。

用例　「二度あることは三度ある」というから、用心《ようじん》するように。

★二兎《にと》を追《お》う者《もの》は一兎《いっと》をも得《え》ず　ことわざ

意味　同時《どうじ》に違《ちが》った二《ふた》つのことをしようとすると、結局《けっきょく》は二つとも失敗《しっぱい》してしまう。

用例　学問《がくもん》を修《おさ》めつつプロサッカー選手《せんしゅ》を志《こころざ》したが、「二兎を追う者は一兎をも得ず」という結果《けっか》に終《お》わった。

参考　元《もと》は西洋《せいよう》のことわざ。

類似　虻蜂《あぶはち》取《と》らず

対照　一挙両得《いっきょりょうとく》・一石二鳥《いっせきにちょう》

二《に》の足《あし》を踏《ふ》む　慣用句

意味　思《おも》い切《き》って物事《ものごと》を進《すす》めることができない。どうしたものかとためらう。しりごみする。

用例　野球部《やきゅうぶ》に誘《さそ》われたが、練習《れんしゅう》がきつそうなので、二の足を踏んでしまった。

参考　「二の足」は、二歩目《にほめ》のこと。一歩目《いっぽめ》は踏み出《だ》したものの、二歩目はためらって足踏みをするという意味《いみ》から。

二《に》の句《く》が継《つ》げない　慣用句

意味　あきれたり驚《おどろ》いたりして、

糠に釘

言《い》うべき次《つぎ》の言葉《ことば》が出《で》てこない。

用例 部下《ぶか》の言い訳《わけ》に、二の句が継げなかった。

参考 「二の句」は、雅楽《ががく》（古《ふる》く宮《きゅう》廷《てい》に伝《つた》わる音楽《おんがく》や舞踊《ぶよう》）の用語《ようご》で、詩句《しく》を三段《さんだん》に分《わ》けて歌《うた》うときの第《だい》二段目《だんめ》。特《とく》に二の句を続《つづ》けるのは容易《ようい》ではないというところから。

二《に》の舞《まい》を演《えん》じる 慣用句

意味 前《まえ》の人《ひと》と同《おな》じ失敗《しっぱい》を繰《く》り返《かえ》す。「二の舞を踏《ふ》む」ともいう。

用例 風邪《かぜ》でマラソン大会《たいかい》を休《やす》み、去年《きょねん》の兄《あに》の二の舞を演じてしまった。

参考 雅楽《ががく》で、安摩《あま》の舞のあとにそれをまねて滑稽《こっけい》に舞う「二の舞」から。

二枚舌《にまいじた》を使《つか》う 慣用句

意味 前《まえ》と違《ちが》うことを言《い》う。うそをつく。

用例 あの政治家《せいじか》は二枚舌を使うので信用《しんよう》ならない。

人間到《にんげんいた》る所青山有《ところせいざんあ》り ことわざ

意味 世《よ》の中《なか》どこで死《し》んでも、骨《ほね》を埋《う》める場所《ばしょ》くらいはある。大《おお》きな望《のぞ》みを達成《たっせい》するためには、故郷《こきょう》を出《で》て大いに活動《かつどう》するべきだということ。「人間《じんかん》到る所青山有り」とも読《よ》む。

用例 私《わたし》は高校《こうこう》を卒業《そつぎょう》すると、「人間到る所青山有り」の言葉《ことば》を胸《むね》に故郷を出た。

参考 「青山」は、骨を埋める場所。幕末《ばくまつ》の僧《そう》、釈月性《しゃくげっしょう》の詩《し》の一節《いっせつ》から。

人間万事塞翁《にんげんばんじさいおう》が馬《うま》 故事成語

→〈塞翁《さいおう》が馬《うま》〉（102ページ）

ぬ

★糠《ぬか》に釘《くぎ》 ことわざ

意味 少《すこ》しも手応《てごた》えがない、効《き》き目《め》がないことのたとえ。

用例 あいつに忠告《ちゅうこく》しても糠に釘だから、やめておいたほうがいい。

参考 「糠」は、玄米《げんまい》をついて白《はく》米《まい》にするときに出《で》る粉《こな》。「上方《かみがた》いろはかるた」にある。

類似 豆腐《とうふ》にかすがい・暖簾《のれん》に腕《うで》押《お》し

糠喜《ぬかよろこ》び 慣用句

意味 喜んだあとで、当《あ》てが外《はず》れてがっかりすること。また、その一時的《いちじてき》ではかない喜び。

用例 ちゃんと確《たし》かめないと、糠喜びに終《お》わるかもしれないぞ。

猫に小判

抜《ぬ》き差《さ》しならない　慣用句

意味　どうにも身動《みうご》きがとれない。

用例　準備不足《じゅんびぶそく》で実行《じっこう》したため、抜き差しならない状況《じょうきょう》を招《まね》いた。

抜《ぬ》け目《め》がない　慣用句

意味　手抜《てぬ》かり、手落《てお》ちがない。損《そん》をしないようにうまく行動《こうどう》する。

用例　彼《かれ》はすべてにおいて抜け目がない男《おとこ》だ。

参考　よくない意味《いみ》で使《つか》われることが多《おお》い。

盗人《ぬすびと》に追《お》い銭《せん》　ことわざ

意味　損《そん》をしたうえに、さらに損をすることのたとえ。「泥棒《どろぼう》に追い銭」ともいう。

用例　貸《か》したゲームをなかなか返《かえ》さない相手《あいて》に攻略本《こうりゃくぼん》まで貸してしまい、盗人に追い銭だった。

参考　「追い銭」は、支払《しはら》ったうえにさらに支払う余分《よぶん》な金《かね》のこと。

盗人《ぬすびと》にも三分《さんぶ》の理《り》　ことわざ

意味　盗みをするにもそれなりの理由《りゆう》があるように、どんなことでも理屈《りくつ》は付けられるということ。「泥棒《どろぼう》にも三分の理」ともいう。

用例　「盗人にも三分の理」というが、彼《かれ》は自分《じぶん》が明《あき》らかに悪《わる》いときでも、言《い》い訳《わけ》ばかりしている。

参考　全部《ぜんぶ》(十分《じゅうぶ》)ではないが、いくらか(三分)はということ。

濡《ぬ》れ衣《ぎぬ》を着《き》せられる　慣用句

意味　自分《じぶん》は覚《おぼ》えのない、無実《むじつ》の罪《つみ》を押《お》し付《つ》けられる。

用例　たまたまその場所《ばしょ》に居合《いあ》わせたので、濡れ衣を着せられた。

★濡《ぬ》れ手《て》で粟《あわ》　ことわざ

意味　何《なん》の苦労《くろう》もなく、多《おお》くの利《り》益《えき》を得《え》ること。

用例　もらった宝《たから》くじが当《あ》たり、濡れ手で粟の大《おお》もうけだ。

参考　「粟」は、小粒《こつぶ》の黄色《きいろ》い穀《こく》物《もつ》。濡れた手で粟をつかむと、粟粒が実際《じっさい》につかんでいる以上《いじょう》に、たくさんくっ付《つ》いてくることから。

類似　一攫千金《いっかくせんきん》

濡《ぬ》れ鼠《ねずみ》　慣用句

意味　水《みず》に濡《ぬ》れた鼠のように、服《ふく》を着《き》たままびしょ濡れになる様子《ようす》。

用例　突然雨《とつぜんあめ》に降《ふ》られて、ご覧《らん》のとおり濡れ鼠さ。

ね

願《ねが》ったり叶《かな》ったり　慣用句

意味　希望《きぼう》どおりに物事《ものごと》が実現《じつげん》す

猫を被る

ること。

用例 暇《ひま》で退屈《たいくつ》しているときに遊《あそ》びに誘《さそ》われ、願ったり叶ったりだ。

猫《ねこ》なで声《ごえ》 慣用句

意味 人《ひと》の機嫌《きげん》を取《と》るときに出《だ》す、甘《あま》えた声。

用例 猫なで声で、母《はは》におやつをねだった。

猫《ねこ》に鰹節《かつおぶし》 ことわざ

意味 過《あやま》ちが起《お》こりやすい状況《じょうきょう》であること。いかにも危《あぶ》なっかしくて、安心《あんしん》できない様子《ようす》。

用例 お金《かね》にルーズな人《ひと》に会計《かいけい》を任《まか》せるのは、猫に鰹節だ。

参考 猫に大好物《だいこうぶつ》の鰹節の番《ばん》をさせるようなものだということから。

★猫《ねこ》に小判《こばん》 ことわざ

意味 どんな貴重《きちょう》なものでも、その価値《かち》がわからない者《もの》に与《あた》えては、何《なん》の役《やく》にも立《た》たないことのたとえ。

用例 音楽《おんがく》に興味《きょうみ》のない彼《かれ》にとっては、有名《ゆうめい》なピアニストのコンサートチケットも猫に小判だろう。

参考 「上方《かみがた》いろはかるた」にある。

類似 豚《ぶた》に真珠《しんじゅ》

★猫《ねこ》の手《て》も借《か》りたい 慣用句

意味 非常《ひじょう》に忙《いそが》しく、いくらでも人手《ひとで》が欲《ほ》しい。

用例 休日《きゅうじつ》は客《きゃく》の数《かず》が倍増《ばいぞう》し、猫の手も借りたいほどの忙しさとなる。

類似 目《め》が回《まわ》る

★猫《ねこ》の額《ひたい》 慣用句

意味 非常《ひじょう》に狭《せま》いことのたとえ。

用例 猫の額ほどの土地《とち》に家《いえ》を建《た》てる。

参考 猫の額は狭いことから。

猫《ねこ》の目《め》のよう 慣用句

意味 物事《ものごと》がめまぐるしく変《か》わることのたとえ。

用例 彼女《かのじょ》は猫の目のように機嫌《きげん》が変《か》わるので、扱《あつか》いにくい。

参考 猫の瞳《ひとみ》の形《かたち》が、周《まわ》りの明暗《めいあん》によって変化《へんか》することから。

猫《ねこ》も杓子《しゃくし》も 慣用句

意味 何《なに》もかも。誰《だれ》も彼《かれ》も。

用例 ある商品《しょうひん》が話題《わだい》になると、猫も杓子もそれを買《か》い求《もと》める。

参考 猫の手《て》と杓子（しゃもじ）の形《かたち》が似《に》ているところからという説《せつ》など、他《ほか》にもさまざまな説がある。

★猫《ねこ》を被《かぶ》る 慣用句

意味 自分《じぶん》の本性《ほんしょう》を隠《かく》して、おとなしそうに振《ふ》る舞《ま》う。

用例 おとなしい女《おんな》の子《こ》だと思《おも》っていたけど、実《じつ》は猫を被っていた。

寝耳に水

山田さんは今日転校《てんこう》します
今までありがとう
そんなの聞いてないよ～
もっと早く言ってよ
授業中《じゅぎょうちゅう》寝《ね》てたからだろ
前にちゃんと言ったぞ
うん

んだね。

寝覚《ねざ》めが悪《わる》い　慣用句

意味　①目覚《めざ》めたときの気分《きぶん》が良《よ》くない。②自分《じぶん》の過去《かこ》の行為《こうい》を反省《はんせい》して心《こころ》が痛《いた》む。

用例　②彼《かれ》にひどいことをしてしまい、寝覚めが悪い日々《ひび》を過《す》ごす。

寝《ね》た子《こ》を起《お》こす　慣用句

意味　せっかくおさまっている事柄《ことがら》に無用《むよう》の手出《てだ》しをして、また問題《もんだい》を引《ひ》き起《お》こす。

用例　知《し》らなくていいことを教《おし》えるのは、寝た子を起こすようなものだ。

類似　藪《やぶ》をつついて蛇《へび》を出《だ》す

対照　触《さわ》らぬ神《かみ》に祟《たた》りなし

熱《ねつ》を上《あ》げる　慣用句

意味　夢中《むちゅう》になる。その魅力《みりょく》にとりつかれてのぼせ上がる。

用例　アイドルグループに熱を上げて、勉強《べんきょう》に集中《しゅうちゅう》できない。

寝《ね》ても覚《さ》めても　慣用句

意味　眠《ねむ》っている夢《ゆめ》の中《なか》でも、目《め》覚《ざ》めているときでもいつも。

用例　寝ても覚めても彼女《かのじょ》のことを考《かんが》えてしまう。

根《ね》に持《も》つ　慣用句

意味　深《ふか》く恨《うら》んで、いつまでも忘《わす》れない。

用例　彼《かれ》は以前《いぜん》のことを根に持って、陰《かげ》で私《わたし》の悪口《わるくち》を言《い》っているらしい。

根《ね》掘《ほ》り葉《は》掘り　慣用句

意味　しつこくこまごまと。隅《すみ》から隅まで徹底的《てっていてき》に。

用例　夏休《なつやす》みの計画《けいかく》を、根掘り葉

◆**日常茶飯事《にちじょうさはんじ》**
ふだんの食事《しょくじ》のように、ありふれた平凡《へいぼん》な出来事《できごと》。「日常茶飯」ともいう。「通学用《つうがくよう》のバスが遅《おく》れるのは、日常茶飯事だ。」

◆**二番煎《にばんせん》じ**
前《まえ》にあった趣向《しゅこう》をまねること。新鮮味《しんせんみ》のないこと。「最近大《さいきんおお》はやりのこのゲームって、数年前《すうねんまえ》のヒット作《さく》の二番煎じだと思《おも》うな。」

◆**二枚目《にまいめ》**
美男子《びなんし》。ハンサム。歌舞伎《かぶき》で、看板《かんばん》の右《みぎ》から二番目《ばんめ》に美男の役者《やくしゃ》の名前《なまえ》を書《か》いたことから。「うちの父《ちち》は、自分《じぶん》では二枚目で通《とお》っているつもりらしい。」

◆**猫《ねこ》ばば**
悪事《あくじ》を隠《かく》して知《し》らん顔《かお》をすること。特《とく》に、拾《ひろ》った物《もの》を黙《だま》って自分《じぶん》の物にしてしまうこと。「落《お》とし物を猫ばばするのは犯罪《はんざい》です。」

音を上げる

26…
…
27…
わんこそば早食い
まだまだ!
ダメ
まいった
もうムリ
パカッ

掘り尋《たず》ねる。

参考 「葉掘り」は、とことん掘り起《お》こす意味《いみ》の「根掘り」に語調《ごちょう》を合《あ》わせたもの。

★寝耳《ねみみ》に水《みず》 慣用句

意味 寝ているときに耳に水を注《そそ》がれるような、思《おも》いがけない出来《でき》事《ごと》や不意《ふい》の知《し》らせに驚《おどろ》くたとえ。

用例 担任《たんにん》の先生《せんせい》が他《ほか》の学校《がっこう》に移《うつ》るというのは、寝耳に水の知らせだった。

類似 青天《せいてん》の霹靂《へきれき》・藪《やぶ》から棒《ぼう》

★根《ね》も葉《は》もない 慣用句

意味 よりどころとなるものがまったくない。

用例 根も葉もないうわさを流《なが》されて傷《きず》ついた。

参考 根も葉もない植物《しょくぶつ》はないので、何《なん》の証拠《しょうこ》もないということ。

類似 事実無根《じじつむこん》

寝《ね》る子《こ》は育《そだ》つ ことわざ

意味 よく寝るのは健康《けんこう》な証拠《しょうこ》で、日頃《ひごろ》よく寝る子は丈夫《じょうぶ》に育つ。

用例 また寝ているのか。まあいい。「寝る子は育つ」というからな。

★音《ね》を上《あ》げる 慣用句

意味 困難《こんなん》・苦難《くなん》に耐《た》えられず、弱気《よわき》なことを言《い》う。降参《こうさん》する。

用例 コーチのあまりに厳《きび》しい指《し》導《どう》に、選手《せんしゅ》たちはほんの一時間《いちじかん》で音を上げた。

類似 弱音《よわね》を吐《は》く

年貢《ねんぐ》の納《おさ》め時《どき》 慣用句

意味 長《なが》い間悪事《あいだあくじ》をし続《つづ》けてきた者《もの》が、ついに捕《と》らえられて罪《つみ》に服《ふく》すべき時。また、ある物事《ものごと》にあきらめをつけ、覚悟《かくご》すべき時。

用例 やい、おとなしくしろ。これでお前《まえ》も年貢の納め時だ。

参考 「年貢」は昔《むかし》、年《とし》ごとに割《わ》り当《あ》てられた租税《そぜい》のこと。納めていなかった年貢を清算《せいさん》することから。

念《ねん》には念を入《い》れる ことわざ

意味 注意《ちゅうい》したうえにも注意する。重《かさ》ねて確認《かくにん》する。

用例 昨日《きのう》も確認したが、念には念を入れて今日《きょう》も確認しておこう。

参考 「念」は、細《こま》かいところにも気《き》を配《くば》って注意すること。「江戸《えど》いろはかるた」にある。

類似 浅《あさ》い川《かわ》も深《ふか》く渡《わた》れ・石橋《いしばし》を叩《たた》いて渡る

対照 危《あぶ》ない橋を渡る

★念《ねん》を押《お》す 慣用句

意味 相手《あいて》に十分確《じゅうぶんたし》かめる。重《かさ》ねて注意《ちゅうい》する。

用例 「本当《ほんとう》に大丈夫《だいじょうぶ》なんだろうね。」と念を押した。

類似 駄目《だめ》を押す

能ある鷹は爪を隠す

の

★能《のう》ある鷹《たか》は爪《つめ》を隠《かく》す ことわざ

意味 優《すぐ》れた実力《じつりょく》や才能《さいのう》の持《も》ち主《ぬし》は、むやみにそれを見《み》せつけるようなことはしない。

用例 能ある鷹は爪を隠すで、彼《かれ》は成果《せいか》を誇《ほこ》ったりしないが、いつもきちんとした仕事《しごと》をする。

参考 獲物《えもの》を捕《と》る能力《のうりょく》に秀《ひい》でた鷹は、いざ獲物を捕ろうとするとき以外《いがい》は、鋭《するど》い爪を隠しているから。

軒《のき》を貸《か》して母屋《おもや》を取《と》られる ことわざ

→〈庇《ひさし》を貸《か》して母屋《おもや》を取《と》られる〉（199ページ）

残《のこ》り物《もの》には福《ふく》がある ことわざ

意味 人《ひと》の取《と》り残した物や最後《さいご》に残った物には、思《おも》わぬ利得《りえき》がある。先《さき》を争《あらそ》って手《て》を出《だ》すよりも、最後に手を出した人がかえって幸運《こううん》を手にすることをいう。

用例 「残り物には福がある」というから、僕《ぼく》は最後にくじを引《ひ》くよ。

喉《のど》が鳴《な》る 慣用句

意味 ごちそうを見《み》て、食欲《しょくよく》がわく。

用例 なんておいしそうな料理《りょうり》なの。あー、喉が鳴る！

★喉《のど》から手《て》が出《で》る 慣用句

意味 どうしても欲《ほ》しくてたまらない。

用例 彼女《かのじょ》はその美《うつく》しいダイヤモンドを、喉から手が出るほど欲しいと思《おも》った。

★喉元《のどもと》過《す》ぎれば熱《あつ》さを忘《わす》れる ことわざ

意味 苦《くる》しいときが過《す》ぎ去《さ》れば、そのときの苦痛《くつう》も、受《う》けた恩《おん》も簡単《かんたん》に忘れてしまう。

用例 また遊《あそ》んでいるのか。喉元過ぎれば熱さを忘れるからな。でもそんな調子《ちょうし》だとまた失敗《しっぱい》するぞ。

参考 熱い物《もの》を飲《の》んでも喉を通《とお》り過ぎれば熱さを忘れてしまうことから。「江戸《えど》いろはかるた」にある。

のべつ幕《まく》なし 慣用句

意味 休《やす》む間《ま》もなく続《つづ》けて行《おこな》う様子《ようす》。

用例 番組《ばんぐみ》の最初《さいしょ》から最後《さいご》まで、のべつ幕なしにしゃべり続けるお笑《わら》いタレント。

参考 芝居《しばい》で幕を引《ひ》かずに演《えん》じ続ける意味《いみ》から。

暖簾に腕押し

乗《の》りかかった船《ふね》
慣用句

意味　一度《いちど》取《と》り掛《か》かった以上《いじょう》、途《と》中《ちゅう》でやめるわけにはいかないこと。

用例　ええい、こうなりゃ乗りかかった船だ。とことんやろうじゃないの。

参考　一度船に乗って海《うみ》へこぎ出《だ》した以上、途中で降《お》りられないことから。

伸《の》るか反《そ》るか
慣用句

意味　成功《せいこう》するかしないかは天《てん》に任《まか》せ、思《おも》い切《き》って物事《ものごと》を行《おこな》う様子《ようす》。

用例　ここまできたら伸るか反るかだ。やってみるしかないな。

参考　「伸る」は、長《なが》く伸びる、「反る」は、反対側《はんたいがわ》に曲《ま》がる意味《いみ》。

類似　一《いち》か八《ばち》か

★暖簾《のれん》に腕押《うでお》し
ことわざ

意味　少《すこ》しも手応《てごた》えがないこと。

用例　あいつに何《なに》を言《い》っても無駄《むだ》だよ。暖簾に腕押しだ。

参考　つるされた暖簾を腕で押しても何の手応えもないことから。

類似　豆腐《とうふ》にかすがい・糠《ぬか》に釘《くぎ》

暖簾《のれん》を分《わ》ける
慣用句

意味　長年《ながねん》よく勤《つと》めた店員《てんいん》などに新《あたら》しく店《みせ》を出《だ》させ、同《おな》じ屋号《やごう》(店の名前《なまえ》)を名乗《なの》ることを許《ゆる》す。

用例　有名《ゆうめい》ラーメン店《てん》から暖簾を分けてもらい、新《あら》たに店を構《かま》える。

は

敗軍《はいぐん》の将《しょう》は兵《へい》を語《かた》らず
故事成語

意味　負《ま》けた将軍《しょうぐん》は、兵法《へいほう》についで語る資格《しかく》がないということで、失敗《しっぱい》をした者《もの》は、そのことについて意見《いけん》を言《い》う資格がない。

用例　試合《しあい》に負けたのは監督《かんとく》である私《わたし》の責任《せきにん》だ。敗軍の将は兵を語らずで、負けた言い訳《わけ》はしない。

参考　中国《ちゅうごく》の『史記《しき》』にある言葉《ことば》。

★背水《はいすい》の陣《じん》
故事成語

意味　あとがない状況《じょうきょう》の中《なか》で、決《けっ》死《し》の覚悟《かくご》で事《こと》に当《あ》たること。

用例　優勝《ゆうしょう》するためには、この試《し》合《あい》に必《かなら》ず勝《か》たなくてはいけない。まさに背水の陣だ。

故事　中国《ちゅうごく》の漢《かん》の韓信《かんしん》は、戦《たたか》いに有利《ゆうり》な山《やま》を背《せ》にした陣形《じんけい》から、川《かわ》を背にした陣形に変《か》えた。あとに引《ひ》けない状況《じょうきょう》を作《つく》り必死《ひっし》に戦わせることで、勝利《しょうり》を収《おさ》めた。(史記《しき》)

這《は》えば立《た》て、立てば歩《あゆ》めの親心《おやごころ》
ことわざ

意味　子《こ》どもが這うようになると

破顔一笑

立つことを願《ねが》い、立てば早《はや》く歩《ある》くことを願うように、我《わ》が子の成長《せいちょう》を待《ま》ち望《のぞ》む親心をいう。
用例 元気《げんき》に育《そだ》ちさえすればいいと思《おも》っていても、親の欲《よく》が出《で》てくるよ。這えば立て、立てば歩めの親心ってね。次《つぎ》は勉強《べんきょう》がよくできて、スポーツがうまくなるのを願うんだろうね。

歯《は》が浮《う》く 慣用句

意味 軽々《かるがる》しくきざな言動《げんどう》に接《せっ》して、不快《ふかい》になる。
用例 あんな歯が浮くようなセリフをよく真顔《まがお》で言《い》えるよな。

はかが行《い》く 慣用句

意味 仕事《しごと》などが順調《じゅんちょう》に進《すす》み、能率《のうりつ》が上《あ》がる。
用例 今日《きょう》は朝《あさ》から電話《でんわ》がよくかかってきたので、家事《かじ》のはかが行かない。
参考「はか」は、仕事の進み具《ぐ》合《あい》のこと。

場数《ばかず》を踏《ふ》む 慣用句

意味 多《おお》くの経験《けいけん》を重《かさ》ねる。
用例 彼《かれ》は場数を踏んでいるから、ピンチに立《た》っても動揺《どうよう》しないよ。

★歯《は》が立《た》たない 慣用句

意味 相手《あいて》が強《つよ》すぎて対抗《たいこう》できない。かなわない。
用例 この問題《もんだい》は難《むずか》しくて、僕《ぼく》には歯が立たない。
参考 かたくてかめないことから。
類似 太刀《たち》打《う》ちできない

馬鹿《ばか》とはさみは使《つか》いよう ことわざ

意味 愚《おろ》かな者《もの》でも、使い方《かた》によっては役《やく》に立《た》つこともあるということ。
用例「馬鹿とはさみは使いよう」というから、どうか私《わたし》にもお手伝《てつだ》いをさせてください。
参考 はさみは、使い方によって切《き》れたり切れなかったりするから。

馬鹿《ばか》の一《ひと》つ覚《おぼ》え 慣用句

意味 同《おな》じことを得意《とくい》になって何《なん》度《ど》も繰《く》り返《かえ》して言《い》ったりしたりする人《ひと》を、ののしっていう言葉《ことば》。
用例 馬鹿の一つ覚えで、兄《あに》はいつも同《おな》じダジャレばかり言っている。
参考 自分《じぶん》のことをへりくだっていうときにも使《つか》う。

★破顔一笑《はがんいっしょう》 四字熟語

意味 顔《かお》をほころばせて、にっこりと笑《わら》うこと。
用例 高校合格《こうこうごうかく》の知《し》らせに、兄《あに》は破顔一笑した。
参考「破顔」は、顔をほころば

ここに家が建《た》つんで明日から工事《こうじ》します
遊《あそ》び場がなくなっちゃった
あき地がなくなったね――
工事の人が呼《よ》んでるよ
中止になったよ
白紙
やった
また遊べるね

白紙に戻す

せること。「一笑」は、にっこりすること。

掃《は》き溜《だ》めに鶴《つる》　ことわざ

意味 つまらないところに、似《に》つかわしくない優《すぐ》れたものや美《うつく》しいものがいるたとえ。「ごみ溜めに鶴」ともいう。

用例 こんなところにすばらしい才能《さいのう》を持《も》った人物《じんぶつ》がいたとは、まさに掃き溜めに鶴だ。

参考 「掃き溜め」は、ごみ捨《す》て場《ば》。「鶴」は、優れたもののたとえ。

★馬《ば》脚《きゃく》を露《あらわ》す　故事成語

意味 偽《いつわ》り隠《かく》していたものが表《あらわ》れる。

用例 初歩的《しょほてき》なミスを犯《おか》して、馬脚を露してしまった。

参考 芝居《しばい》で、馬《うま》の脚《あし》にふんしている役者《やくしゃ》が、姿《すがた》を見《み》せてしまうこと。中国《ちゅうごく》の元《げん》の戯曲《ぎきょく》『元曲《げんきょく》』にある言葉《ことば》。

類似 尻尾《しっぽ》を出《だ》す・化《ば》けの皮《かわ》がはがれる・ぼろが出《で》る・めっきがはげる

箔《はく》が付《つ》く　慣用句

意味 値《ね》打《う》ちに重《おも》みが付く。貫禄《かんろく》が付く。評価《ひょうか》が高《たか》くなる。

用例 彼《かれ》はドイツ留学《りゅうがく》から帰《かえ》ってきて、箔が付いたよ。

参考 「箔」は金箔《きんぱく》などの箔で、金や銀《ぎん》をたたいて薄《うす》く延《の》ばしたもの。貴金属《ききんぞく》の箔を付けることで、元《もと》の金属より強《つよ》く、きれいになることから、価値《かち》を上《あ》げる意味《いみ》で用《もち》いられる。

★白《はく》紙《し》に戻《もど》す　慣用句

意味 何《なに》もなかった元《もと》の状態《じょうたい》にする。「白紙に返《かえ》す」ともいう。

用例 交渉《こうしょう》でつまずき、白紙に戻さざるを得《え》なくなった。

拍《はく》車《しゃ》を掛《か》ける　慣用句

意味 物事《ものごと》の進行《しんこう》を一段《いちだん》と速《はや》める。

用例 姉《あね》は入試目前《にゅうしもくぜん》になって、ようやく勉強《べんきょう》に拍車を掛けている。

参考 馬《うま》の腹《はら》に拍車(乗馬靴《じょうばぐつ》のかかとに付《つ》ける金具《かなぐ》)を打《う》ち当《あ》てて、速く走《はし》らせることから。

伯《はく》仲《ちゅう》　故事成語

意味 力《ちから》が釣《つ》り合《あ》っていて、優劣《ゆうれつ》をつけがたいこと。

用例 実力《じつりょく》が伯仲していて、決着《けっちゃく》がつかない。

参考 中国《ちゅうごく》では、兄弟順《きょうだいじゅん》を「伯・仲・叔《しゅく》・季《き》」と呼《よ》び、伯が長男《ちょうなん》、仲が次男《じなん》で、伯と仲との間《あいだ》には差《さ》がないとされたことから。

白髪三千丈《はくはつさんぜんじょう》　故事成語

意味 心配事《しんぱいごと》のために、白髪が長《なが》く伸《の》びたことを誇張《こちょう》していった言《こと》

薄氷を踏む

葉《ば》。また、長い間憂《あいだうれ》いや悩《なや》みを抱《かか》えていること。

用例　あまり心配ばかりかけないでよ。お母《かあ》さんの髪《かみ》は白髪三千丈になりそうよ。

参考　一丈は約《やく》三・一メートル。唐《とう》の李白《りはく》の詩《し》『秋浦《しゅうほ》の歌《うた》』の一節《いっせつ》。

白《はく》眉《び》　故事成語

意味　多数《たすう》あるもののうち、最《もっと》も優《すぐ》れているものや人《ひと》のたとえ。

用例　この作品《さくひん》は、今回《こんかい》の展覧会《てんらんかい》の白眉だ。

故事　中国《ちゅうごく》の蜀《しょく》の馬氏《ばし》の子《こ》は、五《ご》人兄弟《にんきょうだい》だった。皆秀才《みなしゅうさい》であったが、眉《まゆ》に白《しろ》い毛《け》のある長男《ちょうなん》の馬良《ばりょう》が、最も優れていた。（三国志《さんごくし》）

薄氷《はくひょう》を踏《ふ》む　慣用句

意味　びくびくしながら非常《ひじょう》に危《き》険《けん》な状況《じょうきょう》に臨《のぞ》む。

用例　ノーアウト満塁《まんるい》のピンチのときは、薄氷を踏む思《おも》いだった。

類似　虎《とら》の尾《お》を踏む

博覧強記《はくらんきょうき》　四字熟語

意味　広《ひろ》く書物《しょもつ》を読《よ》み、それらを非常《ひじょう》によく記憶《きおく》していること。また、知識《ちしき》が豊富《ほうふ》なこと。

用例　彼《かれ》は毎週《まいしゅう》図書館通《としょかんがよ》いをするだけあって、博覧強記だね。

参考　「博覧」は、多《おお》くの本《ほん》を読み、物事《ものごと》をよく知《し》っていること。「強記」は、記憶力《りょく》が優《すぐ》れていること。

薄利多売《はくりたばい》　四字熟語

意味　利益《りえき》を少《すく》なくして数多《かずおお》く売《う》り、全体《ぜんたい》の利益を上《あ》げること。

用例　百円《ひゃくえん》ショップは、薄利多売の典型《てんけい》だ。

化《ば》けの皮《かわ》がはがれる　慣用句

意味　隠《かく》していた正体《しょうたい》がばれる。

用例　あいつ、いい人《ひと》ぶっていたけど、とうとう化けの皮がはがれたぞ。

類似　尻尾《しっぽ》を出《だ》す・馬脚《ばきゃく》を露《あらわ》す・ぼろが出《で》る・めっきがはげる

★馬耳東風《ばじとうふう》　故事成語

意味　他人《たにん》の意見《いけん》や忠告《ちゅうこく》などをまったく気《き》に留《と》めず、聞《き》き流《なが》すこと。

用例　あの人《ひと》には、何《なに》を言《い》っても馬耳東風だよ。

参考　東風（心地《ここち》よい春風《はるかぜ》）が吹《ふ》いても、馬《うま》は感《かん》じる気配《けはい》がないことから。中国《ちゅうごく》の李白《りはく》の詩《し》の一節《いっせつ》。

類似　馬の耳《みみ》に念仏《ねんぶつ》

箸《はし》にも棒《ぼう》にも掛《か》からない　慣用句

意味　他《ほか》より著《いちじる》しく劣《おと》っていて、取《と》り扱《あつか》いようがない様子《ようす》。何《なん》の取《と》り柄《え》もない様子。

用例　仕事《しごと》はしないし、無断欠勤《むだんけっきん》

破竹の勢い

シュート
ナイスシュート
ナイスパス！
破竹の勢い
決勝戦《けっしょうせん》
Aチーム
Bチーム
Cチーム
Dチーム
Eチーム
Fチーム
Gチーム
Hチーム
さあ決勝戦だ
予選《よせん》から負《ま》けなしの五連勝《れんしょう》だ！このまま優勝《ゆうしょう》するぞ

はするしで、箸にも棒にも掛からないとは、あの人《ひと》のことだな。

参考　小《ちい》さな箸でも大《おお》きな棒でも扱えないことから。

恥《はじ》の上塗《うわぬ》り

慣用句

意味　恥をかいた上《うえ》に、さらに恥をかくこと。

用例　遅刻《ちこく》した上に忘《わす》れ物《もの》をするなんて、恥の上塗りだ。

★破竹《はちく》の勢《いきお》い

故事成語

意味　止《と》めることができないほど勢いがたいへん激《はげ》しく、盛《さか》んな様《よう》子《す》。

用例　サッカー日本代表《にほんだいひょう》は、これでもう二十連勝《にじゅうれんしょう》だよ。まさに破竹の勢いってやつだね。

参考　竹《たけ》は始《はじ》めの一節《ひとふし》を割《わ》ると、あとは次々《つぎつぎ》に割れて止められないことから。中国《ちゅうごく》の『晋書《しんじょ》』にある言葉《ことば》。

蜂《はち》の巣《す》をつついたよう

慣用句

意味　騒《さわ》ぎが大《おお》きくなって、どうすることもできなくなる様子《ようす》。

用例　体育《たいいく》の時間《じかん》に突然犬《とつぜんいぬ》が運動場《うんどうじょう》に迷《まよ》い込《こ》んできて、蜂の巣をつついたような騒ぎになった。

八面六臂《はちめんろっぴ》

四字熟語

意味　一人《ひとり》で多方面《たほうめん》にわたって何《なん》人分《にんぶん》もの活躍《かつやく》をすること。「三面《さんめん》六臂」ともいう。

用例　彼《かれ》の八面六臂の活躍で、チームは快勝《かいしょう》した。

参考　八《やっ》つの顔《かお》と六本《ろっぽん》の腕《うで》を持《も》つ仏像《ぶつぞう》のイメージからできた言葉《ことば》。

ばつが悪《わる》い

慣用句

意味　後《うし》ろめたかったり、恥《は》ずかしかったりして、その場《ば》にいるのが何《なん》となく気《き》まずい。

用例　借《か》りた本《ほん》を返《かえ》してないので、彼《かれ》に会《あ》うのはばつが悪い。

参考　「ばつ」は、その場の都合《つごう》、具合《ぐあい》のこと。

這《は》っても黒豆《くろまめ》

ことわざ

意味　明《あき》らかに間違《まちが》っているのに、自分《じぶん》の間違いを認《みと》めずに強情《ごうじょう》を張《は》ること。

用例　あいつ本当《ほんとう》に自分の間違いを認めないよな。ああいうのを「這っても黒豆」っていうんだぜ。

参考　黒いものを見《み》て、二人《ふたり》で「虫《むし》だ」「黒豆だ」と言《い》い争《あらそ》っていたところ、それが動《うご》き出《だ》したが、それでも一方《いっぽう》は「黒豆だ」と言い張ったということから。

類似　石《いし》に漱《くちす》ぎ流《なが》れに枕《まくら》す・鷺《さぎ》を烏《からす》と言いくるめる

発破《はっぱ》を掛《か》ける

慣用句

意味　荒《あら》っぽい、強《つよ》い言葉《ことば》で激励《げきれい》

八方美人

する。

用例　強豪《きょうごう》チームとの対戦《たいせん》を前《まえ》に、監督《かんとく》が選手《せんしゅ》に発破を掛けた。

参考　「発破」は、鉱山《こうざん》や土木工事《どぼくこうじ》などで爆薬《ばくやく》を使《つか》って爆破《ばくは》すること。また、それに用《もち》いる火薬《かやく》のこと。

類似　活《かつ》を入《い》れる・ねじを巻《ま》く

★八方美人《はっぽうびじん》　四字熟語

意味　どこから見《み》ても欠点《けってん》のない美人の意味《いみ》から、誰《だれ》からもよく思《おも》われようとして、調子《ちょうし》よく振《ふ》る舞《ま》う人《ひと》のこと。

用例　彼《かれ》は八方美人だから、みんなから信用《しんよう》されていない。

参考　男女関係《だんじょかんけい》なく使《つか》われる。

八方塞《はっぽうふさ》がり　慣用句

意味　すべての面《めん》で自分《じぶん》に不利《ふり》な状況《じょうきょう》となり、どうしようもないこと。

用例　あの手《て》この手と策《さく》は尽《つ》くしたが、いよいよ八方塞がりになってしまった。

破天荒《はてんこう》　故事成語

意味　今《いま》まで誰《だれ》もやらなかったことをすること。

用例　太平洋《たいへいよう》を小型《こがた》ヨットで単独《たんどく》横断《おうだん》するという、破天荒な試《こころ》みをした。

故事　昔《むかし》、中国《ちゅうごく》の荊州《けいしゅう》は、難関《なんかん》の官吏登用試験《かんりとうようしけん》の合格者《ごうかくしゃ》が一人《ひとり》も出《で》ていなかったので、「天荒（作物《さくもつ》のできない荒《あ》れ地《ち》）」と呼《よ》ばれていた。しかし、劉蛻《りゅうぜい》がそれに合格《ごうかく》したので、人々《ひとびと》は彼《かれ》のことを「破天荒」（天荒を破《やぶ》った）と言《い》った。（北夢瑣言《ほくぼうさげん》）

類似　前代未聞《ぜんだいみもん》

鳩《はと》が豆鉄砲《まめでっぽう》を食《く》ったよう　慣用句

意味　突然《とつぜん》のことに驚《おどろ》いて、きょとんとしている様子《ようす》。

用例　いきなりどなられて、鳩が豆鉄砲を食ったような顔《かお》をする。

参考　「豆鉄砲」は、子《こ》どものおもちゃで、豆を弾《たま》として撃《う》つ竹《たけ》でできた鉄砲。

鼻息《はないき》が荒《あら》い　慣用句

意味　意気込《いきご》みが激《はげ》しく、強気《つよき》な様子《ようす》。

用例　今日《きょう》は張《は》り切《き》ってるね、鼻息が荒いよ。

鼻息《はないき》をうかがう　慣用句

意味　相手《あいて》の表情《ひょうじょう》や様子《ようす》から、機嫌《きげん》のよしあしを探《さぐ》る。

用例　兄《あに》は、悪《わる》かった通知表《つうちひょう》をいつ見《み》せようかと、母《はは》の鼻息をうかがっていた。

参考　ふつう、目上《めうえ》の人《ひと》に対《たい》して使《つか》う。

類似　顔色《かおいろ》をうかがう

鼻であしらう

お父さん勝負《しょうぶ》！
ムリムリ
話にならないよ
タマでも相手《あいて》したら
まだまだ…
？
？

★鼻《はな》が高《たか》い 慣用句
意味 得意《とくい》そうにする様子《ようす》。
用例 決勝打《けっしょうだ》を放《はな》つことができて鼻が高い。

話《はなし》に花《はな》が咲《さ》く 慣用句
意味 次《つぎ》から次へと興味《きょうみ》ある話が出《で》て尽《つ》きない様子《ようす》。
用例 話に花が咲いて、時間《じかん》のたつのも忘《わす》れたよ。

話《はなし》の腰《こし》を折《お》る 慣用句
意味 話の途中《とちゅう》で口出《くちだ》しして、相《あい》手《て》の話《はな》し続《つづ》ける気分《きぶん》を害《がい》する。
用例 自分《じぶん》の言《い》いたいことだけ勝《かっ》手《て》に発言《はつげん》して、話の腰を折ってはいけない。

★鼻《はな》であしらう 慣用句
意味 相手《あいて》にきちんとした返事《へんじ》もしないで、ばかにした冷《つめ》たい対応《たいおう》をする。「鼻の先《さき》であしらう」ともいう。
用例 彼女《かのじょ》に交際《こうさい》を申《もう》し込《こ》んだが、鼻であしらわれた。

鼻《はな》で笑《わら》う 慣用句
意味 相手《あいて》を軽蔑《けいべつ》したように笑う。ばかにして笑う。「鼻(の)先《さき》で笑う」ともいう。
用例 僕《ぼく》が反論《はんろん》しても、兄《あに》は鼻で笑うだけだった。

花《はな》に嵐《あらし》 ことわざ
→〈月《つき》に叢雲《むらくも》、花《はな》に風《かぜ》〉(152ページ)

★鼻《はな》に掛《か》ける 慣用句
意味 得意《とくい》になって自慢《じまん》する。
用例 彼《かれ》は夏休《なつやす》みにハワイに行《い》ってきたと鼻に掛けていた。

◆**裸一貫《はだかいっかん》**
金《かね》や地位《ちい》もなく、頼《たよ》りになるのは自分《じぶん》の体《からだ》だけということ。「あの大会社《だいがいしゃ》の社長《しゃちょう》は、三十歳《さんじっさい》のときに裸一貫から商売《しょうばい》を始《はじ》めたそうだ。」

◆**畑違《はたけちが》い**
自分《じぶん》の専門《せんもん》としている学問《がくもん》や仕事《しごと》と違うこと。「兄《あに》は大学《だいがく》の法学部《ほうがくぶ》を卒業《そつぎょう》したが、畑違いの仕事に就《つ》いている。」

◆**話半分《はなしはんぶん》**
事実《じじつ》はその話の半分ぐらいだと思《おも》って聞《き》いたほうがいいということ。「彼《かれ》の言《い》い分《ぶん》は、話半分に聞いておいたほうがいい。」

◆**鼻《はな》つまみ**
人《ひと》からひどく嫌《きら》われること。また、そういう人。「おじさんはお酒《さけ》を飲《の》むとすぐ暴《あば》れるので、親戚《しんせき》の中《なか》では鼻つまみになっている。」

花より団子

★鼻《はな》に付《つ》く　慣用句

意味 同《おな》じことの繰《く》り返《かえ》しで嫌《いや》になる。人《ひと》の言動《げんどう》などをうっとうしく感《かん》じる。

用例 彼《かれ》のきざな話《はな》し方《かた》といったら、本当《ほんとう》に鼻に付くよ。

参考 嫌な匂《にお》いが鼻に付いて離《はな》れないことから。

鼻《はな》の下《した》が長《なが》い　慣用句

意味 男性《だんせい》が女性《じょせい》に対《たい》して甘《あま》く、でれでれする様子《ようす》。

用例 おじさんは、きれいな女《おんな》の人《ひと》と話《はなし》をするだけで、鼻の下が長くなる。

花道《はなみち》を飾《かざ》る　慣用句

意味 引退《いんたい》するときに見事《みごと》な活躍《かつやく》をし、惜《お》しまれながら辞《や》めていく。

用例 最後《さいご》の試合《しあい》で逆転《ぎゃくてん》ホームランを打《う》ち、引退の花道を飾った。

参考 「花道」は、歌舞伎《かぶき》などで舞台《ぶたい》から観客席《かんきゃくせき》に向《む》かって延《の》びた、役者《やくしゃ》が通《とお》る道のこと。

鼻持《はなも》ちならない　慣用句

意味 言《い》うことなすことすべてに嫌味《いやみ》があり、我慢《がまん》できない。

用例 きざなことばかり言って、まったく鼻持ちならない男《おとこ》だ。

参考 「鼻持ち」は、臭《くさ》いのを我慢すること。

★花《はな》より団子《だんご》　ことわざ

意味 見《み》た目《め》の美《うつく》しさを楽《たの》しむよりも、実際《じっさい》に役《やく》に立《た》つもののほうがいいというたとえ。

用例 花より団子で、子《こ》どもにとっては、新幹線《しんかんせん》に乗《の》ったことより、車中《しゃちゅう》で食《た》べた駅弁《えきべん》のほうがうれしかったみたいね。

参考 「江戸《えど》いろはかるた」にある。

類似 名《な》を捨《す》てて実《じつ》を取《と》る

★鼻《はな》を明《あ》かす　慣用句

意味 自分《じぶん》より強《つよ》い者《もの》やライバルが油断《ゆだん》している隙《すき》に、出《だ》し抜《ぬ》いてあっといわせる。

用例 彼以上《かれいじょう》に練習《れんしゅう》して、次《つぎ》の対戦《たいせん》では鼻を明かしてやろう。

花《はな》を持《も》たせる　慣用句

意味 わざと負《ま》けて、手柄《てがら》や名誉《めいよ》などを相手《あいて》に譲《ゆず》る。

用例 今回《こんかい》は勝《か》ちを譲って、後輩《こうはい》に花を持たせよう。

★歯《は》に衣《きぬ》着《き》せぬ　慣用句

意味 遠慮《えんりょ》しないで、思《おも》っていることをずけずけと言《い》う。

用例 彼《かれ》は誰《だれ》に対《たい》しても歯に衣着せぬ言い方《かた》をするから、周《まわ》りから避《さ》けられるんだよ。

対照 奥歯《おくば》に物《もの》が挟《はさ》まる

早起きは三文の徳

★羽《はね》を伸《の》ばす　慣用句

意味 自由《じゆう》になって、思《おも》う存分《ぞんぶん》のびのびと行動《こうどう》する。

用例 今日《きょう》は両親《りょうしん》とも留守《るす》なので、思い切《き》り羽を伸ばそう。

歯《は》の抜《ぬ》けたよう　慣用句

意味 まばらでふぞろいな様子《ようす》。あるはずのものがなくて、寂《さび》しい様子。

用例 この映画《えいが》は客《きゃく》の入《い》りが悪《わる》く、歯の抜けたように空席《くうせき》が目立《めだ》つ。

歯《は》の根《ね》が合《あ》わない　慣用句

意味 寒《さむ》さや恐《おそ》ろしさのため、ひどく震《ふる》える。

用例 山頂近《さんちょうちか》くはこんなに寒いんだね。軽装《けいそう》で来《き》たから、歯の根が合わないほどだったよ。

参考 寒さや恐怖《きょうふ》で体《からだ》が震え、歯もうまくかみ合わないことから。

幅《はば》を利《き》かせる　慣用句

意味 思《おも》いどおりに威勢《いせい》よく振《ふ》る舞《ま》う。

用例 このクラスでは、頭《あたま》も良《よ》く、体《からだ》も大《おお》きい彼《かれ》が幅を利かせている。

羽目《はめ》を外《はず》す　慣用句

意味 調子《ちょうし》に乗《の》って、度《ど》を越《こ》す。

用例 昨日《きのう》は男《おとこ》の子《こ》ばかり五人《ごにん》も遊《あそ》びに来《き》て、羽目を外して大騒《おおさわ》ぎになったわ。

参考 「羽目」は、馬《うま》に乗るときに手綱《たづな》を固定《こてい》するために馬の口《くち》にくわえさせる部分《ぶぶん》「馬銜《はみ》」が変化《へんか》したもの。この馬銜が外されると、馬は騎手《きしゅ》のコントロールから離《はな》れて勝手《かって》な行動《こうどう》を取《と》ってしまうことから。

波紋《はもん》を投《な》げる　慣用句

意味 発言《はつげん》や行動《こうどう》が、周《まわ》りに影響《えいきょう》を与《あた》える。「波紋を投《とう》ずる」ともいう。

用例 学級会《がっきゅうかい》での彼女《かのじょ》の一言《ひとこと》が、波紋を投げることになった。

参考 「波紋」は、水面《すいめん》に石《いし》などを投げたときにできる、輪《わ》が広《ひろ》がるような波《なみ》の模様《もよう》のこと。

類似 一石《いっせき》を投じる

★早起《はやお》きは三文《さんもん》の徳《とく》　ことわざ

意味 朝《あさ》早く起きると、健康《けんこう》にもよく、何《なに》かとよいことがあるということ。「朝起きは三文の徳」ともいう。

用例 早起きは三文の徳だね。朝ご飯もおいしいし、あんなに朝日《あさひ》がきれいだなんて知《し》らなかったよ。

参考 「徳」は「得《とく》」で、利益《りえき》のこと。「三文」は、ごくわずかのお金《かね》。

★腹《はら》が黒《くろ》い　慣用句

意味 心《こころ》の中《なか》に悪《わる》い考《かんが》えを持《も》って

腹八分に医者いらず

バイキ
いただきま～す！
バイキング
どれにしよう
はやっ
よく食べるな 大丈夫《だいじょうぶ》かい
うん
アタタタッ…
ただの食べすぎです
小児科《しょうにか》

いる。

用例 いい人《ひと》そうに見《み》えて、あの人は口先《くちさき》だけで腹が黒いから、気《き》を付《つ》けたほうがいいよ。

参考 「腹」は、心の中で思《おも》っていること、考えていることを指《さ》す。

腹《はら》が据《す》わる 慣用句

意味 落《お》ち着《つ》いていて、物事《ものごと》に動《どう》じない。

用例 彼《かれ》は生徒会長《せいとかいちょう》をしているだけあって、どんな場面《ばめん》でも腹が据わっている。

類似 肝《きも》が据わる

腹《はら》が立《た》つ 慣用句

意味 不愉快《ふゆかい》な気持《きも》ちになる。しゃくに障《さわ》って怒《おこ》る。

用例 彼《かれ》に貸《か》した漫画《まんが》がぼろぼろになって返《かえ》ってきたので、腹が立った。

腹《はら》が減《へ》っては戦《いくさ》ができぬ ことわざ

意味 腹が減っていては何《なに》をやってもいい仕事《しごと》はできない。何かをする前《まえ》には、エネルギーの補給《ほきゅう》が必要《ひつよう》だということ。

用例 試合《しあい》の前にまず食事《しょくじ》だ。「腹が減っては戦ができぬ」というからね。

★腹《はら》に据《す》えかねる 慣用句

意味 怒《いか》りを抑《おさ》えることができない。

用例 彼《かれ》の身勝手《みがって》な態度《たいど》は、腹に据えかねるものだ。

参考 「据えかねる」は、置《お》いておけないの意味《いみ》。

類似 腹の虫《むし》が治《おさ》まらない

腹《はら》の皮《かわ》がよじれる 慣用句

意味 非常《ひじょう》におかしくて、大笑《おおわら》いする。

用例 お笑い番組《ばんぐみ》があまりにおもしろくて、腹の皮がよじれっぱなしだったよ。

類似 腹を抱《かか》える・抱腹絶倒《ほうふくぜっとう》

腹《はら》の虫《むし》が治《おさ》まらない 慣用句

意味 腹が立《た》ってどうにも我慢《がまん》ができない。

用例 僕《ぼく》のアイスを妹《いもうと》に食《た》べられてしまい、腹の虫が治まらない。

類似 腹に据《す》えかねる

腹八分《はらはちぶ》に医者《いしゃ》いらず ことわざ

意味 満腹《まんぷく》するまで大食《おおぐ》いをしないで、控《ひか》え目《め》にしておけば、健康《けんこう》が保《たも》てるということ。「腹八分目《はらはちぶんめ》に医者いらず」ともいう。

用例 父《ちち》は「腹八分に医者いらず」を守《まも》っていれば、胃腸《いちょう》を壊《こわ》すことはなかったのに。

腹を割る

参考 「腹八分」は、おなかに入《はい》る量《りょう》の八割《はちわり》という意味《いみ》。

腹《はら》も身《み》の内《うち》 ことわざ

意味 腹も体《からだ》の一部《いちぶ》なのだから、度《ど》を過《す》ぎた飲《の》み食《く》いは慎《つつし》みなさいということ。

用例 好物《こうぶつ》があると、つい腹も身の内ということを忘《わす》れてしまう。

腸《はらわた》がちぎれる 慣用句

意味 耐《た》えられないほど、悲《かな》しく苦《くる》しい思《おも》いをする。

用例 息子《むすこ》さんを亡《な》くされて、腸がちぎれる思いだろう。

類似 断腸《だんちょう》の思い

腸《はらわた》が煮《に》えくり返《かえ》る 慣用句

意味 激《はげ》しい怒《いか》りに、落《お》ち着《つ》いていられない。「腸が煮え返る」ともいう。

用例 親友《しんゆう》に裏切《うらぎ》られて、腸が煮えくり返る思《おも》いだ。

腹《はら》を抱《かか》える 慣用句

意味 非常《ひじょう》におかしくて、大笑《おおわら》いする。

用例 漫才《まんざい》を聞《き》いて、腹を抱えて笑った。

類似 腹の皮《かわ》がよじれる・抱腹絶《ほうふくぜっ》倒《とう》

★腹《はら》を決《き》める 慣用句

意味 決心《けっしん》する。覚悟《かくご》を決める。

用例 父《ちち》は悩《なや》んだ末《すえ》に、手術《しゅじゅつ》を受《う》けることに腹を決めたようだ。

類似 腹を固《かた》める

腹《はら》を探《さぐ》る 慣用句

意味 それとなく相手《あいて》の気持《きも》ちや考《かんが》えをうかがう。

用例 腹を探るのはやめて、本音《ほんね》で話《はな》し合《あ》おう。

★腹《はら》を割《わ》る 慣用句

意味 本心《ほんしん》を打《う》ち明《あ》ける。

用例 腹を割って話《はな》せば、誤解《ごかい》が解《と》けるはずだよ。

★波瀾《はらん》(乱)万丈《ばんじょう》 四字熟語

意味 波《なみ》が非常《ひじょう》に高《たか》いように、物《もの》事《ごと》の変化《へんか》がとても激《はげ》しいこと。

用例 彼《かれ》の人生《じんせい》は波瀾万丈だった。

参考 「瀾」は、大波《おおなみ》のこと。「万丈」は、非常に高いこと。

張《は》り子《こ》の虎《とら》 慣用句

意味 たいした実力《じつりょく》もないのに偉《えら》そうにいばっている人《ひと》をあざけっていう言葉《ことば》。

用例 偉そうなことを言《い》っても、どうせ彼《かれ》は張り子の虎だよ。

参考 「張り子」は、竹《たけ》や木《き》で組《く》

万事休す

んだ骨組《ほねぐ》みに紙《かみ》を張って作《つく》ったもの。虎は虎でも、張り子のおもちゃの虎なら怖《こわ》くないから。

針《はり》の穴《あな》から天《てん》をのぞく　ことわざ

意味　わずかな知識《ちしき》や経験《けいけん》で、大《おお》きな問題《もんだい》を解決《かいけつ》しようとする。

用例　針の穴から天をのぞくやり方《かた》をしていては、いつまでたっても解決できないよ。

参考　「上方《かみがた》いろはかるた」にある。

類似　井《い》の中《なか》の蛙大海《かわずたいかい》を知《し》らず・よしの髄《ずい》から天井《てんじょう》をのぞく・遼東《りょうとう》の豕《いのこ》

針《はり》のむしろ　故事成語

意味　一時《ひととき》も心《こころ》の休《やす》まらない、つらい場所《ばしょ》や境遇《きょうぐう》。

用例　学芸会《がくげいかい》での失敗《しっぱい》をみんなに責《せ》められて、針のむしろだった。

参考　「むしろ（筵）」は、わらやいぐさなどで編《あ》んだ敷物《しきもの》。中国《ちゅうごく》の『晋書《しんじょ》』にある言葉《ことば》。

歯《は》を食《く》い縛《しば》る　慣用句

意味　怒《いか》りや悔《くや》しさ・苦《くる》しさなどをぐっと我慢《がまん》する。

用例　優勝《ゆうしょう》を目指《めざ》して、歯を食い縛って厳《きび》しい練習《れんしゅう》にも耐《た》えてきた。

★万事休《ばんじきゅう》す　故事成語

意味　もうどうすることもできない。

用例　今日《きょう》は入試《にゅうし》だというのに頭《あたま》は痛《いた》いし遅刻《ちこく》しそうだし、万事休すだ。

参考　「万事」は、すべてのこと。「休す」は、終《お》わるという意味《いみ》。中国《ちゅうごく》の『宗史《そうし》』にある言葉《ことば》。

★半死半生《はんしはんしょう》　四字熟語

意味　今《いま》にも死《し》にそうな状態《じょうたい》。

用例　交通事故《こうつうじこ》で、半死半生の目《め》に遭《あ》った。

★半信半疑《はんしんはんぎ》　四字熟語

意味　本当《ほんとう》かどうか信《しん》じ切《き》れない様子《ようす》。本当なのかうそなのかわからなくて迷《まよ》うこと。

用例　UFO《ユーフォー》を見《み》たという彼《かれ》の話《はなし》を、半信半疑で聞《き》いた。

ひ

ひいきの引《ひ》き倒《たお》し　慣用句

意味　ひいきしすぎたために、かえってその人《ひと》に迷惑《めいわく》をかけてしまうこと。

用例　あまり大《おお》きな声《こえ》で応援《おうえん》しないように。プレッシャーで失敗《しっぱい》したら、ひいきの引き倒しになるからね。

半信半疑

ひ

火《ひ》が消《き》えたよう 慣用句

意味 急《きゅう》に活気《かっき》を失《うしな》って寂《さび》しくなる様子《ようす》。「火の消えたよう」ともいう。

用例 秋祭《あきまつ》りが終《お》わったあとの町《まち》は、火が消えたようだった。

引《ひ》かれ者《もの》の小唄《こうた》 慣用句

意味 負《ま》け惜《お》しみに、強《つよ》がりを言《い》うこと。

用例 「後輩《こうはい》に勝《か》ちを譲《ゆず》ってあげた」なんて、引かれ者の小唄にしか聞《き》こえない。

参考 刑場《けいじょう》に連《つ》れて行《い》かれる罪人《ざいにん》が、わざと平気《へいき》な顔《かお》をして小唄を歌《うた》うということから。

庇《ひさし》を貸《か》して母屋《おもや》を取《と》られる ことわざ

意味 一部《いちぶ》を貸しただけなのに、やがて全部《ぜんぶ》を取られてしまうこと。また、助《たす》けた相手《あいて》から、恩返《おんがえ》しではなく、逆《ぎゃく》に迷惑《めいわく》をかけられること。「軒《のき》を貸して母屋を取られる」ともいう。

用例 弟《おとうと》にカードを十枚《じゅうまい》貸しただけなのに、いつのまにか全部《ぜんぶ》もっていかれてしまったよ。庇を貸して母屋を取られるだな。

参考 軒先《のきさき》を貸しただけなのに、やがては家《いえ》ごと取られることから。

膝《ひざ》を打《う》つ 慣用句

意味 はっと気《き》が付《つ》いたり、感心《かんしん》したりしたときに膝をぽんとたたく動作《どうさ》。「膝をたたく」ともいう。

用例 彼《かれ》のすばらしいアイデアに、思《おも》わず膝を打った。

膝《ひざ》を乗《の》り出《だ》す 慣用句

意味 興味《きょうみ》を引《ひ》かれて、乗り気《き》になる。

用例 彼女《かのじょ》の話《はなし》がおもしろくて、膝を乗り出して聞《き》いた。

類似 膝を進《すす》める

★膝《ひざ》を交《ま》える 慣用句

意味 お互《たが》いに親《した》しく話《はな》し合《あ》う。

用例 電話《でんわ》だけでなく、一度《いちど》膝を交えてお話ししましょう。

肘鉄砲《ひじでっぽう》を食《く》う 慣用句

意味 こちらの申《もう》し出《で》や誘《さそ》いなどを断《ことわ》られる。「肘鉄を食う」ともいう。

用例 デートに誘ったが、肘鉄砲を食ってしまった。

参考 「肘鉄砲」は、相手《あいて》を肘でどんと突《つ》き放《はな》す動作《どうさ》のこと。

美辞麗句《びじれいく》 四字熟語

意味 美《うつく》しく飾《かざ》った言葉《ことば》。

用例 美辞麗句を連《つら》ねただけで、内容《ないよう》の乏《とぼ》しいスピーチだ。

必要は発明の母

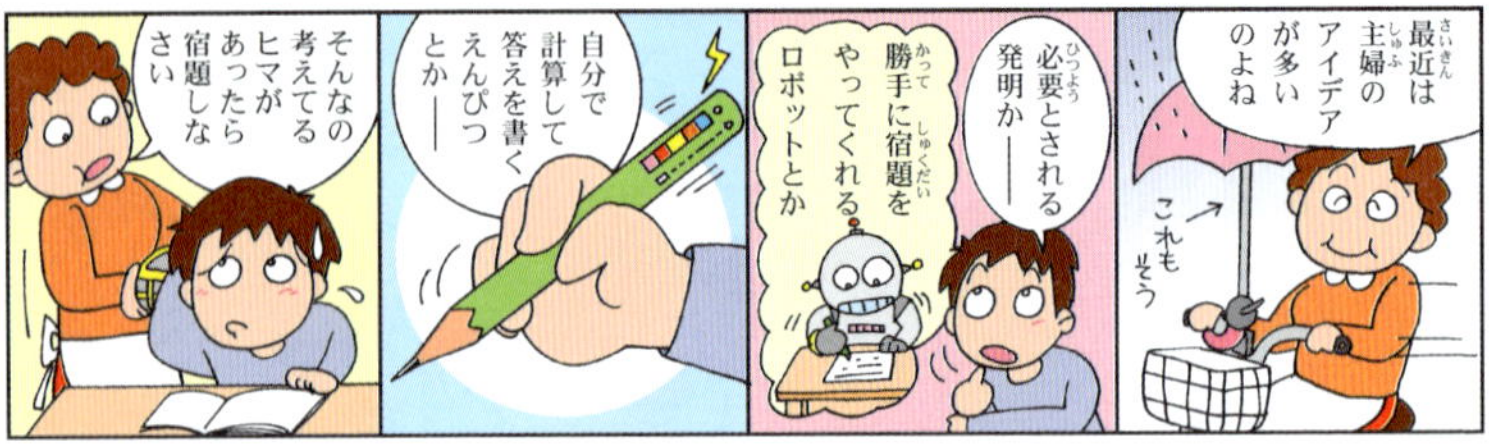
最近《さいきん》は主婦《しゅふ》のアイデアが多いのよね
これもそう
必要《ひつよう》とされる発明か——
勝手《かって》に宿題《しゅくだい》をやってくれるロボットとか
自分で計算して答えを書くえんぴつとか——
そんなの考えてるヒマがあったら宿題しなさい

参考 「美辞」も「麗句」も美しい語句《ごく》の意味《いみ》。

美人薄命《びじんはくめい》 四字熟語

意味 容姿《ようし》が美《うつく》しく生《う》まれついた人《ひと》は、とかく不運《ふうん》であったり、短《たん》命《めい》であったりすること。「佳人《かじん》薄命」ともいう。

用例 「美人だった彼女《かのじょ》は、二十《にじゅう》代半《だいなか》ばで亡《な》くなったらしいよ。」「まさに美人薄命だね。」

額《ひたい》を集《あつ》める 慣用句

意味 人々《ひとびと》が集まって、熱心《ねっしん》に相《そう》談《だん》する。

用例 彼女《かのじょ》への誕生《たんじょう》プレゼントを何《なに》にするかで、友達数人《ともだちすうにん》で額を集めて話《はな》し合《あ》った。

左《ひだり》うちわで暮《く》らす 慣用句

意味 生活《せいかつ》の苦労《くろう》がなく、のんびりと暮らす。

用例 あの人《ひと》は株《かぶ》で大《おお》もうけして、今《いま》では左うちわで暮らしている。

参考 利《き》き手《て》でない左手《ひだりて》に持《も》ったうちわをあおぎながら、のんびり暮らす様子《ようす》から。

筆舌《ひつぜつ》に尽《つ》くし難《がた》い 慣用句

意味 あまりにはなはだしくて、文章《ぶんしょう》や言葉《ことば》では表現《ひょうげん》できない。

用例 この無念《むねん》さは、筆舌に尽くし難い。

参考 「筆」は書《か》き言葉、「舌」は話《はな》し言葉。

類似 言語《げんご》に絶《ぜっ》する

必要《ひつよう》は発明《はつめい》の母《はは》 ことわざ

意味 発明は、必要に迫《せま》られることから生《う》まれるということ。

用例 「最近《さいきん》は主婦《しゅふ》のアイデアを商品化《しょうひんか》した物《もの》が多《おお》いそうよ。」「文《も》字《じ》どおり必要は発明の母ね。」

参考 「母」は子《こ》どもを生むことから、物事《ものごと》を生《う》み出《だ》すもとのたとえに使《つか》われる。元《もと》は西洋《せいよう》のことわざ。

類似 窮《きゅう》すれば通《つう》ず

一泡吹《ひとあわふ》かせる 慣用句

意味 相手《あいて》の不意《ふい》を突《つ》いて、驚《おどろ》き慌《あわ》てさせる。「泡を吹かせる」ともいう。

用例 秘密《ひみつ》の作戦《さくせん》で、今度《こんど》こそあのチームに一泡吹かせてやりたい。

人《ひと》こそ人の鏡《かがみ》 故事成語

意味 鏡を見《み》て自分《じぶん》の姿《すがた》を直《なお》すように、他人《たにん》の言動《げんどう》は自分の間違《まちが》いを直すよい手本《てほん》になるということ。

用例 「人こそ人の鏡」というように、彼《かれ》の失敗《しっぱい》を参考《さんこう》にさせてもらおう。

参考 中国《ちゅうごく》の『書経《しょきょう》』にある言葉《ことば》。

類似 他山《たざん》の石《いし》・人のふり見て我《わ》がふり直せ

ちゃんと
ゴミ箱《ばこ》が
あるのに
ポイッ
あっ
ゴミは
ゴミ箱へ
入れなきゃ

人のふり見て我がふり直せ

★一筋縄《ひとすじなわ》ではいかない 慣用句

意味 普通《ふつう》の方法《ほうほう》では処理《しょり》できない。

用例 一筋縄ではいかない、やっかいな問題《もんだい》だ。

参考 「一筋縄」は一本《いっぽん》の縄のことで、普通のやり方《かた》の意味《いみ》。

類似 煮《に》ても焼《や》いても食《く》えない

一《ひと》つ穴《あな》の狢《むじな》 慣用句

→〈同《おな》じ穴《あな》の狢《むじな》〉（45ページ）

人《ひと》の噂《うわさ》も七十五日《しちじゅうごにち》 ことわざ

意味 世間《せけん》の噂は一時《いっとき》のことで、しばらくすれば忘《わす》れられるものだということ。

用例 あれほど世間を騒《さわ》がせた話《わ》題《だい》なのに、もうすっかり忘れ去《さ》られているよ。人の噂も七十五日だね。

★人《ひと》の口《くち》には戸《と》は立《た》てられない ことわざ

意味 人がうわさをするのは防《ふせ》ぎようがないということ。「世間の口には戸は立てられない」ともいう。

用例 やっぱり知《し》られたか。人の口には戸は立てられないな。

★人《ひと》のふり見《み》て我《わ》がふり直《なお》せ ことわざ

意味 他人《たにん》の行《おこな》いのよしあしをよく見て反省《はんせい》し、自分《じぶん》の行いを改《あらた》めなさいということ。

用例 あんなことをしたら、人の迷惑《めいわく》になるのがわかるでしょ。人のふり見て我がふり直せよ。

類似 他山《たざん》の石《いし》・人こそ人の鏡《かがみ》

人《ひと》のふんどしで相撲《すもう》を取《と》る 慣用句

意味 他人《たにん》の物《もの》を使《つか》って自分《じぶん》の役《やく》に立《た》てる。

用例 友達《ともだち》のアイデアをもらって自由研究《じゆうけんきゅう》をするなんて、人のふんどしで相撲を取るようなものだよ。

人《ひと》は一代《いちだい》、名《な》は末代《まつだい》 ことわざ

意味 人の命《いのち》は一代で滅《ほろ》びるが、名声《めいせい》・悪名《あくみょう》などの評判《ひょうばん》は末長《すえなが》く残《のこ》る。恥《は》ずかしくない、立派《りっぱ》な生《い》き方《かた》をしなさいという教《おし》え。

用例 六十年《ろくじゅうねん》も前《まえ》に亡《な》くなった詩《し》人《じん》の詩集《ししゅう》が、いまだによく売《う》れている。「人は一代、名は末代」だな。

参考 「一代」は、人が生《う》まれてから死《し》ぬまで。「末代」は、死んだあともずっと。

類似 虎《とら》は死して皮《かわ》を留《と》め、人は死して名を残す

一旗揚《ひとはたあ》げる 慣用句

意味 新《あら》しく事業《じぎょう》を始《はじ》める。また、

人を見たら泥棒と思え

会社《かいしゃ》などをおこして、社会的《しゃかいてき》な地《ち》位《い》や財産《ざいさん》を得《え》る。

用例　兄《あに》は都会《とかい》で一旗揚げようと、田舎《いなか》から出《で》ていった。

参考　敵陣《てきじん》に攻《せ》め入《い》り、勝利《しょうり》を示《しめ》すときに旗を掲《かか》げたことから。

一肌脱《ひとはだぬ》ぐ　慣用句

意味　他人《たにん》のために本気《ほんき》になって力《ちから》を貸《か》す。「片肌脱《かたはだ》ぐ」ともいう。

用例　そういう話《はなし》なら、私《わたし》も一肌脱ぎましょう。

参考　何《なに》か仕事《しごと》をするとき、着物《きもの》の上半身《じょうはんしん》を脱ぐ姿《すがた》になることから。

一花咲《ひとはなさ》かせる　慣用句

意味　一時的《いちじてき》に栄《さか》える。また、成《せい》功《こう》して華《はな》やかな時代《じだい》を送《おく》る。

用例　引退前《いんたいまえ》に一花咲かせたいものだ。

参考　「花」は、一時《いっとき》の華やかさ。

人《ひと》は見掛《みか》けによらぬもの　ことわざ

意味　人の本当《ほんとう》の性質《せいしつ》や能力《のうりょく》は、外見《がいけん》からは判断《はんだん》できないものだ。

用例　おとなしい彼女《かのじょ》が空手三段《からてさんだん》なんて、人は見掛けによらぬものだ。

瞳《ひとみ》を凝《こ》らす　慣用句

→〈目《め》を凝《こ》らす〉（241ページ）

人目《ひとめ》に付《つ》く　慣用句

意味　他人《たにん》の注意《ちゅうい》を引《ひ》く。目立《めだ》って見《み》える。「人目を引く」ともいう。

用例　そんな派手《はで》な格好《かっこう》をしていたら、人目に付くだろう。

類似　目を引く

人目《ひとめ》を忍《しの》ぶ　慣用句

意味　人に見《み》られないように気《き》を配《くば》る。

用例　人目を忍んでこっそり会《あ》いに行《い》く。

類似　人目をはばかる

人目《ひとめ》を盗《ぬす》む　慣用句

意味　人に見《み》つからないように、こっそり行動《こうどう》する。

用例　兄《あに》は人目を盗むかのように、そっと部屋《へや》から出《で》ていった。

一役買《ひとやくか》う　慣用句

意味　一つの役目《やくめ》や役割《やくわり》を、自分《じぶん》から進《すす》んで引《ひ》き受《う》ける。

用例　公園《こうえん》のごみ拾《ひろ》いをして、町《まち》の美《び》化運動《かうんどう》に一役買った。

一山当《ひとやまあ》てる　慣用句

意味　偶然《ぐうぜん》の可能性《かのうせい》をねらって、大《おお》きな利益《りえき》を得《え》る。

用例　父《ちち》は株《かぶ》で一山当てようとしているが、失敗続《しっぱいつづ》きのようだ。

非の打ち所がない

参考 「山」は、お金《かね》になる金《きん》や銀《ぎん》などの鉱山《こうざん》のこと。

一人《ひとり》（独り）相撲《ずもう》を取《と》る　慣用句

意味 他《ほか》の人《ひと》はまったく関心《かんしん》を示《しめ》していないのに、一人だけ意気込《いきご》んでその事《こと》に取り組《く》む。

用例 君《きみ》一人が勝手《かって》に動《うご》き回《まわ》っても、一人相撲を取っているだけだよ。みんなで協力《きょうりょく》し合《あ》わなきゃ。

人《ひと》を食《く》う　慣用句

意味 相手《あいて》をばかにしたような言動《げんどう》を取《と》る。

用例 彼《かれ》の人を食った態度《たいど》が許《ゆる》せない。

人《ひと》を見《み》たら泥棒《どろぼう》と思《おも》え　ことわざ

意味 人を簡単《かんたん》に信用《しんよう》してはいけない。まず疑《うたが》ってかかれということ。

用例 車《くるま》に乗《の》せてあげると言《い》われても、知《し》らない人の車に乗ってはだめよ。「人を見たら泥棒と思え」というでしょ。

★火《ひ》に油《あぶら》を注《そそ》ぐ　慣用句

意味 勢《いきお》いのあるものにさらに勢いをつける。

用例 怒《おこ》られているのに揚《あ》げ足《あし》を取《と》ってはだめよ。火に油を注ぐことになるわよ。

非《ひ》の打《う》ち所《どころ》がない　慣用句

意味 完璧《かんぺき》で欠点《けってん》がまったくない。

用例 今日《きょう》のピアノの演奏《えんそう》は、非の打ち所がない出来映《できば》えだった。

★火《ひ》の車《くるま》　慣用句

意味 お金《かね》がなくて、やりくりがたいへんなこと。

用例 最近《さいきん》は出費《しゅっぴ》が多《おお》く、我《わ》が家《や》の家計《かけい》は火の車だ。

参考 「火の車」は仏教用語《ぶっきょうようご》で、罪人《ざいにん》を地獄《じごく》に運《はこ》ぶ、火が燃《も》えている車のこと。

火《ひ》の付《つ》いたよう　慣用句

意味 ①赤《あか》ん坊《ぼう》が激《はげ》しく泣《な》く様子《ようす》。②慌《あわ》ただしい様子。

用例 ①赤ちゃんがやっと眠《ねむ》りについたのに、電話《でんわ》の音《おと》で火の付いたように泣き出《だ》した。②駅前《えきまえ》にパトカーが何台《なんだい》も来《き》て、辺《あた》りは火の付いたような騒《さわ》ぎになった。

★火《ひ》のない所《ところ》に煙《けむり》は立《た》たぬ　ことわざ

意味 うわさが立つからには、必《かなら》ず何《なん》らかの原因《げんいん》があるはずだということ。

用例 あのうわさはまったくので

火花を散らす

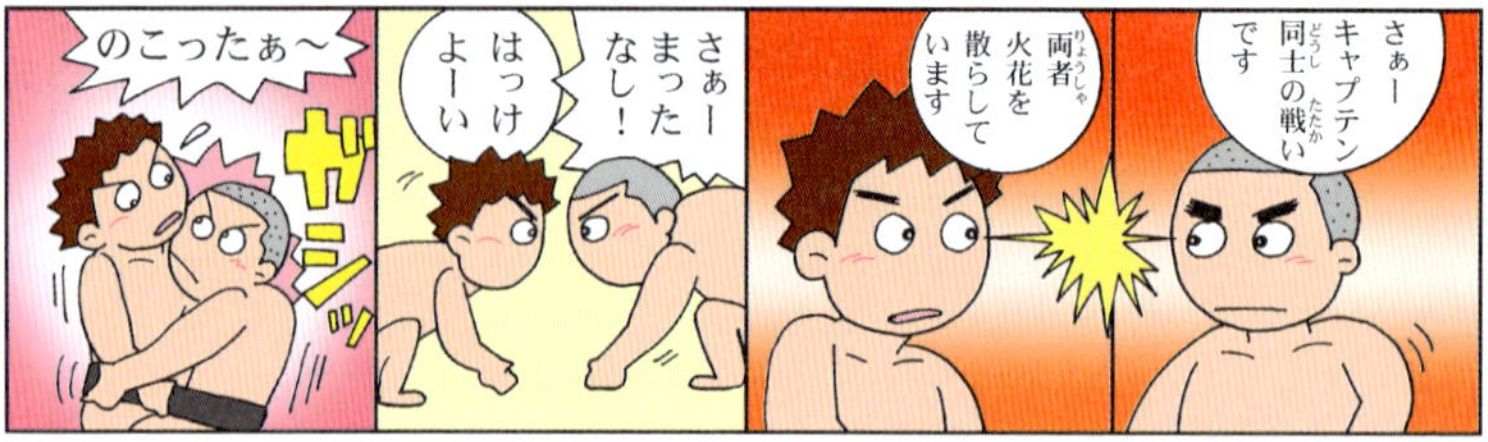
さぁー キャプテン 同士《どうし》の戦《たたか》い です
両者《りょうしゃ》 火花を 散らして います
さぁー まった なし！
はっけ よーい
のこったぁ〜
ガシッ

たらめだろうか。「火のない所に煙は立たぬ」というから、まんざらうそでもないだろう。

日《ひ》の目《め》を見《み》る　慣用句

意味　今《いま》まで知《し》られていなかったものが、世間《せけん》に認《みと》められるようになる。

用例　長《なが》い間《あいだ》の研究《けんきゅう》が、やっと日の目を見ることになった。

参考　「日の目」は、日光《にっこう》のこと。

火花《ひばな》を散《ち》らす　慣用句

意味　闘志《とうし》をむき出《だ》しにして、互《たが》いに激《はげ》しく争《あらそ》う。

用例　ライバル同士《どうし》が、火花を散らして戦《たたか》った。

参考　刀《かたな》を交《まじ》えて激しく斬《き》り合《あ》うとき、刀が当《あ》たって火花が出《で》ることから。

類似　しのぎを削《けず》る

火蓋《ひぶた》を切《き》る　慣用句

意味　競技《きょうぎ》や戦《たたか》いを始《はじ》める。「火蓋を切って落《お》とす」ともいう。

用例　両《りょう》チームは勝利《しょうり》を目指《めざ》して決戦《けっせん》の火蓋を切った。

参考　火縄銃《ひなわじゅう》の火蓋(火薬《かやく》を入《い》れた皿《さら》の蓋)を開《ひら》いて、点火《てんか》の用意《ようい》をすることから。

百害《ひゃくがい》あって一利《いちり》なし　ことわざ

意味　多《おお》くの害はあっても、利益《りえき》になるようなことは一《ひと》つもない。

用例　「たばこは百害あって一利なしだ」といわれているのに、お父《とう》さんはちっともやめないね。

百戦錬磨《ひゃくせんれんま》　四字熟語

意味　多《おお》くの経験《けいけん》を積《つ》んで、技術《ぎじゅつ》などが鍛《きた》えられること。

用例　次《つぎ》の対戦相手《たいせんあいて》は、百戦錬磨の強豪《きょうごう》チームだ。

参考　「錬磨」は、練《ね》(錬)り、磨《みが》くこと。

★百聞《ひゃくぶん》は一見《いっけん》に如《し》かず　故事成語

意味　人《ひと》の話《はなし》を何回《なんかい》も聞《き》くよりも、自分《じぶん》の目《め》で確《たし》かめるほうがよくわかるということ。

用例　トマトを育《そだ》ててみて、初《はじ》めて生長《せいちょう》の様子《ようす》がわかったよ。百聞は一見に如かずだね。

参考　「如かず」は、及《およ》ばないの意味《いみ》。中国《ちゅうごく》の『漢書《かんじょ》』にある言葉《ことば》。

百《ひゃく》も承知《しょうち》　慣用句

意味　十分《じゅうぶん》に知《し》っていること。

用例　君《きみ》に断《ことわ》られることは百も承知でお願《ねが》いしているんだ。

参考　「百」は、たくさん、十分の意味《いみ》。

ひょうたんから駒が出る

どうだい 一局《いっきょく》
いいですねー
ん?
桂馬《けいま》が 一枚《いちまい》足りん ぞ・・・
ひょうたんの中に入ってたりして・・・
まさかぁ
あった!
マジで~

百薬《ひゃくやく》の長《ちょう》 故事成語

意味 あらゆる薬《くすり》の中《なか》で最高《さいこう》のものという意味《いみ》で、酒《さけ》を指《さ》す。

用例 「お酒の飲《の》み過《す》ぎはよくないよ。」「大丈夫《だいじょうぶ》。酒は『百薬の長』っていうだろ。」

参考 中国《ちゅうごく》の『漢書《かんじょ》』にある言葉《ことば》。

百里《ひゃくり》を行《ゆ》く者《もの》は九十《きゅうじゅう》を半《なか》ばとす 故事成語

意味 何事《なにごと》も終《お》わりに近《ちか》づいたところが難《むずか》しい。最後《さいご》まで気《き》を抜《ぬ》いてはいけないということ。

用例 「五点差《ごてんさ》もついているのだから、もう勝《か》ちは目前《もくぜん》だね。」「油《ゆ》断《だん》は禁物《きんもつ》だ。『百里を行く者は九十を半ばとす』というだろ。」

参考 百里の道《みち》を行こうとする者は、九十里行ったところでやっと半分《はんぶん》だと考《かんが》えなさいということ。中国《ちゅうごく》の『戦国策《せんごくさく》』にある言葉《ことば》。

百発百中《ひゃっぱつひゃくちゅう》 四字熟語

意味 矢《や》や弾丸《だんがん》が、撃《う》つたびに必《かなら》ず命中《めいちゅう》すること。予想《よそう》、計画《けいかく》などがすべて当《あ》たり成功《せいこう》すること。

用例 僕《ぼく》の予想《よそう》は百発百中だ。

冷《ひ》や飯《めし》を食《く》う 慣用句

意味 冷《つめ》たい扱《あつか》いを受《う》ける。

用例 会社《かいしゃ》では、長《なが》い間《あいだ》冷や飯を食わされた。

氷山《ひょうざん》の一角《いっかく》 慣用句

意味 表面《ひょうめん》に現《あらわ》れているのは、物《もの》事《ごと》のごく一部分《いちぶぶん》で、大《だい》部分は隠《かく》れていること。

用例 この事件《じけん》は氷山の一角にすぎない。

参考 氷山の海面上《かいめんじょう》に見《み》える部分は、全体《ぜんたい》のほんの一部分にすぎないことから。

★ひょうたんから駒《こま》が出《で》る ことわざ

意味 思《おも》いがけないことが起《お》こる。冗談半分《じょうだんはんぶん》で言《い》ったことが現実《げんじつ》となる。「ひょうたんから駒」ともいう。

用例 ひょうたんから駒が出ることもあるから、最初《さいしょ》からあきらめることはない。

参考 「駒」は、馬《うま》のこと。「上方《かみがた》いろはかるた」にある。

類似 嘘《うそ》から出た実《まこと》

火《ひ》を見《み》るよりも明《あき》らか 慣用句

意味 はっきりしていて、疑《うたが》う余《よ》地《ち》がない。

用例 この結果《けっか》がどうなるかは、火を見るよりも明らかだ。

★ピンからキリまで 慣用句

意味 始《はじ》めから終《お》わりまで。また、

最上《さいじょう》のものから最低《さいてい》のものまで。

用例　掃除機《そうじき》は、機能《きのう》も価格《かかく》もピンからキリまであるんだね。

参考　「ピン」はpinta（点《てん》）、「キリ」はcruz（十字架《じゅうじか》）で、いずれもポルトガル語《ご》。一番目《いちばんめ》から十番目までという意味《いみ》。

品行方正《ひんこうほうせい》　四字熟語

意味　行《おこな》いや心《こころ》が正《ただ》しいこと。道徳的《どうとくてき》にきちんとしていて、模範的《もはんてき》であること。

用例　彼《かれ》は品行方正な男性《だんせい》だ。

類似　清廉潔白《せいれんけっぱく》

貧者《ひんじゃ》の一灯《いっとう》　慣用句

意味　物《もの》の多《おお》い少《すく》ないよりも、真心《まごころ》がこもっているかどうかがたいせつだということ。

用例　貧者の一灯ながら、僕《ぼく》も募《ぼ》金活動《きんかつどう》に協力《きょうりょく》することにしよう。

参考　「長者《ちょうじゃ》の万灯《まんとう》より貧者の一灯」を略《りゃく》したもので、金持《かねも》ちが供《そな》える多くの灯明《とうみょう》よりも、貧《まず》しい人《ひと》が苦《くる》しい生活《せいかつ》の中《なか》から工面《くめん》して供える真心のこもった一本《いっぽん》の灯明のほうが尊《とうと》いということ。

貧《ひん》すれば鈍《どん》する　ことわざ

意味　貧乏《びんぼう》すると生活《せいかつ》のことでせいいっぱいで、賢《かしこ》い人《ひと》でも愚《おろ》かになる。

用例　あんなにいい人が強盗《ごうとう》を働《はたら》くなんて。不景気《ふけいき》で仕事《しごと》がなくなったからかねえ。貧すれば鈍するだよ。

貧乏暇《びんぼうひま》なし　ことわざ

意味　貧乏なために生活《せいかつ》に追《お》われて、ゆっくりくつろぐ暇もない。

用例　仕事《しごと》は忙《いそが》しいのにもうからない。それでも働《はたら》かないと食《た》べていけない。まったく貧乏暇なしだ。

参考　「江戸《えど》いろはかるた」にある。

ふ

風雲急《ふううんきゅう》を告《つ》げる　慣用句

意味　今《いま》にも大《おお》きな出来事《できごと》が起《お》こりそうな、緊迫《きんぱく》した情勢《じょうせい》である。

用例　両国《りょうこく》の対立《たいりつ》は日《ひ》に日に深刻《しんこく》になり、風雲急を告げる情勢だ。

参考　「風雲」は、嵐《あらし》の前触《まえぶ》れの風《かぜ》と雲《くも》を指《さ》し、事の起こりそうな情勢を表《あらわ》す。「急を告げる」は、差《さ》し迫《せま》っていることを知《し》らせる意味《いみ》。

風光明媚《ふうこうめいび》　四字熟語

意味　自然《しぜん》の風景《ふうけい》が清《きよ》らかで美《うつく》しいこと。

用例　ここは、風光明媚な観光地《かんこうち》として有名《ゆうめい》だ。

参考　「風光」は、山水《さんすい》の景色《けしき》。「明媚」は、山水の景色の清らかで明《あか》るく

風前の灯

うう・・・犯人《はんにん》は
しっかりしろー
ガクッ
は・・・はんにんは・・・
テレビってこんなの多いよね
はんにんは・・・

覆水盆に返らず

美しいこと。

風前《ふうぜん》の灯《ともしび》 慣用句

意味 危険《きけん》が迫《せま》っていて、今《いま》にも命《いのち》が消《き》えそうな危《あぶ》ない状態《じょうたい》であること。また、物事《ものごと》がだめになりそうなたとえ。

用例 不景気《ふけいき》でホテルの経営《けいえい》が悪《あっ》化《か》して、風前の灯の状態に陥《おちい》った。

参考 「風前」は、風《かぜ》の吹《ふ》き付《つ》ける所《ところ》。

類似 絶体絶命《ぜったいぜつめい》

夫婦喧嘩《ふうふげんか》は犬《いぬ》も食《く》わない ことわざ

意味 夫婦喧嘩はつまらないことが原因《げんいん》で起《お》こり、すぐに仲直《なかなお》りするものだから、他人《たにん》が口出《くちだ》しなどしないほうがよい。

用例 「夫婦喧嘩は犬も食わない」というでしょ。放《ほう》っておいても、明日《あす》には仲良《なかよ》くなってるわよ。

参考 何《なん》でも食《た》べる犬でさえ見向《みむ》きもしないことから。

笛吹《ふえふ》けど(も)踊《おど》らず ことわざ

意味 準備《じゅんび》を整《ととの》えて誘《さそ》っても、相《あい》手《て》がこれに応《おう》じず動《うご》かないたとえ。

用例 笛吹けど踊らずで、文化祭《ぶんかさい》の出《だ》し物《もの》は演劇《えんげき》にしようといくら呼《よ》びかけても、賛成《さんせい》してくれない。

参考 『新約聖書《しんやくせいしょ》』にある言葉《ことば》。

不覚《ふかく》を取《と》る 慣用句

意味 油断《ゆだん》して思《おも》わぬ失敗《しっぱい》をしたり、勝負《しょうぶ》に負《ま》けたりする。

用例 相手《あいて》を軽《かる》く見《み》て、不覚を取ってしまった。

参考 「不覚」は、油断による失敗。

不可抗力《ふかこうりょく》 四字熟語

意味 人《ひと》の力《ちから》では抵抗《ていこう》したり防止《ぼうし》したりすることができない大《おお》きな力のこと。

用例 これは、不可抗力で起《お》こった事故《じこ》だ。

参考 「不可」は、できない、「抗力」は、抵抗する力の意味《いみ》。

不帰《ふき》の客《きゃく》となる 慣用句

意味 帰《かえ》ってこない人《ひと》になる。亡《な》くなってしまう。

用例 偉大《いだい》な政治家《せいじか》も、九十歳《きゅうじっさい》で不帰の客となった。

参考 「不帰」は、あの世《よ》へ行《い》って帰ってこないこと。

★覆水盆《ふくすいぼん》に返《かえ》らず 故事成語

意味 取《と》り返しのつかないことのたとえ。

用例 やってしまったことは仕方《しかた》がない。覆水盆に返らずだ。

故事 昔《むかし》、中国《ちゅうごく》の太公望《たいこうぼう》は、貧乏《びんぼう》なのに読書《どくしょ》ばかりしていて、妻《つま》は

袋の鼠

離縁《りえん》して去《さ》ってしまった。その後《ご》太公望が出世《しゅっせ》すると、妻は再婚《さいこん》を願《ねが》ったが、太公望は盆の水《みず》をこぼし、その水を元《もと》に戻《もど》すことができたら願いをかなえようと言《い》って、再婚を断《ことわ》った。（拾遺記《しゅういき》）

河豚《ふぐ》は食《く》いたし命《いのち》は惜《お》しし　ことわざ

意味　楽《たの》しみたいし、利益《りえき》は得《え》たいが、危険《きけん》な目《め》に遭《あ》うかもしれないので迷《まよ》ってしまうこと。

用例　友達《ともだち》に誘《さそ》われたから校区外《こうくがい》に遊《あそ》びに行《い》きたいが、見《み》つかったら怒《おこ》られるし、河豚は食いたし命は惜ししだなあ。

参考　河豚料理《りょうり》はおいしいから食《た》べたいが、毒《どく》に当《あ》たって死《し》ぬ可能《かのう》性《せい》があることから。

★袋《ふくろ》の鼠《ねずみ》　慣用句

意味　逃《に》げ出《だ》すことができない状《じょう》況《きょう》のこと。

用例　周囲《しゅうい》を完全《かんぜん》に包囲《ほうい》したから、犯人《はんにん》はもう袋の鼠だ。

吹《ふ》けば飛《と》ぶよう　慣用句

意味　身分《みぶん》や存在《そんざい》が軽《かる》くて値打《ねう》ちがない様子《ようす》。

用例　吹けば飛ぶような犬小屋《いぬごや》だ。

★不言実行《ふげんじっこう》　四字熟語

意味　あれこれ言《い》わずに、黙《だま》って実際《じっさい》に行動《こうどう》すること。

用例　決《き》められたことをきちんとやる、不言実行の人《ひと》。

武士《ぶし》は食《く》わねど高楊枝《たかようじ》　ことわざ

意味　貧《まず》しい境遇《きょうぐう》にあっても、誇《ほこ》り高く振《ふ》る舞《ま》うこと。弱味《よわみ》を見《み》せず、気位《きぐらい》を高く持《も》つこと。

用例　兄《あに》は武士は食わねど高楊枝を気取《きど》っているけど、新作《しんさく》のゲームソフトが欲《ほ》しいのは見え見えだ。

参考　「高楊枝」は、ゆうゆうと楊枝を使《つか》うこと。名誉《めいよ》を重《おも》んじる武士は、たとえ貧しくて食事《しょくじ》ができないときでさえ、ゆうゆうと楊枝を使って、満腹《まんぷく》したかのような様子《ようす》を見せる（あるいは、見せねばならない）ということから。「上方《かみがた》いろはかるた」にある。

二《ふた》つ返事《へんじ》　慣用句

意味　「はい」を二つ重《かさ》ねて返事をすること。気持《きも》ちよく、すぐに承諾《しょうだく》すること。

用例　彼《かれ》は、二つ返事で生徒《せいと》会長《かいちょう》を引《ひ》き受《う》けてくれた。

★豚《ぶた》に真珠《しんじゅ》　ことわざ

意味　価値《かち》のわからない者《もの》に貴重《きちょう》な物《もの》を与《あた》えても、何《なん》の役《やく》にも立《た》たないことのたとえ。

豚に真珠

用例 私《わたし》にとって能楽《のうがく》は豚に真珠だから、見《み》に行《い》っても時間《じかん》の無駄《むだ》だよ。

類似 猫《ねこ》に小判《こばん》

蓋《ふた》を開《あ》ける 慣用句

意味 物事《ものごと》を始《はじ》める。また、実際《じっさい》に物事が始まって、その結果《けっか》などがわかる。

用例 選挙《せんきょ》の結果は、蓋を開けてみないとわからない。

降《ふ》って湧《わ》いたよう 慣用句

意味 突然現《とつぜんあらわ》れる様子《ようす》。

用例 降って湧いたような幸運《こううん》な出来事《できごと》。

★筆《ふで》が立《た》つ 慣用句

意味 文章《ぶんしょう》を書《か》くのが上手《じょうず》である。

用例 君《きみ》は筆が立つから物書《ものか》きになるといいよ。

筆《ふで》を入《い》れる 慣用句

意味 書《か》かれた文章《ぶんしょう》や文字《もじ》を手直《てなお》しする。

用例 先生《せんせい》に筆を入れてもらったら、僕《ぼく》の作文《さくぶん》はずいぶん読《よ》みやすくなった。

筆《ふで》をおく 慣用句

意味 文章《ぶんしょう》を書《か》くことをやめる。文章をそこで終《お》わりにする。

用例 手紙《てがみ》が長《なが》くなりましたので、このへんで筆をおくことにします。

不撓不屈《ふとうふくつ》 四字熟語

意味 どんな困難《こんなん》に出会《であ》っても、けっしてひるまず、心《こころ》がくじけないこと。

用例 不撓不屈の精神《せいしん》でがんばる。

参考 「不撓」は、たわまない、へこたれない、「不屈」は、くじけないの意味《いみ》。

◆**独《ひと》り舞台《ぶたい》**
①一人《ひとり》だけで演《えん》じること。②大勢《おおぜい》の中《なか》で、その人《ひと》だけが優《すぐ》れていること。②「今日《きょう》の大会《たいかい》は、彼《かれ》の独り舞台となった。」

◆**檜舞台《ひのきぶたい》**
自分《じぶん》の腕前《うでまえ》を見《み》せることができる晴《は》れの舞台。「高校球児《こうこうきゅうじ》にとって、甲子園《こうしえん》は檜舞台だ。」

◆**日和見《ひよりみ》**
はっきりした考《かんが》えを持《も》たず、都合《つごう》のいいほうにつこうとすること。「洞《ほら》が峠《とうげ》を決《き》め込《こ》む」と同《おな》じ。「政治家《せいじか》が日和見主義《しゅぎ》では、国民《こくみん》はついていけない。」

◆**不退転《ふたいてん》**
物事《ものごと》を行《おこな》うのに、堅《かた》い志《こころざし》を持《も》ってけっして屈《くつ》しないこと。「不退転の決意《けつい》で臨《のぞ》みます。」

◆**仏頂面《ぶっちょうづら》**
無愛想《ぶあいそう》で不機嫌《ふきげん》な顔《かお》。「気《き》に入《い》らないことがあったようで、彼《かれ》は仏頂面だった。」

船をこぐ

カックン
うん…。
うつら
つら…。
おじいちゃん
船をこいでるわ

懐《ふところ》が寒《さむ》い 慣用句

意味 所持金《しょじきん》が少《すく》ない。

用例 懐が寒いので、ボーナスが待《ま》ち遠《どお》しい。

参考 「懐」は、持《も》っているお金《かね》のこと。

対照 懐が暖《あたた》かい

懐《ふところ》を痛《いた》める 慣用句

意味 自分《じぶん》のお金《かね》を使《つか》う。

用例 できるだけ懐を痛めずに買《か》いたいから、もう少《すこ》し安《やす》くなるまで待《ま》つことにしよう。

類似 自腹《じばら》を切《き》る・身銭《みぜに》を切る

腑《ふ》に落《お》ちない 慣用句

意味 納得《なっとく》できない。

用例 彼《かれ》の発言《はつげん》には、どうも腑に落ちないところがある。

参考 「腑」は内臓《ないぞう》のことで、ここでは心《こころ》の意味《いみ》に使《つか》われている。

舟《ふね》に刻《きざ》みて剣《けん》を求《もと》む 故事成語

意味 時代《じだい》の移《うつ》り変《か》わりに気付《きづ》かず、古《ふる》い考《かんが》え方《かた》やしきたりにこだわること。

用例 女性《じょせい》は仕事《しごと》をせず家庭《かてい》を守《まも》れなんて、舟を刻みて剣を求むようなことを言《い》っていてはだめよ。

故事 中国《ちゅうごく》の楚《そ》の国《くに》の人《ひと》が、舟に乗《の》っていて剣を川《かわ》に落《お》としてしまった。落とした舟の縁《ふち》に傷《きず》を付けておき、向《む》こう岸《ぎし》に着《つ》いて傷の場《ば》所《しょ》から川の中《なか》を捜《さが》したが、当然《とうぜん》剣は見《み》つからなかった。（呂氏春秋《りょししゅんじゅう》）

類似 株《かぶ》を守《まも》りて兎《うさぎ》を待《ま》つ・守株《しゅしゅ》・柳《やなぎ》の下《した》にいつもどじょうはいない

船《ふね》をこぐ 慣用句

意味 居眠《いねむ》りをする。

用例 授業中《じゅぎょうちゅう》に船をこいでいて、先生《せんせい》に怒《おこ》られた。

★不眠不休《ふみんふきゅう》 四字熟語

意味 眠《ねむ》ることも休《やす》むこともなく、物事《ものごと》を続《つづ》けること。

用例 不眠不休で救助《きゅうじょ》にあたる。

類似 昼夜兼行《ちゅうやけんこう》・夜《よ》を日《ひ》に継《つ》ぐ

冬《ふゆ》来《き》たりなば春《はる》遠《とお》からじ ことわざ

意味 寒《さむ》くてつらい冬のあとには、暖《あたた》かい春がやってくる。今《いま》はたとえつらく苦《くる》しくても、やがて明《あか》るく幸《しあわ》せなときはやってくる。

用例 「冬来たりなば春遠からじ」というように、もう少《すこ》し辛抱《しんぼう》すれば、きっといいことがあるよ。

参考 イギリスの詩人《しじん》、シェリーの『西風《にしかぜ》に寄《よ》せる歌《うた》』の一節《いっせつ》。

振《ふ》り出《だ》しに戻《もど》る 慣用句

意味 物事《ものごと》の始《はじ》めのところに返《かえ》る。

用例 振り出しに戻って、計画《けいかく》を

付和雷同

考《かん》え直《なお》す。

★故《ふる》きを温《たず》ねて新《あたら》しきを知《し》る　故事成語

意味 古《ふる》い過去《かこ》のことを研究《けんきゅう》して、現実《げんじつ》の新しい事態《じたい》に対処《たいしょ》すること。また、前《まえ》に学《まな》んだことをよく吟味《ぎんみ》して、新しい意味《いみ》を見いだすこと。

用例 今時代《いまじだい》が何《なに》を求《もと》めているか、故きを温ねて新しきを知ろう。

参考 中国《ちゅうごく》の孔子《こうし》の『論語《ろんご》』にある「温故知新《おんこちしん》」の別《べつ》の読《よ》み方《かた》。

不老不死《ふろうふし》　四字熟語

意味 いつまでも年《とし》を取《と》らず、死なないこと。

用例 不老不死の薬《くすり》を探《さが》し求《もと》める。

類似 不老長寿《ふろうちょうじゅ》

★付和雷同《ふわらいどう》　故事成語

意味 深《ふか》く考《かん》えず、他人《たにん》の意見《いけん》に簡単《かんたん》に賛成《さんせい》すること。

用例 話《はな》し合《あ》いをしているのだから、付和雷同では困《こま》るよ。

参考 「付和」は、他人の意見に訳《わけ》もなく従《したが》うこと。「雷同」は、雷《かみなり》が鳴《な》り響《ひび》くと、すべてのものがそれに応《おう》じて鳴り響くこと。中国《ちゅうごく》の『礼記《らいき》』にある言葉《ことば》。

類似 尻馬《しりうま》に乗《の》る

粉骨砕身《ふんこつさいしん》　故事成語

意味 力《ちから》の限《かぎ》り努力《どりょく》すること。

用例 会社《かいしゃ》を立《た》て直《なお》すために、粉骨砕身努力する。

参考 「粉骨」は、骨《ほね》を粉《こな》にする、「砕身」は、身《み》を砕《くだ》くという意味《いみ》。中国《ちゅうごく》の『禅林類纂《ぜんりんるいさん》』にある言葉《ことば》。

類似 骨身《ほねみ》を削《けず》る・身を砕く・身を削る・身を粉《こ》にする

踏《ふ》んだり蹴《け》ったり　慣用句

意味 さんざんひどい目《め》に遭《あ》うこと。

用例 自転車《じてんしゃ》を盗《ぬす》まれたうえに、雨《あめ》に降《ふ》られるなんて、今日《きょう》は踏んだり蹴ったりの一日《いちにち》だ。

類似 泣《な》きっ面《つら》に蜂《はち》・弱《よわ》り目《め》に祟《たた》り目

文武両道《ぶんぶりょうどう》　四字熟語

意味 勉学《べんがく》と運動《うんどう》の両面《りょうめん》に優《すぐ》れていること。

用例 文武両道を目指《めざ》す学校教育《がっこうきょういく》。

参考 元《もと》は学問《がくもん》と武芸《ぶげい》に秀《ひい》でていることを指す。

へ

平穏無事《へいおんぶじ》　四字熟語

意味 穏《おだ》やかで、変《か》わったことがないこと。

用例 平穏無事に毎日《まいにち》を過《す》ごした

下手の横好き

いものだ。

対照 多事多難《たじたなん》

平身低頭《へいしんていとう》 四字熟語

意味 ひたすら謝《あやま》ること。

用例 自分《じぶん》の過《あやま》ちを、平身低頭してわびる。

類似 三拝九拝《さんぱいきゅうはい》

へそが茶《ちゃ》を沸《わ》かす 慣用句

意味 おかしくてたまらない。ばかばかしくて仕方《しかた》がない。「へそで茶を沸かす」ともいう。

用例 いつも遅刻《ちこく》をしている彼《かれ》が、明日《あす》から朝食前《ちょうしょくまえ》にジョギングをするなんて、へそが茶を沸かすよ。

★へそを曲《ま》げる 慣用句

意味 機嫌《きげん》を悪《わる》くする。また、わざと意地悪《いじわる》をする。

用例 彼《かれ》は主役《しゅやく》を降《お》ろされて、へそを曲げていた。

類似 旋毛《つむじ》を曲げる

下手《へた》な鉄砲《てっぽう》も数撃《かずう》ちゃ当《あ》たる ことわざ

意味 下手な者《もの》でも何度《なんど》も試《ため》してみれば、まぐれでうまくいくことがある。

用例 思《おも》い付《つ》いたらどんどん企画《きかく》を出《だ》そう。下手な鉄砲も数撃ちゃ当たるさ。

下手《へた》の考《かんが》え休《やす》むに似《に》たり ことわざ

意味 名案《めいあん》も浮《う》かばないのにいくら時間《じかん》を費《つい》やしても時間の無駄《むだ》だ。

用例 あれこれ悩《なや》まないで、とにかく実行《じっこう》してみよう。下手の考え休むに似たりだ。

参考 元《もと》は、将棋《しょうぎ》や囲碁《いご》で下手な人《ひと》が長《なが》い時間考《かんが》えるのをあざけっていった言葉《ことば》。

下手《へた》の長談義《ながだんぎ》 ことわざ

意味 話《はなし》が下手な人《ひと》に限《かぎ》って、長々《ながなが》と話をしたがるということ。

用例 社長《しゃちょう》の話は下手の長談義で、社員《しゃいん》はうんざりしている。

参考 「談義」は、話をすること。「上方《かみがた》いろはかるた」にある。

★下手《へた》の横好《よこず》き ことわざ

意味 下手なくせに、その物事《ものごと》をするのが好きであること。「下手の物好き」ともいう。

用例 私《わたし》の絵《え》は下手の横好きで、お見《み》せできるものではありません。

対照 好きこそ物の上手《じょうず》なれ

屁《へ》の河童《かっぱ》 慣用句

意味 何《なん》とも思《おも》わないこと。また、簡単《かんたん》にできること。「河童の屁」が逆《さか》さになった言葉《ことば》。

用例 君《きみ》たちが相手《あいて》なら、何人《なんにん》か

弁慶の泣き所

かってこようと屁の河童だ。

参考 「木っ端《こっぱ》の火《ひ》」が転《てん》じたもので、「木っ端」は、小《ちい》さな木《き》のかけら。簡単に火はつくが、すぐに燃《も》え尽《つ》きることから、あっけなく、たわいもないことを意味《いみ》する。

類似 朝飯前《あさめしまえ》・お茶《ちゃ》の子《こ》さいさい

蛇《へび》ににらまれた蛙《かえる》 ことわざ

意味 恐《おそ》ろしいものや苦手《にがて》なものの前《まえ》に出《で》て、身《み》がすくんで動《うご》けない様子《ようす》。「蛇に見込《みこ》まれた蛙」ともいう。

用例 チャンピオンに挑戦《ちょうせん》した新人《しんじん》は、蛇ににらまれた蛙のように、まったく手《て》が出《だ》せなかった。

減《へ》らず口《ぐち》を叩《たた》く 慣用句

意味 負《ま》け惜《お》しみから、憎《にく》たらしいことを言《い》う。「減らず口をきく」ともいう。

用例 「あのときはたまたま調子《ちょうし》が悪《わる》かったから負けたんだ。」と減らず口を叩く。

類似 口が減らない

弁慶《べんけい》の立《た》ち往生《おうじょう》 慣用句

意味 進《すす》むことも退《しりぞ》くこともできず、どうすることもできないこと。

用例 台風《たいふう》の接近《せっきん》で乗《の》っていた新幹線《かんせん》が止《と》まり、弁慶の立ち往生となった。

参考 源義経《みなもとのよしつね》をかばうために、武蔵坊弁慶《むさしぼうべんけい》が衣川《ころもがわ》の戦《たたか》いで橋《はし》の中央《ちゅうおう》に立ち、敵《てき》の攻撃《こうげき》を受《う》け、薙刀《なぎなた》をつえに立ったまま死《し》んだという伝説《でんせつ》から。「立ち往生」は立ったまま死ぬ意味《いみ》だが、今《いま》では途中《とちゅう》で行《い》き詰《づ》まって身動《みうご》きが取《と》れなくなるの意味で使《つか》う。

弁慶《べんけい》の泣《な》き所《どころ》 慣用句

意味 ただ一《ひと》つの弱点《じゃくてん》。向《む》こうずね（ひざから足首《あしくび》までの前側《まえがわ》の部《ぶ》分《ぶん》）のこと。

用例 内角《ないかく》の変化球《へんかきゅう》は、彼《かれ》にとっては弁慶の泣き所だ。

参考 弁慶ほどの豪傑《ごうけつ》でも、けられると痛《いた》くて泣くほどの急所《きゅうしょ》という意味《いみ》。

変幻自在《へんげんじざい》 四字熟語

意味 思《おも》いどおりに変化《へんか》したり、現《あらわ》れたり消《き》えたりすること。また、変《か》わり身《み》が早《はや》いこと。

用例 変幻自在にカードを操《あやつ》るマジックに、観客《かんきゃく》は目《め》を引《ひ》き付《つ》けられた。

参考 「変幻」は、幻《まぼろし》のように素《す》早《ばや》く変化すること。

類似 千変万化《せんぺんばんか》

ペンは剣《けん》よりも強《つよ》し ことわざ

意味 言葉《ことば》の力《ちから》は武力《ぶりょく》よりも強い。

用例 「ペンは剣よりも強し」を

傍若無人

信《しん》じ、話《はな》し合《あ》いによる世界平和《せかいへいわ》を実現《じつげん》させるべきだ。

参考 「ペン」は言論《げんろん》の力を意味《いみ》する。イギリスの小説家《しょうせつか》、リットンの戯曲《ぎきょく》『リシュリュー』の中《なか》の言葉《ことば》。

ほ

暴飲暴食《ぼういんぼうしょく》 四字熟語

意味 度《ど》を過《す》ぎて、飲《の》んだり食《た》べたりすること。

用例 そんなに暴飲暴食をしていては、そのうち体《からだ》を壊《こわ》すよ。

参考 「暴」は、程度《ていど》が激《はげ》しいという意味《いみ》。

類似 牛飲馬食《ぎゅういんばしょく》

判官《ほうがん》びいき 慣用句

意味 弱者《じゃくしゃ》や不運《ふうん》な人《ひと》に同情《どうじょう》する気持《きも》ち。「判官《はんがん》びいき」とも読《よ》む。

用例 判官びいきで、やっぱり弱《よわ》いほうのチームを応援《おうえん》してしまう。

参考 悲運《ひうん》の武将《ぶしょう》、九郎判官源《くろうほうがんみなもとの》義経《よしつね》に同情したことから生《う》まれた言葉《ことば》。

★傍若無人《ぼうじゃくぶじん》 故事成語

意味 「傍《かたわ》らに人無《ひとな》きが若《ごと》し」とも読《よ》み、人前《ひとまえ》でも遠慮《えんりょ》せず、勝手《かって》気《き》ままに振《ふ》る舞《ま》うこと。

用例 ああいう傍若無人な振る舞いを、許《ゆる》しておくことはできない。

参考 中国《ちゅうごく》の『史記《しき》』にある言葉《ことば》。

坊主憎《ぼうずにく》けりゃ袈裟《けさ》まで憎い ことわざ

意味 その人《ひと》を憎むあまり、その人の関係《かんけい》するすべてのものが憎くなる。

用例 彼《かれ》のことが嫌《きら》いだからって、坊主憎けりゃ袈裟まで憎いで、彼が連《つ》れている犬《いぬ》まで嫌うことはないだろう。

参考 「袈裟」は、僧《そう》が衣《ころも》の上《うえ》に肩《かた》から掛《か》けて着《き》るもの。

対照 あばたもえくぼ

忙中閑《ぼうちゅうかん》あり ことわざ

意味 忙《いそが》しい中《なか》にもわずかな暇《ひま》はあるものだということ。また、忙しい中でこそ、心《こころ》に余裕《よゆう》を持《も》つべきであるということ。

用例 忙中閑ありで、子《こ》どもと遊《あそ》ぶ時間《じかん》はあるもんだよ。

参考 「忙中」は、忙しい最中《さいちゅう》、「閑」は、暇な時間。

棒《ぼう》に振《ふ》る 慣用句

意味 それまで積《つ》み重《かさ》ねてきた努《ど》力《りょく》や苦労《くろう》を無駄《むだ》にする。

用例 がんばって練習《れんしゅう》してきたのに、けがをして試合《しあい》を棒に振った。

類似 水泡《すいほう》に帰《き》する・水《みず》の泡《あわ》

対照 実《み》を結《むす》ぶ

頬が落ちる

おいし〜い
ほっぺが落《お》ちそう・・・
あなたも食べたの？
おいしいでしょー
食べてないワン
おばあちゃんも食べたの？

抱腹絶倒《ほうふくぜっとう》　四字熟語

意味 気絶《きぜつ》して倒《たお》れるほど、腹《はら》を抱《かか》えて大笑《おおわら》いすること。

用例 お笑い番組《ばんぐみ》を見《み》て、抱腹絶倒した。

類似 腹の皮《かわ》がよじれる・腹を抱える

ほうほうの体《てい》　慣用句

意味 ひどい目《め》に遭《あ》って、やっとの思《おも》いで逃《に》げ出《だ》す様子《ようす》。

用例 川遊《かわあそ》び中《ちゅう》に突然《とつぜん》の雷雨《らいう》にあい、皆《みな》ほうほうの体で岸《きし》に上《あ》がった。

参考 「ほう」は「這《は》う」が変化《へんか》したもので、這うように逃げることから。

棒《ぼう》ほど願《ねが》って針《はり》ほど叶《かな》う　ことわざ

意味 大《おお》きなことを願っていても、ほんの一部《いちぶ》叶ったらいいほうで、なかなか願いどおりにいくものではないということ。

用例 欲張《よくば》りだな。短冊《たんざく》に書《か》いた君《きみ》の願い事《ごと》は「棒ほど願って針ほど叶う」というから、一《ひと》つにしたらどうだい。

参考 「棒」は大《おお》きいもの、「針」は小《ちい》さいもののたとえ。

頬《ほお》が落《お》ちる　慣用句

意味 食《た》べ物《もの》が非常《ひじょう》においしいというたとえ。「ほっぺたが落ちる」ともいう。

用例 さすが高級料亭《こうきゅうりょうてい》だけあって、料理《りょうり》は頬が落ちるほどおいしかったよ。

類似 顎《あご》が落ちる

★墓穴《ぼけつ》を掘《ほ》る　慣用句

意味 自分《じぶん》が不利《ふり》になったりだめになったりする原因《げんいん》を、自《みずか》ら作《つく》ってしまう。

用例 うそがばれて、墓穴を掘ってしまった。

参考 「墓穴」は墓《はか》の穴《あな》。自分を埋《う》める墓穴を掘ってしまうことから。

矛先《ほこさき》を向《む》ける　慣用句

意味 攻撃《こうげき》の目標《もくひょう》とする。

用例 兄弟《きょうだい》げんかで弟《おとうと》を叱《しか》っていた母《はは》が、急《きゅう》に僕《ぼく》に矛先を向けてきた。

参考 「矛」は、やりに似《に》た武器《ぶき》で、先《さき》に両刃《りょうば》の剣《けん》が付《つ》いているもの。

ほぞを噛《か》む　故事成語

意味 どうにもならないことを悔《く》やむ。後悔《こうかい》する。

用例 今《いま》やっておかないと、後《あと》でほぞを噛むことになるだろう。

参考 自分《じぶん》のほぞ（へそ）を噛もうとしても、口《くち》が届《とど》かないことから。中国《ちゅうごく》の『春秋左氏伝《しゅんじゅうさしでん》』にある言葉《ことば》。

仏の顔も三度

★仏作《ほとけつく》って魂入《たましいい》れず　ことわざ

意味 せっかく完成《かんせい》させても、最《もっと》も大事《だいじ》なところが抜《ぬ》けていること。

用例 最新機器《さいしんきき》の検査《けんさ》で病気《びょうき》が発見《はっけん》できても、治療《ちりょう》が後回《あとまわ》しになるのでは、仏作って魂入れずだ。

参考 仏像《ぶつぞう》を作《つく》っても、肝心《かんじん》な魂が入《はい》っていないということから。

類似 画竜点睛《がりょうてんせい》を欠《か》く

★仏《ほとけ》の顔《かお》も三度《さんど》　ことわざ

意味 どんなに温和《おんわ》な人《ひと》でも、ひどい事《こと》を何度《なんど》もされれば、最後《さいご》には怒《おこ》るということ。「地蔵《じぞう》の顔も三度」ともいう。

用例 また約束《やくそく》を破《やぶ》ったのか。「仏の顔も三度」というから、優《やさ》しい友達《ともだち》でも許《ゆる》してはくれないよ。

参考 いかに温和で慈悲深《じひぶか》い仏様《ほとけさま》でも、顔を三度もなで回《まわ》されれば腹《はら》を立《た》てるということから。「上方《かみがた》いろはかるた」にある。

★骨折《ほねお》り損《ぞん》のくたびれ儲《もう》け　ことわざ

意味 苦労《くろう》しても何《なに》も得《え》られず、くたびれるだけで終《お》わること。

用例 ようやく書《か》き上げた作文《さくぶん》が締《し》め切《き》りに間《ま》に合《あ》わなくて、骨折り損のくたびれ儲けだった。

参考 「江戸《えど》いろはかるた」にある。

類似 権兵衛《ごんべえ》が種《たね》まきゃ烏《からす》がほじくる・労多《ろうおお》くして功少《こうすく》なし

骨《ほね》が折《お》れる　慣用句

意味 物事《ものごと》をするのに時間《じかん》や手間《てま》がかかって、苦労《くろう》する。

用例 この問題《もんだい》は難《むずか》しくて、解《と》くのに骨が折れた。

骨抜《ほねぬ》きにする　慣用句

意味 物事《ものごと》のたいせつなところを取《と》り去《さ》ってしまう。しっかりした強《つよ》い心《こころ》を奪《うば》う。

用例 これは、肝心《かんじん》なところが抜《ぬ》け落《お》ちた、骨抜きにされた規則《きそく》だ。

参考 「骨」は、芯《しん》の意味《いみ》で使《つか》っている。

骨身《ほねみ》にこたえる　慣用句

意味 体《からだ》の奥《おく》まで深《ふか》く感《かん》じる。「骨身に染《し》みる」ともいう。

用例 先生《せんせい》の言葉《ことば》が、骨身にこたえた。

骨身《ほねみ》を惜《お》しまず　慣用句

意味 苦労《くろう》することを嫌《いや》がらないで、必死《ひっし》に努力《どりょく》する。

用例 家族《かぞく》のために、骨身を惜しまず働《はたら》く。

骨身《ほねみ》を削《けず》る　慣用句

意味 体《からだ》が痩《や》せるほど必死《ひっし》に努力《どりょく》

骨が折れる

する。また、非常《ひじょう》に苦労《くろう》する。

用例 骨身を削って父《ちち》を看病《かんびょう》する。

類似 粉骨砕身《ふんこつさいしん》・身《み》を砕《くだ》く・身を削る・身を粉《こ》にする

骨《ほね》を埋《うず》める 慣用句

意味 その土地《とち》や職場《しょくば》にとどまって、一生《いっしょう》を終《お》える。また、あることに生涯《しょうがい》をささげる。

用例 私《わたし》は医者《いしゃ》としてこの島《しま》で骨を埋める覚悟《かくご》だ。

★骨《ほね》を折《お》る 慣用句

意味 目的《もくてき》を達成《たっせい》するために、あれこれと苦労《くろう》する。人《ひと》のために力《ちから》を尽《つ》くす。

用例 彼《かれ》が骨を折ってくれたおかげで、仕事《しごと》がうまくいった。

洞《ほら》が峠《とうげ》を決《き》め込《こ》む 慣用句

意味 有利《ゆうり》なほうにつこうと形勢《けいせい》をうかがい、はっきりした態度《たいど》を取《と》らない。

用例 自分《じぶん》の意見《いけん》を言《い》わずに洞が峠を決め込むのなら、会議《かいぎ》をする意味《いみ》がない。

参考 織田信長《おだのぶなが》が討《う》たれた後《あと》、羽《は》柴秀吉《しばひでよし》と明智光秀《あけちみつひで》が京都山崎《きょうとやまざき》で戦《たたか》ったとき、武将《ぶしょう》の筒井順慶《つついじゅんけい》は、洞が峠に軍《ぐん》をとどめて、形勢を見《み》てから有利なほうに味方《みかた》しようとしたということから。「洞が峠」は、京都府《ふ》と大阪府《おおさか》の境《さかい》にある。

ほらを吹《ふ》く 慣用句

意味 実際《じっさい》にはあり得《え》ないようなことを、さも本当《ほんとう》にあったことのように言《い》う。また、物事《ものごと》をおおげさに言う。

用例 彼《かれ》は、夏休《なつやす》みの宿題《しゅくだい》を一日《いちにち》で済《す》ませたとほらを吹いていた。

参考 「ほら」はほら貝《がい》で、吹くと大《おお》きな音《おと》がすることから。

類似 大きな口《くち》をきく・大口《おおぐち》を叩《たた》く・大風呂敷《おおぶろしき》を広《ひろ》げる・大言壮語《たいげんそうご》・らっぱを吹く

ぼろが出《で》る 慣用句

意味 隠《かく》していた欠点《けってん》や失敗《しっぱい》などが外《そと》に現《あらわ》れる。

用例 しゃべりすぎて、ついぼろが出てしまった。

参考 着物《きもの》などの破《やぶ》れているところが出てしまうということから。

類似 尻尾《しっぽ》を出《だ》す・馬脚《ばきゃく》を露《あらわ》す・化《ば》けの皮《かわ》がはがれる・めっきがはげる

盆《ぼん》と正月《しょうがつ》が一緒《いっしょ》に来《き》たよう 慣用句

意味 非常《ひじょう》に忙《いそが》しいことのたとえ。また、うれしいことが重《かさ》なることのたとえ。

用例 今月《こんげつ》に入《はい》り注文《ちゅうもん》が殺到《さっとう》し、店《みせ》は盆と正月が一緒に来たようなありさまだ。

本末転倒

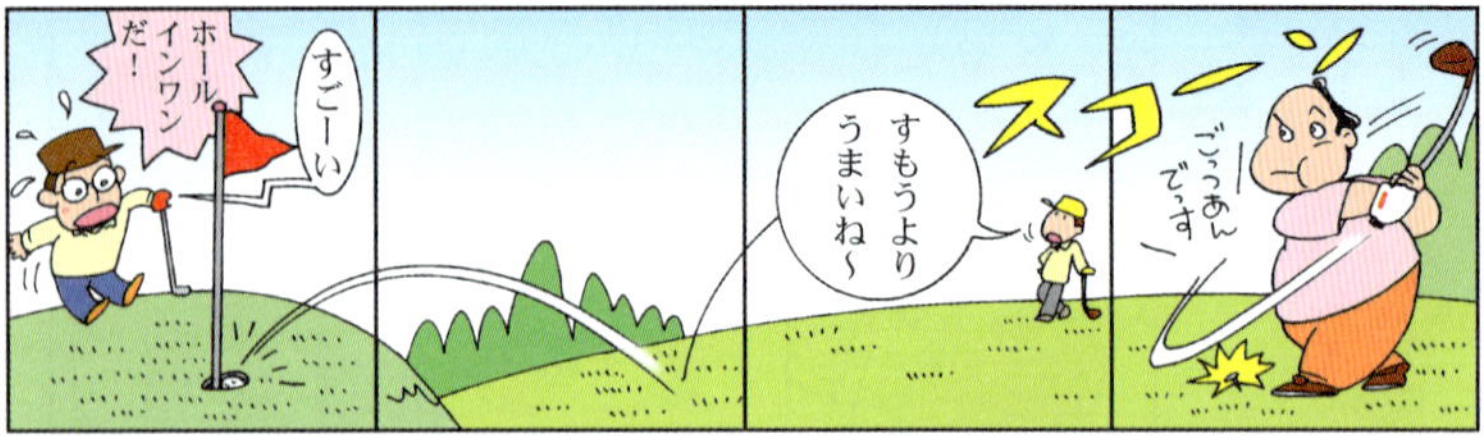

忙しさだ。

★本末転倒《ほんまつてんとう》　四字熟語

意味　物事《ものごと》の重要《じゅうよう》なところとそうでないところを、逆《ぎゃく》に扱《あつか》うこと。

用例　野球《やきゅう》に熱中《ねっちゅう》しすぎて勉強《べんきょう》がおろそかになっては、本末転倒だ。

参考　「本」は、大事《だいじ》なこと。「末」は、つまらないこと。

類似　主客転倒《しゅかくてんとう》

ま

枚挙《まいきょ》に暇《いとま》がない　慣用句

意味　あまりに多《おお》すぎて、一《ひと》つ一つ数《かぞ》え切《き》れない。

用例　あの先生《せんせい》にお世話《せわ》になった人《ひと》は、枚挙に暇がない。

参考　「枚挙」は、一つ一つ数えること。「暇」は、時間《じかん》という意味《いみ》。

間《ま》がいい　慣用句

意味　運《うん》や巡《めぐ》り合《あ》わせがよい。ちょうどよい時《とき》に来《く》る。

用例　みなさんが集《あつ》まっていらっしゃる時にうかがうとは、間がいいことです。

対照　間が悪《わる》い

魔《ま》が差《さ》す　慣用句

意味　悪魔《あくま》が突然《とつぜん》心《こころ》の中《なか》に入《はい》り込《こ》んだように、ふと悪《わる》い考《かんが》えを起《お》こす。

用例　彼女《かのじょ》がそんなうそをつくなんて、魔が差したとしか思《おも》えない。

★間《ま》が抜《ぬ》ける　慣用句

意味　①たいせつなところが抜けているために、ばかげて見《み》える。②調子《ちょうし》が外《はず》れる。

用例　①彼《かれ》は性格《せいかく》はいいけれど、やることは間が抜けているよね。②彼の間が抜けた声《こえ》が聞《き》こえた。

参考　音楽《おんがく》などで、拍子《ひょうし》が抜けることから。

★まかぬ種《たね》は生《は》えぬ　ことわざ

意味　何《なに》もしないで、良《よ》い結果《けっか》を期待《きたい》しても無駄《むだ》である。何かしなければ、結果は生《う》まれない。

用例　「まかぬ種は生えぬ」というだろう。努力《どりょく》もしないで、合格《ごうかく》できるわけないよ。

参考　「上方《かみがた》いろはかるた」にある。

対照　果報《かほう》は寝《ね》て待《ま》て・待てば海路《かいろ》の日和《ひより》あり

間《ま》が悪《わる》い　慣用句

意味　①きまりが悪くてその場《ば》に居《い》づらい気《き》がする。②運《うん》や巡《めぐ》り合《あ》わせが悪い。

用例　①塾《じゅく》をさぼって友達《ともだち》と遊《あそ》んでいたら、塾の先生《せんせい》とたまたま会《あ》ってしまい、間が悪い思《おも》いをした。

馬子にも衣装

ほほう・・・
野球《やきゅう》がうまく見えるね――
えへへっ
ピッチャーならエース！
バッターなら四番打者《だしゃ》に見えるよ
まだ補欠《ほけつ》なんだ・・・
ポリポリ

②明日《あす》から旅行《りょこう》なのに、台風《たいふう》がやってくるとは間が悪いなあ。

対照 間がいい

巻《ま》き添《ぞ》えを食《く》う 慣用句

意味 自分《じぶん》とは関《かか》わりのないことに巻き込《こ》まれて、被害《ひがい》を受《う》ける。

用例 友達《ともだち》のけんかの巻き添えを食って、けがをしてしまった。

類似 側杖《そばづえ》を食う

枕《まくら》を高《たか》くして寝《ね》る 故事成語

意味 安心《あんしん》して眠《ねむ》る。心配《しんぱい》することが何《なに》もない。「枕を高くする」ともいう。

用例 放火魔《ほうかま》が捕《つか》まったから、やっと枕を高くして寝られる。

参考 中国《ちゅうごく》の『戦国策《せんごくさく》』にある言葉《ことば》。

幕《まく》を開《あ》ける 慣用句

意味 芝居《しばい》や物事《ものごと》が始《はじ》まる。「幕を上《あ》げる」ともいう。

用例 引《ひ》っ越《こ》しをして、今日《きょう》から新《あたら》しい小学校《しょうがっこう》での生活《せいかつ》が幕を開けた。

類似 幕を切《き》って落《お》とす

対照 幕を閉《と》じる

幕《まく》を切《き》って落《お》とす 慣用句

意味 物事《ものごと》を華々《はなばな》しく始《はじ》める。

用例 笛《ふえ》の合図《あいず》で、決戦《けっせん》の幕を切って落とす。

類似 幕を開《あ》ける

対照 幕を閉《と》じる

幕《まく》を閉《と》じる 慣用句

意味 芝居《しばい》や物事《ものごと》が終《お》わる。「幕を下《お》ろす」ともいう。

用例 サッカーのワールドカップは、先週《せんしゅう》、幕を閉じた。

対照 幕を開《あ》ける・幕を切《き》って落《お》とす

★負《ま》けるが勝《か》ち ことわざ

意味 一時的《いちじてき》には負けたようでも、最終的《さいしゅうてき》には得《とく》をするということ。争《あらそ》わずに負けたことにして相手《あいて》に勝ちを譲《ゆず》ったほうが、結果的《けっかてき》には有利《ゆうり》になることがあるということ。

用例 妹《いもうと》にけんかで勝っても、お母《かあ》さんに怒《おこ》られるだけだ。ここは負けるが勝ちだな。

参考 「江戸《えど》いろはかるた」にある。

類似 逃《に》げるが勝ち・三十六計《さんじゅうろっけい》逃げるに如《し》かず

★馬子《まご》にも衣装《いしょう》 ことわざ

意味 立派《りっぱ》な服装《ふくそう》をすれば、誰《だれ》でも立派に見《み》えるということ。

用例 中学校《ちゅうがっこう》の制服《せいふく》を試着《しちゃく》した兄《あに》に、「馬子にも衣装だね。」と言《い》ったら怒《おこ》られた。

参考 「馬子」は、馬《うま》を引《ひ》いて人《ひと》や荷物《にもつ》を運《はこ》ぶ仕事《しごと》をする人のこと。

待てば海路の日和あり

股《また》に掛《か》ける　慣用句

意味　広《ひろ》く各地《かくち》を歩《ある》き回《まわ》る。また、広い地域《ちいき》にまたがって活躍《かつやく》する。

用例　彼女《かのじょ》は、ピアニストとして世界《せかい》を股に掛けている。

待《ま》たれる身《み》より待つ身はつらい　ことわざ

意味　人《ひと》を待たせるのはつらいものだが、待つほうがよりつらいものだ。

用例　珍《めずら》しく約束《やくそく》より早《はや》く現《あらわ》れた彼《かれ》は、「待たれる身より待つ身はつらい」と思《おも》い知《し》らされたようだ。

末席《まっせき》を汚《けが》す　慣用句

意味　ある団体《だんたい》や会《かい》などに自分《じぶん》が加《くわ》わることを、へりくだっていう言葉《ことば》。

用例　このたび、委員会《いいんかい》の末席を汚すことになりました渡辺《わたなべ》です。どうぞ、よろしくお願《ねが》いします。

参考　「末席」は、地位《ちい》が下《した》の人《ひと》の席という意味《いみ》。

★待《ま》てば海路《かいろ》の日和《ひより》あり　ことわざ

意味　じっと待てば、いつか幸運《こううん》が訪《おとず》れるということ。

用例　そんなに焦《あせ》らないで。「待てば海路の日和あり」というじゃないの。

参考　荒《あ》れた海《うみ》も、待っていれば静《しず》かになって航海《こうかい》に適《てき》した日《ひ》が訪れることから。

類似　果報《かほう》は寝《ね》て待て

対照　まかぬ種《たね》は生《は》えぬ

★的《まと》を射《い》る　慣用句

意味　物事《ものごと》のたいせつなところを正《ただ》しくとらえている。

用例　彼女《かのじょ》は、いつも的を射た質《しつ》問《もん》をする。

参考　「的を得《え》る」は、「当《とう》を得る」と混同《こんどう》した誤《あやま》った言《い》い方《かた》。

的《まと》を絞《しぼ》る　慣用句

意味　目標《もくひょう》を一《ひと》つに決《き》める。

用例　あれこれ手《て》を出《だ》すのではなく、的を絞って勉強《べんきょう》しなさい。

俎板《まないた》に載《の》せる　慣用句

→〈俎上《そじょう》に載《の》せる〉（136ページ）

★俎板《まないた》の鯉《こい》　慣用句

意味　相手《あいて》のなすがままになるしかないこと。

用例　試験《しけん》が終《お》わり、あとは結果《けっか》を待《ま》つだけで、今《いま》の僕《ぼく》はまさに俎板の鯉といったところだ。

参考　俎板の上《うえ》の鯉が、料理《りょうり》されるのを待つしかないことから。

類似　俎上《そじょう》の魚《うお》

ただいま～
おかえり～
どうだった選手《せんしゅ》に選《えら》ばれたの
明日発表《はっぴょう》だって
バタン
今度《こんど》の試合《しあい》は出たいなぁ
選ばれてるかなぁ

俎板の鯉

真《ま》に受《う》ける　慣用句

意味　相手《あいて》の言《い》うことを、そのまま素直《すなお》に信《しん》じる。

用例　妹《いもうと》は、「明日《あす》、宇宙人《うちゅうじん》が地《ち》球《きゅう》を滅《ほろ》ぼしにやってくる」という冗談《じょうだん》を真に受けて、泣《な》き出《だ》した。

眉《まゆ》に唾《つば》を付《つ》ける　慣用句

意味　だまされないように用心《ようじん》する。また、信用《しんよう》できない物事《ものごと》や話《はなし》を「眉唾物《まゆつばもの》」という。

用例　彼《かれ》の話は、どうやら眉に唾を付けて聞《き》いたほうがよさそうだ。

眉《まゆ》をひそめる　慣用句

意味　心配事《しんぱいごと》や嫌《いや》なことがあって、顔《かお》をしかめる。「眉を曇《くも》らす」ともいう。

用例　電車内《でんしゃない》のマナーの悪《わる》さに眉をひそめた。

対照　愁眉《しゅうび》を開《ひら》く・眉を開く

丸《まる》い卵《たまご》も切《き》りようで四角《しかく》　ことわざ

意味　物《もの》の言《い》い方《かた》やり方によって、穏《おだ》やかに済《す》むこともあれば、けんかになることもあるということ。

用例　けんか腰《ごし》に言うのはよくないよ。「丸い卵も切りようで四角」というじゃないか。

類似　物は言いよう・物も言いようで角《かど》が立《た》つ

真綿《まわた》で首《くび》を絞《し》める　慣用句

意味　じわじわと遠回《とおまわ》しに責《せ》めたり苦《くる》しめたりする。

用例　彼女《かのじょ》の言葉《ことば》は、真綿で首を絞めるように私《わたし》を苦しめた。

参考　「真綿」は、繭《まゆ》から作《つく》った綿。

満場一致《まんじょういっち》　四字熟語

意味　その場《ば》にいる人全員《ひとぜんいん》の意見《いけん》が同《おな》じになること。

用例　満場一致で、この案《あん》は可決《かけつ》されました。

★満《まん》を持《じ》す　故事成語

意味　十分用意《じゅうぶんようい》して、チャンスが来《く》るのを待《ま》つ。

用例　これは、我《わ》が社《しゃ》が満を持して発売《はつばい》する製品《せいひん》です。

故事　昔中国《むかしちゅうごく》で、ある国《くに》の王《おう》が、家臣《かしん》が止《と》めるのをきかずに隣《となり》の国を攻《せ》めたが、敗《やぶ》れてしまった。悔《く》やむ王に、家臣は「満を持する者《もの》には天《てん》の助《たす》けがある」と説《と》き、和《わ》平《へい》を申《もう》し出《で》るよう勧《すす》めた。（史記《しき》）

み

ミイラ取《と》りがミイラになる　ことわざ

意味　人《ひと》を捜《さが》しに行《い》って、そのま

右から左

朝借《か》りた百円！
はい
昨日《きのう》借りた百円ね
覚《おぼ》えてた？
ちょんちょん
百円まだ返《かえ》してもらってませんけど—

ま帰《かえ》らない。説得《せっとく》しようとして、逆《ぎゃく》に相手《あいて》に説得されてしまう。

用例 ゲームをやめるように弟《おとうと》を説得するはずだったのに、ミイラ取りがミイラになって、ゲームに夢中《むちゅう》になってしまった。

参考 昔《むかし》、薬《くすり》になると考《かんが》えられていたミイラを取りに行った人が、自分《じぶん》も死《し》んでミイラになってしまう、ということから。

見得《みえ》を切《き》る 慣用句

意味 自信《じしん》のありそうな態度《たいど》やおおげさな態度を取《と》る。

用例 母《はは》に、「次《つぎ》の試験《しけん》では絶対《ぜったい》に百点《ひゃくてん》を取る。」と見得を切った。

参考 歌舞伎《かぶき》の見せ場《ば》で、役者《やくしゃ》がおおげさな身振《みぶ》りをすることから。

見栄《みえ》を張《は》る 慣用句

意味 人《ひと》に良《よ》く思《おも》われたいと思い、実際以上《じっさいいじょう》に見た目《め》を飾《かざ》る。

用例 お金《かね》がないのに見栄を張って、高《たか》い店《みせ》で食事《しょくじ》をした。

磨《みが》きを掛《か》ける 慣用句

意味 練習《れんしゅう》や経験《けいけん》を積《つ》んで、芸《げい》や技《わざ》をいっそう優《すぐ》れたものにする。

用例 得意《とくい》の守備《しゅび》に磨きを掛けようと、彼《かれ》は練習に打《う》ち込《こ》んだ。

類似 腕《うで》を磨く

身《み》が入《はい》る 慣用句

意味 気持《きも》ちが集中《しゅうちゅう》して、物事《ものごと》に一生懸命《いっしょうけんめい》になる。

用例 受験日《じゅけんび》が近《ちか》くなり、勉強《べんきょう》に身が入る。

類似 身を入《い》れる

★身《み》から出《で》た錆《さび》 ことわざ

意味 誰《だれ》のせいでもなく、自分《じぶん》のしたことのせいで苦《くる》しむこと。

用例 夏休《なつやす》みの終《お》わりになって宿《しゅく》題《だい》に苦しめられるなんて、身から出た錆ね。

参考 「江戸《えど》いろはかるた」にある。

類似 自業自得《じごうじとく》

右《みぎ》から左《ひだり》 慣用句

意味 手《て》に入《い》れた物《もの》が自分《じぶん》の手元《てもと》にとどまらず、すぐよそに移《うつ》ってしまうこと。

用例 お小遣《こづか》いを、右から左へ使《つか》ってしまった。

右《みぎ》と言《い》えば左《ひだり》 慣用句

意味 何《なん》でも人《ひと》の言うことに反対《はんたい》すること。

用例 妹《いもうと》は右と言えば左で、私《わたし》の言うことにいちいち反対する。

類似 ああ言えばこう言う

右《みぎ》に出《で》る者《もの》がない 慣用句

意味 その人《ひと》よりも優《すぐ》れた人がい

見ざる聞かざる言わざる
そっちが言ったんじゃない！
そっちが先だろ！
むすこ
おじいちゃん
むすめ

ない。

用例 このクラスで、歌《うた》のうまさでは彼《かれ》の右に出る者がない。

参考 昔《むかし》、中国《ちゅうごく》では右側《みぎがわ》の席《せき》に地《ち》位《い》の高《たか》い人が座《すわ》ったから。

右《みぎ》の耳《みみ》から左《ひだり》の耳 慣用句

意味 右の耳から聞《き》いた話《はなし》が左の耳から出《で》ていくように、聞いたことが少《すこ》しも頭《あたま》に残《のこ》らないこと。

用例 いつも右の耳から左の耳だから、あなたには何《なに》も言《い》う気《き》にならないよ。

みこしを上《あ》げる 慣用句

意味 座《すわ》っていた人《ひと》が、腰《こし》を上げる。やっと仕事《しごと》に取《と》り掛《か》かる。

用例 夏休《なつやす》みも終《お》わりに近《ちか》づき、宿題《しゅくだい》のことが気《き》になった弟《おとうと》は、ようやくみこしを上げた。

参考 祭《まつ》りのときに担《かつ》ぐ「みこし」と「腰」を掛けている。

★見《み》ざる聞《き》かざる言《い》わざる ことわざ

意味 よけいなことは、見たり聞いたり、言ったりしないほうが安《あん》全《ぜん》だということ。

用例 「見ざる聞かざる言わざる」というから、人《ひと》の秘密《ひみつ》をかぎ回《まわ》ったりしてはだめよ。

参考 「〜しない」を意味《いみ》する「ざる」と、動物《どうぶつ》の「猿《さる》」を掛《か》けている。日光東照宮《にっこうとうしょうぐう》の彫刻《ちょうこく》は有名《ゆうめい》。

水入《みずい》らず 慣用句

意味 親《した》しい者《もの》ばかりで、他人《たにん》が交《ま》じっていないこと。

用例 お正月《しょうがつ》は、家族《かぞく》水入らずで過《す》ごす予定《よてい》だ。

水《みず》が合《あ》わない 慣用句

意味 新《あたら》しい土地《とち》や、その場《ば》の環《かん》境《きょう》になじめない。

用例 私《わたし》には都会《とかい》の水が合わない。

水《みず》が入《はい》る 慣用句

意味 相撲《すもう》でなかなか勝負《しょうぶ》がつかないとき、取組《とりくみ》を中断《ちゅうだん》して力士《りきし》を休《やす》ませ、口《くち》に水を含《ふく》ませること。水が入ることを「水入《みずい》り」という。

用例 ライバル同士《どうし》の取組は、水が入る熱戦《ねっせん》であった。

水清《みずきよ》ければ魚《うお》すまず 故事成語

意味 行《おこな》いが立派《りっぱ》で心《こころ》がきれいすぎる人《ひと》のところには、あまり人が寄《よ》り付《つ》かないということ。

用例 彼女《かのじょ》はすばらしい人だけど、水清ければ魚すまずで、あまり人《にん》気《き》がない。

参考 水があまりに澄《す》んでいると、隠《かく》れることができなくて魚がすまないとされることから。中国《ちゅうごく》の『孔子家語《こうしけご》』にある言葉《ことば》。

水と油

水際《みずぎわ》立《だ》つ　慣用句

意味　とりわけ目立《めだ》つ。特《とく》に鮮《あざ》やかだ。

用例　彼女《かのじょ》の水際立った演技《えんぎ》が、観客《かんきゃく》を魅了《みりょう》した。

水臭《みずくさ》い　慣用句

意味　親《した》しい間柄《あいだがら》なのに、他人《たにん》のようによそよそしい様子《ようす》。

用例　君《きみ》と僕《ぼく》の仲《なか》なのに相談《そうだん》してくれないなんて、水臭いよ。

参考　食《た》べ物《もの》が水っぽいと味《あじ》が薄《うす》くなることから。

水心《みずごころ》あれば魚心《うおごころ》　ことわざ

→〈魚心《うおごころ》あれば水心《みずごころ》〉（33ページ）

★水《みず》と油《あぶら》　慣用句

意味　性質《せいしつ》が違《ちが》うために、互《たが》いに気《き》が合《あ》わないこと。「油に水」ともいう。

用例　あの二人《ふたり》は水と油で、いつ見《み》ても口げんかばかりしている。

参考　水と油は、互いに溶《と》け合わないことから。

★水《みず》に流《なが》す　慣用句

意味　過去《かこ》のことをとやかく言《い》わず、なかったことにする。

用例　昨日《きのう》のけんかは水に流して、仲直《なかなお》りしようよ。

★水《みず》の泡《あわ》　慣用句

意味　努力《どりょく》や苦労《くろう》が無駄《むだ》になってしまうこと。

用例　運動会前日《うんどうかいぜんじつ》にけがをしてしまい、これまでの練習《れんしゅう》が水の泡になってしまった。

類似　水泡《すいほう》に帰《き》する・棒《ぼう》に振《ふ》る

対照　実《み》を結《むす》ぶ

水《みず》は方円《ほうえん》の器《うつわ》に従《したが》う　故事成語

意味　水が入《い》れ物《もの》しだいで形《かたち》が変《か》わるように、人《ひと》も人間関係《にんげんかんけい》や環境《かんきょう》によって、どのようにも変わる。

用例　「水は方円の器に従う」というから、環境はたいせつだ。

参考　「方」は四角《しかく》、「円」は丸《まる》。中国《ちゅうごく》の『韓非子《かんぴし》』にある言葉《ことば》。

類似　朱《しゅ》に交《まじ》われば赤《あか》くなる

水《みず》も漏《も》らさぬ　慣用句

意味　水が漏れるすき間《ま》がないほど油断《ゆだん》のない様子《ようす》。

用例　水も漏らさぬ警備体制《けいびたいせい》。

水《みず》をあける　慣用句

意味　競争相手《きょうそうあいて》との差《さ》を大《おお》きく広《ひろ》げる。

用例　水泳大会《すいえいたいかい》で、二位以下《にいいか》に大きく水をあけて一位になった。

水を打ったよう

★水《みず》を打《う》ったよう　慣用句

意味　その場《ば》に集《あつ》まった大勢《おおぜい》の人《ひと》が、物音一《ものおとひと》つ立《た》てないで静《しず》まりかえっている様子《ようす》。

用例　彼《かれ》の発言《はつげん》に、会場《かいじょう》が水を打ったように静まりかえった。

参考　「水を打つ」は水をまくことで、水をまくとほこりが立たないことから。

★水《みず》を得《え》た魚《うお》のよう　慣用句

意味　自分《じぶん》に合《あ》う環境《かんきょう》や活躍《かつやく》の場《ば》を得て、生《い》き生きとしている状態《じょうたい》。

用例　歌《うた》っているときの彼女《かのじょ》は、水を得た魚のようだ。

対照　陸《おか》に上《あ》がった河童《かっぱ》・木《き》から落《お》ちた猿《さる》

★水《みず》を差《さ》す　慣用句

意味　仲《なか》のいい間柄《あいだがら》や、うまくいっていた物事《ものごと》のじゃまをする。

用例　二人《ふたり》の関係《かんけい》に水を差す。

参考　「差す」は加《くわ》えるで、水を加えて熱《あつ》いものを冷《さ》ましたり、濃《こ》いものを薄《うす》めたりすることから。

水《みず》を向《む》ける　慣用句

意味　相手《あいて》が関心《かんしん》を持《も》ってくれるように、うまくしむける。

用例　話《はなし》を聞《き》き出《だ》そうと水を向けてみたが、うまくいかなかった。

類似　鎌《かま》を掛《か》ける

味噌《みそ》を付《つ》ける　慣用句

意味　失敗《しっぱい》する。失敗して恥《は》ずかしい思《おも》いをする。

用例　世間《せけん》でもてはやされていた彼《かれ》が、あの事件《じけん》ですっかり味噌を付けた。

★道草《みちくさ》を食《く》う　慣用句

意味　本来《ほんらい》の目的《もくてき》に向《む》かってまっ

◆見切《みき》り発車《はっしゃ》
十分《じゅうぶん》な条件《じょうけん》が整《ととの》わないうちに、物事《ものごと》を次《つぎ》の段階《だんかい》に進《すす》めること。バスや電車《でんしゃ》が満員《まんいん》か発車時刻《じこく》になったときに、乗客《じょうきゃく》がすべて乗《の》り切らないうちに発車することから。「見切り発車で店《みせ》を出《だ》したために、失敗《しっぱい》してしまった。」

◆水掛《みずか》け論《ろん》
お互《たが》いに自分《じぶん》に都合《つごう》のいい理屈《りくつ》を言《い》い合《あ》って、解決《かいけつ》しない議論《ぎろん》。「水掛け」は、水を掛け合う、また、百姓《ひゃくしょう》が自分の田《た》に水を引《ひ》き合うということ。「兄《あに》とその件《けん》を巡《めぐ》って、言った言わないの水掛け論になった。」

◆未曽有《みぞう》
「未《いま》だ曽《かつ》て有《あ》らず」とも読《よ》み、今《いま》までに一度《いちど》も起《お》こったことがないこと。「未曽有の大事件《だいじけん》が起こった。」

三つ子の魂百まで

お父さん！洗濯《せんたく》かごに入れて
すみませんね
ペロッ
あいつ昔《むかし》っからしかられると舌《した》を出しとったな
かわっとらんわい
たけしもよ
はーい
ペロッ

すぐ進《すす》まず、途中《とちゅう》で他《ほか》のことをして時間《じかん》を取《と》る。

用例 どこで道草を食っているのか、弟《おとうと》が帰《かえ》ってこない。

参考 馬《うま》が道端《みちばた》の草を食《た》べて、なかなか進まないことから。

三日天下《みっかてんか》 四字熟語

意味 短《みじか》い期間《きかん》だけ、権力《けんりょく》や地位《ちい》を得《え》ること。

用例 失言《しつげん》のせいで、彼《かれ》の会長《かいちょう》の地位《ちい》は三日天下に終《お》わった。

参考 「三日」は、ごく短い期間のこと。明智光秀《あけちみつひで》が織田信長《おだのぶなが》を倒《たお》して天下を取《と》ったが、十数日後《じゅうすうにちご》に羽柴《はしば》(豊臣《とよとみ》)秀吉《ひでよし》に敗《やぶ》れて権力を失《うしな》ったことから。

三日《みっか》にあげず 慣用句

意味 三日もたたないうちに。毎《まい》日《にち》のように。

用例 読書家《どくしょか》の姉《あね》は、三日にあげず図書館《としょかん》に通《かよ》っている。

参考 「あげず」は、間《ま》を置《お》かないという意味《いみ》。

★三日坊主《みっかぼうず》 四字熟語

意味 飽《あ》きやすくて、一《ひと》つのことが長続《ながつづ》きしないこと。また、そういう人《ひと》。

用例 「おまえは三日坊主だから、今回《こんかい》も長続きしないよ。」と言《い》われ、悔《くや》しくてがんばった。

参考 お坊さんになろうとする人が、修行《しゅぎょう》が厳《きび》しくて短期間《たんきかん》でやめてしまうことから。

★三《み》つ子《ご》の魂百《たましいひゃく》まで ことわざ

意味 幼《おさな》いときの性質《せいしつ》は一生《いっしょう》変《か》わらないということ。

用例 「三つ子の魂百まで」というから、幼いときの教育《きょういく》はたいせつだ。

類似 雀《すずめ》百まで踊《おど》り忘《わす》れず

身《み》に余《あま》る 慣用句

意味 与《あた》えられたものが自分《じぶん》の能《のう》力《りょく》や価値《かち》以上《いじょう》で、もったいない。

用例 この賞《しょう》をいただけるなんて、身に余る光栄《こうえい》です。

身《み》に染《し》みる 慣用句

意味 ①心《こころ》に染み込《こ》むように深《ふか》く感《かん》じる。②体《からだ》にこたえる。

用例 ①落《お》ち込んでいたときの友《とも》達《だち》からの一言《ひとこと》が身に染みた。②冬《ふゆ》の寒《さむ》さが身に染みる。

身《み》につける 慣用句

意味 ①服《ふく》などを、着《き》たり履《は》いたりする。②体《からだ》から離《はな》さないようにして持《も》つ。③知識《ちしき》や技術《ぎじゅつ》を習《なら》い、使《つか》いこなせるようになる。

用例 ②祖母《そぼ》の形見《かたみ》の万年筆《まんねんひつ》を、いつも身につける。③パソコンの技術を身につける。

耳にたこができる

身《み》につまされる　慣用句

意味 人《ひと》の不幸《ふこう》や悩《なや》みが、ひと事《ごと》ではないように思《おも》われる。

用例 彼女《かのじょ》の苦労話《くろうばなし》を聞《き》いて、身につまされる思いがした。

身《み》の毛《け》がよだつ　慣用句

意味 恐《おそ》ろしさのあまり、体《からだ》の毛が逆立《さかだ》ってしまう。ぞっとする。

用例 身の毛がよだつ恐ろしい話《はなし》。

類似 鳥肌《とりはだ》が立つ

★実《みの》るほど頭《あたま》の下《さ》がる稲穂《いなほ》かな　ことわざ

意味 優《すぐ》れた人《ひと》ほど控《ひか》え目《め》で、偉《えら》そうな態度《たいど》を取《と》らないものだ。

用例 あの社長《しゃちょう》は、「実るほど頭の下がる稲穂かな」という言葉《ことば》のとおり、立派《りっぱ》で控え目な人物《じんぶつ》だね。

参考 稲《いね》の穂は熟《じゅく》すほど重《おも》くなり、垂《た》れ下がることから。

★耳《みみ》が痛《いた》い　慣用句

意味 自分《じぶん》の欠点《けってん》や弱点《じゃくてん》を指摘《してき》されて、聞《き》くのがつらい。

用例 母《はは》の言《い》うことはもっともで、耳が痛かった。

★耳《みみ》が早《はや》い　慣用句

意味 情報《じょうほう》をつかむのが早い。

用例 耳が早いわね。そんな話《はなし》、どこから聞《き》いたの。

耳慣《みみな》れない　慣用句

意味 あまり聞《き》いたことがなくて、珍《めずら》しい。聞き慣れない。

用例 町《まち》で、耳慣れない言葉《ことば》を話《はな》す人《ひと》たちと擦《す》れ違《ちが》った。

耳《みみ》に入《い》れる　慣用句

意味 人《ひと》に情報《じょうほう》などを知《し》らせる。

用例 このうわさを、彼《かれ》の耳に入れていいものかどうか悩《なや》む。

耳《みみ》にする　慣用句

意味 聞《き》く。

用例 君《きみ》が転校《てんこう》するといううわさを耳にしたけど、本当《ほんとう》かい。

類似 耳に入《はい》る・耳に挟《はさ》む

★耳《みみ》にたこができる　慣用句

意味 同《おな》じことばかり言《い》われて、聞《き》くのが嫌《いや》になる。

用例 祖父《そふ》の若《わか》い頃《ころ》の話《はなし》は、耳にたこができるほど聞いている。

参考 「たこ」は、手足《てあし》の皮膚《ひふ》のいつもこすれる部分《ぶぶん》が固《かた》くなったもの。

耳《みみ》に付《つ》く　慣用句

意味 ①音《おと》や声《こえ》がうるさく感《かん》じられる。耳障《みみざわ》り。②聞《き》いたことが忘《わす》れられない。耳に残《のこ》る。

用例 ①周囲《しゅうい》のおしゃべりが耳に

あっ
何か聞こえない？
こおろぎの声だよ
コロコロ
他《ほか》の虫の声も聞こえるよ！
チンチロチンチロ
リーンリーン
コロコロ
あっ
腹《はら》の虫かい
グ〜
も〜
耳を澄ます

み

付いて、勉強《べんきょう》に集中《しゅうちゅう》できない。②一度《いちど》だけ聴《き》いたあの曲《きょく》が、耳に付いて離《はな》れない。

類似 ①耳に障る

耳《みみ》に入《はい》る 慣用句

意味 聞《き》こえる。自然《しぜん》に聞こえてくる。

用例 こんな話《はなし》がお母《かあ》さんの耳に入ったら、たいへんだ。

類似 耳にする・耳に挟《はさ》む

耳《みみ》に挟《はさ》む 慣用句

意味 ちらっと聞《き》く。「小耳《こみみ》に挟む」ともいう。

用例 あなたのうわさを、耳に挟んだのだけれど。

類似 耳にする・耳に入《はい》る

耳寄《みみよ》りな 慣用句

意味 聞《き》く価値《かち》のある。聞くと得《とく》をする。

用例 「お客様《きゃくさま》だけに、耳寄りな話《はなし》をお教《おし》えします。」と店《みせ》の人《ひと》が言《い》った。

★耳《みみ》を疑《うたが》う 慣用句

意味 信《しん》じられない話《はなし》を聞《き》いて、聞き間違《まちが》えたのではないかと思《おも》う。

用例 僕《ぼく》の作品《さくひん》が優秀賞《ゆうしゅうしょう》に選《えら》ばれたと聞いて、耳を疑った。

★耳《みみ》を貸《か》す 慣用句

意味 人《ひと》の話《はなし》を聞《き》く。相談《そうだん》に乗《の》る。

用例 私《わたし》、困《こま》っているの。少《すこ》し耳を貸してくれないかしら。

耳《みみ》を傾《かたむ》ける 慣用句

意味 聞《き》き逃《のが》さないように、熱心《ねっしん》に聞く。

用例 全校生徒《ぜんこうせいと》が、校長先生《こうちょうせんせい》の話《はなし》に耳を傾けた。

耳《みみ》を澄《す》ます 慣用句

意味 注意《ちゅうい》を集中《しゅうちゅう》して聞《き》く。

用例 遠《とお》くの雷《かみなり》の音《おと》を聞こうと、耳を澄ます。

類似 聞き耳を立《た》てる・耳をそばだてる

耳《みみ》をそばだてる 慣用句

意味 集中《しゅうちゅう》して聞《き》き取《と》ろうとする。

用例 怪《あや》しい物音《ものおと》に、耳をそばだてた。

参考 「そばだてる」は、高《たか》く持《も》ち上《あ》げるという意味《いみ》。

類似 聞き耳を立《た》てる・耳を澄《す》ます

★耳《みみ》を揃《そろ》える 慣用句

意味 必要《ひつよう》な金額《きんがく》や品物《しなもの》を揃えて用意《ようい》する。

用例 私《わたし》が貸《か》したお金《かね》を、耳を揃えて返《かえ》してください。

見る影もない

入院中《にゅういんちゅう》はお世話《せわ》になりました
何のおかまいもできませんで
だれなの？
親せきのおじさまじゃないの・・・忘《わす》れたの？
退院《たいいん》したのよ
えーっ

参考 「耳」は、平《ひら》たいものの縁《ふち》という意味《いみ》。ここでは、昔《むかし》のお金の大判《おおばん》・小判《こばん》の縁のこと。

身《み》も蓋《ふた》もない 慣用句

意味 はっきりしすぎていて、趣《おもむき》もおもしろみもない。あからさまである。

用例 こんなことを言《い》っては身も蓋もないが、それは自業自得《じごうじとく》というものだよ。

参考 「身」は、容器《ようき》のこと。容器もなく蓋もない、むき出《だ》しのままでは趣がないということから。

脈《みゃく》がある 慣用句

意味 望《のぞ》みや見込《みこ》みがある。

用例 一度《いちど》は断《ことわ》られたけれど、まだ脈がありそうだ。

参考 脈がある、つまり心臓《しんぞう》が動《うご》いているので、生《い》きる見込みがあることから。

冥利《みょうり》に尽《つ》きる 慣用句

意味 これ以上《いじょう》ないほど幸福《こうふく》だ。

用例 元気《げんき》になった患者《かんじゃ》さんがわざわざ会《あ》いに来《き》てくれるなんて、医者《いしゃ》冥利に尽きる。

参考 「冥利」は、仏教《ぶっきょう》で、よい行《おこな》いの結果《けっか》として得《え》た幸福のこと。「教師《きょうし》冥利に尽きる」のような形《かたち》で用《もち》いることが多《おお》い。

見《み》る影《かげ》もない 慣用句

意味 以前《いぜん》とはすっかり変《か》わり、身《み》なりや様子《ようす》がみすぼらしい。

用例 立派《りっぱ》な体格《たいかく》だった彼《かれ》が病気《びょうき》をして、見る影もなくやせていた。

見《み》ると聞《き》くとは大違《おおちが》い ことわざ

意味 聞いていたことと実際《じっさい》に見たことの間《あいだ》に、大きな差《さ》がある。

用例 評判《ひょうばん》の映画《えいが》だったが、見ると聞くとは大違いで、がっかりしてたよ。

類似 聞いて極楽《ごくらく》見て地獄《じごく》

見《み》る目《め》がある 慣用句

意味 人《ひと》や物《もの》の値打《ねう》ちを見抜《みぬ》く能力《のうりょく》がある。

用例 あの社長《しゃちょう》は、人を見る目があるから成功《せいこう》したんだ。

対照 見る目がない

身《み》を入《い》れる 慣用句

意味 物事《ものごと》を懸命《けんめい》に取《と》り組《く》む。

用例 身を入れて勉強《べんきょう》しなさいよ。

類似 身が入《はい》る

身《み》を固《かた》める 慣用句

意味 ①きちんと身なりを整《ととの》える。②結婚《けっこん》して、家庭《かてい》を持《も》つ。

用例 ①制服《せいふく》に身を固める。②長《なが》い間独身《あいだどくしん》を貫《つらぬ》いていた彼《かれ》も、ようやく身を固めた。

身を立てる

お父さんの作品が載《の》ったぞー
すごいじゃない!
月刊俳句
やっぱ俳句《はいく》の才能《さいのう》があるんだよ
うん
会社辞《や》めて俳句で身を立てるか!
先生…なんちゃって
努力賞《どりょくしょう》ね・・・
それも10人の中のひとり――
努力賞

身《み》を切《き》られるよう　慣用句

意味　寒《さむ》さやつらさ、苦《くる》しさが、あまりにもひどい。「身を切るよう」ともいう。

用例　かわいがってくれた祖母《そぼ》の死《し》は、身を切られるようにつらい。

参考　「身を切られる(ような)思《おも》い」の形《かたち》で用いることが多《おお》い。

身《み》を削《けず》る　慣用句

意味　体《からだ》がやせ細《ほそ》ってしまうほど、非常《ひじょう》に苦心《くしん》や苦労《くろう》、心配《しんぱい》をする。

用例　身を削るような思《おも》いをして、小《ちい》さかった店《みせ》を大《おお》きくした。

類似　粉骨砕身《ふんこつさいしん》・骨身《ほねみ》を削る・身を砕《くだ》く・身を粉《こ》にする

身《み》を粉《こ》にする　故事成語

意味　苦《くる》しいことも嫌《いや》がらないで、ある限《かぎ》りの力《ちから》を出《だ》して働《はたら》く。

用例　身を粉にして働く。

参考　中国《ちゅうごく》の『遊仙窟《ゆうせんくつ》』にある言葉《ことば》。

類似　粉骨砕身《ふんこつさいしん》・骨身《ほねみ》を削《けず》る・身を砕《くだ》く・身を削る

身《み》を捨《す》ててこそ浮《う》かぶ瀬《せ》もあれ　ことわざ

意味　命《いのち》を捨てるほどの覚悟《かくご》で事《こと》に当《あ》たると、かえって生《い》きる道《みち》が見《み》つかるものだ。

用例　「身を捨ててこそ浮かぶ瀬もあれ」というから、あきらめずに捨て身の覚悟でがんばりなさい。

身《み》を立《た》てる　慣用句

意味　①仕事《しごと》に就《つ》き、その収入《しゅうにゅう》で生活《せいかつ》する。②出世《しゅっせ》する。

用例　①私《わたし》はこの仕事で身を立てたいと思《おも》っている。

実《み》を結《むす》ぶ　慣用句

意味　努力《どりょく》しただけのいい結果《けっか》が得《え》られる。

用例　一生懸命勉強《いっしょうけんめいべんきょう》した努力が実を結んで、志望校《しぼうこう》に合格《ごうかく》した。

対照　水泡《すいほう》に帰《き》する・棒《ぼう》に振《ふ》る・水《みず》の泡《あわ》

身《み》を寄《よ》せる　慣用句

意味　よその家《いえ》に住《す》まわせてもらい、世話《せわ》になる。

用例　しばらくの間《あいだ》、実家《じっか》に身を寄せる。

む

六日《むいか》の菖蒲《あやめ》十日《とおか》の菊《きく》　ことわざ

意味　時期《じき》に遅《おく》れて役《やく》に立《た》たないこと。「十日の菊六日の菖蒲」ともいう。

用例　入試《にゅうし》の後《あと》にお守《まも》りをもらっ

昔取った杵柄

ても、六日《むいか》の菖蒲十日の菊だよ。

参考　五月五日《ごがついつか》の端午《たんご》の節句《せっく》を過《す》ぎて菖蒲を、九月九日《くがつここのか》の重陽《ちょうよう》の節句を過ぎて菊を飾っても、役に立たないことから。

類似　後の祭《まつ》り

★昔《むかし》取《と》った杵柄《きねづか》　ことわざ

意味　昔身《み》につけて、年《とし》を取ってからも衰《おとろ》えない技術《ぎじゅつ》。

用例　母《はは》は、昔取った杵柄で、今《いま》もママさんバレーの選手《せんしゅ》として大《だい》活躍《かつやく》している。

参考　「杵」はもちなどをつく木製《もくせい》の道具《どうぐ》で、「柄」は持《も》ち手《て》の部分《ぶぶん》。

★無《む》我《が》夢《む》中《ちゅう》　四字熟語

意味　我《われ》を忘《わす》れるほど、あることにひたすら熱中《ねっちゅう》すること。

用例　おぼれそうになって、岸《きし》まで無我夢中で泳《およ》いだ。

参考　「無我」は、我を忘れること。

無芸大食《むげいたいしょく》　四字熟語

意味　大食《おおぐ》い以外《いがい》に取《と》り柄《え》がないこと。

用例　君《きみ》は自分《じぶん》のことを無芸大食なんて謙遜《けんそん》しているけど、勉強《べんきょう》もスポーツもできるじゃないか。

★虫《むし》がいい　慣用句

意味　自分《じぶん》の都合《つごう》だけを考《かんが》えて、身勝手《みがって》でずうずうしい。

用例　いつも頼《たの》むばかりで、私《わたし》のお願《ねが》いはきいてくれないなんて、あの人《ひと》は虫がいい。

虫《むし》が知《し》らせる　慣用句

意味　理由《りゆう》はないのに、何《なに》か悪《わる》いことが起《お》きそうな予感《よかん》がする。「虫の知らせ」の形《かたち》でも使《つか》う。

用例　虫が知らせたのか、祖母《そぼ》のことを思《おも》い出《だ》していたら、祖母がけがをしたという知らせが届《とど》いた。

虫《むし》が好《す》かない　慣用句

意味　何《なん》となく気《き》に入《い》らない。

用例　彼《かれ》はずうずうしいところがあるので、虫が好かない。

★虫《むし》の息《いき》　慣用句

意味　弱《よわ》り果《は》てて、今《いま》にも死《し》にそうな様子《ようす》。

用例　僕《ぼく》が駆《か》けつけたときには、愛犬《あいけん》のジローは虫の息だった。

★虫《むし》の居所《いどころ》が悪《わる》い　慣用句

意味　ふだんより機嫌《きげん》が悪く、怒《おこ》りっぽい。

用例　母《はは》は虫の居所が悪かったのか、テレビを見《み》ていたら、勉強《べんきょう》しなさいとこっぴどく怒られた。

虫《むし》も殺《ころ》さない　慣用句

意味　おとなしく、心《こころ》が優《やさ》しい。

矛盾

絶対《ぜったい》われない玉だって！
へ～え
何でもわっちゃうトンカチだって
われないよ
われる
せーの

用例　彼女《かのじょ》は、虫も殺さないような顔《かお》をしているが、なかなかしたたかな一面《いちめん》がある。

★矛《む》盾《じゅん》　故事成語

意味　前後《ぜんご》のつじつまが合《あ》わないこと。

用例　君《きみ》の話《はなし》は、矛盾しているよ。

故事　昔《むかし》、矛《ほこ》（やりのような武器《ぶき》）と盾《たて》（矛を防《ふせ》ぐための武器）を売《う》る商人《しょうにん》がいて、「この矛は鋭《するど》くて、どんな盾でも突《つ》き通《とお》せる。この盾は頑丈《がんじょう》で、どんな矛でも防いでくれる。」と言《い》ったところ、「では、その矛でその盾を突いたらどうなるのか。」と質問《しつもん》され、返答《へんとう》に困《こま》った。（韓非子《かんぴし》）

胸《むね》が痛《いた》む　慣用句

意味　悲《かな》しみや苦《くる》しみ、同情《どうじょう》などで、つらい気持《きも》ちになる。

用例　病気《びょうき》で入院《にゅういん》している祖母《そぼ》を思《おも》うと、胸が痛む。

胸《むね》が一杯《いっぱい》になる　慣用句

意味　喜《よろこ》びや悲《かな》しみなどで心《こころ》が満《み》たされ、何《なに》も言《い》えない状態《じょうたい》になる。

用例　努力《どりょく》が報《むく》われて優勝《ゆうしょう》することができ、胸が一杯になった。

胸《むね》が騒《さわ》ぐ　慣用句

意味　心配《しんぱい》や不安《ふあん》で、心《こころ》が落《お》ち着《つ》かなくなる。「胸騒《むなさわ》ぎがする」ともいう。

用例　子《こ》どもの帰《かえ》りが遅《おそ》く、何《なに》かあったのかと胸が騒ぐ。

胸《むね》がすく　慣用句

意味　心《こころ》につかえていたものがなくなり、気分《きぶん》がすっきりする。

用例　負《ま》け続《つづ》けていたチームにやっと勝《か》って、胸がすく思《おも》いだった。

類似　溜飲《りゅういん》が下《さ》がる

◆見様見真似《みようみまね》
人《ひと》のすることを見て、それを真似ること。「釣《つ》りは初《はじ》めてだが、見様見真似でやってみよう。」

◆向《む》こう見《み》ず
先《さき》のことを考《かんが》えずに行動《こうどう》すること。また、そのような行動や人《ひと》。「無鉄砲《むてっぽう》」と同《おな》じ。「こんな荒《あ》れた日《ひ》に山《やま》に行くなんて、あまりに向こう見ずだ。」

◆武者震《むしゃぶる》い
心《こころ》が勇《いさ》みたつあまりに、体《からだ》が震えること。「いよいよたいせつな試合《しあい》だと思《おも》うと、武者震いした。」

◆無尽蔵《むじんぞう》
いくら使《つか》ってもなくならないほど、たくさんあること。無限《むげん》にあること。「水《みず》は無尽蔵ではないので、たいせつに使わなければならない。」

胸がつかえる
あら？もういいの
テストの結果《けっか》が心配《しんぱい》でのどを通らないよ
勉強《べんきょう》してないところが出たんだ・・・だから心配なんだ
おったけしがんばったじゃないか
先生の家
次《つぎ》の朝
あ〜心配だなぁ

胸《むね》がつかえる 慣用句

意味 心配事《しんぱいごと》などがあるために、心《こころ》が苦《くる》しくなる。

用例 子《こ》どもが帰宅時間《きたくじかん》になっても帰《かえ》ってこないので、胸がつかえて落《お》ち着《つ》かない。

類似 胸がつぶれる・胸が詰《つ》まる・胸が塞《ふさ》がる

胸《むね》がつぶれる 慣用句

意味 驚《おどろ》きや悲《かな》しみ、心配《しんぱい》によって、心《こころ》が締《し》め付《つ》けられる。

用例 彼女《かのじょ》の涙《なみだ》を見《み》て、胸がつぶれる思《おも》いだ。

類似 胸がつかえる・胸が詰《つ》まる・胸が塞《ふさ》がる

胸《むね》が詰《つ》まる 慣用句

意味 悲《かな》しみや喜《よろこ》びのせいで、心《こころ》が苦《くる》しくなる。

用例 悲しみに暮《く》れる彼《かれ》の姿《すがた》に、胸が詰まった。

類似 胸がつかえる・胸がつぶれる・胸が塞《ふさ》がる

胸《むね》が塞《ふさ》がる 慣用句

意味 悲《かな》しみや心配《しんぱい》で、心《こころ》がいっぱいになる。

用例 悲惨《ひさん》な光景《こうけい》を目《め》にして、胸が塞がる思《おも》いがした。

類似 胸がつかえる・胸がつぶれる・胸が詰《つ》まる

胸《むね》に納《おさ》める 慣用句

意味 誰《だれ》にも言《い》わないで、心《こころ》の中《なか》にしまっておく。「胸三寸《むねさんずん》に納める」「胸三寸に畳《たた》む」ともいう。

用例 この話《はなし》は、私《わたし》の胸に納めておくことにします。

胸《むね》に刻《きざ》む 慣用句

意味 しっかりと記憶《きおく》にとどめて、忘《わす》れまいとする。

用例 平和《へいわ》のたいせつさを胸に刻んだ。

類似 肝《きも》に銘《めい》じる・心《こころ》に刻む

胸《むね》に迫《せま》る 慣用句

意味 感動《かんどう》が心《こころ》に込《こ》み上《あ》げる。

用例 卒業式《そつぎょうしき》では、万感《ばんかん》胸に迫るものがあった。

参考 「万感胸に迫る」の形《かたち》で用《もち》いることが多《おお》い。

類似 心を打《う》つ・胸を打つ

★胸《むね》を打《う》つ 慣用句

意味 強《つよ》く感動《かんどう》させる。

用例 彼女《かのじょ》の言葉《ことば》は、人々《ひとびと》の胸を打った。

類似 心《こころ》を打つ・胸に迫《せま》る

★胸《むね》を貸《か》す 慣用句

意味 自分《じぶん》より力《ちから》が下《した》の者《もの》の相手《あいて》

明暗を分ける

をしてやる。

用例 上級生《じょうきゅうせい》として、後輩《こうはい》に胸を貸してやってはくれないか。

参考 相撲《すもう》で、上位《じょうい》の力士《りきし》が下位《かい》の力士のけいこの相手をしてやることから。

対照 胸を借《か》りる

★胸《むね》を借《か》りる 慣用句

意味 自分《じぶん》より力《ちから》が上《うえ》の者《もの》に、相《あい》手《て》をしてもらう。

用例 先輩《せんぱい》の胸を借りるつもりで、練習《れんしゅう》に臨《のぞ》んだ。

参考 相撲《すもう》で、下位《かい》の力士《りきし》が上位《じょうい》の力士にけいこの相手をしてもらうことから。

対照 胸を貸《か》す

胸《むね》をなで下《お》ろす 慣用句

意味 心配事《しんぱいごと》が解決《かいけつ》して安心《あんしん》する。

用例 彼《かれ》の誤解《ごかい》が解《と》けて、胸をなで下ろした。

胸《むね》を張《は》る 慣用句

意味 自信《じしん》のある、堂々《どうどう》とした態《たい》度《ど》を示《しめ》す。

用例 胸を張って表彰式《ひょうしょうしき》に臨《のぞ》む。

類似 胸を反《そ》らす

★無病息災《むびょうそくさい》 四字熟語

意味 病気《びょうき》をしないで健康《けんこう》なこと。

用例 家族全員《かぞくぜんいん》の無病息災を願《ねが》う。

★無味乾燥《むみかんそう》 四字熟語

意味 おもしろみや味《あじ》わいがまったくないこと。

用例 無味乾燥で退屈《たいくつ》な本《ほん》だ。

参考 「味」は、ここでは「心《こころ》に感《かん》じるおもしろさ」という意味《いみ》。

無用《むよう》の長物《ちょうぶつ》 慣用句

意味 あっても役《やく》に立《た》たず、かえってじゃまになるもの。

用例 壊《こわ》れた大型冷蔵庫《おおがたれいぞうこ》は、無用の長物だ。

参考 「長物」は、長《なが》すぎて役に立たない物《もの》のこと。

★無理《むり》が通《とお》れば道理《どうり》引《ひ》っ込《こ》む ことわざ

意味 理屈《りくつ》に合《あ》わないむちゃくちゃなことが世《よ》の中《なか》で行《おこな》われるようになれば、逆《ぎゃく》に理屈に合った正《ただ》しいことが行われなくなる。

用例 無理が通れば道理引っ込むでは、困《こま》った世の中になってしまうではないか。

参考 「江戸《えど》いろはかるた」にある。

め

★明暗《めいあん》を分《わ》ける 慣用句

意味 幸《しあわ》せか不幸《ふしあわ》せか、勝《か》ちか負《ま》

目が肥える

けかなどが、それによってはっきり分けられる。

用例 あの時《とき》のエラーが、明暗を分けた。

明鏡止水《めいきょうしすい》 故事成語

意味 心《こころ》が静《しず》かで、澄《す》みきっている様子《ようす》。

用例 明鏡止水の心境《しんきょう》だ。

参考 「明鏡」は曇《くも》りのない鏡《かがみ》、「止水」は流《なが》れずに静かにためられた水《みず》。中国《ちゅうごく》の『荘子《そうじ》』にある言葉《ことば》。

名物《めいぶつ》にうまい物《もの》なし ことわざ

意味 名物として有名《ゆうめい》な物を実際《じっさい》に食《た》べてみると、おいしい物は少《すく》ない。必《かなら》ずしも評判《ひょうばん》どおり良《よ》い物ばかりではない。

用例 「名物にうまい物なし」というけれど、このお菓子《かし》は評判どおりおいしい。

目《め》が利《き》く 慣用句

意味 物《もの》の良《よ》い悪《わる》いを見分《みわ》ける力《ちから》を持《も》っている。

用例 彼女《かのじょ》は美術品《びじゅつひん》に目が利くから、意見《いけん》を聞《き》こう。

類似 目が高《たか》い

対照 目がない

目《め》が眩《くら》む 慣用句

意味 何《なに》かに心《こころ》を奪《うば》われて、正《ただ》しい判断《はんだん》ができなくなる。

用例 金《かね》に目が眩んで、親友《しんゆう》を裏《うら》切《ぎ》ってしまった。

★目《め》が肥《こ》える 慣用句

意味 優《すぐ》れた物《もの》を数多《かずおお》く見《み》ているうちに、物の価値《かち》を正《ただ》しく見分《みわ》ける力《ちから》が付《つ》く。

用例 彼《かれ》は昔《むかし》から美術《びじゅつ》に興味《きょうみ》を持《も》っていたから、目が肥えている。

目《め》が覚《さ》める 慣用句

意味 何《なに》かがきっかけとなって自《じ》分《ぶん》の態度《たいど》を反省《はんせい》し、進《すす》むべき正《ただ》しい道《みち》に戻《もど》る。迷《まよ》いがなくなる。

用例 父《ちち》に叱《しか》られ、このままではいけないと目が覚めた。

目頭《めがしら》が熱《あつ》くなる 慣用句

意味 感動《かんどう》して涙《なみだ》が出《で》そうになる。

用例 感動的《てき》なラストシーンに、目頭が熱くなる。

参考 「目頭」は、目の鼻《はな》に近《ちか》いほうの端《はし》。

★目《め》が高《たか》い 慣用句

意味 物《もの》の良《よ》い悪《わる》いを見分《みわ》ける力《ちから》を持《も》っている。

用例 この品物《しなもの》に注目《ちゅうもく》されるとは、お客様《きゃくさま》は目が高くていらっしゃる。

類似 目が利《き》く

対照 目がない

目から鱗が落ちる

えーっ
竹の子が大きくなって竹になるの？
今頃《いまごろ》何言ってるのよ
竹って木じゃないの？
まさしく
目からウロコだよ
コンタクト
見てた？
お父さんすごい！それ手品《てじな》？

芽《め》が出《で》る 慣用句

意味 幸運《こううん》が巡《めぐ》ってくる。不遇《ふぐう》な状態《じょうたい》から抜《ぬ》け出《だ》し、成功《せいこう》の兆《きざ》しが見《み》える。

用例 長《なが》い下積《したづ》みを経《へ》て、五十歳《ごじっさい》にしてやっと作家《さっか》として芽が出た。

類似 目《め》が出る

目《め》が届《とど》く 慣用句

意味 注意《ちゅうい》や監督《かんとく》が行《い》き届く。

用例 お母《かあ》さんの目が届く所《ところ》で、遊《あそ》んでちょうだい。

目《め》がない 慣用句

意味 ①物事《ものごと》を的確《てきかく》に判断《はんだん》したり評価《ひょうか》したりする能力《のうりょく》がない。②何《なに》かが非常《ひじょう》に好《す》きで、夢中《むちゅう》になる。

用例 ①私《わたし》には目がないので、どれがいい品物《しなもの》かを見抜《みぬ》けません。②僕《ぼく》は、甘《あま》い物に目がない。

対照 ①目が利《き》く・目が高《たか》い

眼鏡《めがね》にかなう 慣用句

意味 目上《めうえ》の人《ひと》に認《みと》められ、気《き》に入《い》られる。「お眼鏡にかなう」ともいう。

用例 彼女《かのじょ》は監督《かんとく》の眼鏡にかなって、主役《しゅやく》に抜《ばっ》てきされた。

参考 「眼鏡」は、ここでは物事《ものごと》の良《よ》い悪《わる》いを見分《みわ》ける尺度《しゃくど》。

★目《め》が回《まわ》る 慣用句

意味 非常《ひじょう》に忙《いそが》しい。

用例 年末《ねんまつ》はお正月《しょうがつ》の準備《じゅんび》で、目が回るほど忙しかった。

★目《め》から鱗《うろこ》が落《お》ちる 慣用句

意味 あることがきっかけになって、今《いま》までわからなかったことが、急《きゅう》にわかるようになる。

用例 あの方法《ほうほう》を聞《き》いたときは、目から鱗が落ちたよ。

参考 『新約聖書《しんやくせいしょ》』にある言葉《ことば》。

★目《め》から鼻《はな》へ抜《ぬ》ける 慣用句

意味 とても賢《かしこ》くて、物事《ものごと》の判断《はんだん》や理解《りかい》が早《はや》い。損得《そんとく》の判断が早く、抜《ぬ》け目《め》がない。「目から鼻に抜ける」ともいう。

用例 彼《かれ》は、目から鼻へ抜けるような頭《あたま》のいい少年《しょうねん》だ。

類似 一《いち》を聞《き》いて十《じゅう》を知《し》る

★目《め》から火《ひ》が出《で》る 慣用句

意味 顔《かお》や頭《あたま》を強《つよ》くぶつけて、目の裏《うら》で火花《ひばな》が散《ち》ったように感《かん》じる。

用例 柱《はしら》の角《かど》にうっかり頭をぶつけて、目から火が出た。

目《め》くじらを立《た》てる 慣用句

意味 わずかなことを取《と》り上《あ》げて、他人《たにん》をとがめる。

用例 そんなに目くじらを立てて怒《おこ》らなくてもいいじゃないか。

参考 「目くじら」は、目の端《はし》・目尻《めじり》。

目白押し

類似 目に角《かど》を立てる・目を三角《さんかく》にする・目をつり上げる

目《め》くそ鼻《はな》くそを笑《わら》う　ことわざ

意味 自分《じぶん》の欠点《けってん》に気付《きづ》かないで、他人《たにん》の欠点をばかにするたとえ。

用例 自分だって失敗《しっぱい》したくせに彼《かれ》のことを笑うなんて、目くそ鼻くそを笑うだぞ。

類似 五十歩百歩《ごじっぽひゃっぽ》・大同小異《だいどうしょうい》・同《どう》工異曲《こういきょく》・どんぐりの背比《せいくら》べ・似《に》たり寄《よ》ったり

目白押《めじろお》し　慣用句

意味 多《おお》くの人《ひと》や物《もの》がぎっしりと並《なら》ぶこと。

用例 夏休《なつやす》みは、楽《たの》しみな行事《ぎょうじ》が目白押しだ。

参考 鳥《とり》のめじろは、押《お》し合《あ》うようにびっしりと木《き》の枝《えだ》にとまることから。

メスを入《い》れる　慣用句

意味 立《た》ち入《い》って調査《ちょうさ》する。解決《かいけつ》のために思《おも》い切《き》った手段《しゅだん》を取《と》る。

用例 汚職疑惑《おしょくぎわく》にメスを入れる。

参考 「メス」は、手術《しゅじゅつ》に使《つか》う小刀《こがたな》。

目玉《めだま》が飛《と》び出《で》る　慣用句

意味 ①非常《ひじょう》に驚《おどろ》く。②ひどく叱《しか》られるたとえ。「目が飛び出る」ともいう。

用例 ①世界一大《せかいいちおお》きいダイヤモンドは、目玉が飛び出るほど高価《こうか》だった。②いたずらをして、母《はは》に目玉が飛び出るほど叱られた。

めっきがはげる　慣用句

意味 うわべの立派《りっぱ》さがとれて、正体《しょうたい》が明《あき》らかになる。

用例 スポーツ万能《ばんのう》のはずの彼《かれ》が逆上《さかあ》がりができないとわかり、めっきがはげてしまった。

参考 尻尾《しっぽ》を出《だ》す・馬脚《ばきゃく》を露《あらわ》す・化《ば》けの皮《かわ》がはがれる・ぼろが出《で》る

めどが付《つ》く　慣用句

意味 見通《みとお》しがはっきりする。「めどが立《た》つ」ともいう。

用例 ようやく作品《さくひん》が完成《かんせい》するめどが付いた。

参考 「めど」は、目当《めあ》て・目標《もくひょう》。

類似 目鼻《めはな》が付く

★目《め》と鼻《はな》の先《さき》　慣用句

意味 距離《きょり》がとても近《ちか》い様子《ようす》。「目と鼻の間《あいだ》」ともいう。

用例 学校《がっこう》と文房具屋《ぶんぼうぐや》は、目と鼻の先だ。

★目《め》に余《あま》る　慣用句

意味 あまりにひどくて、黙《だま》っていられない。

用例 君《きみ》のいたずらは、目に余る。

目に入れても痛くない

★目《め》に入《い》れても痛《いた》くない　慣用句

意味　かわいくてたまらない。「目の中《なか》に入れても痛くない」ともいう。

用例　彼《かれ》は、目に入れても痛くないほど孫《まご》をかわいがっている。

参考　子《こ》や孫をかわいがる様子《ようす》について使《つか》うことが多《おお》い。

目《め》に浮《う》かぶ　慣用句

意味　様子《ようす》や姿《すがた》などが、実際《じっさい》に見《み》えるように感《かん》じられる。

用例　母《はは》が本《ほん》を読《よ》んでくれると、場面《ばめん》が目に浮かぶように感じる。

★目《め》に角《かど》を立《た》てる　慣用句

意味　怒《おこ》って、怖《こわ》い目つきになる。「目角を立てる」ともいう。

用例　失敗《しっぱい》した部下《ぶか》を、彼《かれ》は目に角を立ててどなりつけた。

類似　目くじらを立てる・目を三《さん》角《かく》にする・目をつり上《あ》げる

目《め》に付《つ》く　慣用句

意味　目立《めだ》って、見《み》てすぐわかる。

用例　庭園《ていえん》に入《はい》ると、まず大《おお》きな池《いけ》が目に付く。

類似　目に留《と》まる・目に入《はい》る・目に触《ふ》れる

目《め》に留《と》まる　慣用句

意味　見《み》える。注意《ちゅうい》を引《ひ》く。また、見て気《き》に入《い》る。

用例　彼《かれ》の才能《さいのう》が、コーチの目に留まった。

類似　目に付《つ》く・目に入《はい》る・目に触《ふ》れる

目《め》には青葉《あおば》山《やま》ほととぎす初《はつ》がつお　ことわざ

意味　初夏《しょか》の良《よ》さを、代表的《だいひょうてき》な自《し》然《ぜん》や物《もの》を並《なら》べて表《あらわ》している。

用例　目には青葉山ほととぎす初がつお。すがすがしい季節《きせつ》だ。

参考　「初がつお」は、その年《とし》初《はじ》めて出回《でまわ》る、魚《さかな》のかつお。江戸《えど》時《じ》代《だい》の俳人《はいじん》、山口《やまぐち》素堂《そどう》の句《く》。

目《め》に入《はい》る　慣用句

意味　自然《しぜん》に視界《しかい》に入る。見《み》える。

用例　顔《かお》を上《あ》げると、彼《かれ》が居眠《いねむ》りしているのが目に入った。

類似　目に付《つ》く・目に留《と》まる・目に触《ふ》れる

目《め》には目を、歯《は》には歯を　ことわざ

意味　相手《あいて》から何《なに》かされたら、同《おな》じ仕返《しかえ》しをすること。

用例　「目には目を、歯には歯を」の精神《せいしん》で仕返しをした。

参考　『ハンムラビ法典《ほうてん》』に、刑《けい》罰《ばつ》のきまりとして書《か》かれた言葉《ことば》。

目の上のこぶ

目《め》に触《ふ》れる　慣用句

意味　存在《そんざい》に気《き》が付《つ》く。見《み》える。

用例　その張《は》り紙《がみ》が、たまたま目に触れた。

類似　目に付く・目に留《と》まる・目に入《はい》る

目《め》にも留《と》まらぬ　慣用句

意味　動《うご》きがとても素早《すばや》い様子《ようす》。

用例　目にも留まらぬ速《はや》さで、何《なに》かが目の前《まえ》を横切《よこぎ》った。

目《め》に物見《ものみ》せる　慣用句

意味　ひどい目に遭《あ》わせて、懲《こ》らしめる。

用例　人《ひと》のことをばかにして許《ゆる》せない。目に物見せてやるぞ。

目《め》の色《いろ》を変《か》える　慣用句

意味　驚《おどろ》きや怒《いか》りで、目つきを変える。また、何《なに》かに必死《ひっし》になる様《よう》子《す》をいう。

用例　大安売《おおやすう》りで、大勢《おおぜい》の人《ひと》が目の色を変えて買《か》い物《もの》をしている。

★目《め》の上《うえ》のこぶ　ことわざ

意味　自分《じぶん》より地位《ちい》や実力《じつりょく》が上で、何《なに》かにつけてじゃまになる人《ひと》。「目の上のたんこぶ」ともいう。

用例　入社《にゅうしゃ》が三年早《さんねんはや》い会社《かいしゃ》の先輩《せんぱい》は、私《わたし》にとっては目の上のこぶだ。

参考　「江戸《えど》いろはかるた」にある。

目《め》の敵《かたき》にする　慣用句

意味　何《なに》かにつけて憎《にく》く、やっつけてやりたいと思《おも》う。

用例　彼《かれ》は、どういうわけか僕《ぼく》を目の敵にする。

目《め》の黒《くろ》いうち　慣用句

意味　生《い》きている間《あいだ》。

用例　私《わたし》の目の黒いうちは、この店《みせ》を手離《てばな》さないぞ。

参考　死《し》ぬと、目の黒い部分《ぶぶん》が白《しろ》っぽくなることから。

目《め》の覚《さ》めるよう　慣用句

意味　①色鮮《いろあざ》やかな。②すばらしい。

用例　②目の覚めるようなホームランを放《はな》つ。

目《め》の毒《どく》　慣用句

意味　悪《わる》い影響《えいきょう》を受《う》けたり、見《み》ると欲《ほ》しくなるので、見ないほうがよいもの。

用例　虫歯《むしば》が痛《いた》む私《わたし》に、ケーキは目の毒だ。

目《め》の保養《ほよう》　慣用句

意味　美《うつく》しい景色《けしき》や物《もの》を見《み》て、楽《たの》しむこと。

← 目を疑う

用例 この紅葉《こうよう》のすばらしいこと。目の保養になりますね。

参考 「保養」は、心《こころ》や体《からだ》を休《やす》ませ、健康《けんこう》を回復《かいふく》すること。

目《め》の前《まえ》が真《ま》っ暗《くら》になる　慣用句

意味 ひどく落《お》ち込《こ》み、将来《しょうらい》に希《き》望《ぼう》が持《も》てない気持《きも》ちになる。「目の前が暗くなる」ともいう。

用例 入試直前《にゅうしちょくぜん》のテストでひどい点《てん》を取《と》って、目の前が真っ暗になった。

★目《め》は口《くち》ほどに物《もの》を言《い》う　ことわざ

意味 目は、口で話《はな》すのと同《おな》じように、気持《きも》ちを表《あらわ》すものだ。

用例 「目は口ほどに物を言う」というでしょう。目を見《み》れば、あなたが言いたいことはわかるわ。

目鼻《めはな》が付《つ》く　慣用句

意味 物事《ものごと》がほとんど出来上《できあ》がる。物事のだいたいの見通《みとお》しが付く。

用例 会場《かいじょう》を借《か》りる交渉《こうしょう》の目鼻が付いたようだ。

参考 顔《かお》の絵《え》は、目と鼻を描《か》くとだいたい出来上がることから。

類似 めどが付く

目星《めぼし》を付《つ》ける　慣用句

意味 だいたいの見当《けんとう》を付ける。

用例 先生《せんせい》は、いたずらの犯人《はんにん》が誰《だれ》か目星を付けたようだ。

目《め》も当《あ》てられない　慣用句

意味 ひどい状態《じょうたい》で、とても見《み》ていられない。

用例 事故《じこ》の現場《げんば》は、目も当てられない状態だ。

類似 見るに忍《しの》びない・見るに堪《た》えない・目を覆《おお》う

目《め》もくれない　慣用句

意味 見《み》ようともしないほど、何《なん》の興味《きょうみ》も示《しめ》さない。

用例 彼女《かのじょ》は、君《きみ》のことなんて目もくれないよ。

類似 見向《みむ》きもしない

★目《め》を疑《うたが》う　慣用句

意味 あまりにも意外《いがい》なものを見《み》て、信《しん》じられない。

用例 この季節《きせつ》に雪《ゆき》が降《ふ》るなんてと、目を疑った。

目《め》を覆《おお》う　慣用句

意味 あまりにひどくて、見《み》ていられない。

用例 事故現場《じこげんば》のひどさに、目を覆った。

類似 見るに忍《しの》びない・見るに堪《た》えない・目も当《あ》てられない

目を皿のようにする

★目《め》を掛《か》ける 慣用句

意味 特《とく》にかわいがって、親切《しんせつ》に世話《せわ》をする。

用例 あの先生《せんせい》に目を掛けてもらえるなんて、君《きみ》は幸《しあわ》せだね。

★目《め》を配《くば》る 慣用句

意味 あちらこちらを、よく注意《ちゅうい》して見《み》る。

用例 怪《あや》しい人物《じんぶつ》がいないかと、あたりに目を配った。

目《め》をくらます 慣用句

意味 他《ほか》の人《ひと》が見《み》てもわからないようにする。人の目をごまかす。

用例 カメレオンは体《からだ》の色《いろ》を変《か》えて、敵《てき》の目をくらます。

目《め》を凝《こ》らす 慣用句

意味 注意《ちゅうい》を集中《しゅうちゅう》してじっと見《み》つめる。「瞳《ひとみ》を凝らす」ともいう。

用例 木の陰《かげ》に誰《だれ》かがいるような気《き》がして、目を凝らした。

★目《め》を皿《さら》のようにする 慣用句

意味 驚《おどろ》いたり、何《なに》かをよく見《み》ようとしたりして、目を大《おお》きく見開《みひら》く。「目を皿にする」ともいう。

用例 コンタクトレンズを落《お》とし、目を皿のようにして探《さが》した。

目《め》を三角《さんかく》にする 慣用句

意味 怒《おこ》って、怖《こわ》い目つきをする。

用例 母《はは》に、目を三角にして怒られた。

類似 目くじらを立《た》てる・目に角《かど》を立てる・目をつり上《あ》げる

目《め》を白黒《しろくろ》させる 慣用句

意味 慌《あわ》てたり、驚《おどろ》いたり、苦《くる》しんだりする様子《ようす》。

用例 つまみ食《ぐ》いの現場《げんば》を見《み》られた弟《おとうと》は、目を白黒させた。

目《め》を付《つ》ける 慣用句

意味 興味《きょうみ》を持《も》って見《み》る。ねらいを付ける。

用例 目を付けていた選手《せんしゅ》の活躍《かつやく》に、父《ちち》は大喜《おおよろこ》びだ。

目《め》をつぶる 慣用句

意味 見《み》なかったことにする。我慢《まん》する。「目をつむる」ともいう。

用例 これくらいの失敗《しっぱい》は、目をつぶってあげよう。

類似 大目《おおめ》に見る

目《め》を通《とお》す 慣用句

意味 だいたいの内容《ないよう》がわかるように、ざっと見《み》たり読《よ》んだりする。

用例 出勤前《しゅっきんまえ》に新聞《しんぶん》に目を通すのが、父《ちち》の日課《にっか》だ。

目を丸くする

あれ？
たけしの欲《ほ》しがってたゲームだ
どれどれ
今度《こんど》の誕生日《たんじょうび》に買ってやるかな
ビエ〜ッ!
さ　三万円って・・・
僕《ぼく》の小遣《こづか》いの三か月分だよ
GAME
30000.-

★目《め》を盗《ぬす》む　慣用句

意味　見《み》つからないように、こっそりと行《おこな》う。

用例　親《おや》の目を盗んで遊《あそ》びに行《い》く。

類似　目をかすめる

目《め》を離《はな》す　慣用句

意味　今《いま》まで見《み》ていたものから一《いち》時的《じてき》に視線《しせん》を外《はず》す。よそ見をする。

用例　揚《あ》げ物《もの》をするときは、鍋《なべ》から目を離してはいけない。

★目《め》を光《ひか》らす　慣用句

意味　厳《きび》しく見張《みは》る。「目を光らせる」ともいう。

用例　僕《ぼく》がきちんと宿題《しゅくだい》をするように、姉《あね》が目を光らす。

目《め》を細《ほそ》める　慣用句

意味　にっこり笑《わら》う。「目を細くする」ともいう。

用例　高校合格《こうこうごうかく》の報告《ほうこく》をすると、祖母《そぼ》は目を細めて喜《よろこ》んでくれた。

★目《め》を丸《まる》くする　慣用句

意味　びっくりして、目を大《おお》きく見開《みひら》く。

用例　内緒《ないしょ》で用意《ようい》した手作《てづく》りのケーキに、母《はは》は目を丸くした。

類似　目を見張《みは》る

目《め》を回《まわ》す　慣用句

意味　①気絶《きぜつ》する。②忙《いそが》しくて慌《あわ》てる。

用例　②文化祭《ぶんかさい》の準備《じゅんび》に、クラス全員《ぜんいん》が目を回した。

★目《め》を見張《みは》る　慣用句

意味　驚《おどろ》いたり感心《かんしん》したりして、目を見開《みひら》く。

用例　彼《かれ》の上達《じょうたつ》ぶりは、目を見張るものがある。

類似　目を丸《まる》くする

目《め》をむく　慣用句

意味　驚《おどろ》いたり怒《おこ》ったりして、目を見開《みひら》く。

用例　大事《だいじ》な花壇《かだん》を猫《ねこ》に荒《あ》らされて、父《ちち》は目をむいて怒った。

面従腹背《めんじゅうふくはい》　四字熟語

意味　表面《ひょうめん》では従《したが》うように見《み》せ掛《か》け、内心《ないしん》では背《そむ》くこと。

用例　あの部下《ぶか》は面従腹背だから、信用《しんよう》できない。

面目《めんぼく》を失《うしな》う　慣用句

意味　過失《かしつ》や失敗《しっぱい》などで、評判《ひょうばん》を損《そこ》ねる。「面目《めんもく》を失う」とも読《よ》む。

用例　ヒットを一本《いっぽん》も打《う》てず、四番打者《よばんだしゃ》としての面目を失った。

対照　面目を施《ほどこ》す

餅は餅屋

面目《めんぼく》を施《ほどこ》す

慣用句

意味 立派《りっぱ》なことをして、評価《ひょうか》を高《たか》める。「面目《めんもく》を施す」とも読《よ》む。

用例 実験《じっけん》の成功《せいこう》で、研究者《けんきゅうしゃ》としての面目を施した。

対照 面目を失《うしな》う

も

★餅《もち》は餅屋《もちや》

ことわざ

意味 物事《ものごと》にはそれぞれ専門家《せんもんか》がいるので、その人《ひと》に任《まか》せるのがよいということ。

用例 僕《ぼく》が育《そだ》てたトマトより、近所《きんじょ》の農家《のうか》の人が育てたトマトのほうが、ずっとおいしかった。やっぱり餅は餅屋だね。

参考 「上方《かみがた》いろはかるた」にある。

類似 蛇《じゃ》の道《みち》は蛇《へび》

元《もと》のさやに収《おさ》まる

慣用句

意味 仲《なか》たがいした者《もの》が、再《ふたた》び元の親《した》しい関係《かんけい》に戻《もど》る。

用例 あの夫婦《ふうふ》はしばらく別居《べっきょ》していたが、元のさやに収まったらしい。

参考 「さや」は、刀《かたな》を収める筒《つつ》。

元《もと》の木阿弥《もくあみ》

ことわざ

意味 いったん良《よ》くなったことが再《ふたた》び元の状態《じょうたい》に戻《もど》り、それまでの努力《どりょく》が無駄《むだ》になること。

用例 せっかくがんばったのに、ここであきらめたら元の木阿弥だ。

参考 戦国時代《せんごくじだい》、ある武将《ぶしょう》が病死《びょうし》したとき、それを隠《かく》すために、木阿弥という人物《じんぶつ》を使《つか》って、その武将が病気《びょうき》で寝《ね》ているように見《み》せ掛《か》けた。そして跡継《あとつ》ぎが成長《せいちょう》すると武将の死が発表《はっぴょう》され、木阿弥は元の身分《みぶん》に戻ったという。

元《もと》も子《こ》もない

慣用句

意味 失敗《しっぱい》してすべて失《うしな》う。せっかくの努力《どりょく》が、すべて無駄《むだ》になる。

用例 手品《てじな》が成功《せいこう》したのに、種明《たねあ》かしをしたら元も子もないよ。

参考 元金《がんきん》（貸《か》し借《か》りした元の金《かね》）も利子《りし》（元金に対《たい》して支払《しはら》われる金）もなくなるという意味《いみ》から。

もぬけの殻《から》

慣用句

意味 人《ひと》が寝床《ねどこ》から出《で》たり、家《いえ》から逃《に》げたあとの様子《ようす》。

用例 警察《けいさつ》が踏《ふ》み込《こ》んだときには、犯人《はんにん》の家はもぬけの殻だった。

参考 「もぬけ」は、せみや蛇《へび》が脱皮《だっぴ》すること。

物言《ものい》えば唇寒《くちびるさむ》し秋《あき》の風《かぜ》

ことわざ

意味 悪口《わるくち》や自慢《じまん》を口《くち》にすると思《おも》わぬ災《わざわ》いを招《まね》くことがあるので、

物は試し

やってみる?
お母さんはこんなの苦手《にがて》だわ・・・
うまいよ
そーそー
そこでジャンプ
止まって
いいよいいよ
必死《ひっし》
クリアしちゃったー
すごい

注意《ちゅうい》しなければならない。「物言えば唇寒し」だけでも使《つか》われる。

用例 つい悪口を言ってしまったけれど、物言えば唇寒しの秋の風で、後悔《こうかい》している。

参考 江戸《えど》時代《じだい》の俳人《はいじん》、松尾芭蕉《まつおばしょう》の句《く》。元《もと》は、悪口や自慢を口にしたあとは、なんとなくむなしい気《き》がするという意味《いみ》。

類似 雉《きじ》も鳴《な》かずば打《う》たれまい・口は禍《わざわい》の元・病《やまい》は口より入《い》り、禍は口より出《い》ず・禍は口から

物心《ものごころ》が付《つ》く　慣用句

意味 幼児期《ようじき》を過《す》ぎて、人情《にんじょう》や世《せ》間《けん》のことがわかる年頃《としごろ》になる。

用例 物心が付いたときには、今《いま》の家《いえ》に住《す》んでいました。

物《もの》にする　慣用句

意味 ①手《て》に入《い》れる。②技術《ぎじゅつ》などを習得《しゅうとく》する。

用例 ②早《はや》く英語《えいご》を物にしたい。

物《もの》になる　慣用句

意味 人《ひと》から認《みと》められるような立《りっ》派《ぱ》な存在《そんざい》になる。

用例 料理人《りょうりにん》として物になるまで、一生懸命《いっしょうけんめい》がんばります。

物《もの》は相談《そうだん》　慣用句

意味 人《ひと》に相談すれば、良《よ》い解決《かいけつ》法《ほう》が出《で》てくるかもしれないということ。また、人に相談するときの前置《まえお》きの言葉《ことば》。

用例 物は相談だが、ちょっと手《て》伝《つだ》ってもらえないか。

物《もの》は試《ため》し　慣用句

意味 どのようなことでも、初《はじ》めからだめだと決《き》め付《つ》けないで、一《いち》度《ど》はやってみるべきだということ。

用例 物は試しで、憧《あこが》れの中学《ちゅうがく》を受験《じゅけん》することにした。

物《もの》も言《い》いようで角《かど》が立《た》つ　ことわざ

意味 同《おな》じことでも言い方《かた》しだいで相手《あいて》を怒《おこ》らせることがあるので、気《き》を付《つ》けなさいということ。

用例 そんな言い方は良《よ》くないよ。物も言いようで角が立つんだから。

類似 丸《まる》い卵《たまご》も切《き》りようで四角《しかく》・物は言いよう

物《もの》を言《い》う　慣用句

意味 大《おお》きな効果《こうか》がある。役《やく》に立《た》つ。良《よ》い結果《けっか》をもたらす。

用例 今回《こんかい》の登山《とざん》では、前回《ぜんかい》の経《けい》験《けん》が物を言った。

★桃栗三年《ももくりさんねん》、柿八年《かきはちねん》　ことわざ

意味 芽《め》が出《で》てから実《み》を結《むす》ぶまでに、桃と栗は三年、柿は八年かか

るということ。良《よ》い結果《けっか》を出《だ》すには時間《じかん》がかかるということ。

用例　「桃栗三年、柿八年」というから、結果を急《いそ》ぐべきではないよ。

★諸《もろ》(両)刃《は》の剣《つるぎ》　慣用句

意味　相手《あいて》に打撃《だげき》を与《あた》えるが、自《じ》分《ぶん》が傷《きず》つく恐《おそ》れもあること。役《やく》に立《た》つ一方《いっぽう》で、危険《きけん》もあること。「両刃《りょうば》の剣」ともいう。

用例　良《よ》く効《き》くと評判《ひょうばん》の新薬《しんやく》は諸刃の剣で、副作用《ふくさよう》にも注意《ちゅうい》しなくてはならない。

参考　両側《りょうがわ》に刃のついた剣《けん》は、敵《てき》を切《き》ろうと振《ふ》り上《あ》げると、自分も切ってしまう恐れがあることから。

門外不出《もんがいふしゅつ》　四字熟語

意味　貴重《きちょう》な品《しな》で、人《ひと》に見《み》せたり貸《か》したりしないこと。

用例　これは、我《わ》が家《や》の門外不出の宝《たから》です。

門前市《もんぜんいち》を成《な》す　故事成語

意味　権力《けんりょく》や評判《ひょうばん》を得《え》て、訪問客《ほうもんきゃく》でにぎわう様子《ようす》。

用例　あの議員《ぎいん》の事務所《じむしょ》は、今《いま》や門前市を成す勢《いきお》いだ。

故事　昔《むかし》、中国《ちゅうごく》で、訪問客が多《おお》いのを謀反《むほん》をたくらんでいると疑《うたが》われた人《ひと》が、「私《わたし》の門前は市場《いちば》のようににぎわっていますが、私の心《こころ》は水《みず》のように澄《す》んでいます。」と弁明《べんめい》した。（漢書《かんじょ》）

対照　閑古鳥《かんこどり》が鳴《な》く

門前《もんぜん》の小僧《こぞう》習《なら》わぬ経《きょう》を読《よ》む　ことわざ

意味　いつも見聞《みき》きしていることは、知《し》らず知らずのうちに覚《おぼ》えているものだということ。

用例　私《わたし》の家《いえ》は料理屋《りょうりや》だったので、私も門前の小僧習わぬ経を読むで、一通《ひととお》りの料理が作《つく》れる。

◆**胸算用《むなざんよう》**　心《こころ》の中《なか》でひそかに計算《けいさん》すること。「胸算用どおりにはいかなかった。」

◆**迷宮入《めいきゅうい》り**　事件《じけん》が解決《かいけつ》せず、真実《しんじつ》がわからないままになってしまうこと。「必死《ひっし》の捜査《そうさ》にもかかわらず、事件は迷宮入りした。」

◆**目八分《めはちぶ》**　目の高《たか》さより少《すこ》し低《ひく》い位置《いち》で、物《もの》をささげ持《も》つこと。また、容量《ようりょう》の八割《はちわり》のこと（八分目《はちぶんめ》）。「目八分に見《み》る。」で、人《ひと》を見下《みくだ》すという意味《いみ》になる。

◆**門外漢《もんがいかん》**　その分野《ぶんや》の専門外《せんもんがい》の人《ひと》。畑違《はたけちが》いの人。「門外」は、専門外のこと。「漢」は男《おとこ》という意味《いみ》だが、ここでは広《ひろ》く人を意味する。「昆虫《こんちゅう》のことは門外漢なのでわかりません。」

矢面に立つ

参考 「江戸《えど》いろはかるた」にある。

★門前払《もんぜんばら》い 慣用句

意味 会《あ》いに来《き》た人《ひと》を、会わずに追《お》い返《かえ》すこと。

用例 せっかく訪《たず》ねたのに、門前払いを食《く》わされた。

問答無用《もんどうむよう》 四字熟語

意味 話《はな》し合《あ》う必要《ひつよう》がないこと。

用例 話し合おうとしたが、彼《かれ》は問答無用とばかりに、冷《つめ》たい態度《たいど》を取《と》った。

や

★矢面《やおもて》に立《た》つ 慣用句

意味 相手《あいて》の批判《ひはん》や抗議《こうぎ》などを直《ちょく》接《せつ》受《う》ける立場《たちば》に立つ。

用例 ビル建設《けんせつ》に対《たい》する抗議の矢面に立たされた。

参考 戦《いくさ》のとき、敵方《てきがた》から放《はな》たれる矢の正面《しょうめん》に立たされたことから。

焼《や》きが回《まわ》る 慣用句

意味 年《とし》を取《と》って、腕前《うでまえ》や気力《きりょく》が衰《おとろ》えて鈍《にぶ》くなる。

用例 作品《さくひん》がうまくできない。おれも焼きが回ったもんだ。

参考 鉄《てつ》の刃物《はもの》などを鍛《きた》えるとき、火《ひ》を入《い》れすぎると、かえって刃物の切《き》れ味《あじ》が落《お》ちてしまうことから。

焼《や》き餅《もち》を焼《や》く 慣用句

意味 ねたむ。うらやましく思《おも》い、嫉妬《しっと》する。

用例 妹《いもうと》がだっこされているのを見《み》て、焼き餅を焼いた。

参考 嫉妬するという意味《いみ》の「焼く（妬《や》く）」に、餅を付《つ》けた言葉《ことば》。

焼《や》きを入《い》れる 慣用句

意味 刺激《しげき》を与《あた》えて、たるんだ気《き》持《も》ちをしゃんとさせる。また、厳《きび》しく懲《こ》らしめる。

用例 最近《さいきん》、彼《かれ》は少《すこ》したるんでいるから、焼きを入れてやろうか。

参考 火入《ひい》れをして刃物《はもの》を鍛《きた》えることから生《う》まれた言葉《ことば》。

役者《やくしゃ》が一枚上《いちまいうえ》 慣用句

意味 能力《のうりょく》や駆《か》け引《ひ》きなどが、相《あい》手《て》より優《すぐ》れていること。

用例 ピアノ演奏《えんそう》のうまさにおいては、やっぱり彼女《かのじょ》のほうが役者が一枚上だね。

★焼《や》け石《いし》に水《みず》 慣用句

意味 わずかばかりの援助《えんじょ》では、ほとんど効果《こうか》がないこと。

用例 この夏《なつ》は雨不足《あめぶそく》で、一日《いちにち》ぐらいの雨では焼け石に水だ。

◆焼け石に水

参考　火《ひ》に焼けて熱《あつ》くなった石に、少《すこ》しばかりの水をかけても、なかなか冷《つめ》たくならないことから。

焼《や》け木杭《ぼっくい》に火《ひ》が付《つ》く　ことわざ

意味　一度縁《いちどえん》の切《き》れた関係《かんけい》が、また元《もと》に戻《もど》る。

用例　同窓会《どうそうかい》で十年《じゅうねん》ぶりに再会《さいかい》し、焼け木杭に火が付いた。

参考　一度焼けた杭は火が付きやすいことから。男女《だんじょ》の関係に使《つか》う。

★野次《やじ》を飛《と》ばす　慣用句

意味　大勢《おおぜい》の人々《ひとびと》に聞《き》こえるように、わざと相手《あいて》を大声《おおごえ》で非難《ひなん》したり、からかったりする。

用例　野球場《やきゅうじょう》で相手チームの投手《とうしゅ》に、「下手《へた》くそ、引《ひ》っ込《こ》め。」と野次を飛ばした。

参考　「野次」は「野次馬《やじうま》」（下段《げだん》のコラム参照《さんしょう》）を省略《しょうりゃく》したもの。

安物買《やすものが》いの銭失《ぜにうしな》い　ことわざ

意味　値段《ねだん》の安い物は、やはり品質《ひんしつ》の悪《わる》い物が多《おお》く、壊《こわ》れたり使《つか》いにくかったりで、結局《けっきょく》は損《そん》をしてしまうことになる。

用例　この時計《とけい》は安く買ったんだけど、すぐに止《と》まってしまい、五度目《ごどめ》の修理《しゅうり》だよ。まさに、安物買いの銭失いだな。

参考　「江戸《えど》いろはかるた」にある。

痩《や》せても枯《か》れても　慣用句

意味　たとえ、どんなに落《お》ちぶれても、誇《ほこ》りや強《つよ》い意志《いし》を失《うしな》わないでいたいという気持《きも》ちを表《あらわ》す言葉《ことば》。

用例　痩せても枯れても元《もと》は警察官《けいさつかん》なんだから、法律《ほうりつ》に反《はん》することはできない。

痩《や》せの大食《おおぐ》い　ことわざ

意味　痩せているのに、よく食《た》べ

◆八百長《やおちょう》
お互《たが》いに前《まえ》もって打《う》ち合《あ》わせをして、なれ合《あ》いの勝負《しょうぶ》をすること。昔《むかし》、八百屋《やおや》の長兵衛《ちょうべえ》が相撲部屋《すもうべや》の親方《おやかた》と囲碁《いご》を指《さ》すとき、いつも一勝一敗《いっしょういっぱい》になるように手心《てごころ》を加《くわ》えたという話《はなし》から。
「八百長が発覚《はっかく》して、試合《しあい》は中止《ちゅうし》となった。」

◆野次馬《やじうま》
自分《じぶん》には関係《かんけい》ないことで、人《ひと》の後《あと》について、訳《わけ》もなく騒《さわ》ぎ立《た》てる人。「弥次馬」とも書《か》く。
「事故現場《じこげんば》は、野次馬でいっぱいだった。」

◆藪医者《やぶいしゃ》
医術《いじゅつ》の下手《へた》な医者のこと。「野巫医《やぶい》」で、怪《あや》しいまじないを用《もち》いる医者という意味《いみ》から。
「新《あたら》しくできた病院《びょういん》に行《い》ったけど、とんだ藪医者で、治《なお》るどころか悪《わる》くなったよ。」

藪から棒

る人《ひと》。また、痩せていて、あまりたくさん食べそうにもない人のほうが、案外《あんがい》よく食べるということ。

用例 姉《あね》は痩せの大食いで、家族《かぞく》の中《なか》でいちばんよく食べる。

柳《やなぎ》に風《かぜ》 慣用句

意味 強《つよ》く出《で》る相手《あいて》に逆《さか》らわず、さらりと受《う》け流《なが》すこと。軽《かる》く相手をあしらうこと。

用例 先生《せんせい》がどなっているのに、彼《かれ》は柳に風とばかりに聞《き》き流していた。

参考 柳の木《き》は枝《えだ》が柔《やわ》らかいので、激《はげ》しい風が吹《ふ》いてきても、その風の吹くままになびくことから。

対照 売《う》り言葉《ことば》に買《か》い言葉

柳《やなぎ》に雪《ゆき》折《お》れなし ことわざ

意味 柔《やわ》らかくてしなやかなものは、むしろ、かたくて強《つよ》いものよりも困難《こんなん》に耐《た》えることができる。「柳の枝《えだ》に雪折れなし」ともいう。

用例 あの力士《りきし》は足腰《あしこし》が強いだけでなく体《からだ》が柔らかいので、柳に雪折れなしで、土俵際《どひょうぎわ》がとても強い。

類似 柔《じゅう》よく剛《ごう》を制《せい》す

柳《やなぎ》の下《した》にいつもどじょうはいない ことわざ

意味 偶然《ぐうぜん》にうまくいったからといって、同《おな》じやり方《かた》でいつもうまくいくとは限《かぎ》らない。「柳の下のどじょう」ともいう。

用例 「昨日《きのう》、あの川《かわ》で大《おお》きな魚《さかな》が釣《つ》れたんだ。今日《きょう》も行《い》ってみようよ。」「でも、柳の下にいつもどじょうはいないんじゃないかな。」

類似 株《かぶ》を守《まも》りて兎《うさぎ》を待《ま》つ・守《しゅ》株《しゅ》・舟《ふね》に刻《きざ》みて剣《けん》を求《もと》む

野《や》に下《くだ》る 慣用句

意味 公《おおやけ》の仕事《しごと》に就《つ》いていた人《ひと》が、その職を退《しりぞ》いて、民間《みんかん》の人になる。「下野《げや》する」ともいう。

用例 彼《かれ》は、今度《こんど》の選挙《せんきょ》で落選《らくせん》して、野に下ったそうだ。

矢《や》の催促《さいそく》 慣用句

意味 早《はや》く実行《じっこう》するように、厳《きび》しい要求《ようきゅう》や、催促をすること。

用例 貸《か》したコミックを早く返《かえ》してくれと、矢の催促を受《う》けた。

★藪《やぶ》から棒《ぼう》 慣用句

意味 突然《とつぜん》、物《もの》を言《い》ったりやったりすること。

用例 藪から棒にもう野球《やきゅう》をやめるだなんて、何《なに》があったんだよ。

類似 青天《せいてん》の霹靂《へきれき》・寝耳《ねみみ》に水《みず》

★藪《やぶ》をつついて蛇《へび》を出《だ》す ことわざ

意味 よけいなことをして、かえ

↩ 藪をつついて蛇を出す

って災《わざわ》いを招《まね》いたり、騒《さわ》ぎを起《お》こしたりする。「藪蛇《やぶへび》」ともいう。

用例 「あの子《こ》は、家《いえ》に帰《かえ》る途中《とちゅう》で、お菓子《かし》を買《か》って食《た》べてたよ。」「しまった。「あなたもそうなんでしょ。」「しまったよ。」藪をつついて蛇を出して

類似 寝《ね》た子《こ》を起こす

対照 触《さわ》らぬ神《かみ》に祟《たた》りなし

病膏肓《やまいこうこう》に入《い》る

故事成語

意味 ①治《なお》る見込《みこ》みがないほど、病気《びょうき》が悪化《あっか》している。②趣味《しゅみ》や道楽《どうらく》に夢中《むちゅう》になって、どうすることもできないほどのめり込んでいる。

用例 ②「今度《こんど》、プラモデルの店《みせ》を開《ひら》くことになったよ。」「おまえは、病膏肓に入るくらいのプラモデル好《ず》きだからなあ。」

故事 中国《ちゅうごく》の春秋時代《しゅんじゅうじだい》の頃《ころ》、晋《しん》の国《くに》の景公《けいこう》が病気になり、秦《しん》の国へ名医《めいい》を求《もと》めた。秦の桓公《かんこう》は緩《かん》という名医を晋に送《おく》り、景公の病気を治させることにした。景公が見《み》た夢《ゆめ》の中《なか》で、二人《ふたり》の童子《どうじ》が景公の鼻《はな》の穴《あな》から飛《と》び出《だ》してきて、こんなことを話《はな》し出《だ》した。「秦から名医が来《く》るそうだ。困《こま》ったな。きっと、おれたちを景公の体《からだ》から追《お》い出してしまうぞ。」「なあに、肓《こう》(横隔膜《おうかくまく》)の上《うえ》、膏《こう》(心臓《しんぞう》)の下《した》に隠《かく》れていればいいさ。」「そうだな。そうすれば、どんな名医でも、病気を治すことはできないだろうよ。」

数日後《すうじつご》、秦からやって来《き》た緩は、「本当《ほんとう》にお気《き》の毒《どく》ですが、病魔《びょうま》は肓の上と膏の下に潜《ひそ》んでおりますので、薬《くすり》も針《はり》も効《き》きません。あきらめてください。」と景公に申《もう》し上《あ》げた。それを聞《き》いて景公は、「さすが名医だ。」と感心《かんしん》し、緩に謝礼《しゃれい》を与《あた》えて秦に帰《かえ》らせた。

それから間《ま》もなく、緩の見立《みた》てどおり、景公は死《し》んでしまった。

(春秋左氏伝《しゅんじゅうさしでん》)

参考 「肓《こう》」の字《じ》が「盲《もう》」に似《に》ているために、「膏盲」は誤《あやま》って「こうもう」と読《よ》まれることがあるが、正《ただ》しくは「こうこう」である。

病《やまい》は気《き》から

ことわざ

意味 病気《びょうき》は、気の持《も》ちようで、軽《かる》くも重《おも》くもなるものだ。

用例 「日曜日《にちようび》にはサッカーの試《し》合《あい》があるから、それまでにがんばって風邪《かぜ》を治《なお》すよ。」「そうよ。『病は気から』というからね。」

病《やまい》は口《くち》より入《い》り、禍《わざわい》は口より出《い》ず

故事成語

意味 病気《びょうき》は飲《の》み食《く》いすることが元《もと》で、災難《さいなん》は口から出《で》る言葉《ことば》が元で引《ひ》き起《お》こされることが多《おお》い。

「禍は口から」ともいう。

用例 「君《きみ》、あまり人《ひと》の悪口《わるくち》を言《い》わないほうがいいよ。『病は口より入り、禍は口より出ず』というからね。」

矢も盾もたまらず

まだかなぁ・・・
もうすぐ帰《かえ》ってくるから・・
おそいなぁ～
駅《えき》までむかえに来ちゃったー
えっ
ちゃんと買ってるよ
はい！誕生日《たんじょうび》おめでとう
○○駅

からね。」「はい、わかりました。これからは、口を慎《つし》みます。」

参考 中国《ちゅうごく》の『太平御覧《たいへいぎょらん》』にある言葉《ことば》。

類似 雉《きじ》も鳴《な》かずば打《う》たれまい・口は禍の元・物言《ものい》えば唇《くちびる》寒《さむ》し秋《あき》の風《かぜ》

山《やま》が当《あ》たる 慣用句

意味 予想《よそう》したことが、みごとに的中《てきちゅう》する。

用例 漢字《かんじ》のテストで山が当たって、百点《ひゃくてん》だったよ。

参考 鉱山《こうざん》だろうと見当《けんとう》を付《つ》けた山から、鉱脈《こうみゃく》(鉱石《こうせき》の集《あつ》まり)が見《み》つかることから。

対照 山が外《はず》れる

山《やま》が見《み》える 慣用句

意味 困難《こんなん》を乗《の》り越《こ》えて、将来《しょうらい》の見通《みとお》しが立《た》つ。

用例 話《はな》し合《あ》いを重《かさ》ねた結果《けっか》、やっと道路工事《どうろこうじ》を開始《かいし》する山が見えてきた。

参考 「山」は、物事《ものごと》のいちばん大事《だいじ》なところ。

山高《やまたか》きが故《ゆえ》に貴《たっと》からず ことわざ

意味 姿形《すがたかたち》がよくても中身《なかみ》が悪《わる》ければ立派《りっぱ》とはいえない。外見《がいけん》よりも内面《ないめん》のほうがたいせつである。

用例 「彼《かれ》はかっこいいけれど、あまり人《ひと》から信頼《しんらい》されてはいないらしいよ。」「やはり、山高きが故に貴からずだよね。」

参考 山は高いから価値《かち》があるのではなく、生《お》い茂《しげ》る森林《しんりん》があるからこそ価値があるということから。

★山《やま》を掛《か》ける 慣用句

意味 あまり当《あ》てにならない幸運《こううん》を求《もと》めて、一《いち》か八《ばち》か予測《よそく》する。「山を張《は》る」ともいう。

用例 兄《あに》はいつも、試験前《しけんまえ》には山を掛けて勉強《べんきょう》している。

闇夜《やみよ》に提灯《ちょうちん》 ことわざ

意味 ひどく困《こま》っているときに、頼《たよ》れるものに出会《であ》うこと。「闇夜の提灯」ともいう。

用例 この問題《もんだい》が解《と》けずに困っていたんだ。君《きみ》が来《き》てくれて、まさに闇夜に提灯だよ。

類似 地獄《じごく》で仏《ほとけ》に会ったよう・渡《わた》りに船《ふね》

闇夜《やみよ》に鉄砲《てっぽう》 ことわざ

意味 目標《もくひょう》が定《さだ》まらず、やってもあまり意味《いみ》や効果《こうか》がなく、無駄《むだ》なこと。「闇に鉄砲」「闇夜の鉄砲」ともいう。

用例 勉強《べんきょう》は、闇夜に鉄砲ではなく、ちゃんと目標を持《も》ってやらなくてはだめだよ。

参考 「上方《かみがた》いろはかるた」にある。

優柔不断

こっちもいいなぁ
悩《なや》むわ・・・
お茶飲《の》んでくるから選《えら》んで
こっちもいいかも
うん
女の買い物《もの》って何であんなに時間かかるんだろねぇ～
一時間後
優柔不断だな～
こっちかなぁ
それとも

闇夜《やみよ》に目《め》あり
ことわざ

意味 悪事《あくじ》は、どんなに隠《かく》そうとしても、結局《けっきょく》はわかってしまう。

用例 花《か》びんを壊《こわ》してしまったことが、闇夜に目ありで、母《かあ》さんにばれてしまったよ。

類似 壁《かべ》に耳《みみ》あり障子《しょうじ》に目あり

★矢《や》も楯《たて》もたまらず
慣用句

意味 気持《きも》ちが抑《おさ》えきれず、じっとしていられない様子《ようす》。

用例 孫《まご》が帰省《きせい》するので、矢も楯もたまらず、駅《えき》まで迎《むか》えに行《い》った。

参考 矢で攻《せ》めても盾で防《ふせ》いでも勢《いきお》いを抑えることができないということから。

槍玉《やりだま》に挙《あ》げる
慣用句

意味 多《おお》くの人《ひと》の中《なか》から選《えら》んで、その人を攻撃《こうげき》や非難《ひなん》の対象《たいしょう》にする。

用例 野球《やきゅう》の練習《れんしゅう》をサボったので、みんなから槍玉に挙げられた。

参考 「槍玉」は、槍をお手玉《てだま》のように自由自在《じゆうじざい》に扱《あつか》うこと。また、人を槍の先《さき》で突《つ》き刺《さ》すことを意味《いみ》する場合《ばあい》もある。

ゆ

★唯一無二《ゆいいつむに》
四字熟語

意味 世《よ》の中《なか》にただ一《ひと》つだけで、二《ふた》つとないこと。

用例 この切手《きって》は、現在世界中《げんざいせかいじゅう》で唯一無二のもので、とても貴重《きちょう》だ。

参考 「唯《ゆい》」は、訓《くん》では「ただ」と読《よ》み、それだけしかないという意味《いみ》。

有言実行《ゆうげんじっこう》
四字熟語

意味 言葉《ことば》どおりに物事《ものごと》を行《おこな》うこと。

用例 言《い》ったことは必《かなら》ず実行するよ。僕《ぼく》は、有言実行だからね。

有終《ゆうしゅう》の美《び》を飾《かざ》る
慣用句

意味 最後《さいご》までやり通《とお》して、立派《りっぱ》な成果《せいか》を上《あ》げる。

用例 六年《ろくねん》最後の試合《しあい》で優勝《ゆうしょう》し、有終の美を飾ることができた。

参考 「有終」は、最後までやり終《お》えること。

★優柔不断《ゆうじゅうふだん》
四字熟語

意味 ぐずぐずして、なかなか決《けつ》断《だん》ができないこと。

用例 兄《あに》は優柔不断な性格《せいかく》なので、いつまでも物事《ものごと》が片付《かたづ》かない。

参考 「優柔」は、はっきりしない、「不断」は、決断力《けつだんりょく》のない様子。

勇将《ゆうしょう》の下《もと》に弱卒《じゃくそつ》なし
故事成語

意味 強《つよ》い大将《たいしょう》の下には、弱《よわ》い兵《へい》

油断大敵

早くしないと バスに乗《の》りおくれるわよ
10分進《すす》んでるから
昨日《きのう》 時計 合《あ》わせたから正確《せいかく》よ
まじ！
早く 言ってよ〜
バス〜 まって〜〜
おくれちゃった・・・
あら？ パパ

士《し》はいないという意味《いみ》で、上《うえ》に立《た》つ者《もの》が立派《りっぱ》であれば、その部下《ぶか》も優《すぐ》れていること。

用例　勇将の下に弱卒なしで、あの名監督率《めいかんとくひき》いるチームは、毎年必《まいとしかなら》ず決勝戦《けっしょうせん》に残《のこ》っている。

参考　中国《ちゅうごく》の蘇軾《そしょく》の文章《ぶんしょう》による。

優勝劣敗《ゆうしょうれっぱい》　四字熟語

意味　力《ちから》の優《すぐ》れている者《もの》が勝《か》ち、力の劣《おと》っている者が負《ま》けるということ。

用例　優勝劣敗の世《よ》の中《なか》とはいうが、弱《よわ》い者も力を合《あ》わせれば、強《つよ》い者に勝つチャンスは必《かなら》ずある。

類似　弱肉強食《じゃくにくきょうしょく》

雄弁《ゆうべん》は銀《ぎん》、沈黙《ちんもく》は金《きん》　ことわざ

→〈沈黙《ちんもく》は金《きん》、雄弁《ゆうべん》は銀《ぎん》〉（152ページ）

★有名無実《ゆうめいむじつ》　故事成語

意味　名前《なまえ》ばかりで、実質《じっしつ》が伴《ともな》わないこと。評判《ひょうばん》は高《たか》いが、中身《なかみ》はそれほどの価値《かち》はないこと。

用例　駅前《えきまえ》のラーメン屋《や》は行列《ぎょうれつ》ができるほど評判だが、実際《じっさい》に食《た》べてみると、有名無実というべきだ。

参考　中国《ちゅうごく》の『国語《こくご》』にある言葉《ことば》。

★悠悠自適《ゆうゆうじてき》　四字熟語

意味　世間《せけん》のわずらわしさから逃《のが》れて、のんびりと生活《せいかつ》すること。

用例　退職後《たいしょくご》は、悠悠自適に暮《く》らすのが理想《りそう》だ。

参考　「悠悠」は、ゆったりとする様子《ようす》。「自適」は、自分《じぶん》の心《こころ》のままに楽《たの》しむこと。

幽霊《ゆうれい》の正体《しょうたい》見《み》たり枯《か》れ尾花《おばな》　ことわざ

意味　怖《こわ》い怖いと思《おも》っていると、

◆**雪化粧《ゆきげしょう》**
雪が降《ふ》って、辺《あた》り一面《いちめん》が真《ま》っ白《しろ》になり、化粧をしたように景色《けしき》が一変《いっぺん》すること。「車窓《しゃそう》から、雪化粧した山《やま》が見《み》える。」

◆**雪《ゆき》だるま式《しき》**
雪だるまを作《つく》るとき、転《ころ》がして大《おお》きくするように、どんどん増《ふ》えていく様子《ようす》。「借金《しゃっきん》が雪だるま式に増える。」

◆**雪《ゆき》　虫《むし》**
秋《あき》の終《お》わりに飛《と》ぶアブラムシ科《か》の昆虫《こんちゅう》で、ワタムシ類《るい》の総称《そうしょう》。雪のように白《しろ》く、大量《たいりょう》に舞《ま》い飛《と》ぶ姿《すがた》が、粉雪《こなゆき》が舞っているように見《み》えることからこの名前《なまえ》が付《つ》いた。この虫が空《そら》を舞うと、雪が降《ふ》る季節《きせつ》がまもなくやってくるとされている。
伊豆地方《いずちほう》では「しろばんば」といい、井上靖《いのうえやすし》の小説《しょうせつ》の題名《だいめい》にもなっている。

どんなものでも恐《おそ》ろしいもののように見えてしまうということ。「化《ば》け物《もの》の正体見たり枯れ尾花」ともいう。

用例　「きゃー。」「どうしたの？」「あそこに大《おお》きな熊《くま》が…。」「違《ちが》うよ。あれは大きな枯れ木《き》だよ。」「そうか。まるで、幽霊の正体見たり枯れ尾花だね。」

参考　「枯れ尾花」は、枯れたすすき。夜道《よみち》を歩《ある》いていると、風《かぜ》が吹《ふ》きザワザワとすすきの穂《ほ》が揺《ゆ》れる。それがまるで幽霊のように見える。江戸時代《えどじだい》の俳諧師《はいかいし》（俳句《はいく》を詠《よ》む人《ひと》）、横井也有《よこいやゆう》の句《く》から生《う》まれた。

類似　疑心暗鬼《ぎしんあんき》

★油断大敵《ゆだんたいてき》　四字熟語

意味　気《き》を緩《ゆる》めて注意《ちゅうい》を怠《おこた》ると、大失敗《だいしっぱい》をするなど、とんでもないことが起《お》こるという戒《いまし》め。「油断は大《おお》きな敵である」という意味《いみ》。

用例　油断大敵、気を引《ひ》き締《し》めて、全力《ぜんりょく》でがんばろう。

参考　「油断」の語源《ごげん》ははっきりしないが、「昔《むかし》、ある王様《おうさま》が家来《けらい》に油《あぶら》の入《はい》ったつぼを持《も》たせ、油をこぼすと首《くび》を切《き》るぞと脅《おど》したという故事《こじ》から起《お》こった」とする説《せつ》がある。「江戸《えど》いろはかるた」にある。

★油断《ゆだん》も隙《すき》もない　慣用句

意味　うっかり油断をするとすぐに付《つ》け込《こ》まれるので、わずかな間《あいだ》でも気《き》を許《ゆる》せない。

用例　猫《ねこ》に魚《さかな》を取《と》られてしまったわ。油断も隙もないわね。

指一本《ゆびいっぽん》も差《さ》させない　慣用句

意味　他人《たにん》からの非難《ひなん》や苦情《くじょう》、干渉《かんしょう》などはいっさい受《う》け付《つ》けない。

用例　この作品《さくひん》については、誰《だれ》にも指一本も差させないからな。

参考　「指差す」には、指で差しながら、陰《かげ》であれこれと批判《ひはん》したり、嘲笑《ちょうしょう》（相手《あいて》をばかにして笑《わら》うこと）したりするという意味《いみ》がある。

指折《ゆびお》り数《かぞ》える　慣用句

意味　後何日《あとなんにち》と、その日《ひ》が来《く》るのを待《ま》ち望《のぞ》む。

用例　修学旅行《しゅうがくりょこう》に行《い》く日を、指折り数えて、楽《たの》しみに待つ。

★指《ゆび》をくわえる　慣用句

指をくわえる

意味　自分《じぶん》も欲《ほ》しいのに、また、そうしたいのに、それがかなわず、むなしく眺《なが》めている。

用例　兄《あに》が買《か》ってもらった真新《まあたら》しい自転車《じてんしゃ》を、指をくわえて見《み》る。

弓折《ゆみお》れ矢尽《やつ》きる　慣用句

意味　戦《たたか》いにおいて、すべての手段《しゅだん》を失《うしな》って、完全《かんぜん》にお手上《てあ》げの状《じょう》

用意周到

懐中電灯《かいちゅうでんとう》にラジオ
ローソクに電池
えーと
それから
ヘルメットも
いるなぁ
おかしも少々
何してるの？
いつ台風が来ても大丈夫《だいじょうぶ》なように！
あっそっ
台風はそれたって
来ないの？

態《たい》になってしまう。

用例 決勝戦《けっしょうせん》で全力《ぜんりょく》を尽くしたが、最後《さいご》は弓折れ矢尽きて、私《わたし》たちのチームは負《ま》けてしまった。

類似 刀《かたな》折れ矢尽きる

湯水《ゆみず》のように使《つか》う 慣用句

意味 お金《かね》などを惜《お》しげもなく、むやみに使う。

用例 役所《やくしょ》は、国民《こくみん》の納《おさ》めた税金《ぜいきん》を、公共事業《こうきょうじぎょう》に湯水のように使った。

参考 「湯水」は、どこにでも、いくらでも大量《たいりょう》にあるもののたとえ。

弓《ゆみ》を引《ひ》く 慣用句

意味 恩《おん》のある人《ひと》や強《つよ》い相手《あいて》に対《たい》して、反抗《はんこう》する。

用例 長年《ながねん》の不満《ふまん》が爆発《ばくはつ》し、ついに上司《じょうし》に弓を引いてしまった。

参考 自分《じぶん》より立場《たちば》が上《うえ》の人に対して背《そむ》く行為《こうい》をするときに使《つか》う。

夢《ゆめ》のまた夢 慣用句

意味 ただ想像《そうぞう》するだけで、とても実現《じつげん》しそうにないほどはかないこと。「夢の夢」ともいう。

用例 僕《ぼく》がプロ野球選手《やきゅうせんしゅ》になるのは、夢のまた夢のようなものだ。

夢枕《ゆめまくら》に立《た》つ 慣用句

意味 亡《な》くなった人《ひと》や神仏《しんぶつ》が、夢の中《なか》に現《あらわ》れて、何《なに》かを告《つ》げる。

用例 「今年《ことし》の夏《なつ》に亡くなったおばあちゃんが、夢枕に立ったよ。」「何か言《い》った？」「受験《じゅけん》がんばってって言っているようだったよ。」

参考 「夢枕」は、夢を見《み》ている時《とき》の枕元《まくらもと》。

夢を描《えが》く 慣用句

意味 将来《しょうらい》への夢や希望《きぼう》をあれこれと考《かんが》える。

用例 漫画家《まんがか》になる夢を描く。

ゆりかごから墓場《はかば》まで ことわざ

意味 人間《にんげん》の一生《いっしょう》のたとえ。

用例 ゆりかごから墓場まで、福祉《ふくし》の行《い》き届《とど》いた社会《しゃかい》が理想《りそう》だ。

参考 第二次世界大戦後《だいにじせかいたいせんご》、イギリスの労働党《ろうどうとう》がスローガン（標語《ひょうご》）として掲《かか》げたもので、充実《じゅうじつ》した社会保障制度《ほしょうせいど》を表《あらわ》している。

よ

宵《よい》っ張《ぱ》りの朝寝坊《あさねぼう》 ことわざ

意味 夜《よる》はいつまでも起《お》きていて、朝はいつまでも寝《ね》ていること。また、そういう人《ひと》。「朝寝坊の宵っ張り」ともいう。

用例 宵っ張りの朝寝坊では、体《からだ》に悪《わる》い。

羊頭狗肉

こういう家は外見《がいけん》は立派《りっぱ》だけど――
意外《いがい》と家の中は金かけてないんだよ――
見かけだおしね
コホン
ウチ・・・入ってみます？
人の家を――
すみませ～ん

★用意周到《よういしゅうとう》 四字熟語

意味 準備《じゅんび》・用意が隅々《すみずみ》まで行《い》き届《とど》いている様子《ようす》。

用例 これだけ用意周到に準備したのだから、国際会議《こくさいかいぎ》も無事《ぶじ》に開催《かいさい》できるだろう。

参考 「周到」は、よく行き届いて、手落《てお》ちがないこと。

容姿端麗《ようしたんれい》 四字熟語

意味 女性《じょせい》の顔《かお》の形《かたち》や姿《すがた》が整《ととの》っていること。

用例 あの姉妹《しまい》は、二人《ふたり》とも容姿端麗だと近所《きんじょ》で評判《ひょうばん》だった。

★羊頭狗肉《ようとうくにく》 故事成語

意味 外見《がいけん》は立派《りっぱ》だが、中身《なかみ》は劣《おと》っていること。「羊頭を懸《か》けて狗肉を売《う》る」の略《りゃく》。

用例 「このお菓子《かし》は、見《み》た目《め》はおいしそうだけど、食《た》べてみるといまいちだね。」「『羊頭狗肉』というところだね。」

参考 羊《ひつじ》の頭《あたま》を看板《かんばん》に掲《かか》げて、あたかも羊の肉を売っているように見せ掛《か》けて、実《じつ》は「狗《いぬ》」（犬）の肉を売っていることから。中国《ちゅうごく》の『無門関《むもんかん》』にある言葉《ことば》。

類似 看板に偽《いつわ》りあり

対照 看板に偽りなし

洋《よう》の東西《とうざい》を問《と》わず 慣用句

意味 東洋《とうよう》も西洋《せいよう》も区別《くべつ》なく、世《せ》界中《かいじゅう》のどこでも。

用例 この料理《りょうり》は、洋の東西を問わず好《この》まれている。

要領《ようりょう》がいい 慣用句

意味 物事《ものごと》をうまく処理《しょり》することができる。損《そん》をしないように、うまく立《た》ち回《まわ》る。

用例 「彼《かれ》は、仕事《しごと》ができるそうだね。」「うん、とても要領がいいからね。」

参考 「要領」は、物事をうまく処理する手順《てじゅん》やこつのこと。

対照 要領が悪《わる》い

要領《ようりょう》を得《え》ない 慣用句

意味 大事《だいじ》なことが何《なに》であるのかが、はっきりとしない。肝心《かんじん》なことがわかりにくい。「不得要領《ふとくようりょう》」ともいう。

用例 地球環境《ちきゅうかんきょう》の危機《きき》についての説明《せつめい》を聞《き》いたが、要領を得ない話《はなし》だった。

欲《よく》の皮《かわ》が突《つ》っ張《ぱ》る 慣用句

意味 非常《ひじょう》に欲が深《ふか》い。とても欲張りである。「欲の皮が張る」ともいう。

用例 「あれだけたくさんお菓子《かし》をあげたのに、もっと欲《ほ》しいんだって。」「ずいぶん欲の皮が突っ張っているんだね。」

横槍を入れる

横紙破り《よこがみやぶ》り 慣用句

意味 無理《むり》だとわかっていながら、自分《じぶん》の考《かんが》えを強引《ごういん》に押《お》し通《とお》そうとすること。また、そうする人《ひと》。

用例 彼《かれ》は横紙破りな男《おとこ》だから、迷惑《めいわく》している人たちも少《すく》なからずいるようだ。

参考 和紙《わし》のすき目《め》は縦《たて》に通っていて、横には破りにくいのに、それを無理に破ろうとすることから。

類似 横車《よこぐるま》を押す

★横車《よこぐるま》を押《お》す 慣用句

意味 道理《どうり》に合《あ》わない自分《じぶん》の意見《いけん》を、無理《むり》に押《お》し通《とお》す。

用例 反対《はんたい》があったのに、横車を押して、工事を始《はじ》めてしまった。

参考 前《まえ》か後《うし》ろにしか動《うご》かない車を、無理やりに横から押そうとするところから。

類似 横紙破《よこがみやぶ》り

横《よこ》の物《もの》を縦《たて》にもしない 慣用句

→〈縦《たて》の物《もの》を横《よこ》にもしない〉（144ページ）

★横槍《よこやり》を入《い》れる 慣用句

意味 直接関係《ちょくせつかんけい》のない第三者《だいさんしゃ》が話《はなし》に割《わ》り込《こ》んできて、あれこれと文句《もんく》を言《い》ったり、口出《くちだ》ししたりする。「横矢《よこや》を入れる」ともいう。

用例 この提案《ていあん》に横槍を入れるのはやめてください。

類似 くちばしを入れる・口を出す・口を挟《はさ》む

よしの髄《ずい》から天井《てんじょう》をのぞく ことわざ

意味 狭《せま》い知識《ちしき》や経験《けいけん》だけで、大《おお》きな事柄《ことがら》を判断《はんだん》したり、決定《けってい》したりする。

用例 よしの髄から天井をのぞくでは、世間知《せけんし》らずだと笑《わら》われるよ。

参考 狭く小《ちい》さなよしの茎《くき》の穴《あな》から天井を見《み》て、全体《ぜんたい》を見たと思《おも》い込《こ》むことから。「江戸《えど》いろはかるた」にある。

類似 井《い》の中《なか》の蛙大海《かわずたいかい》を知《し》らず・針《はり》の穴《あな》から天《てん》をのぞく・遼東《りょうとう》の豕《いのこ》

四《よ》つに組《く》む 慣用句

意味 真正面《ましょうめん》から、堂々《どうどう》と相手《あいて》に挑《いど》んでいく。真剣《しんけん》に競《きそ》い合《あ》う。「四つに渡《わた》る」ともいう。

用例 ライバルチームとの四つに組んだ戦《たたか》いは、見《み》ごたえのある熱戦《ねっせん》だった。

参考 「四つ」は、力士《りきし》が互《たが》いにまわしをつかみ合《あ》って取《と》り組《く》むこと。

世《よ》に出《で》る 慣用句

意味 ①世の中《なか》に出る。社会《しゃかい》に出る。②世間《せけん》に知《し》られる。世の中に認《みと》められる。

よ

寄らば大樹の陰

用例 ②彼女《かのじょ》の小説《しょうせつ》は、五作目《ごさくめ》でやっと世に出ることができた。

余念《よねん》がない　慣用句

意味 他《ほか》のことはいっさい考《かんが》えずに、そのことだけに集中《しゅうちゅう》して、熱心《ねっしん》に取《と》り組む。

用例 彼《かれ》は、日本各地《にほんかくち》にある名城《めいじょう》のプラモデル作《づく》りに余念がない。

参考 「余念」は、他の考えのこと。

世《よ》の習《なら》い　慣用句

意味 世の中《なか》のしきたり、習慣《しゅうかん》のこと。世の中で普通《ふつう》に行《おこな》われていること。

用例 はやりのファッションも、一年《いちねん》たてばすたれていくのが世の習いだ。

夜《よ》の目《め》も寝《ね》ずに　慣用句

意味 一晩中《ひとばんじゅう》、寝ないで。

用例 私《わたし》が高《たか》い熱《ねつ》を出《だ》して寝込《ねこ》んだときに、母《はは》が夜の目も寝ずに、看病《かんびょう》をしてくれた。

参考 「夜の目」は、夜《よる》、眠《ねむ》るべき目。

呼《よ》び水《みず》になる　慣用句

意味 そのことがきっかけとなって、物事《ものごと》が起《お》こる。

用例 彼女《かのじょ》がアメリカで活躍《かつやく》したことが、女子《じょし》ゴルフの人気《にんき》を回復《かいふく》する呼び水になったのだろう。

参考 ポンプの水が出《で》ないときに、最初《さいしょ》にポンプの上部《じょうぶ》から別《べつ》の水を注《そそ》ぐ。その水を「呼び水」「誘い水」という。

夜目《よめ》遠目《とおめ》笠《かさ》の内《うち》　ことわざ

意味 女性《じょせい》が美《うつく》しく見《み》えるのは、夕暮《ゆうぐ》れの中《なか》で見るとき、遠くから見るとき、そして、笠をかぶっている顔《かお》を見るときである。

用例 「塾《じゅく》の帰《かえ》りにきれいな女《おんな》の人《ひと》がいると思《おも》ったら、迎《むか》えに来《き》たお母《かあ》さんだったよ。」「『夜目遠目笠の内』というからね。」

参考 夕闇《ゆうやみ》の中や遠く離《はな》れて見る女性の姿《すがた》は、どれもぼんやりとかすんでいて、はっきりとは見えない。また、笠をかぶった女性の顔は、見え隠《かく》れしてよく見えない。しかし、そのほうが実際《じっさい》よりもかえって美しく見えるということ。「上方《かみがた》いろはかるた」にある。

★寄《よ》らば大樹《たいじゅ》の陰《かげ》　ことわざ

意味 頼《たよ》りにするならば、できるだけ大《おお》きな権力《けんりょく》や勢力《せいりょく》を持《も》っている人《ひと》のほうがいいということ。

用例 お年玉《としだま》をもらうならば、お姉《ねえ》ちゃんより寄らば大樹の陰で、おばあちゃんだな。

参考 「大樹」は、しっかりと根《ね》を張《は》っている、たくましい大木《たいぼく》の

弱音を吐く

ことである。どうせ身《み》を寄せるならば、頼りない、細々《ほそぼそ》とした木《き》よりも、やはり「大樹」のほうがよいということから。

対照 鶏口《けいこう》となるも牛後《ぎゅうご》となるなかれ

★弱音《よわね》を吐《は》く　慣用句

意味 意気地《いくじ》のないことを言《い》う。弱気《よわき》なことを言う。

用例 「自分《じぶん》にはできない。」なんて、弱音を吐いてはだめだ。

参考 「弱音」は、力《ちから》のない、弱々しい言葉《ことば》。

類似 音を上《あ》げる

★弱《よわ》り目《め》に祟《たた》り目　ことわざ

意味 困《こま》っているときに、さらに困難《こんなん》な事態《じたい》や災難《さいなん》が起《お》こること。

用例 今日《きょう》は朝寝坊《あさねぼう》で遅刻《ちこく》はするし、忘《わす》れ物《もの》はするしで、弱り目に祟り目だ。

参考 「祟り目」は、神様《かみさま》や仏様《ほとけさま》、あるいは、怨霊《おんりょう》などによって災《わざわ》いや悪《わる》い報《むく》いがもたらされるとき。

類似 泣《な》きっ面《つら》に蜂《はち》・踏《ふ》んだり蹴《け》ったり

世《よ》を去《さ》る　慣用句

意味 死《し》ぬ。一生《いっしょう》を終《お》える。

用例 私《わたし》の祖母《そぼ》は、ちょうど百歳《ひゃくさい》で世を去った。

世《よ》を忍《しの》ぶ　慣用句

意味 世の中《なか》の人目《ひとめ》を避《さ》けて、隠《かく》れて暮《く》らす。

用例 あの作家《さっか》は、世を忍ぶ仮《かり》のすまいで小説《しょうせつ》を書《か》いているらしい。

参考 「忍ぶ」は、秘密《ひみつ》にする、人目を避ける、姿《すがた》を隠すという意味《いみ》。

世《よ》を捨《す》てる　慣用句

意味 わずらわしい世間《せけん》から離《はな》れて暮《く》らす。出家《しゅっけ》する。

用例 武士《ぶし》であった西行法師《さいぎょうほうし》は、世を捨てて仏門《ぶつもん》に入《はい》った。

夜《よ》を徹《てっ》する　慣用句

意味 一晩中《ひとばんじゅう》寝《ね》ないで物事《ものごと》をする。徹夜《てつや》する。

用例 母《はは》は、祖母《そぼ》を夜を徹して看《かん》病《びょう》した。

参考 「徹する」は、一つのことを最後《さいご》までやり通《とお》すという意味《いみ》。

世《よ》をはばかる　慣用句

意味 世間《せけん》に遠慮《えんりょ》して、ひっそりと暮《く》らす。人前《ひとまえ》に出《で》るのを避《さ》ける。

用例 事業《じぎょう》に失敗《しっぱい》して以来《いらい》、彼《かれ》は世をはばかる生活《せいかつ》を送《おく》っている。

夜《よ》を日《ひ》に継《つ》ぐ　故事成語

意味 夜《よる》も昼《ひる》もぶっ通《とお》しで物事《ものごと》を行《おこな》う。

来年の事を言えば鬼が笑う

用例 急《いそ》ぎの仕事《しごと》だったので、夜を日に継いでやり遂《と》げた。

参考 中国《ちゅうごく》の『孟子《もうし》』にある言葉《ことば》。

類似 昼夜兼行《ちゅうやけんこう》・不眠不休《ふみんふきゅう》

世《よ》を渡《わた》る 慣用句

意味 生活《せいかつ》する。暮《く》らしていく。

用例 しっかりと仕事《しごと》をして、真面目《まじめ》に世を渡ることがたいせつだ。

ら

★来年《らいねん》の事《こと》を言《い》えば鬼《おに》が笑《わら》う ことわざ

意味 わかるはずもない将来《しょうらい》の事をあれこれ言ってみても仕方《しかた》がないというたとえ。

用例 「来年こそ、卓球大会《たっきゅうたいかい》で優勝《ゆうしょう》するからね。」「来年の事を言えば鬼が笑うよ。」

参考 来年、つまり将来の事は「鬼神《きしん》」にしかわからないことで、人間《にんげん》などにはわかるはずがないということ。「鬼神」は、人間を超《こ》える能力《のうりょく》を持《も》つもののこと。「上方《かみがた》いろはかるた」にある。

楽《らく》あれば苦《く》あり ことわざ

意味 楽《たの》しい事《こと》があれば、必《かなら》ず後《あと》で苦《くる》しい事がある。また、楽をしていると、後で苦労《くろう》することになる。「苦あれば楽あり、楽あれば苦あり」ともいう。

用例 受験生《じゅけんせい》がそんなに遊《あそ》んでばかりいては、楽あれば苦ありで、きっと後悔《こうかい》するわよ。

参考 「江戸《えど》いろはかるた」にある。

類似 楽は苦の種《たね》、苦は楽の種

烙印《らくいん》を押《お》される 慣用句

意味 消《け》すことのできない悪《わる》い評判《ひょうばん》を立《た》てられてしまう。

用例 僕《ぼく》は、朝《あさ》よく遅刻《ちこく》するから、みんなから「寝《ね》ぼ助太郎《すけたろう》」という烙印を押されてしまった。

参考 「烙印」は、昔《むかし》、刑罰《けいばつ》で、罪《つみ》を犯《おか》した人《ひと》の体《からだ》などに押した焼印《やきいん》。

楽《らく》は苦《く》の種《たね》、苦は楽の種 ことわざ

意味 楽から苦が、苦から楽が生《う》まれるものだから、楽をすれば後《あと》で苦《くる》しくなるし、今苦労《いまくろう》をしておけば後で楽をすることができる。

用例 テスト前《まえ》なんだから、ゲームは我慢《がまん》して勉強《べんきょう》しなさい。「楽は苦の種、苦は楽の種」というでしょ。

類似 苦あれば楽あり、楽あれば苦あり

埒《らち》が明《あ》かない 慣用句

意味 仕事《しごと》が順調《じゅんちょう》に進《すす》まず、はかどらない。問題《もんだい》が片付《かたづ》かない。

李下に冠を正さず

用例 この荷物《にもつ》を運《はこ》ぶのに、こんな少人数《しょうにんずう》では埒が明かないので、もっと人《ひと》を集《あつ》めてこよう。

参考 「埒」は、馬場《ばば》の周《まわ》りの柵《さく》のことで、物事《ものごと》の区切《くぎ》りの意味《いみ》。「埒外《らちがい》」とは、範囲外《はんいがい》のこと。

らっぱを吹《ふ》く　慣用句

意味 おおげさなことを言《い》う。

用例 らっぱを吹いてばかりいては、人《ひと》から信用《しんよう》されない。

類似 ほらを吹く・大《おお》きな口《くち》をきく・大口を叩《たた》く・大風呂敷《おおぶろしき》を広《ひろ》げる・大言壮語《たいげんそうご》

り

★利害得失《りがいとくしつ》　四字熟語

意味 利益《りえき》と損失《そんしつ》。得《え》るものと失《うしな》うもの。

用例 新規事業《しんきじぎょう》を始《はじ》めるには、利害得失をよく考《かんが》えるべきだ。

参考 「利害」も「得失」も同《おな》じ意味《いみ》の熟語《じゅくご》。

★李下《りか》に冠《かんむり》を正《ただ》さず　故事成語

意味 人《ひと》から疑《うたが》われるような、紛《まぎ》らわしい行動《こうどう》をしてはいけないというたとえ。

用例 用《よう》もないのにうろうろしていると、泥棒《どろぼう》と間違《まちが》われるよ。「李下に冠を正さず」というからね。

故事 「李」はすももの木《き》で、すももの木の下《した》で曲《ま》がった冠を直《なお》そうとして手《て》を上《うえ》にあげると、すもの実《み》を盗《ぬす》もうとしているのではないかと疑われてしまうことから。（古楽府《こがふ》）

類似 瓜田《かでん》に履《くつ》を納《い》れず

離合集散《りごうしゅうさん》　四字熟語

意味 離《はな》れたり集《あつ》まったり、集まったり離れたりすること。

用例 日本《にほん》の政界《せいかい》は、離合集散が激《はげ》しい。

参考 「離合」も「集散」も同《おな》じ意味《いみ》の熟語《じゅくご》。

★立身出世《りっしんしゅっせ》　四字熟語

意味 社会的《しゃかいてき》に高《たか》い地位《ちい》について、良《よ》い評判《ひょうばん》を得《え》ること。

用例 立身出世して、大企業《だいきぎょう》の社《しゃ》長《ちょう》になるのが夢《ゆめ》だ。

立錐《りっすい》の余地《よち》もない　故事成語

意味 人《ひと》や物《もの》がぎっしりと詰《つ》まっていて、少《すこ》しの隙間《すきま》もないこと。

用例 花火見物《はなびけんぶつ》の客《きゃく》で、会場《かいじょう》は立錐の余地もないほど混雑《こんざつ》していた。

参考 「立錐」は、錐《きり》（木《き》に穴《あな》を開《あ》ける道具《どうぐ》）の先《さき》を立《た》てること。そんなに小《ちい》さな錐の先さえも立てる余裕《よゆう》がないほど詰まっていることから。

両手に花

溜飲《りゅういん》が下《さ》がる

慣用句

意味 たまっていた不平不満《ふへいふまん》などが一気《いっき》に消《き》えて、気持《きも》ちがすっきりする。「溜飲を下げる」ともいう。

用例 校内清掃《こうないせいそう》について、日頃《ひごろ》不満に思《おも》っていたことをすべて言《い》ったので、溜飲が下がった。

参考 「溜飲」は胸焼《むねや》けのことで、胃《い》の中の飲食物《いんしょくぶつ》が消化《しょうか》されないで、すっぱい液《えき》(胃液)が喉《のど》のほうに上《あ》がってくること。

類似 胸がすく

流言飛《りゅうげんひ》(蜚)語《ご》

四字熟語

意味 世間《せけん》に流《なが》れている、根拠《こんきょ》のないうわさ。デマ。

用例 事件《じけん》についての流言飛語は、人《ひと》を傷《きず》つける心配《しんぱい》があるので、許《ゆる》すことができない。

参考 「流言」も「飛語」も、根拠のないうわさ、無責任《むせきにん》な評判《ひょうばん》のこと。

★竜頭蛇尾《りゅうとうだび》

故事成語

意味 始《はじ》めは勢《いきお》いがいいが、後《あと》になるにしたがって、だんだんと振《ふ》るわなくなること。

用例 おもしろいと評判《ひょうばん》の漫才《まんざい》を聞《き》きに来《き》たが、竜頭蛇尾に終《お》わった。

参考 「頭」と「尾」は物事《ものごと》の始めと終《お》わり。中国《ちゅうごく》の『五灯会元《ごとうえげん》』にある言葉《ことば》。

粒粒辛苦《りゅうりゅうしんく》

故事成語

意味 こつこつと苦労《くろう》を積《つ》み重《かさ》ねていくこと。並々《なみなみ》ならない苦労がこもっていること。

用例 父《ちち》は粒粒辛苦して、この町《まち》工場《こうば》を大《おお》きくした。

参考 「粒粒皆《みな》辛苦」の略《りゃく》。「粒粒」は、穀物《こくもつ》の一粒《ひとつぶ》一粒のこと。「辛苦」は、辛《つら》く、苦《くる》しいこと。穀物の一粒一粒は、農家《のうか》の人《ひと》たちの苦労の積み重ねによって作《つく》られたものであるというのが本来《ほんらい》の意《い》味。中国《ちゅうごく》の李紳《りしん》の詩《し》の一節《いっせつ》。

類似 艱難辛苦《かんなんしんく》・四苦八苦《しくはっく》

良妻賢母《りょうさいけんぼ》

四字熟語

意味 夫《おっと》にとっては良《よ》い妻《つま》、子《こ》どもにとっては賢《かしこ》い母《はは》である女性《じょせい》のこと。

用例 父《ちち》は、お酒《さけ》を飲《の》むと、母《はは》のことを良妻賢母だと自慢《じまん》しているそうだ。

★両手《りょうて》に花《はな》

慣用句

意味 ①美《うつく》しいものやすばらしいものを、二《ふた》つ一度《いちど》に手《て》に入れること。②一人《ひとり》の男性《だんせい》の左右《さゆう》に、二人《ふたり》の女性《じょせい》がいること。

用例 ①試合《しあい》で優勝《ゆうしょう》したし、懸賞《けんしょう》にも当選《とうせん》したし、まさに両手に花だった。

良薬は口に苦し

わー
苦っ
良薬は口に苦しというじゃろ じいちゃんの説《せつ》教《きょう》も同じじゃ
よく効《き》くぞ
ホントだ！ おなかの痛《いた》いの治《なお》ったよ
うん うん
えっ
じいちゃんの説教は効かないけどね――

両天秤《りょうてんびん》に掛《か》ける 慣用句

→〈天秤《てんびん》に掛《か》ける〉（165ページ）

遼東《りょうとう》の豕《いのこ》 故事成語

意味 世間知《せけんし》らずのために、つまらないことを誇《ほこ》りに思《おも》ってうぬぼれること。

用例 親元《おやもと》を離《はな》れ社会《しゃかい》に出《で》て初《はじ》めて、自分《じぶん》が遼東の豕であったことがわかった。

故事 昔《むかし》、中国《ちゅうごく》の遼東で、頭《あたま》の毛《け》が白《しろ》い豕（豚《ぶた》）が生《う》まれた。その飼《か》い主《ぬし》は珍《めずら》しく思い、これを王《おう》に献《けん》上《じょう》しようと河東《かとう》まで来《き》てみると、そこの豕はすべて頭の毛が白く、恥《は》ずかしくなって引《ひ》き返《かえ》した。（後漢書《ごかんじょ》）

類似 井《い》の中《なか》の蛙大海《かわずたいかい》を知らず・針《はり》の穴《あな》から天をのぞく・よしの髄《ずい》から天井《てんじょう》をのぞく

両刃《りょうば》の剣《つるぎ》 慣用句

→〈諸刃《もろは》の剣《つるぎ》〉（245ページ）

★良薬《りょうやく》は口《くち》に苦《にが》し 故事成語

意味 自分《じぶん》にとってためになる他《た》人《にん》の忠告《ちゅうこく》は、なかなか素直《すなお》に聞《き》けないものだというたとえ。

用例 良薬は口に苦しだけど、先《せん》生《せい》の話《はなし》はきちんと聞きなさい。

参考 よく効《き》く薬《くすり》ほど、とても苦くて飲《の》みにくいものであるということから。「江戸《えど》いろはかるた」にある。中国《ちゅうごく》の『孔子家語《こうしけご》』にある言葉《ことば》。

類似 金言耳《きんげんみみ》に逆《さか》らう・忠言耳に逆らう

両雄並《りょうゆうなら》び立《た》たず 故事成語

意味 ほぼ同《おな》じ実力《じつりょく》を持《も》っている二人《ふたり》は、必《かなら》ずお互《たが》いに争《あらそ》って相手《あいて》を倒《たお》してしまうので、両者《りょうしゃ》が共《とも》に存在《そんざい》することは無理《むり》だということ。

用例 「優勝旗《ゆうしょうき》を持ち帰《かえ》ることができるのは、この中《なか》でただ一《いっ》チームだけだからね。」「両雄並び立たずだよ。」

参考 中国《ちゅうごく》の『史記《しき》』にある言葉《ことば》。

理路整然《りろせいぜん》 四字熟語

意味 物事《ものごと》や話《はなし》の筋道《すじみち》がきちんと整《ととの》っていること。

用例 彼《かれ》の説明《せつめい》は、理路整然としていてわかりやすかった。

参考 「理路」の「理」も「路」も、物事の筋道のこと。

対照 支離滅裂《しりめつれつ》

★臨機応変《りんきおうへん》 故事成語

意味 その場《ば》その時《とき》の成《な》り行《ゆ》きに合《あ》わせて、適切《てきせつ》な方法《ほうほう》・手段《しゅだん》を取《と》ること。

用例 例外的《れいがいてき》なことについては、臨機応変に対応《たいおう》してください。

類は友を呼ぶ

参考　「臨機」は「機《き》に臨《のぞ》む」、「応変」は「変《へん》に応《おう》ず」で、どちらもその時の状況《じょうきょう》に応じて、適切に処置《しょち》するという意味《いみ》。中国《ちゅうごく》の『南史《なんし》』にある言葉《ことば》。

類似　当意即妙《とういそくみょう》

対照　杓子定規《しゃくしじょうぎ》

る

★類《るい》は友《とも》を呼《よ》ぶ　ことわざ

意味　趣味《しゅみ》や考《かんが》え方《かた》の似《に》ている者《もの》は、お互《たが》いに気《き》持《も》ちが通《つう》じ合《あ》っているので、自然《しぜん》に集《あつ》まってくる。「類を以《もっ》て集まる」ともいう。

用例　類は友を呼ぶで、僕《ぼく》の友達《ともだち》はみんな同《おな》じ漫画《まんが》を持《も》っていたんだよ。

参考　「類」は、似通《にかよ》ったグループに属《ぞく》しているもの、同類《どうるい》の意味《いみ》。

★瑠璃《るり》も玻璃《はり》も照《て》らせば光《ひか》る　ことわざ

意味　優《すぐ》れた才能《さいのう》の持《も》ち主《ぬし》は、どこにいても目立《めだ》つというたとえ。

用例　瑠璃も玻璃も照らせば光るで、転校《てんこう》していった彼女《かのじょ》は、向《む》こうの学校《がっこう》でも活躍《かつやく》しているらしい。

参考　「瑠璃」や「玻璃」のような宝《ほう》石《せき》に光《ひかり》を当《あ》てると、他《ほか》の石《いし》の中《なか》に交《ま》ざっていても、きらっと照り輝《かがや》いて、すぐに見《み》つけられるという意味《いみ》。「江戸《えど》いろはかるた」にある。

れ

累《るい》を及《およ》ぼす　慣用句

意味　他人《たにん》にまで迷惑《めいわく》をかける。他人を巻《ま》き添《ぞ》えにする。

用例　自宅《じたく》から出火《しゅっか》し、隣近所《となりきんじょ》に累を及ぼしてしまったので、謝罪《しゃざい》をして回《まわ》った。

参考　「累」は、他人から受《う》ける好《この》ましくない影響《えいきょう》のこと。

例《れい》によって例のごとし　慣用句

意味　目新《めあたら》しい事《こと》は何《なに》もなく、いつもと同《おな》じだということ。

用例　例によって例のごとく、またお父《とう》さんがトイレの電気《でんき》を消《け》し忘《わす》れてたよ。

参考　「例」のここでの意味《いみ》は、いつもと変《か》わりがなく、とてもありふれていること。

レールを敷《し》く　慣用句

意味　物事《ものごと》がうまく運《はこ》ぶように準《じゅん》備《び》をしておく。

用例　困難《こんなん》な問題《もんだい》を解決《かいけつ》するには、前《まえ》もってレールを敷いておくことが重要《じゅうよう》だ。

六十の手習い

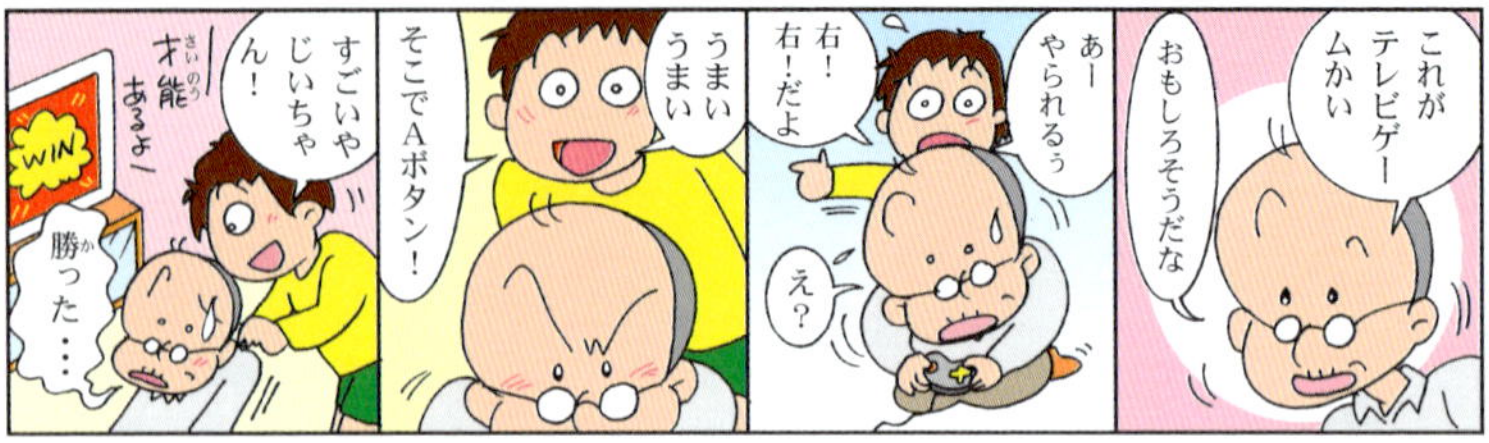

これがテレビゲームかい
おもしろそうだな
あーやられるぅ
右！右！だよ
え？
うまいうまい
そこでAボタン！
すごいやじいちゃん！
才能《さいのう》あるよ
勝《か》った…

烈火《れっか》のごとく　慣用句

意味　とても激《はげ》しく怒《おこ》る様子《ようす》。

用例　彼《かれ》は、その話《はなし》を聞《き》いて烈火のごとく怒った。

参考　「烈火」は、烈《はげ》しく燃《も》え上《あ》がる火《ひ》のことであり、「激しい怒《いか》り」をたとえている。

歴《れっき》とした　慣用句

意味　確《たし》かに認《みと》められた。

用例　これだけ歴とした証拠《しょうこ》がある以上《いじょう》、彼《かれ》が犯人《はんにん》であることは間《ま》違《ちが》いない。

レッテルを貼《は》る　慣用句

意味　人《ひと》に対《たい》して一方的《いっぽうてき》に評価《ひょうか》し、判断《はんだん》する。

用例　運動会《うんどうかい》の徒競走《ときょうそう》でいつもビリなので、「のろまの亀《かめ》」というレッテルを貼られてしまった。

参考　「レッテル」はオランダ語《ご》で、商品名《しょうひんめい》などを表示《ひょうじ》して商品に貼る紙《かみ》のこと。英語《えいご》の「ラベル」と同《おな》じ。

ろ

労多《ろうおお》くして功少《こうすく》なし　ことわざ

意味　苦労《くろう》が多いわりには、効果《こうか》が少ないこと。「労して功なし」ともいう。

用例　新商品開発《しんしょうひんかいはつ》に五年《ごねん》もかけたが、さっぱり売《う》れず、労多くして功少なしだった。

参考　「労」は苦労、「功」は功績《こうせき》。

類似　権兵衛《ごんべえ》が種《たね》まきゃ烏《からす》がほじくる・骨折《ほねお》り損《ぞん》のくたびれ儲《もう》け

老骨《ろうこつ》に鞭打《むちう》つ　慣用句

意味　年老《としお》いた自分《じぶん》の体《からだ》を励《はげ》ましながら物事《ものごと》に当《あ》たる。

用例　祖父《そふ》は老骨に鞭打って、サッカーの練習《れんしゅう》に付《つ》き合《あ》ってくれた。

参考　「老骨」は、年老いた体、「鞭打つ」は、前《まえ》に向《む》かって進《すす》めるように励ますという意味《いみ》。

★老若男女《ろうにゃくなんにょ》　四字熟語

意味　老人《ろうじん》も若者《わかもの》も、男《おとこ》も女《おんな》も全員《ぜんいん》ということ。誰《だれ》も彼《かれ》もみんな。

用例　昨日《きのう》の夏祭《なつまつ》りには、この町《まち》の老若男女がそろって参加《さんか》した。

老婆心《ろうばしん》　慣用句

意味　年《とし》を取《と》った女性《じょせい》がするように、相手《あいて》にうるさがられるほど世話《せわ》を焼《や》くこと。お節介《せっかい》。「老婆親切《しんせつ》」ともいう。

用例　老婆心ながら、一言申《ひとこともう》し上《あ》げます。

参考　相手にお節介だと思《おも》われるかもしれないときに、へりくだっていう言葉《ことば》。

論より証拠

★ローマは一日《いちにち》にして成《な》らず　ことわざ

意味 大《おお》きなことを成《な》し遂《と》げるためには、長《なが》い間《あいだ》の努力《どりょく》の積《つ》み重《かさ》ねがたいせつであるというたとえ。

用例 「ローマは一日にして成らず」というから、文化祭《ぶんかさい》の準備《じゅんび》は早《はや》く始《はじ》めたほうがいいわよ。

参考 強大《きょうだい》で偉大《いだい》な国家《こっか》であるローマ帝国《ていこく》も一日で造《つく》られたわけではなく、長い歳月《さいげつ》と多《おお》くの人々《ひとびと》の努力によって建設《けんせつ》されたということから。元《もと》は西洋《せいよう》のことわざ。

類似 千里《せんり》の道《みち》も一歩《いっぽ》から

六十《ろくじゅう》の手習《てなら》い　慣用句

意味 年《とし》を取《と》ってから学問《がくもん》や習い事《ごと》を始《はじ》めること。

用例 祖父《そふ》が、六十の手習いで、韓国語《かんこくご》の勉強《べんきょう》を始めた。

参考 「手習い」は、字《じ》を習うこと。

ろ

盧生《ろせい》の夢《ゆめ》　故事成語

→〈邯鄲《かんたん》の夢《ゆめ》〉（64ページ）

路頭《ろとう》に迷《まよ》う　慣用句

意味 生活《せいかつ》するための手段《しゅだん》や住居《じゅうきょ》を失《うしな》って、暮《く》らしに困《こま》る。

用例 私《わたし》たちは、将来《しょうらい》自分《じぶん》の家族《かぞく》が路頭に迷わないように、今《いま》から一生懸命《いっしょうけんめい》に努力《どりょく》する必要《ひつよう》がある。

参考 「路頭」は、道端《みちばた》のこと。元《もと》は、「道端でどちらの方向《ほうこう》に進《すす》んでいいか迷う」という意味《いみ》。

呂律《ろれつ》が回《まわ》らない　慣用句

意味 酒《さけ》に酔《よ》っぱらった人《ひと》や幼児《ようじ》などが、舌《した》をうまく動《うご》かせず、言葉《ことば》をうまく話《はな》せない状態《じょうたい》のこと。

用例 忘年会《ぼうねんかい》から帰《かえ》ってきた父《ちち》は、呂律が回らないほど酔っていた。

参考 「呂律」は、物《もの》を言《い》うときの舌の動きぐあい、言葉の調子《ちょうし》。

論語読《ろんごよ》みの論語知《し》らず　ことわざ

意味 書物《しょもつ》をよく読んでいて知識《ちしき》はあるが、実行《じっこう》が伴《ともな》わないというたとえ。本《ほん》の内容《ないよう》を表面的《ひょうめんてき》に理解《りかい》しているだけで、深《ふか》くは理解していないこと。

用例 彼《かれ》は、昆虫《こんちゅう》についてよく知っているが、論語読みの論語知らずで、今《いま》まで一度《いちど》も昆虫を飼《か》ったことがないんだって。

参考 「上方《かみがた》いろはかるた」にある。

★論《ろん》より証拠《しょうこ》　ことわざ

意味 あれこれ議論《ぎろん》するよりも、証拠を示《しめ》せばすぐに解決《かいけつ》するということ。

用例 「チョコレートケーキを食《た》べたのは誰《だれ》？」「知《し》らないわよ。」「論より証拠よ。シャツにチョコレートが付《つ》いているじゃない。」

脇目も振らず

参考 「江戸《えど》いろはかるた」にある。

論《ろん》をまたない　慣用句

意味 言《い》うまでもない。わざわざ議論《ぎろん》するまでもなく、明白《めいはく》である。

用例 自然環境保護《しぜんかんきょうほご》のために、炭酸《たんさん》ガスの規制《きせい》が必要《ひつよう》なことは、論をまたない。

わ

★若《わか》い時《とき》の辛労《しんろう》は買《こ》うてもせよ　ことわざ

意味 若い時に苦労《くろう》した経験《けいけん》は、将来《しょうらい》きっと役《やく》に立《た》つ貴重《きちょう》な経験になるから、自《みずか》ら進《すす》んで積極的《せっきょくてき》に求《もと》めるべきだということ。「若い時の苦労は買《か》ってもせよ」ともいう。

用例 「若い時の辛労は買うてもせよ」というから、何《なん》でもチャレンジしてみなさい。

類似 かわいい子《こ》には旅《たび》をさせよ・獅子《しし》の子落《こお》とし

若気《わかげ》の至《いた》り　慣用句

意味 若い時《とき》には、よく考《かんが》えないで行動《こうどう》して、とんでもない失敗《しっぱい》をしでかしてしまうこと。

用例 彼《かれ》も若気の至りでやったのだろう。今回《こんかい》だけは許《ゆる》そう。

参考 「若気」は、勢《いきお》いに任《まか》せた行動をとる若者《わかもの》の気質《きしつ》のこと。「至り」は、行《い》き着《つ》く所《ところ》。

我《わ》が身《み》をつねって人《ひと》の痛《いた》さを知《し》れ　ことわざ

意味 自分《じぶん》の痛みと比《くら》べることで、人の痛みを知りなさいという教《おし》え。

用例 「我が身をつねって人の痛さを知れ」というでしょ。仲間外《なかまはず》れは、やめなさいよ。

和気藹藹《わきあいあい》（靄靄）　故事成語

意味 和《なご》やかな気分《きぶん》が満《み》ちあふれている様子《ようす》。

用例 隣町《となりまち》の学校《がっこう》との交流会《こうりゅうかい》は、和気藹藹とした楽《たの》しい会だった。

参考 「和気」も「藹藹」も、和《なご》やか、穏《おだ》やか、和《やわ》らぐという意味《いみ》。中国《ちゅうごく》の李邕《りよう》の詩《し》『春賦《しゅんぷ》』の一節《いっせつ》。

★脇目《わきめ》も振《ふ》らず　慣用句

意味 一《ひと》つのことに熱中《ねっちゅう》して、他《ほか》のことに気《き》を取《と》られない様子《ようす》。

用例 彼《かれ》は脇目も振らず、毎日《まいにち》テニスのラケットを振り続《つづ》けている。

参考 「脇目」は、対象《たいしょう》や目的《もくてき》から目《め》をそらすこと。

類似 一意専心《いちいせんしん》・一心不乱《いっしんふらん》

禍《わざわい》は口《くち》から　ことわざ

→〈病《やまい》は口《くち》より入《い》り、禍《わざわい》は口より出《い》ず〉（249ページ）

わ

禍を転じて福となす

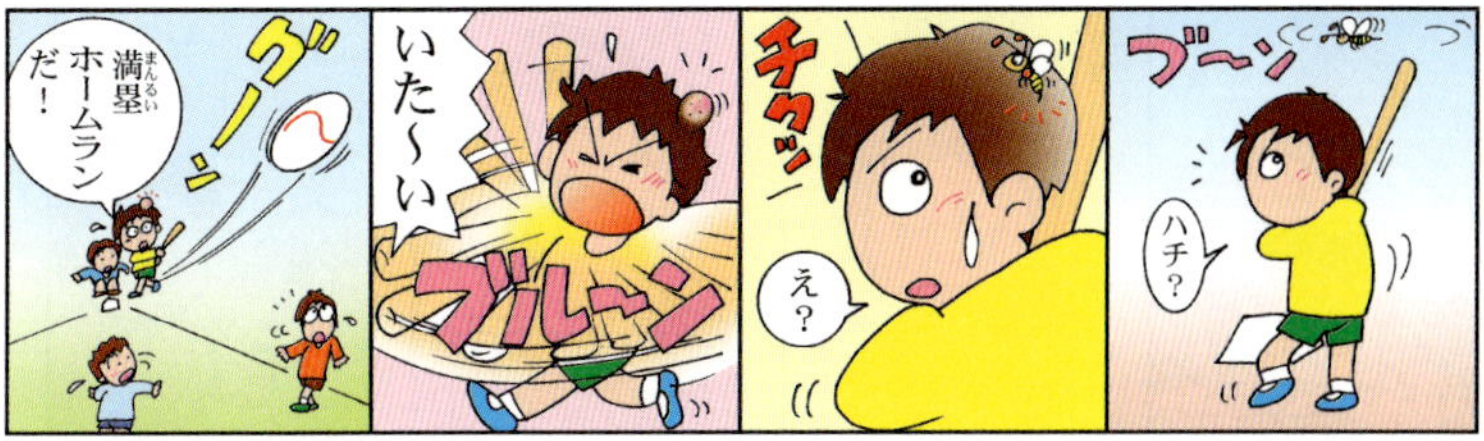

★禍《わざわい》を転《てん》じて福《ふく》となす

故事成語

意味　自分《じぶん》に降《ふ》りかかった災難《さいなん》に失望《しつぼう》することなく、それを逆《ぎゃく》に利《り》用《よう》して、幸運《こううん》に変《か》えてしまう。

用例　「交通事故《こうつうじこ》に遭《あ》った隣《となり》の息《むす》子《こ》さん、病院《びょういん》でお世話《せわ》になった看《かん》護師《ごし》さんと結婚《けっこん》だって。」「禍を転じて福となすで、よかったわね。」

参考　中国《ちゅうごく》の『戦国策《せんごくさく》』にある言葉《ことば》。

類似　失敗《しっぱい》は成功《せいこう》の基《もと》

綿《わた》のように疲《つか》れる

慣用句

意味　ひどく疲れる。

用例　父《ちち》は毎日《まいにち》の残業続《ざんぎょうつづ》きで、綿のように疲れていた。

★渡《わた》りに船《ふね》

慣用句

意味　何《なに》かをしたいと思《おも》っているときに、自分《じぶん》にとってとても都合《つごう》のいいことが起《お》こること。

用例　テニスをしたいと思っていたら、ちょうどテニス部《ぶ》に誘《さそ》われたので、渡りに船と入部《にゅうぶ》したよ。

参考　川《かわ》の向《む》こう岸《ぎし》に渡りたいと思っていたら、ちょうどうまい具《ぐ》合《あい》に船があったということから。

類似　地獄《じごく》で仏《ほとけ》に会《あ》ったよう・闇《やみ》夜《よ》に提灯《ちょうちん》

★渡《わた》る世間《せけん》に鬼《おに》はない

ことわざ

意味　世《よ》の中《なか》には、冷酷《れいこく》で薄情《はくじょう》な人《ひと》ばかりではなく、親切《しんせつ》で心《こころ》の温《あたた》かい人もいるものだということ。

用例　財布《さいふ》を落《お》として落ち込《こ》んでいたけど、拾《ひろ》って届《とど》けてくれた人がいたんだよ。「渡る世間に鬼はない」というけど、本当《ほんとう》だね。

類似　捨《す》てる神《かみ》あれば拾う神あり

和洋折衷《わようせっちゅう》

四字熟語

意味　和風《わふう》と洋風《ようふう》を、ほどよく調《ちょう》和《わ》させて取《と》り入《い》れること。

用例　最近《さいきん》の日本の家《いえ》の間取《まど》りは、ほとんどが和洋折衷です。

参考　「折衷」は、二《ふた》つの良《よ》い所《ところ》を取って調和させるという意味《いみ》。

★笑《わら》う門《かど》には福来《ふくき》たる

ことわざ

意味　いつも笑いが絶《た》えない家《いえ》には、自然《しぜん》と幸福《こうふく》が訪《おとず》れる。また、悲《かな》しく苦《くる》しい時《とき》も、希望《きぼう》を失《うしな》わないでいれば、いつか必《かなら》ず幸《しあわ》せに満《み》ちあふれた日々《ひび》がやってくる。

用例　最近《さいきん》は不運続《ふうんつづ》きだけど、せめて笑って過《す》ごしましょう。「笑う門には福来たる」というから。

参考　「門」は、一族《いちぞく》・家族《かぞく》という意味《いみ》。「上方《かみがた》いろはかるた」にある。

藁《わら》にもすがる

慣用句

→〈溺《おぼ》れる者《もの》は藁《わら》をもつかむ〉（48ページ）

我を忘れる

割《わり》に合《あ》う　慣用句

意味　苦労《くろう》や努力《どりょく》に見合《みあ》うだけの利益《りえき》がある。損《そん》をするよりも得《とく》をするほうが多《おお》い。

用例　兄《あに》は、割に合うアルバイトを見《み》つけたと喜《よろこ》んでいた。

参考　「割」は、「苦労・努力」と「利益・得」との割合《わりあい》のこと。

対照　割に合わない・間尺《ましゃく》に合わない

割《わり》を食《く》う　慣用句

意味　損《そん》をする。

用例　私《わたし》は人《ひと》がよすぎるせいか、クラス行事《ぎょうじ》ではいつも割を食ってしまう。

破《わ》れ鍋《なべ》に綴《と》じ蓋《ぶた》　ことわざ

意味　夫婦《ふうふ》は、似《に》た者同士《ものどうし》のほうがうまくいく。どんな人《ひと》にもその人にふさわしい相手《あいて》がいるというたとえ。

用例　破れ鍋に綴じ蓋の私《わたし》ども夫婦は、今年《ことし》で結婚四十年《けっこんよんじゅうねん》になります。

参考　壊《こわ》れてしまった鍋にも、それに合《あ》う蓋があるということから。自分《じぶん》たちをへりくだって言《い》う言葉《ことば》で、他人《たにん》に対《たい》しては使《つか》わない。「江戸《えど》いろはかるた」にある。

★我《われ》に返《かえ》る　慣用句

意味　①夢中《むちゅう》になっていた状態《じょうたい》から、冷静《れいせい》な意識《いしき》を取《と》り戻《もど》す。②気《き》を失《うしな》っていた人《ひと》が、正気《しょうき》に戻る。

用例　①山道《やまみち》をぼんやりと歩《ある》いていたが、ふと我に返ると、いつの間《ま》にか知《し》らない場所《ばしょ》に来《き》ていた。

★我《われ》を忘《わす》れる　慣用句

意味　すっかり心《こころ》を奪《うば》われ、理性《りせい》(冷静《れいせい》に判断《はんだん》する力《ちから》)を失《うしな》う。ぼんやりとする。夢中《むちゅう》になる。

用例　新《あたら》しく買《か》った本《ほん》がおもしろくて、電話《でんわ》の音《おと》に気付《きづ》かないほど我を忘れてしまった。

★輪《わ》を掛《か》ける　慣用句

意味　物事《ものごと》をいっそうおおげさにする。

用例　兄《あに》もそうだが、父《ちち》はそれに輪を掛けてせっかちだ。

参考　元《もと》の意味《いみ》は、「一回《ひとまわ》り大きくする」ということ。

和《わ》を以《もっ》て貴《とうと》しと為《な》す　ことわざ

意味　何事《なにごと》においてもお互《たが》いに仲《なか》良《よ》くしていくことこそが、この世《よ》の中《なか》で最《もっと》もたいせつなことである。

用例　何事も「和を以て貴しと為す」の精神《せいしん》で行《おこな》えば、世の中平和《へいわ》になるだろうなあ。

参考　聖徳太子《しょうとくたいし》の「十七条《じゅうしちじょう》の憲法《けんぽう》」第一条《だいいちじょう》にある言葉《ことば》。

入試でる順チェック 重要 慣用句60

□に言葉《ことば》を入《い》れて、慣用句《かんようく》を完成《かんせい》させよう！

1	□が痛《いた》い	自分《じぶん》の欠点《けってん》や弱点《じゃくてん》を指摘《してき》されて、聞《き》くのがつらい。
2	□が高《たか》い	得意《とくい》そうにする様子《ようす》。
3	□が肥《こ》える	優《すぐ》れた物《もの》を数多《かずおお》く見《み》て、物の価値《かち》を正《ただ》しく見分《みわ》ける力《ちから》が付《つ》く。
4	□が滑《すべ》る	言《い》ってはいけないことを、うっかりしゃべってしまう。
5	□を焼《や》く	扱《あつか》いに困《こま》る。なかなかうまくいかず、困り果《は》てる。
6	□が広《ひろ》い	知《し》り合《あ》いが多《おお》く、たくさんの人《ひと》と付《つ》き合いがある。
7	□が棒《ぼう》になる	歩《ある》きすぎや立《た》ちすぎで、疲《つか》れて足《あし》がこわばる。
8	□から□が出《で》る	恥《は》ずかしさで顔《かお》が赤《あか》くなる。
9	□が高《たか》い	物《もの》の良《よ》い悪《わる》いを見分《みわ》ける力《ちから》を持《も》っている。
10	□が出《で》る	予算《よさん》を超《こ》えたお金《かね》を使《つか》う。
11	□が立《た》たない	相手《あいて》が強《つよ》すぎて、対抗《たいこう》できない。
12	□を明《あ》かす	相手《あいて》が油断《ゆだん》している隙《すき》に、出《だ》し抜《ぬ》いてあっと言《い》わせる。
13	□を長《なが》くする	今《いま》か今かと待《ま》ち望《のぞ》んでいる。
14	□を投《な》げる	物事《ものごと》がどうにかなる見込《みこ》みがないとあきらめる。
15	□に泥《どろ》を塗《ぬ》る	恥《はじ》をかかせて、名誉《めいよ》を傷《きず》つける。
16	□に掛《か》ける	得意《とくい》になって自慢《じまん》する。
17	□を丸《まる》くする	驚《おどろ》いて目《め》を見開《みひら》く。
18	□が合《あ》う	お互《たが》いに気心《きごころ》が合い、しっくりいく。
19	□に余《あま》る	あまりにひどくて、黙《だま》っていられない。
20	お□を濁《にご》す	いいかげんなことを言《い》ったりしたりして、その場《ば》をごまかす。

解答　1 耳《みみ》　2 鼻《はな》　3 目《め》　4 口《くち》　5 手《て》　6 顔《かお》　7 足《あし》　8 顔《かお》・火《ひ》　9 目《め》　10 足《あし》　11 歯《は》　12 鼻《はな》　13 首《くび》　14 さじ　15 顔《かお》　16 鼻《はな》　17 目《め》　18 馬《うま》　19 目《め》　20 茶《ちゃ》

21 □を割《わ》る
隠《かく》し事《ごと》を隠しきれなくなって白状《はくじょう》する。

22 □を引《ひ》っ張《ぱ》る
他人《たにん》の成功《せいこう》や行動《こうどう》の妨害《ぼうがい》をする。

23 □に付《つ》く
経験《けいけん》を積《つ》んで、動作《どうさ》や態度《たいど》が役割《やくわり》にぴったり合《あ》ってくる。

24 □を売《う》る
無駄話《むだばなし》をして仕事《しごと》を怠《なま》ける。

25 □に流《なが》す
過去《かこ》のことをとやかく言《い》わず、なかったことにする。

26 □を被《かぶ》る
自分《じぶん》の本性《ほんしょう》を隠《かく》して、おとなしそうに振《ふ》る舞《ま》う。

27 □も葉《は》もない
よりどころとなるものがまったくない。

28 □を脱《ぬ》ぐ
相手《あいて》の力《ちから》を認《みと》めて、素直《すなお》に降参《こうさん》する。

29 □で鼻《はな》を括《くく》る
人《ひと》に話《はな》し掛《か》けられたり、頼《たの》み事《ごと》をされたりしたとき、無愛想《ぶあいそう》に対応《たいおう》する。

30 □に水《みず》
思《おも》いがけない出来事《できごと》や不意《ふい》の知《し》らせに驚《おどろ》くたとえ。

31 □に乗《の》る
相手《あいて》の巧《たく》みな話《はな》し方《かた》やおだてに乗って、だまされる。

32 □の荷《に》が下《お》りる
重《おも》い責任《せきにん》を果《は》たして、ほっとする。

33 □を決《き》める
決心《けっしん》する。覚悟《かくご》を決める。

34 □を掛《か》ける
特《とく》にかわいがって、親切《しんせつ》に世話《せわ》をする。

35 □に付《つ》く
飽《あ》きて嫌《いや》になる。人《ひと》の言動《げんどう》などをうっとうしく感《かん》じる。

36 □を押《お》す
道理《どうり》に合《あ》わないことを無理《むり》やりに行《おこな》う。

37 □を持《も》つ
味方《みかた》をして助《たす》ける。ひいきする。

38 □を折《お》る
苦労《くろう》する。人《ひと》のために力《ちから》を尽《つ》くす。

39 □から手《て》が出《で》る
どうしても欲《ほ》しくてたまらない。

40 □付《つ》き
人《ひと》や物《もの》について、人格《じんかく》や品質《ひんしつ》が優《すぐ》れていると保証《ほしょう》すること。

解答
21 口《くち》　22 足《あし》　23 板《いた》　24 油《あぶら》　25 水《みず》　26 猫《ねこ》　27 根《ね》　28 兜《かぶと》　29 木《き》　30 寝耳《ねみみ》　31 口車《くちぐるま》　32 肩《かた》　33 腹《はら》　34 目《め》　35 鼻《はな》　36 横車《よこぐるま》　37 肩《かた》　38 骨《ほね》　39 喉《のど》　40 折《お》り紙《がみ》

41 □を呑《の》む
はっと驚《おどろ》いて息《いき》を止《と》める。

42 □に暮《く》れる
どうしてよいかわからなくなり、困《こま》り果《は》てる。

43 □に□は代《か》えられない
大《おお》きなことをするためには、小《ちい》さなことに構《かま》っていられない。

44 □に□を立《た》てる
怒《おこ》って、怖《こわ》い目《め》つきになる。

45 □を巻《ま》く
何《なに》も言《い》えなくなるほど、とても驚《おどろ》いたり、感心《かんしん》したりする。

46 □を括《くく》る
たいしたことがないと軽《かる》く見《み》る。

47 □に衣《きぬ》着《き》せぬ
遠慮《えんりょ》しないで、思《おも》っていることをずけずけと言《い》う。

48 □を占《し》める
一度《いちど》やってうまくいったことが忘《わす》れられなくなる。

49 □が堅《かた》い
秘密《ひみつ》など、言《い》ってはいけないことを、軽々《かるがる》しく話《はな》さない。

50 □が上《あ》がる
技術《ぎじゅつ》や能力《のうりょく》が進歩《しんぽ》する。上達《じょうたつ》する。

51 □に余《あま》る
自分《じぶん》の能力《のうりょく》ではどうにもならない。どうしていいかわからない。

52 □が立《た》つ
世間《せけん》に対《たい》する名誉《めいよ》が守《まも》られる。面目《めんぼく》や体面《たいめん》が保《たも》たれる。

53 □に乗《の》る
いい気《き》になって、つけ上《あ》がる。

54 □が置《お》けない
気《き》を遣《つか》ったり、遠慮《えんりょ》したりせずに、気楽《きらく》に付《つ》き合《あ》える。

55 □を刺《さ》す
あとで間違《まちが》いがないように、強《つよ》く言《い》い聞《き》かせておく。

56 □がいい
身勝手《みがって》で厚《あつ》かましい。自分《じぶん》の都合《つごう》だけを考《かんが》えて、ずうずうしい。

57 □を掛《か》ける
物事《ものごと》をいっそうおおげさにする。

58 □に瑕《きず》
立派《りっぱ》なもの、優《すぐ》れたものにあるわずかな欠点《けってん》。

59 □を食《く》う
ひどく慌《あわ》てる。うろたえる。

60 □に水《みず》
話《はな》し方《かた》によどみがなく、続《つづ》けてどんどん言葉《ことば》が出《で》る様子《ようす》。

解答
41 息《いき》 42 途方《とほう》 43 背《せ》・腹《はら》 44 目《め》・角《かど》 45 舌《した》 46 高《たか》 47 歯《は》 48 味《あじ》 49 口《くち》 50 腕《うで》 51 手《て》 52 顔《かお》 53 図《ず》 54 気《き》 55 釘《くぎ》 56 虫《むし》 57 輪《わ》 58 玉《たま》 59 泡《あわ》 60 立《た》て板《いた》

入試でる順チェック 重要 ことわざ40

□に言葉《ことば》を入《い》れて、ことわざを完成《かんせい》させよう！

1 □取《と》らず
あれもこれもと欲張《よくば》ると、どれも手《て》に入《い》れられず、失敗《しっぱい》する。

2 井《い》の中《なか》の□大海《たいかい》を知《し》らず
自分《じぶん》の狭《せま》い知識《ちしき》や経験《けいけん》にとらわれて、他《ほか》の広《ひろ》い世界《せかい》を知らない。

3 □の川流《かわなが》れ
どんな名人《めいじん》でも、ときには失敗《しっぱい》することがあるというたとえ。

4 □も木《き》から落《お》ちる
どんなに上手《じょうず》な人《ひと》でも、ときには失敗《しっぱい》することがあるというたとえ。

5 立《た》つ□跡《あと》を濁《にご》さず
立ち去《さ》るときは、きれいに後始末《あとしまつ》をしておくべきである。

6 泣《な》きっ面《つら》に□
悪《わる》いことの上《うえ》にさらに悪いことが重《かさ》なって起《お》こること。

7 □兎《と》を追《お》う者《もの》は一兎《いっと》をも得《え》ず
同時《どうじ》に二《ふた》つのことをしようとして、結局《けっきょく》は二つとも失敗《しっぱい》してしまう。

8 □の耳《みみ》に念仏《ねんぶつ》
意見《いけん》や忠告《ちゅうこく》などをしてもまったく効《き》き目《め》がないことのたとえ。

9 急《いそ》がば□
急いでいるときほど、ゆっくり落《お》ち着《つ》いてやりなさいという教《おし》え。

10 □にも筆《ふで》の誤《あやま》り
その道《みち》でどんなに優《すぐ》れた達人《たつじん》にも失敗《しっぱい》はあるというたとえ。

11 暖簾《のれん》に□押《お》し
少《すこ》しも手応《てごた》えがないこと。

12 糠《ぬか》に□
少《すこ》しも手応《てごた》えがない、効《き》き目《め》がないことのたとえ。

13 □こそ物《もの》の上手《じょうず》なれ
どんなことでも好《す》きなことは熱心《ねっしん》にやるから、上手になるものだ。

14 □は事《こと》を仕損《しそん》じる
物事《ものごと》をあまり急《いそ》いでやると、失敗《しっぱい》しやすい。

15 塵《ちり》も積《つ》もれば□となる
小《ちい》さなことでも継続《けいぞく》すれば、大《おお》きなことができるということ。

16 一寸《いっすん》の□にも五分《ごぶ》の魂《たましい》
小《ちい》さく弱《よわ》い者《もの》でも、それ相応《そうおう》の意《い》地《じ》を持《も》っていてあなどれない。

17 □で□を釣《つ》る
わずかな労力《ろうりょく》や元手《もとで》で、大《おお》きな利《り》益《えき》を得《え》る。

18 □過《す》ぎれば熱《あつ》さを忘《わす》れる
苦《くる》しいときが過ぎ去《さ》れば、そのときの苦痛《くつう》を簡単《かんたん》に忘れてしまう。

19 □を叩《たた》いて渡《わた》る
用心《ようじん》に用心を重《かさ》ねて行動《こうどう》する。慎《しん》重《ちょう》に物事《ものごと》を行《おこな》うことのたとえ。

20 □の道《みち》も一歩《いっぽ》から
どんなに大《おお》きな計画《けいかく》も、まず小《ちい》さなことから始《はじ》めなさいということ。

解答
1 虻蜂《あぶはち》
2 蛙《かわず》
3 河童《かっぱ》
4 猿《さる》
5 鳥《とり》
6 蜂《はち》
7 二《に》
8 馬《うま》
9 回《まわ》れ
10 弘法《こうぼう》
11 腕《うで》
12 釘《くぎ》
13 好《す》き
14 急《せ》いて
15 山《やま》
16 虫《むし》
17 海老《えび》・鯛《たい》
18 喉元《のどもと》
19 石橋《いしばし》
20 千里《せんり》

□ 21 □は人《ひと》のためならず
人に親切《しんせつ》にすれば、巡《めぐ》り巡って自《じ》分《ぶん》に良《よ》い報《むく》いがある。

□ 22 □転《ころ》び□起《お》き
何度《なんど》失敗《しっぱい》しても、勇気《ゆうき》を出《だ》して奮《ふる》い立《た》つこと。

□ 23 かわいい子《こ》には□をさせよ
子どもは甘《あま》やかさないで、世《よ》の中《なか》に出《だ》して苦労《くろう》をさせたほうがいい。

□ 24 渡《わた》る世間《せけん》に□はない
世《よ》の中《なか》の人《ひと》は、薄情《はくじょう》な冷《つめ》たい人ばかりではないということ。

□ 25 □千里《せんり》を走《はし》る
悪《わる》いことはすぐに世間《せけん》に知《し》れ渡《わた》る。

□ 26 三人《さんにん》寄《よ》れば文殊《もんじゅ》の□
三人集《あつ》まって相談《そうだん》し合《あ》えば、優《すぐ》れた考《かんが》えが出《で》てくること。

□ 27 □の上《うえ》にも三年《さんねん》
どんなにつらくても、辛抱《しんぼう》すれば報《むく》われるときが来《く》る。

□ 28 転《ころ》ばぬ先《さき》の□
何《なに》かを始《はじ》める前《まえ》には十分注意《じゅうぶんちゅうい》を払《はら》うことがたいせつだという教《おし》え。

□ 29 □は一見《いっけん》に如《し》かず
話《はなし》で聞《き》くよりも、自分《じぶん》の目《め》で確《たし》かめるほうがよくわかるということ。

□ 30 良薬《りょうやく》は□に苦《にが》し
自分《じぶん》にとってためになる他人《たにん》の忠《ちゅう》告《こく》は、なかなか素直《すなお》に聞《き》けない。

□ 31 溺《おぼ》れる者《もの》は□をもつかむ
窮地《きゅうち》にある者は、まったく頼《たよ》りにならないものにまですがる。

□ 32 まかぬ□は生《は》えぬ
何《なに》もしないで、良《よ》い結果《けっか》を期待《きたい》しても無駄《むだ》である。

□ 33 後《あと》は□となれ□となれ
今《いま》さえよければ、後はどうなっても構《かま》わない。

□ 34 □屋《や》の□袴《ばかま》
他人《たにん》のことをするのに忙《いそが》しく、自《じ》分《ぶん》のことは後回《あとまわ》しだというたとえ。

□ 35 案《あん》ずるより□が易《やす》し
物事《ものごと》は実際《じっさい》にやってみると、心配《しんぱい》していたよりたやすいものだ。

□ 36 □に短《みじか》し□に長《なが》し
中途半端《ちゅうとはんぱ》で役《やく》に立《た》たないことのたとえ。

□ 37 □の甲《こう》より年《とし》の功《こう》（劫）
年長者《ねんちょうしゃ》が長《なが》い経験《けいけん》で身《み》につけた豊《ゆた》かな知恵《ちえ》は尊《とうと》いということ。

□ 38 能《のう》ある□は爪《つめ》を隠《かく》す
優《すぐ》れた能力《のうりょく》の持《も》ち主《ぬし》は、むやみにそれを見《み》せつけたりしない。

□ 39 □も鳴《な》かずば打《う》(撃)たれまい
よけいなことを言《い》ったために、災《さい》難《なん》を招《まね》く。

□ 40 取《と》らぬ□の皮算用《かわざんよう》
まだ決《き》まっていない物事《ものごと》を当《あ》てにすること。

解答
21 情《なさ》け　22 七《なな》・八《や》　23 旅《たび》　24 鬼《おに》　25 悪事《あくじ》　26 知恵《ちえ》　27 石《いし》　28 杖《つえ》　29 百聞《ひゃくぶん》　30 口《くち》　31 藁《わら》　32 種《たね》　33 野《の》・山《やま》　34 紺《こう》・白《しろ》　35 産《う》む　36 帯《おび》・襷《たすき》　37 亀《かめ》　38 鷹《たか》　39 雉《きじ》　40 狸《たぬき》

入試でる順チェック 重要 四字熟語40

□に漢字《かんじ》を入《い》れて、四字熟語《よじじゅくご》を完成《かんせい》させよう！

□1 □日《じつ》□秋《しゅう》
とても待《ま》ち遠《どお》しいこと。

□2 □差《さ》□別《べつ》
物事《ものごと》の種類《しゅるい》や様子《ようす》に多《おお》くの差があること。

□3 □束《そく》□文《もん》
値段《ねだん》が極《きわ》めて安《やす》いこと。品物《しなもの》をまとめて、安く投《な》げ売《う》りにするときなどにいう。

□4 □□始《し》終《じゅう》
始《はじ》めから終《お》わりまで。ある事柄《ことがら》の全部《ぜんぶ》。

□5 □耳《じ》□風《ふう》
他人《たにん》の意見《いけん》や忠告《ちゅうこく》などをまったく気《き》に留《と》めず、聞《き》き流《なが》すこと。

□6 有《ゆう》□無《む》□
名前《なまえ》ばかりで、実質《じっしつ》が伴《ともな》わないこと。

□7 □心《しん》□心《しん》
口《くち》に出《だ》して言《い》わなくても、互《たが》いに意思《いし》が通《つう》じること。

□8 □挙《きょ》□得《とく》
一回《いっかい》の動作《どうさ》で二《ふた》つのものを得《え》ること。

□9 □朝《ちょう》□夕《せき》
短《みじか》い時間《じかん》。

□10 意《い》味《み》□□
文章《ぶんしょう》や発言《はつげん》に、深《ふか》い別《べつ》の意味が隠《かく》されていること。

□11 危《き》機《き》□□
すぐそばまで危険《きけん》が迫《せま》っている状態《じょうたい》。

□12 □里《り》□中《ちゅう》
周囲《しゅうい》の状況《じょうきょう》がつかめず、どうしたらいいか、見当《けんとう》が付《つ》かないこと。

□13 言《ごん》語《ご》□□
口《くち》にできないほど、あまりにもひどいこと。

□14 絶《ぜっ》□絶《ぜつ》□
逃《のが》れようのない、非常《ひじょう》に困難《こんなん》な場面《ばめん》・立場《たちば》に追《お》い詰《つ》められた状態《じょうたい》。

□15 大《たい》□□成《せい》
大人物《だいじんぶつ》というのは、少《すこ》しずつ成長《せいちょう》していって、立派《りっぱ》になるということ。

□16 □変《ぺん》□化《か》
状況《じょうきょう》や状態《じょうたい》などがいろいろと変化《へんか》して、少《すこ》しもとどまっていないこと。

□17 □刀《とう》□入《にゅう》
前置《まえお》きなしにいきなり本題《ほんだい》に入《はい》ること。

□18 付《ふ》□雷《らい》□
深《ふか》く考《かんが》えず、他人《たにん》の意見《いけん》に簡単《かんたん》に賛成《さんせい》すること。

□19 臨《りん》□応《おう》□
その場《ば》その場の成《な》り行《ゆ》きに合《あ》わせて、適切《てきせつ》な方法《ほうほう》・手段《しゅだん》を取《と》ること。

□20 □気《き》□合《ごう》
互《たが》いの気持《きも》ちや考《かんが》えがぴったり一致《いっち》すること。

解答

1 一《いち》・千《せん》
2 千《せん》・万《ばん》
3 二《に》・三《さん》
4 一《いち》・部《ぶ》
5 馬《ば》・東《とう》
6 名《めい》・実《じつ》
7 以《い》・伝《でん》
8 一《いっ》・両《りょう》
9 一《いっ》・一《いっ》
10 深《しん》・長《ちょう》
11 一《いっ》・髪《ぱつ》
12 五《ご》・霧《む》
13 道《どう》・断《だん》
14 体《たい》・命《めい》
15 器《き》・晩《ばん》
16 千《せん》・万《ばん》
17 単《たん》・直《ちょく》
18 和《わ》・同《どう》
19 機《き》・変《へん》
20 意《い》・投《とう》

21 □望《ぼう》□里《り》

一目《ひとめ》ではるか遠《とお》くまで見渡《みわた》せるほど、眺《なが》めが開《ひら》けていること。

22 一《いっ》喜《き》□□

喜《よろこ》んだり心配《しんぱい》したりして、落《お》ち着《つ》かないこと。

23 一《いっ》□二《に》□

一《ひと》つの行為《こうい》から二《ふた》つの利益《りえき》を得《え》ること。

24 □往《おう》□往《おう》

まごついて、あっちこっちへ動《うご》き回《まわ》ること。

25 完全《かんぜん》□□

完全で、少《すこ》しも欠点《けってん》がないこと。

26 空《くう》□絶《ぜつ》□

今《いま》までに例《れい》がなく、これから先《さき》にもないだろうと思《おも》われるような、めったにないこと。

27 喜《き》□哀《あい》□

喜《よろこ》びと怒《いか》りと悲《かな》しみと楽《たの》しみ。人間《にんげん》のいろいろな感情《かんじょう》をまとめていう言《い》い方《かた》。

28 □明《めい》□大《だい》

公平《こうへい》で隠《かく》し事《ごと》がなく、正《ただ》しくて堂々《どうどう》としていること。

29 自《じ》□自《じ》□

自分《じぶん》で自分のことを褒《ほ》めること。

30 □苦《く》□苦《く》

ひどく苦《くる》しむこと。

31 心《しん》□一《いっ》□

あることをきっかけに、気持《きも》ちがすっかり変《か》わること。

32 針《しん》□棒《ぼう》□

ちょっとしたことをおおげさに言《い》うこと。

33 □代《だい》□聞《もん》

これまでに聞《き》いたこともないような、非常《ひじょう》に変《か》わったこと。また、たいへんな出来事《できごと》。

34 日《にっ》□月《げっ》□

日《ひ》ごと月《つき》ごとに、絶《た》え間《ま》なく進歩《しんぽ》すること。

35 不《ふ》□実《じっ》□

あれこれ言《い》わずに、黙《だま》って実際《じっさい》に行動《こうどう》すること。

36 無《む》□□中《ちゅう》

我《われ》を忘《わす》れるほど、あることにひたすら熱中《ねっちゅう》すること。

37 一《いっ》□一《いっ》□

長所《ちょうしょ》もあり、短所《たんしょ》もあるということ。

38 晴《せい》□雨《う》□

思《おも》いのままのんびりと生活《せいかつ》すること。

39 一《いっ》□同《どう》□

何人《なんにん》かの人間《にんげん》が心《こころ》を一《ひと》つにして、同《おな》じ体《からだ》を持《も》つ一人《ひとり》の人《ひと》のように結束《けっそく》すること。

40 公《こう》□無《む》□

私的《してき》な感情《かんじょう》を交《まじ》えないで、公平《こうへい》に対応《たいおう》すること。

解答

21 一《いち》・千《せん》　22 一《いち》・憂《ゆう》　23 石《せき》・鳥《ちょう》　24 右《う》・左《さ》　25 無《む》・欠《けつ》　26 前《ぜん》・後《ご》　27 怒《ど》・楽《らく》　28 公《こう》・正《せい》　29 画《が》・賛《さん》　30 四《し》・八《はっ》　31 機《き》・転《てん》　32 小《しょう》・大《だい》　33 前《ぜん》・未《み》　34 進《しん》・歩《ぽ》　35 言《げん》・行《こう》　36 我《が》・夢《む》　37 長《ちょう》・短《たん》　38 耕《こう》・読《どく》　39 心《しん》・体《たい》　40 平《へい》・私《し》

グループ別 さくいん

この辞書《じしょ》に収録《しゅうろく》したおもな慣用句《かんようく》・ことわざ・故事成語《こじせいご》・四字熟語《よじじゅくご》を、動物《どうぶつ》や体《からだ》の部分《ぶぶん》など、それぞれが含《ふく》んでいる言葉《ことば》に注目《ちゅうもく》して、グループに分《わ》けています。学習《がくしゅう》したことわざなどを、まとめて覚《おぼ》えるときの助《たす》けとして活用《かつよう》してください。

天候《てんこう》・季節《きせつ》

秋茄子《あきなす》は嫁《よめ》に食《く》わすな……5
秋《あき》の日《ひ》は釣瓶《つるべ》落《お》とし……5
明日《あした》は明日《あした》の風《かぜ》が吹《ふ》く……8
暑《あつ》さ寒《さむ》さも彼岸《ひがん》まで……11
雨垂《あまだ》れ石《いし》を穿《うが》つ……14
雨《あめ》が降《ふ》ろうが槍《やり》が降《ふ》ろうが……14
雨降《あめふ》って地固《じかた》まる……14
嵐《あらし》の前《まえ》の静《しず》けさ……15
一日千秋《いちじつせんしゅう》……22
一年《いちねん》の計《けい》は元旦《がんたん》にあり……22
一葉《いちよう》落《お》ちて天下《てんか》の秋《あき》を知《し》る……24
雨後《うご》の筍《たけのこ》(竹《たけ》の子《こ》)……34
雲泥《うんでい》の差《さ》……39
風上《かざかみ》にも置《お》けない……54
風《かぜ》が吹《ふ》けば桶屋《おけや》が儲《もう》かる……54
風《かぜ》の便《たよ》り……55
風《かぜ》の吹《ふ》き回《まわ》し……55
雲《くも》を霞《かすみ》と……87
雲《くも》をつかむよう……87
蛍雪《けいせつ》の功《こう》……89
五里霧中《ごりむちゅう》……100
地震雷《じしんかみなり》火事《かじ》親父《おやじ》……111
秋霜烈日《しゅうそうれつじつ》……117
春夏秋冬《しゅんかしゅうとう》……119
春宵一刻値千金《しゅんしょういっこくあたいせんきん》……119
春眠暁《しゅんみんあかつき》を覚《おぼ》えず……120
晴耕雨読《せいこううどく》……130
青天《せいてん》の霹靂《へきれき》……130
青天白日《せいてんはくじつ》……131
千秋楽《せんしゅうらく》……133
月《つき》に叢雲《むらくも》、花《はな》に風《かぜ》……152
天高《てんたか》く馬肥《うまこ》ゆる秋《あき》……164
どこ吹《ふ》く風《かぜ》……169
飛《と》んで火《ひ》に入《い》る夏《なつ》の虫《むし》……173
怠《なま》け者《もの》の節句働《せっくばたら》き……176
馬耳東風《ばじとうふう》……190
花《はな》に嵐《あらし》……193
風雲急《ふううんきゅう》を告《つ》げる……206
冬来《ふゆき》たりなば春遠《はるとお》からじ……210
付和雷同《ふわらいどう》……211
実《みの》るほど頭《あたま》の下《さ》がる稲穂《いなほ》かな……227
六日《むいか》の菖蒲《あやめ》十日《とおか》の菊《きく》……230
物言《ものい》えば唇《くちびる》寒《さむ》し秋《あき》の風《かぜ》……243
柳《やなぎ》に風《かぜ》……248
柳《やなぎ》に雪折《ゆきお》れなし……248
雪化粧《ゆきげしょう》……252
雪《ゆき》だるま式《しき》……252

場所《ばしょ》・方角《ほうがく》

いざ鎌倉《かまくら》……18
一富士二鷹三茄子《いちふじにたかさんなすび》……23
犬《いぬ》が西向《にしむ》きゃ尾《お》は東《ひがし》……30
牛《うし》に引《ひ》かれて善光寺参《ぜんこうじまい》り……34
江戸《えど》の敵《かたき》を長崎《ながさき》で討《う》つ……40
小田原評定《おだわらひょうじょう》……45
京《きょう》の着倒《きだお》れ大阪《おおさか》の食《く》い倒《だお》れ……77
清水《きよみず》の舞台《ぶたい》から飛《と》び降《お》りる……78
古今東西《ここんとうざい》……97
四方八方《しほうはっぽう》……115
白河《しらかわ》(川)夜船《よふね》……122
すべての道《みち》はローマに通《つう》ず……129
敵《てき》は本能寺《ほんのうじ》にあり……157
東奔西走《とうほんせいそう》……167
南船北馬《なんせんほくば》……178
西《にし》も東《ひがし》もわからない……179
馬耳東風《ばじとうふう》……190
洞《ほら》が峠《とうげ》を決《き》め込《こ》む……217
洋《よう》の東西《とうざい》を問《と》わず……255
ローマは一日《いちにち》にして成《な》らず……265

馬《うま》

生《い》き馬《うま》の目《め》を抜《ぬ》く……16
馬《うま》が合《あ》う……37

馬《うま》の耳《みみ》に念仏《ねんぶつ》……37
牛飲馬食《ぎゅういんばしょく》……75
下馬評《げばひょう》……90
塞翁《さいおう》が馬《うま》……102
将《しょう》を射《い》んと欲《ほっ》すれば
まず馬《うま》を射《い》よ……121
尻馬《しりうま》に乗《の》る……123
竹馬《ちくば》の友《とも》……148
天高《てんたか》く馬肥《うまこ》ゆる秋《あき》……164
南船北馬《なんせんほくば》……178
人間万事塞翁《にんげんばんじさいおう》が馬《うま》……181
馬脚《ばきゃく》を露《あらわ》す……189
馬耳東風《ばじとうふう》……190
ひょうたんから駒《こま》が出《で》る……205
馬子《まご》にも衣装《いしょう》……219
野次馬《やじうま》……247

猫《ねこ》

借《か》りてきた猫《ねこ》……61
窮鼠猫《きゅうそねこ》を噛《か》む……76
猫《ねこ》なで声《ごえ》……183
猫《ねこ》に鰹節《かつおぶし》……183
猫《ねこ》に小判《こばん》……183
猫《ねこ》の手《て》も借《か》りたい……183
猫《ねこ》の額《ひたい》……183
猫《ねこ》の目《め》のよう……183
猫《ねこ》ばば……184
猫《ねこ》も杓子《しゃくし》も……183
猫《ねこ》を被《かぶ》る……183

牛《うし》

牛《うし》に引《ひ》かれて善光寺参《ぜんこうじまい》り……34
牛《うし》の歩《あゆ》み……34
牛飲馬食《ぎゅういんばしょく》……75
九牛《きゅうぎゅう》の一毛《いちもう》……75
牛耳《ぎゅうじ》る……76
鶏口《けいこう》となるも
牛後《ぎゅうご》となるなかれ……89
角《つの》を矯《た》めて牛《うし》を殺《ころ》す……153

虎《とら》

虎穴《こけつ》に入《い》らずんば虎子《こじ》を得《え》ず……96
虎視眈眈《こしたんたん》……98
前門《ぜんもん》の虎《とら》、後門《こうもん》の狼《おおかみ》……134
虎《とら》の威《い》を借《か》る狐《きつね》……171
虎《とら》の尾《お》を踏《ふ》む……171
虎《とら》の子《こ》……171
虎《とら》の巻《まき》……171
虎《とら》は死《し》して皮《かわ》を留《とど》め、
人《ひと》は死《し》して名《な》を残《のこ》す……171
張《は》り子《こ》の虎《とら》……197

犬《いぬ》

犬《いぬ》が西向《にしむ》きゃ尾《お》は東《ひがし》……30
犬《いぬ》の遠吠《とおぼ》え……30
犬《いぬ》も歩《ある》けば棒《ぼう》に当《あ》たる……30
飼《か》い犬《いぬ》に手《て》を噛《か》まれる……50
犬猿《けんえん》の仲《なか》……91
夫婦喧嘩《ふうふげんか》は犬《いぬ》も食《く》わない……207
羊頭狗肉《ようとうくにく》……255

蛇《へび》

鬼《おに》が出《で》るか蛇《じゃ》が出《で》るか……46
蛇《じゃ》の道《みち》は蛇《へび》……116
蛇足《だそく》……142
長蛇《ちょうだ》の列《れつ》……151
蛇《へび》ににらまれた蛙《かえる》……213
藪《やぶ》をつついて蛇《へび》を出《だ》す……248
竜頭蛇尾《りゅうとうだび》……261

鳥《とり》

足元《あしもと》(下)から鳥《とり》が立《た》つ……8
一富士二鷹三茄子《いちふじにたかさんなすび》……23
一石二鳥《いっせきにちょう》……28
今泣《いまな》いた烏《からす》がもう笑《わら》う……31
烏合《うごう》の衆《しゅう》……33
鵜《う》の真似《まね》をする烏《からす》……37
鵜呑《うの》みにする……37
鵜《う》の目鷹《めたか》の目《め》……37
おうむ返《がえ》し……42
籠《かご》の鳥《とり》……54
鴨《かも》が葱《ねぎ》を背負《しょ》ってくる……61
烏《からす》の行水《ぎょうずい》……61
閑古鳥《かんこどり》が鳴《な》く……63
雉《きじ》も鳴《な》かずば打《う》(撃)たれまい……70
窮鳥懐《きゅうちょうふところ》に入《い》れば猟師《りょうし》も殺《ころ》さず……76
鶏口《けいこう》となるも
牛後《ぎゅうご》となるなかれ……89

権兵衛《ごんべえ》が種《たね》まきゃ 烏《からす》がほじくる……102
鷺《さぎ》を烏《からす》と言《い》いくるめる……103
雀《すずめ》の涙《なみだ》……128
雀百《すずめひゃく》まで踊《おど》り忘《わす》れず……128
立《た》つ鳥跡《とりあと》を濁《にご》さず……143
鶴《つる》の一声《ひとこえ》……155
鶴《つる》は千年《せんねん》、亀《かめ》は万年《まんねん》……155
飛《と》ぶ鳥《とり》を落《お》とす勢《いきお》い……170
鳥《とり》なき里《さと》のこうもり……172
鳶《とんび》が鷹《たか》を生《う》む……173
鳶《とんび》に油揚《あぶらあ》げをさらわれる……173
能《のう》ある鷹《たか》は爪《つめ》を隠《かく》す……186
掃《は》き溜《だ》めに鶴《つる》……189
鳩《はと》が豆鉄砲《まめでっぽう》を食《く》ったよう……192
目白押《めじろお》し……237
目《め》には青葉《あおば》 山《やま》ほととぎす初《はつ》がつお……238

魚《さかな》・貝《かい》

鰯《いわし》の頭《あたま》も信心《しんじん》から……32
魚心《うおごころ》あれば水心《みずごころ》……33
鰻登《うなぎのぼ》り……37
海老《えび》で鯛《たい》を釣《つ》る……40
木《き》に縁《よ》りて魚《うお》を求《もと》む……73
腐《くさ》っても鯛《たい》……81
鯉《こい》の滝登《たきのぼ》り……92
鯖《さば》を読《よ》む……105
水魚《すいぎょ》の交《まじ》わり……126
俎上《そじょう》の魚《うお》……136
とどのつまり……170
逃《に》がした魚《さかな》は大《おお》きい……178
河豚《ふぐ》は食《く》いたし命《いのち》は惜《お》しし……208
ほらを吹《ふ》く……217
俎板《まないた》の鯉《こい》……220
水清《みずきよ》ければ魚《うお》すまず……223
水《みず》を得《え》た魚《うお》のよう……225
目《め》には青葉《あおば》 山《やま》ほととぎす初《はつ》がつお……238
柳《やなぎ》の下《した》にいつも どじょうはいない……248

虫《むし》

頭《あたま》の上《うえ》の蝿《はえ》を追《お》え……10
虻蜂取《あぶはちと》らず……13
蟻《あり》の穴《あな》から堤《つつみ》も崩《くず》れる……15
一寸《いっすん》の虫《むし》にも五分《ごぶ》の魂《たましい》……27
蜘蛛《くも》の子《こ》を散《ち》らす……87
蛍雪《けいせつ》の功《こう》……89
獅子身中《しししんちゅう》の虫《むし》……110
小《しょう》の虫《むし》を殺《ころ》して 大《だい》の虫《むし》を助《たす》ける……121
尻切《しりき》れとんぼ……123
大《だい》の虫《むし》を生《い》かして 小《しょう》の虫《むし》を殺《ころ》す……140
蓼食《たでく》う虫《むし》も好《す》き好《ず》き……144
蝶《ちょう》よ花《はな》よ……151
蟷螂《とうろう》の斧《おの》……167
飛《と》んで火《ひ》に入《い》る夏《なつ》の虫《むし》……173
泣《な》きっ面《つら》に蜂《はち》……175
なめくじに塩《しお》……177
苦虫《にがむし》を噛《か》みつぶしたよう……179
蜂《はち》の巣《す》をつついたよう……191
腹《はら》の虫《むし》が治《おさ》まらない……196
虫《むし》がいい……231
虫《むし》が知《し》らせる……231
虫《むし》が好《す》かない……231
虫《むし》の息《いき》……231
虫《むし》の居所《いどころ》が悪《わる》い……231
虫《むし》も殺《ころ》さない……231

その他《た》の生《い》き物《もの》

鼬《いたち》ごっこ……20
井《い》の中《なか》の蛙大海《かわずたいかい》を知《し》らず……30
同《おな》じ穴《あな》の狢《むじな》……45
蛙《かえる》の子《こ》は蛙《かえる》……51
蛙《かえる》の面《つら》に水《みず》……51
株《かぶ》を守《まも》りて兎《うさぎ》を待《ま》つ……60
亀《かめ》の甲《こう》より年《とし》の功《こう》（劫）……61
狐《きつね》と狸《たぬき》……71
狐《きつね》につままれる……71
狐《きつね》の嫁入《よめい》り……71
窮鼠《きゅうそ》猫《ねこ》を噛《か》む……76
君子《くんし》は豹変《ひょうへん》す……88
犬猿《けんえん》の仲《なか》……91
猿芝居《さるしばい》……105
猿知恵《さるぢえ》……105
猿真似《さるまね》……105

猿《さる》も木《き》から落《お》ちる……105
鹿《しか》を逐《お》う者《もの》は山《やま》を見《み》ず……109
獅子身中《しししんちゅう》の虫《むし》……110
獅子奮迅《ししふんじん》……111
前門《ぜんもん》の虎《とら》、後門《こうもん》の狼《おおかみ》……134
大山《たいざん》（泰山《たいざん》）鳴動《めいどう》して鼠一匹《ねずみいっぴき》……139
狸寝入《たぬきねい》り……145
猪突猛進《ちょとつもうしん》……152
月《つき》とすっぽん……152
鶴《つる》は千年《せんねん》、亀《かめ》は万年《まんねん》……155
取《と》らぬ狸《たぬき》の皮算用《かわざんよう》……170
虎《とら》の威《い》を借《か》る狐《きつね》……171
鳥《とり》なき里《さと》のこうもり……172
二兎《にと》を追《お》う者《もの》は一兎《いっと》をも得《え》ず……180
濡《ぬ》れ鼠《ねずみ》……182
一《ひと》つ穴《あな》の狢《むじな》……201
袋《ふくろ》の鼠《ねずみ》……208
豚《ぶた》に真珠《しんじゅ》……208
蛇《へび》ににらまれた蛙《かえる》……213
見《み》ざる聞《き》かざる言《い》わざる……223
羊頭狗肉《ようとうくにく》……255
遼東《りょうとう》の豕《いのこ》……262

想像上《そうぞうじょう》の生《い》き物《もの》

陸《おか》に上《あ》がった河童《かっぱ》……43
鬼《おに》が出《で》るか蛇《じゃ》が出《で》るか……46
鬼《おに》が笑《わら》う……46
鬼《おに》に金棒《かなぼう》……46
鬼《おに》の居《い》ぬ間《ま》に洗濯《せんたく》……46
鬼《おに》の霍乱《かくらん》……46
鬼《おに》の首《くび》を取《と》ったよう……46
鬼《おに》の目《め》にも涙《なみだ》……47
鬼《おに》も十八《じゅうはち》、番茶《ばんちゃ》も出花《でばな》……47
河童《かっぱ》の川流《かわなが》れ……58
画竜点睛《がりょうてんせい》を欠《か》く……62
鬼気迫《ききせま》る……69
疑心暗鬼《ぎしんあんき》……70
麒麟児《きりんじ》……90
心《こころ》を鬼《おに》にする……97
しゃちほこ張《ば》る……116
神出鬼没《しんしゅつきぼつ》……125
天狗《てんぐ》になる……163
屁《へ》の河童《かっぱ》……212
来年《らいねん》の事《こと》を言《い》えば鬼《おに》が笑《わら》う……259
竜頭蛇尾《りゅうとうだび》……261
渡《わた》る世間《せけん》に鬼《おに》はない……267

植物《しょくぶつ》

青菜《あおな》に塩《しお》……4
青《あお》は藍《あい》より出《い》でて藍《あい》より青《あお》し……5
いずれ菖蒲《あやめ》か杜若《かきつばた》……19
一蓮托《いちれんたく》（託）生《しょう》……24
茨《いばら》の道《みち》……31
言《い》わぬが花《はな》……32
独活《うど》の大木《たいぼく》……36
株《かぶ》を守《まも》りて兎《うさぎ》を待《ま》つ……60
枯《か》れ木《き》に花《はな》……62
枯《か》れ木《き》も山《やま》の賑《にぎ》わい……62
木《き》で鼻《はな》を括《くく》る……72
木《き》に竹《たけ》を接《つ》ぐ……73
木《き》に縁《よ》りて魚《うお》を求《もと》む……73
木《き》を見《み》て森《もり》を見《み》ず……80
草《くさ》の根《ね》を分《わ》けて捜《さが》（探）す……81
猿《さる》も木《き》から落《お》ちる……105
舌《した》の根《ね》の乾《かわ》かぬうち……112
枝葉末節《しようまっせつ》……121
栴檀《せんだん》は双《ふた》（二）葉《ば》より芳《かんば》し……133
蓼食《たでく》う虫《むし》も好《す》き好《ず》き……144
立《た》てば芍薬《しゃくやく》座《すわ》れば牡丹《ぼたん》
歩《ある》く姿《すがた》は百合《ゆり》の花《はな》……145
竹馬《ちくば》の友《とも》……148
蝶《ちょう》よ花《はな》よ……151
月《つき》に叢雲《むらくも》、花《はな》に風《かぜ》……152
薹《とう》が立《た》つ……166
隣《となり》の花《はな》は赤《あか》い……170
どんぐりの背比《せいくら》べ……173
根《ね》に持《も》つ……184
根掘《ねほ》り葉掘《はほ》り……184
根《ね》も葉《は》もない……185
破竹《はちく》の勢《いきお》い……191
話《はなし》に花《はな》が咲《さ》く……193
花《はな》に嵐《あらし》……193
花《はな》より団子《だんご》……194
花《はな》を持《も》たせる……194
一花《ひとはな》咲《さ》かせる……202
檜舞台《ひのきぶたい》……209
ひょうたんから駒《こま》が出《で》る……205
道草《みちくさ》を食《く》う……225

実《みの》るほど頭《あたま》の下《さ》がる稲穂《いなほ》かな……227
六日《むいか》の菖蒲《あやめ》十日《とおか》の菊《きく》……230
目《め》には青葉《あおば》 山《やま》ほととぎす初《はつ》がつお……238
柳《やなぎ》に風《かぜ》……248
柳《やなぎ》に雪折《ゆきお》れなし……248
柳《やなぎ》の下《した》にいつも どじょうはいない……248
よしの髄《ずい》から天井《てんじょう》をのぞく……256
寄《よ》らば大樹《たいじゅ》の陰《かげ》……257
両手《りょうて》に花《はな》……261

衣《い》

衣食足《いしょくた》りて礼節《れいせつ》を知《し》る……19
一衣帯水《いちいたいすい》……21
一糸乱《いっしみだ》れず……26
糸《いと》を引《ひ》く……30
襟《えり》を正《ただ》す……40
帯《おび》に短《みじか》し襷《たすき》に長《なが》し……47
笠《かさ》に着《き》る……54
着《き》の身着《みき》のまま……73
京《きょう》の着倒《きだお》れ大阪《おおさか》の食《く》い倒《だお》れ……77
綺羅星《きらぼし》のごとく……78
下駄《げた》を預《あず》ける……90
紺屋《こうや》の白袴《しろばかま》……95
袖《そで》にする……137
袖振《そでふ》り合《あ》うも多《た》(他)生《しょう》の縁《えん》……137
伊達《だて》の薄着《うすぎ》……144
袂《たもと》を分《わ》かつ……147
天衣無縫《てんいむほう》……163
ない袖《そで》は振《ふ》れない……174
二足《にそく》の草鞋《わらじ》を履《は》く……179
歯《は》に衣着《きぬき》せぬ……194
人《ひと》のふんどしで相撲《すもう》を取《と》る……201
坊主憎《ぼうずにく》けりゃ袈裟《けさ》まで憎《にく》い……214
馬子《まご》にも衣装《いしょう》……219
夜目遠目笠《よめとおめかさ》の内《うち》……257

食《しょく》

青菜《あおな》に塩《しお》……4
秋茄子《あきなす》は嫁《よめ》に食《く》わすな……5
朝飯前《あさめしまえ》……15
味《あじ》も素《そ》っ気《け》もない……8
味《あじ》を占《し》める……9
羹《あつもの》に懲《こ》りて膾《なます》を吹《ふ》く……12
甘《あま》い汁《しる》を吸《す》う……14
飴《あめ》と鞭《むち》……14
塩梅《あんばい》……15
衣食足《いしょくた》りて礼節《れいせつ》を知《し》る……19
一富士二鷹三茄子《いちふじにたかさんなすび》……23
芋《いも》ずる式《しき》……31
芋《いも》の子《こ》を洗《あら》うよう……31
雨後《うご》の筍《たけのこ》(竹《たけ》の子《こ》)……34
独活《うど》の大木《たいぼく》……36
瓜《うり》の蔓《つる》に茄子《なすび》はならぬ……38
瓜二《うりふた》つ……39
絵《え》に描《か》いた餅《もち》……40
縁《えん》は異《い》なもの味《あじ》なもの……41
お茶《ちゃ》の子《こ》さいさい……45
お茶《ちゃ》を濁《にご》す……45
同《おな》じ釜《かま》の飯《めし》を食《く》う……45
鬼《おに》も十八《じゅうはち》、番茶《ばんちゃ》も出花《でばな》……47
火中《かちゅう》の栗《くり》を拾《ひろ》う……57
鴨《かも》が葱《ねぎ》を背負《しょ》ってくる……61
牛飲馬食《ぎゅういんばしょく》……75
京《きょう》の着倒《きだお》れ大阪《おおさか》の食《く》い倒《だお》れ……77
ごまめの歯軋《はぎし》り……100
胡麻《ごま》を擂《す》る……100
コロンブスの卵《たまご》……101
酒《さけ》は百薬《ひゃくやく》の長《ちょう》……104
山椒《さんしょう》は小粒《こつぶ》でもぴりりと辛《から》い……107
大根役者《だいこんやくしゃ》……140
出《だ》しに使《つか》う……142
棚《たな》からぼた餅《もち》……145
他人《たにん》の飯《めし》を食《く》う……145
爪《つめ》の垢《あか》を煎《せん》じて飲《の》む……154
敵《てき》に塩《しお》を送《おく》る……157
手前味噌《てまえみそ》……160
桃源郷《とうげんきょう》……166
豆腐《とうふ》にかすがい……167
毒《どく》を食《く》らわば皿《さら》まで……169
鳶《とんび》に油揚《あぶらあ》げをさらわれる……173
梨《なし》のつぶて……176
なめくじに塩《しお》……177
日常茶飯事《にちじょうさはんじ》……184
二番煎《にばんせん》じ……184
濡《ぬ》れ手《て》で粟《あわ》……182
猫《ねこ》に鰹節《かつおぶし》……183

這《は》っても黒豆《くろまめ》……191
鳩《はと》が豆鉄砲《まめでっぽう》を食《く》ったよう……192
花《はな》より団子《だんご》……194
冷《ひ》や飯《めし》を食《く》う……205
夫婦喧嘩《ふうふげんか》は犬《いぬ》も食《く》わない……207
武士《ぶし》は食《く》わねど高楊枝《たかようじ》……208
米寿《べいじゅ》……65
へそが茶《ちゃ》を沸《わ》かす……212
暴飲暴食《ぼういんぼうしょく》……214
丸《まる》い卵《たまご》も切《き》りようで四角《しかく》……221
味噌《みそ》を付《つ》ける……225
無芸大食《むげいたいしょく》……231
餅《もち》は餅屋《もちや》……243
桃栗三年《ももくりさんねん》、柿八年《かきはちねん》……244
焼《や》き餅《もち》を焼《や》く……246
痩《や》せの大食《おおぐ》い……247
羊頭狗肉《ようとうくにく》……255
李下《りか》に冠《かんむり》を正《ただ》さず……260

住《じゅう》

うだつが上《あ》がらない……35
縁《えん》の下《した》の力持《ちからも》ち……41
壁《かべ》に耳《みみ》あり障子《しょうじ》に目《め》あり……60
世間《せけん》の口《くち》には戸《と》は立《た》てられない……131
畳《たたみ》の上《うえ》の水練《すいれん》……143
棚《たな》からぼた餅《もち》……145
棚《たな》に上《あ》げる……145
軒《のき》を貸《か》して母屋《おもや》を取《と》られる……186
暖簾《のれん》に腕押《うでお》し……187
暖簾《のれん》を分《わ》ける……187
庇《ひさし》を貸《か》して母屋《おもや》を取《と》られる……199
人《ひと》の口《くち》には戸《と》は立《た》てられない……201
幕《まく》を開《あ》ける……219
幕《まく》を切《き》って落《お》とす……219
幕《まく》を閉《と》じる……219
よしの髄《ずい》から天井《てんじょう》をのぞく……256
笑《わら》う門《かど》には福来《ふくき》たる……267

道具《どうぐ》

相槌《あいづち》を打《う》つ……4
秋《あき》の日《ひ》は釣瓶落《つるべお》とし……5
雨《あめ》が降《ふ》ろうが槍《やり》が降《ふ》ろうが……14
飴《あめ》と鞭《むち》……14
一網打尽《いちもうだじん》……23
一矢《いっし》を報《むく》いる……27
一刀両断《いっとうりょうだん》……29
大風呂敷《おおぶろしき》を広《ひろ》げる……42
同《おな》じ釜《かま》の飯《めし》を食《く》う……45
お鉢《はち》が回《まわ》る……47
快刀乱麻《かいとうらんま》を断《た》つ……50
籠《かご》の鳥《とり》……54
舵《かじ》を取《と》る……54
風《かぜ》が吹《ふ》けば桶屋《おけや》が儲《もう》かる……54
刀《かたな》折《お》れ矢《や》尽《つ》きる……56
勝《か》って兜《かぶと》の緒《お》を締《し》めよ……57
兜《かぶと》を脱《ぬ》ぐ……60
鎌《かま》を掛《か》ける……60
蚊帳《かや》の外《そと》……61
看板《かんばん》に偽《いつわ》りなし……65
机上《きじょう》の空論《くうろん》……70
帰心矢《きしんや》のごとし……71
釘付《くぎづ》けになる……81
釘《くぎ》を刺《さ》す……81
臭《くさ》い物《もの》に蓋《ふた》をする……81
光陰矢《こういんや》のごとし……92
弘法《こうぼう》にも筆《ふで》の誤《あやま》り……94
弘法筆《こうぼうふで》を選《えら》ばず……94
子《こ》はかすがい……100
子《こ》は三界《さんがい》の首枷《くびかせ》……100
転《ころ》ばぬ先《さき》の杖《つえ》……101
傘寿《さんじゅ》……65
舌鼓《したつづみ》を打《う》つ……112
重箱《じゅうばこ》の隅《すみ》をつつく……117
白羽《しらは》の矢《や》が立《た》つ……123
針小棒大《しんしょうぼうだい》……125
俎上《そじょう》に載《の》せる……136
俎上《そじょう》の魚《うお》……136
側《そば》（傍）杖《づえ》を食《く》う……137
算盤《そろばん》を弾《はじ》く……138
大器晩成《たいきばんせい》……138
太鼓判《たいこばん》を捺《お》す……139
太刀《たち》打《う》ちできない……143
盾《たて》（楯）に取《と》る……144
盾《たて》（楯）を突《つ》く……145
頼《たの》みの綱《つな》……146
単刀直入《たんとうちょくにゅう》……147
提灯《ちょうちん》に釣《つ》り鐘《がね》……151

月夜《つきよ》に釜《かま》を抜《ぬ》かれる……153
月夜《つきよ》に提灯《ちょうちん》……153
付《つ》け焼《や》き刃《ば》……153
梃子《てこ》でも動《うご》かない……157
出《で》る杭《くい》は打《う》たれる……160
天秤《てんびん》に掛《か》ける……165
豆腐《とうふ》にかすがい……167
蟷螂《とうろう》の斧《おの》……167
毒《どく》を食《く》らわば皿《さら》まで……169
流《なが》れに棹《さお》さす……175
糠《ぬか》に釘《くぎ》……181
猫《ねこ》も杓子《しゃくし》も……183
馬鹿《ばか》とはさみは使《つか》いよう……188
鳩《はと》が豆鉄砲《まめでっぽう》を食《く》ったよう……192
針《はり》の穴《あな》から天《てん》をのぞく……198
針《はり》のむしろ……198
肘鉄砲《ひじでっぽう》を食《く》う……199
左《ひだり》うちわで暮《く》らす……200
筆舌《ひつぜつ》に尽《つ》くし難《がた》い……200
人《ひと》こそ人《ひと》の鏡《かがみ》……200
一筋縄《ひとすじなわ》ではいかない……201
一旗揚《ひとはたあ》げる……201
独《ひと》り舞台《ぶたい》……209
檜舞台《ひのきぶたい》……209
笛吹《ふえふ》けど(も)踊《おど》らず……207
覆水盆《ふくすいぼん》に返《かえ》らず……207
武士《ぶし》は食《く》わねど高楊枝《たかようじ》……208
蓋《ふた》を開《あ》ける……209
筆《ふで》が立《た》つ……209
筆《ふで》を入《い》れる……209
筆《ふで》をおく……209
船《ふね》に刻《きざ》みて剣《けん》を求《もと》む……210
下手《へた》な鉄砲《てっぽう》も数撃《かずう》ちゃ当《あ》たる……212
ペンは剣《けん》よりも強《つよ》し……213
棒《ぼう》ほど願《ねが》って針《はり》ほど叶《かな》う……215
矛先《ほこさき》を向《む》ける……215
枕《まくら》を高《たか》くして寝《ね》る……219
俎板《まないた》に載《の》せる……220
俎板《まないた》の鯉《こい》……220
身《み》も蓋《ふた》もない……229
昔取《むかしと》った杵柄《きねづか》……231
矛盾《むじゅん》……232
明鏡止水《めいきょうしすい》……235
メスを入《い》れる……237
目《め》を皿《さら》のようにする……241
元《もと》のさやに収《おさ》まる……243
諸《もろ》(両)刃《は》の剣《つるぎ》……245
矢《や》の催促《さいそく》……248
闇夜《やみよ》に提灯《ちょうちん》……250
闇夜《やみよ》に鉄砲《てっぽう》……250
矢《や》も楯《たて》もたまらず……251
槍玉《やりだま》に挙《あ》げる……251
弓折《ゆみお》れ矢《や》尽《つ》きる……253
弓《ゆみ》を引《ひ》く……254
夢枕《ゆめまくら》に立《た》つ……254
ゆりかごから墓場《はかば》まで……254
横槍《よこやり》を入《い》れる……256
らっぱを吹《ふ》く……260
両天秤《りょうてんびん》に掛《か》ける……262
両刃《りょうば》の剣《つるぎ》……262
老骨《ろうこつ》に鞭打《むちう》つ……264
破《わ》れ鍋《なべ》に綴《と》じ蓋《ぶた》……268

頭《あたま》

頭《あたま》が上《あ》がらない……10
頭《あたま》が痛《いた》い……10
頭《あたま》が固《かた》い……10
頭《あたま》が切《き》れる……10
頭隠《あたまかく》して尻隠《しりかく》さず……10
頭《あたま》が下《さ》がる……10
頭《あたま》の上《うえ》の蝿《はえ》を追《お》え……10
頭《あたま》を抱《かか》える……10
頭《あたま》を冷《ひ》やす……10
鰯《いわし》の頭《あたま》も信心《しんじん》から……32
正直《しょうじき》の頭《こうべ》に神宿《かみやど》る……120
徹頭徹尾《てっとうてつび》……158
頭角《とうかく》を現《あらわ》す……165
平身低頭《へいしんていとう》……212
実《み》るほど頭《あたま》の下《さ》がる稲穂《いなほ》かな……227
羊頭狗肉《ようとうくにく》……255
竜頭蛇尾《りゅうとうだび》……261

顔《かお》

合《あ》わせる顔《かお》がない……15
大《おお》きな顔《かお》をする……42
蛙《かえる》の面《つら》に水《みず》……51
顔色《かおいろ》をうかがう……51
顔《かお》が売《う》れる……51

顔《かお》が利《き》く……52
顔《かお》が立《た》つ……52
顔《かお》がつぶれる……52
顔《かお》が広《ひろ》い……52
顔《かお》から火《ひ》が出《で》る……52
顔《かお》に泥《どろ》を塗《ぬ》る……52
顔向《かおむ》けができない……52
顔《かお》を売《う》る……52
顔《かお》を貸《か》す……53
顔《かお》を出《だ》す……53
厚顔無恥《こうがんむち》……93
知《し》らぬ顔《かお》の半兵衛《はんべえ》……122
涼《すず》しい顔《かお》……128
面《つら》の皮《かわ》が厚《あつ》い……155
泣《な》きっ面《つら》に蜂《はち》……175
猫《ねこ》の額《ひたい》……183
破顔一笑《はがんいっしょう》……188
額《ひたい》を集《あつ》める……200
仏頂面《ぶっちょうづら》……209
頬《ほお》が落《お》ちる……215
仏《ほとけ》の顔《かお》も三度《さんど》……216
面従腹背《めんじゅうふくはい》……242

目《め》

生《い》き馬《うま》の目《め》を抜《ぬ》く……16
鵜《う》の目《め》鷹《たか》の目《め》……37
大目玉《おおめだま》を食《く》う……43
大目《おおめ》に見《み》る……43
鬼《おに》の目《め》にも涙《なみだ》……47
壁《かべ》に耳《みみ》あり障子《しょうじ》に目《め》あり……60
画竜点睛《がりょうてんせい》を欠《か》く……62
眼中《がんちゅう》にない……64
尻目《しりめ》に掛《か》ける……124
白《しろ》い目《め》で見《み》る……124
血眼《ちまなこ》になる……149
長《なが》い目《め》で見《み》る……174
二階《にかい》から目薬《めぐすり》……178
猫《ねこ》の目《め》のよう……183
瞳《ひとみ》を凝《こ》らす……202
見《み》る目《め》がある……229
目《め》が利《き》く……235
目《め》が眩《くら》む……235
目《め》が肥《こ》える……235
目《め》が覚《さ》める……235
目頭《めがしら》が熱《あつ》くなる……235
目《め》が高《たか》い……235
目《め》が届《とど》く……236
目《め》がない……236
目《め》が回《まわ》る……236
目《め》から鱗《うろこ》が落《お》ちる……236
目《め》から鼻《はな》へ抜《ぬ》ける……236
目《め》から火《ひ》が出《で》る……236
目《め》くじらを立《た》てる……236
目《め》くそ鼻《はな》くそを笑《わら》う……237
目玉《めだま》が飛《と》び出《で》る……237
目《め》と鼻《はな》の先《さき》……237
目《め》に余《あま》る……237
目《め》に入《い》れても痛《いた》くない……238
目《め》に浮《う》かぶ……238
目《め》に角《かど》を立《た》てる……238
目《め》に付《つ》く……238
目《め》に留《と》まる……238
目《め》には青葉《あおば》
山《やま》ほととぎす初《はつ》がつお……238
目《め》に入《はい》る……238
目《め》には目《め》を、歯《は》には歯《は》を……238
目《め》に触《ふ》れる……239
目《め》にも留《と》まらぬ……239
目《め》に物見《ものみ》せる……239
目《め》の色《いろ》を変《か》える……239
目《め》の上《うえ》のこぶ……239
目《め》の敵《かたき》にする……239
目《め》の黒《くろ》いうち……239
目《め》の覚《さ》めるよう……239
目《め》の毒《どく》……239
目《め》の保養《ほよう》……239
目《め》の前《まえ》が真《ま》っ暗《くら》になる……240
目《め》は口《くち》ほどに物《もの》を言《い》う……240
目八分《めはちぶ》……245
目鼻《めはな》が付《つ》く……240
目《め》も当《あ》てられない……240
目《め》もくれない……240
目《め》を疑《うたが》う……240
目《め》を覆《おお》う……240
目《め》を掛《か》ける……241
目《め》を配《くば》る……241
目《め》をくらます……241
目《め》を凝《こ》らす……241

目《め》を皿《さら》のようにする……241
目《め》を三角《さんかく》にする……241
目《め》を白黒《しろくろ》させる……241
目《め》を付《つ》ける……241
目《め》をつぶる……241
目《め》を通《とお》す……241
目《め》を盗《ぬす》む……242
目《め》を離《はな》す……242
目《め》を光《ひか》らす……242
目《め》を細《ほそ》める……242
目《め》を丸《まる》くする……242
目《め》を回《まわ》す……242
目《め》を見張《みは》る……242
目《め》をむく……242
闇夜《やみよ》に目《め》あり……251
夜《よ》の目《め》も寝《ね》ずに……257
夜目遠目笠《よめとおめかさ》の内《うち》……257

鼻《はな》

木《き》で鼻《はな》を括《くく》る……72
鼻息《はないき》が荒《あら》い……192
鼻息《はないき》をうかがう……192
鼻《はな》が高《たか》い……193
鼻《はな》つまみ……193
鼻《はな》であしらう……193
鼻《はな》で笑《わら》う……193
鼻《はな》に掛《か》ける……193
鼻《はな》に付《つ》く……194
鼻《はな》の下《した》が長《なが》い……194
鼻持《はなも》ちならない……194
鼻《はな》を明《あ》かす……194
目《め》から鼻《はな》へ抜《ぬ》ける……236
目《め》くそ鼻《はな》くそを笑《わら》う……237
目《め》と鼻《はな》の先《さき》……237
目鼻《めはな》が付《つ》く……240

耳《みみ》

馬《うま》の耳《みみ》に念仏《ねんぶつ》……37
壁《かべ》に耳《みみ》あり障子《しょうじ》に目《め》あり……60
聞《き》き耳《みみ》を立《た》てる……69
聞《き》く耳《みみ》を持《も》たない……70
金言耳《きんげんみみ》に逆《さか》らう……80
小耳《こみみ》に挟《はさ》む……100
忠言耳《ちゅうげんみみ》に逆《さか》らう……150
寝耳《ねみみ》に水《みず》……185
馬耳東風《ばじとうふう》……190
右《みぎ》の耳《みみ》から左《ひだり》の耳《みみ》……223
耳《みみ》が痛《いた》い……227
耳《みみ》が早《はや》い……227
耳慣《みみな》れない……227
耳《みみ》に入《い》れる……227
耳《みみ》にする……227
耳《みみ》にたこができる……227
耳《みみ》に付《つ》く……227
耳《みみ》に入《はい》る……228
耳《みみ》に挟《はさ》む……228
耳寄《みみよ》りな……228
耳《みみ》を疑《うたが》う……228
耳《みみ》を貸《か》す……228
耳《みみ》を傾《かたむ》ける……228
耳《みみ》を澄《す》ます……228
耳《みみ》をそばだてる……228
耳《みみ》を揃《そろ》える……228

口《くち》

開《あ》いた口《くち》が塞《ふさ》がらない……4
異口同音《いくどうおん》……18
大《おお》きな口《くち》をきく……42
開口一番《かいこういちばん》……50
口裏《くちうら》を合《あ》わせる……82
口《くち》がうまい……82
口《くち》が重《おも》い……82
口《くち》が堅《かた》い……82
口《くち》が軽《かる》い……82
口《くち》が滑《すべ》る……82
口《くち》が減《へ》らない……83
口《くち》から先《さき》に生《う》まれる……83
口《くち》が悪《わる》い……83
口車《くちぐるま》に乗《の》る……83
口《くち》に合《あ》う……83
口《くち》にする……83
口《くち》は禍《わざわい》の元《もと》……83
口火《くちび》を切《き》る……84
口《くち》も八丁《はっちょう》手《て》も八丁《はっちょう》……84
口《くち》を利《き》く……84
口《くち》を酸《す》っぱくする……84
口《くち》を揃《そろ》える……84
口《くち》を出《だ》す……84

口《くち》を尖《とが》らせる……85
口《くち》を濁《にご》す……85
口《くち》を拭《ぬぐ》う……85
口《くち》を挟《はさ》む……85
口《くち》を割《わ》る……85
鶏口《けいこう》となるも牛後《ぎゅうご》となるなかれ……89
死人《しにん》に口《くち》なし……114
世間《せけん》の口《くち》には戸《と》は立《た》てられない……131
手八丁口八丁《てはっちょうくちはっちょう》……159
人《ひと》の口《くち》には戸《と》は立《た》てられない……201
減《へ》らず口《ぐち》を叩《たた》く……213
目《め》は口《くち》ほどに物《もの》を言《い》う……240
病《やまい》は口《くち》より入《い》り、禍《わざわい》は口《くち》より出《い》ず……249
良薬《りょうやく》は口《くち》に苦《にが》し……262
禍《わざわい》は口《くち》から……266

舌《した》

舌《した》が回《まわ》る……111
舌先三寸《したさきさんずん》……111
舌足《したた》らず……111
舌鼓《したつづみ》を打《う》つ……112
舌《した》の根《ね》の乾《かわ》かぬうち……112
舌《した》を出《だ》す……112
舌《した》を巻《ま》く……112
二枚舌《にまいじた》を使《つか》う……181
筆舌《ひつぜつ》に尽《つ》くし難《がた》い……200

首《くび》・喉《のど》

鬼《おに》の首《くび》を取《と》ったよう……46
首《くび》が飛《と》ぶ……86
首《くび》が回《まわ》らない……86
首《くび》になる……86
首《くび》を傾《かし》げる……86
首《くび》を切《き》る……86
首《くび》を突《つ》っ込《こ》む……86
首《くび》を長《なが》くする……86
首《くび》をひねる……87
小首《こくび》を傾《かし》げる……95
思案投《しあんな》げ首《くび》……108
首尾一貫《しゅびいっかん》……119
喉《のど》が鳴《な》る……186
喉《のど》から手《て》が出《で》る……186
喉元《のどもと》過《す》ぎれば熱《あつ》さを忘《わす》れる……186
真綿《まわた》で首《くび》を絞《し》める……221

肩《かた》・腕《うで》

腕《うで》が上《あ》がる……35
腕《うで》が立《た》つ……36
腕《うで》が鳴《な》る……36
腕《うで》に覚《おぼ》えがある……36
腕《うで》に縒《よ》りを掛《か》ける……36
腕《うで》を振《ふ》るう……36
腕《うで》を磨《みが》く……36
肩透《かたす》かしを食《く》う……55
肩《かた》で息《いき》をする……56
肩《かた》の荷《に》が下《お》りる……56
肩身《かたみ》が狭《せま》い……56
肩《かた》を怒《いか》らす……57
肩《かた》を入《い》れる……57
肩《かた》を落《お》とす……57
肩《かた》を並《なら》べる……57
肩《かた》を持《も》つ……57
暖簾《のれん》に腕押《うでお》し……187

手《て》・指《ゆび》

赤子《あかご》の手《て》をひねる……5
足手《あしで》まとい……15
一挙手一投足《いっきょしゅいっとうそく》……25
後《うし》ろ指《ゆび》を指《さ》される……34
大手《おおで》を振《ふ》る……42
飼《か》い犬《いぬ》に手《て》を噛《か》まれる……50
痒《かゆ》い所《ところ》に手《て》が届《とど》く……61
口《くち》も八丁《はっちょう》手《て》も八丁《はっちょう》……84
十指《じっし》に余《あま》る……113
上手《じょうず》の手《て》から水《みず》が漏《も》れる……120
食指《しょくし》が動《うご》く……121
触手《しょくしゅ》を伸《の》ばす……122
手足《てあし》を伸《の》ばす……155
手《て》が上《あ》がる……155
手《て》が空《あ》く……155
手《て》が掛《か》かる……155
手《て》が込《こ》む……156
手《て》が足《た》りない……156
手《て》が付《つ》けられない……156
手《て》が出《で》ない……156

手《て》が届《とど》く……156
手《て》が離《はな》せない……156
手《て》が早《はや》い……156
手《て》が回《まわ》る……156
手《て》に汗《あせ》を握《にぎ》る……158
手《て》取《と》り足《あし》取《と》り……158
手《て》に余《あま》る……158
手《て》に負《お》えない……159
手《て》に掛《か》ける……159
手《て》に付《つ》かない……159
手《て》に手《て》を取《と》る……159
手《て》に取《と》るように……159
手《て》の内《うち》を見《み》せる……159
手《て》の平《ひら》(掌《てのひら》)を返《かえ》す……159
手《て》八丁口八丁《はっちょうくちはっちょう》……159
手《て》も足《あし》も出《で》ない……160
手《て》を上《あ》げる……160
手《て》を入《い》れる……161
手《て》を打《う》つ……161
手《て》を替《か》え品《しな》を替《か》え……161
手《て》を貸《か》す……161
手《て》を借《か》りる……161
手《て》を切《き》る……161
手《て》を下《くだ》す……161
手《て》を拱《こまぬ》く……161
手《て》を染《そ》める……161
手《て》を出《だ》す……162
手《て》を尽《つ》くす……162
手《て》を付《つ》ける……162
手《て》を握《にぎ》る……162
手《て》を抜《ぬ》く……162
手《て》を引《ひ》く……162
手《て》を広《ひろ》げる……162
手《て》を回《まわ》す……162
手《て》を焼《や》く……163
濡《ぬ》れ手《て》で粟《あわ》……182
猫《ねこ》の手《て》も借《か》りたい……183
喉《のど》から手《て》が出《で》る……186
指《ゆび》一本《いっぽん》も差《さ》させない……253
指《ゆび》折《お》り数《かぞ》える……253
指《ゆび》をくわえる……253
両手《りょうて》に花《はな》……261

胸《むね》・腹《はら》

痛《いた》くもない腹《はら》を探《さぐ》られる……20
背《せ》に腹《はら》は代《か》えられない……132
腹《はら》が黒《くろ》い……195
腹《はら》が据《す》わる……196
腹《はら》が立《た》つ……196
腹《はら》が減《へ》っては戦《いくさ》ができぬ……196
腹《はら》に据《す》えかねる……196
腹《はら》の皮《かわ》がよじれる……196
腹《はら》の虫《むし》が治《おさ》まらない……196
腹八分《はらはちぶ》に医者《いしゃ》いらず……196
腹《はら》も身《み》の内《うち》……197
腹《はら》を抱《かか》える……197
腹《はら》を決《き》める……197
腹《はら》を探《さぐ》る……197
腹《はら》を割《わ》る……197
へそが茶《ちゃ》を沸《わ》かす……212
へそを曲《ま》げる……212
抱腹絶倒《ほうふくぜっとう》……215
ほぞを噛《か》む……215
胸算用《むなざんよう》……245
胸《むね》が痛《いた》む……232
胸《むね》が一杯《いっぱい》になる……232
胸《むね》が騒《さわ》ぐ……232
胸《むね》がすく……232
胸《むね》がつかえる……233
胸《むね》がつぶれる……233
胸《むね》が詰《つ》まる……233
胸《むね》が塞《ふさ》がる……233
胸《むね》に納《おさ》める……233
胸《むね》に刻《きざ》む……233
胸《むね》に迫《せま》る……233
胸《むね》を打《う》つ……233
胸《むね》を貸《か》す……233
胸《むね》を借《か》りる……234
胸《むね》をなで下《お》ろす……234
胸《むね》を張《は》る……234
面従腹背《めんじゅうふくはい》……242

腰《こし》・尻《しり》

頭隠《あたまかく》して尻隠《しりかく》さず……10
腰《こし》が強《つよ》い……98
腰《こし》が抜《ぬ》ける……98

腰《こし》が低《ひく》い……98
腰《こし》が弱《よわ》い……98
腰巾着《こしぎんちゃく》……98
腰《こし》を上《あ》げる……99
腰《こし》を折《お》る……99
腰《こし》を据《す》える……99
腰《こし》を抜《ぬ》かす……99
尻馬《しりうま》に乗《の》る……123
尻《しり》が重《おも》い……123
尻《しり》が軽《かる》い……123
尻切《しりき》れとんぼ……123
尻《しり》に火《ひ》がつく……124
尻目《しりめ》に掛《か》ける……124
尻《しり》を叩《たた》く……124
尻《しり》を拭《ぬぐ》う……124
帳尻《ちょうじり》を合《あ》わせる……151
話《はなし》の腰《こし》を折《お》る……193

足《あし》

足《あし》が重《おも》い……7
足《あし》が地《ち》に着《つ》かない……7
足《あし》が付《つ》く……7
足《あし》が出《で》る……7
足《あし》が早《はや》（速）い……7
足《あし》が棒《ぼう》になる……7
足手《あしで》まとい……15
足《あし》に任《まか》せる……8
足《あし》の踏《ふ》み場《ば》もない……8
足元《あしもと》（下）から鳥《とり》が立《た》つ……8
足元《あしもと》（下）に火《ひ》がつく……8
足元《あしもと》（下）にも及《およ》ばない……8
足元《あしもと》（下）を見《み》る……8
足《あし》を洗《あら》う……9
足《あし》を奪《うば》われる……9
足《あし》をすくう……9
足《あし》を延《の》ばす……9
足《あし》を運《はこ》ぶ……9
足《あし》を引《ひ》っ張《ぱ》る……9
足《あし》を向《む》けて寝《ね》られない……9
後足《あとあし》で砂《すな》をかける……12
一挙手一投足《いっきょしゅいっとうそく》……25
浮《う》き足立《あしだ》つ……33
蛇足《だそく》……142
手足《てあし》を伸《の》ばす……155
手取《てと》り足取《あしと》り……158
手《て》も足《あし》も出《で》ない……160
二《に》の足《あし》を踏《ふ》む……180
馬脚《ばきゃく》を露《あらわ》す……189

内臓《ないぞう》・骨《ほね》

一将功成《いっしょうこうな》りて万骨枯《ばんこつか》る……26
臥薪嘗胆《がしんしょうたん》……54
換骨奪胎《かんこつだったい》……63
肝胆相照《かんたんあいて》らす……64
肝《きも》（胆）が大《おお》きい……74
肝《きも》（胆）が据《す》わる……74
肝《きも》（胆）が小《ちい》さい……74
肝《きも》（胆）が太《ふと》い……74
肝《きも》（胆）に銘《めい》じる……74
肝《きも》（胆）をつぶす……75
肝《きも》（胆）を冷《ひ》やす……75
断腸《だんちょう》の思《おも》い……147
度肝《どぎも》（胆）を抜《ぬ》く……168
腸《はらわた》がちぎれる……197
腸《はらわた》が煮《に》えくり返《かえ》る……197
腑《ふ》に落《お》ちない……210
粉骨砕身《ふんこつさいしん》……211
骨折《ほねお》り損《ぞん》のくたびれ儲《もう》け……216
骨《ほね》が折《お》れる……216
骨抜《ほねぬ》きにする……216
骨身《ほねみ》にこたえる……216
骨身《ほねみ》を惜《お》しまず……216
骨身《ほねみ》を削《けず》る……216
骨《ほね》を埋《うず》める……217
骨《ほね》を折《お》る……217
病膏肓《やまいこうこう》に入《い》る……249
老骨《ろうこつ》に鞭打《むちう》つ……264

歯《は》・顎《あご》

顎《あご》が落《お》ちる……6
顎《あご》が干上《ひあ》がる……6
顎《あご》で使《つか》う……7
顎《あご》を出《だ》す……7
奥歯《おくば》に物《もの》が挟《はさ》まる……43
ごまめの歯軋《はぎし》り……100
歯牙《しが》にも掛《か》けない……109
歯《は》が浮《う》く……188
歯《は》が立《た》たない……188

歯《は》に衣着《きぬき》せぬ……194
歯《は》の抜《ぬ》けたよう……195
歯《は》の根《ね》が合《あ》わない……195
歯《は》を食《く》い縛《しば》る……198
目《め》には目《め》を、歯《は》には歯《は》を……238

色《いろ》

青息吐息《あおいきといき》……4
青菜《あおな》に塩《しお》……4
青二才《あおにさい》……15
青《あお》は藍《あい》より出《い》でて藍《あい》より青《あお》し……5
赤子《あかご》の手《て》をひねる……5
赤《あか》の他人《たにん》……5
色《いろ》を失《うしな》う……31
色《いろ》を付《つ》ける……31
黄色《きいろ》い声《こえ》……66
くちばしが黄色《きいろ》い……83
紅一点《こういってん》……92
紺屋《こうや》の明後日《あさって》……94
紺屋《こうや》の白袴《しろばかま》……95
黒白《こくびゃく》を付《つ》ける……95
山紫水明《さんしすいめい》……107
十人十色《じゅうにんといろ》……117
出藍《しゅつらん》の誉《ほま》れ……118
朱《しゅ》に交《まじ》われば赤《あか》くなる……118
白羽《しらは》の矢《や》が立《た》つ……123
白《しら》を切《き》る……123
白《しろ》い目《め》で見《み》る……124
白黒《しろくろ》を付《つ》ける……124
青天《せいてん》の霹靂《へきれき》……130
青天白日《せいてんはくじつ》……131
隣《となり》の花《はな》は赤《あか》い……170
人間到《にんげんいた》る所青山《ところせいざん》有《あ》り……181
白紙《はくし》に戻《もど》す……189
白寿《はくじゅ》……65
白髪三千丈《はくはつさんぜんじょう》……189
白眉《はくび》……190
這《は》っても黒豆《くろまめ》……191
腹《はら》が黒《くろ》い……195
目《め》の色《いろ》を変《か》える……239
目《め》の黒《くろ》いうち……239
目《め》を白黒《しろくろ》させる……241

● 編著者／朝倉孝之《あさくらたかゆき》・岡本恵子《おかもとけいこ》・西原利典《にしはらかつのり》・増田知子《ますだともこ》
三根直美《みねなおみ》・黒瀬直美《くろせなおみ》・田尻《たじり》　寔《まこと》・徳澤雅子《とくざわまさこ》

● マンガ／山本篤・中島宏幸

本書に関する最新情報は，当社ホームページにある本書の「サポート情報」をご覧ください。(開設していない場合もございます。)

小学 自由自在 Pocket ／ことわざ・四字熟語

監修者　深《ふか》　谷《や》　圭《けい》　助《すけ》
編著者　朝　倉　孝　之
(ほか７名別記)
発行者　岡　本　明　剛

発行所　受験研究社

〒550-0013 大阪市西区新町 2―19―15 ／ 電話(06)6532-1581(代) ／ Fax.(06)6532-1588

Printed in Japan 岩岡印刷・髙廣製本
落丁・乱丁本はお取り替えします。